QIAO XIAOYANG

乔晓阳
论
基本法

LUN JIBENFA

乔晓阳 / 著

中国民主法制出版社

编者的话

　　"一国两制"、"港人治港"、"澳人治澳"、高度自治，是党和国家为实现祖国和平统一、确保港澳繁荣稳定而制定的基本方针政策，是中国特色社会主义的一项伟大创举。香港基本法、澳门基本法是最高国家权力机关根据宪法制定，全面准确贯彻落实"一国两制"方针、具体规定香港特别行政区制度和澳门特别行政区制度的两部基本法律，集中体现了"一国两制"在我国国家制度和国家治理体系方面的显著特点和优势，为维护国家主权、安全、发展利益，确保香港、澳门长期繁荣稳定，提供了坚实的法律保障。

　　本书作者乔晓阳先生在全国人大及其常委会从事国家立法和"一国两制"相关工作多年，担任若干重要职务，亲身经历了香港和澳门平稳过渡、顺利回归祖国，全国人大常委会解释基本法、就特别行政区选举制度修改问题作出决定等重大历史事件，对于中央在法治的轨道上推进"一国两制"实践、严格依宪依法管治港澳、全面准确实施基本法，有着丰富的经验和深刻的认识。多年来，乔晓阳先生结合"一国两制"实践和基本法的实施情况，积极推动基本法的研究和宣传工作，利用各种机会向包括港澳同胞在内的社会各界深入解读基本法的精神实质和原则规定，是内地和港澳公认的基本法权威，为基本法理论的丰富发展作出了重要贡献。

《乔晓阳论基本法》一书以时间为线，收集整理了自 1997 年香港回归祖国至 2021 年中国共产党成立 100 周年"一国两制"付诸实践约 24 年来，乔晓阳先生在各种场合就基本法理论和实践问题所发表的讲话、文章、采访等 56 篇，时间跨度长、主题范围广，思想内涵丰富、现实针对性强，语言生动活泼、论述深入浅出，体现出作者深厚的法学功底和独特的个人风格。本书内容较为全面地反映了乔晓阳先生对于党和国家有关涉港澳方针政策与法律规定的深刻理解，对于宪法和基本法共同构成特别行政区的宪制基础、中央与特别行政区之间是授权与被授权的关系、维护中央对特别行政区全面管治权和保障特别行政区高度自治权的有机结合、坚持以行政长官为核心的特别行政区行政主导政治体制、依法推进港澳民主循序渐进向前发展、提高特别行政区治理体系和治理能力现代化、整合社会力量提高基本法研究水平等重大理论和实践问题的深入思考，这些理论阐述对于支持和参与"一国两制"实践、从事基本法研究与法律实施工作的人士，具有重要的参考价值。

坚持"一国两制"和推进祖国统一，不仅是新时代中国特色社会主义的基本方略之一，也是实现中华民族伟大复兴的中国梦的必然要求。当前，"一国两制"在港澳的实践正迈入"五十年不变"的中期，在新形势下面临着新情况、新问题，也必将迎来新机遇、新挑战，引发有识之士的新思考、新探索。希望本书能够为"一国两制"与基本法的顺利实施提供可资借鉴的经验总结和规律性认识，为"一国两制"行稳致远、为港澳长治久安带来有益启发和更多助力。

编 者
2021 年 12 月

代序一
乔晓阳：从红军后代到立法大家，
与新中国法制建设并肩共行

朱宁宁

乔晓阳，第九届、十届、十一届、十二届全国人大代表，第十届、十一届、十二届全国人大常委会委员，党的十五大、十六大代表。历任全国人大常委会法工委办公室主任、全国人大常委会法工委副主任、全国人大法律委员会副主任委员、全国人大常委会香港基本法委员会主任和澳门基本法委员会主任、全国人大常委会副秘书长、第十二届全国人大法律委员会主任委员。参与或主持起草、修改了宪法修正案、地方各级人民代表大会和地方各级人民政府组织法、选举法、立法法等几十部法律。

新中国成立70周年之际，8月9日，江西上饶玉山县，一场重量级的法律宣讲在此举行。

之所以说是重量级，一是因为宣讲人乔晓阳身份特殊。他身居高位，曾任全国人大常委会副秘书长、十二届全国人大法律委员会主任委员；二是，多年来首次专门到一个县作宣讲他看得很重，因为 84 年前的 1935 年 1 月，就是在这里，他的父亲、时任北上抗日先遣队红十军团 20 师参谋长的著名开国将军乔信明与方志敏一起被俘入狱。

在监狱中，方志敏和乔信明建立了秘密通信。方志敏在信中写道：在敌人面前一定要顽强，怕死是没有用的。我们几个负责人，已准备为革命流尽最后一滴血，你们不一定死，但要准备坐牢。在监狱中要学习列宁的榜样，为党工作，坚持斗争，就是死了也是光荣的。

方志敏牺牲后，乔信明被判了无期徒刑。他成立狱中党支部，开展狱中斗争，后经党组织营救得以出狱。出狱后，被派到新四军参加抗日战争，继续为争取新中国的成立而浴血奋战。

新中国是老一辈革命先烈抛头颅、洒热血换来的。作为革命前辈的后代，乔晓阳对此备感珍惜。新中国成立那年，乔晓阳 4 岁。此后的岁月里，他亲历了新中国日新月异的沧桑巨变。

如果把新中国成立 70 年来发生的一切比喻为一幅宏伟的画卷，中国特色社会主义法制建设便是其中浓墨重彩的一部分，从事了半辈子国家立法工作的乔晓阳则是这幅画卷的绘制者之一。

革命精神的传承者

乔晓阳，1945 年 11 月出生于江苏宝应，湖北人。不仅体型外貌上酷似其父，在品德作风上也有着父辈深深的烙印。因为出生在革命军人家庭，相比一般家庭的孩子，乔晓阳更早地意识到红色江山来之不易。在他看来，"一生战斗、百折不挠"，是父亲一生最真切的写照，也是那一代革命者精神风貌的整体写照，更是整个民族历尽苦难又辉煌迭出的奋斗历程。

乔晓阳在年轻的时候就有了较为丰富的人生阅历。1964 年，高中毕业的乔晓阳被选派到古巴哈瓦那大学学习西班牙语，成为新中国第一批公派高中毕业留学生。在异国他乡，他学习成绩出类拔萃。1967 年回国后，他先是在东北部队农场当兵种地两年多，又到工厂当了两年工人，后来到江苏省外事办从事翻译工作，1979 年 7 月被调到时任湖北省委第一书记的陈丕显办公室担任秘书。1982 年，陈丕显调到北京担任中共中央书记处书记、中央政法委书记，乔晓阳随之调到中央政法委工作，后调入全国人大常委会。这些经历为乔晓阳日后报效党和国家、实现人生理想，奠定了扎实的主客观基础。

从 1979 年 7 月到 1988 年 9 月，改革开放后的前十年，乔晓阳一直在陈丕显身边工作。其间，陈丕显担任过湖北省委第一书记、中共中央书记处书记、中央政法委书记、全国人大常委会副委员长。耳提面命、耳濡目染之下，乔晓阳学到许多人没有机会学到的老一辈革命家高尚的家国情怀，受到非常深刻的教育。经历过"文革"的陈丕显对民主法制惨遭破坏导致的灾难有切肤之痛，他曾经说过这样一段话："民主与法制是国家的政治制度，又是精神文明在政治和社会生活中的体现。政治体制改革的核心，就是建立健全社会主义民主与法制。"对于这句话，乔晓阳在日后长达几十年的立法工作中深有体会。

在全国人大工作期间，乔晓阳参与或主持起草、修改了宪法修正案、地方各级人民代表大会和地方各级人民政府组织法、选举法、立法法、监督法、行政处罚法、行政许可法、行政复议法、反分裂国家法、国防法、教育法、高等教育法、民办教育促进法、工会法、劳动法、证券法等几十部法律。乔晓阳始终认为，立法实务工作者要多钻研理论，立法理论研究者要多参与和了解立法实践，多了解实际情况，多从实际出发。在他看来，全国人大常委会法工委作为立法实务部门，一个重要功能就是：在专家学者面前要多讲一点实际情况，防止他们理想化；在领导面前要多讲法律是怎么规定的，防止他们拍脑门。

改革开放的亲历者

1978 年，党的十一届三中全会决定实行改革开放，同时决定全面恢复并加强立法工作。此后 40 年间，我国的立法工作与改革开放相伴而行。如今，在党中央集中统一领导下，中国特色社会主义法律体系已经形成并且不断完善，我国经济、政治、文化、社会以及生态文明建设各个方面都实现了有法可依，国家生活和社会生活各方面向良法善治不断发展。

"改革开放 40 年，我参与立法工作只有 35 年。"从 1983 年开始接触、参与立法工作，乔晓阳介绍自己时用了一个"只"字。回顾历史，谈到立法与改革的关系，乔晓阳用"既好看又好吃"这一形象比喻，赋予这个他认为是"老生常谈"的话题以时代感的新意。

"'好看'就是在肯定现成经验的同时，这个法律要体现改革的方向，还要有时代性；'好吃'就是能下得去嘴，能把法律规定落到实处，不能不顾实际去迁就形式和理论上的完美。要把法律的稳定性、可行性、前瞻性结合起来。"乔晓阳说。

在乔晓阳看来，立法和改革的关系是一对矛盾。立法是把稳定的、成熟的社会关系上升为法，把社会关系用法的形式固定下来，追求的是稳定性，特点是"定"。而改革恰恰是对原来定下的但不适应经济社会发展的制度、做法进行改变，是制度自我完善的一个手段，特点是"变"。

"改革开放 40 年来，立法工作的一条主线就是用'定'的立法适应'变'的改革。其中，经历了先改革后立法、边改革边立法到凡属重大改革必须于法有据几个阶段，每个阶段在处理立法与改革关系的时候又有不同的特点。"乔晓阳总结说，比如，从立法有比没有好、快搞比慢搞好、宜粗不宜细，到能明确的尽量明确、能具体的尽量具体等。

回顾改革开放初期，可以看到，那个时期的立法往往带有先把制度建立起来再逐步向前推进的阶段性特点。乔晓阳印象中最为典型的就是证券法的立法工作。

1998 年 12 月 29 日，九届全国人大常委会第六次会议通过证券法，自 1999 年 7 月 1 日起施行。这是新中国成立以来第一部按国际惯例、由国家最高立法机构组织而非由政府某个部门组织起草的民商法。然而，1990 年我国才开始有证券交易活动，当时的实践经验不可能制定一部完备的法律。为什么要匆忙制定这部法呢？

"其中一个重要原因是当时发生了亚洲金融危机，一个索罗斯就把亚洲的证券市场冲得七零八落，我们需要赶快立法建立防火墙。因此，1998 年制定的证券法对许多成熟的证券市场上允许做的事情都不允许，如不准搞证券期货、期权交易，不允许搞融资融券活动等。因为我们的证券市场还没有发展到那个阶段，在没有监管能力的前提下弄不好就会出现金融风险。"回忆起当时的立法背景，乔晓阳仍历历在目。

证券法通过后，乔晓阳在《人民日报》发表题为《我国证券法体现的若干重要原则》的文章，文中讲了 9 条原则，其中一条就是阶段性原则。直至 2004 年、2005 年对证券法进行两次修改，才把原来不允许做的事情放开了。

"回顾过去，我的体会是，细化和详尽是现阶段提高立法质量的一个基本要求。"乔晓阳说，现在的法律汇编与上世纪八九十年代的法律汇编相比更厚了、更重了，法律数量增加了，条文更全面、更详尽了。特别是在总结实践经验的基础上，我国的立法不断精细化。一组数据直观展现了立法的愈加具体化和全面化：1979 年刑法 192 条，1997 年修订后的刑法变成 452 条，之后随着实践的发展先后通过 10 个刑法修正案；1979 年刑事诉讼法 164 条，1996 年修改增加到 225 条，2012 年修改增加到 290 条，2018 年修改增加到 308 条；2013 年，十二届全国人大常委会修改特种设备安全法，草案一审稿 65 条，二审稿 72 条，修改通过时变成 101 条。

伴随改革开放进入新的历史时期，立法工作也有了更高要求，处理好立法与改革关系具有更为重要的指导意义。在谈到应该如何理解立法决策与改革决策相一致时，乔晓阳认为，从国家层面来讲，重大改革决策都是党中央作出的，所以立法决策对改革决策实际上是处于适应、服务的地位。那么，党中央作出的改革决策与现行法律规定不一致的，应当修改法律适应改革需要，有些改革需要法律授权的，法律应当予以授权，这才是先立后破、有序进行的立法原意。

但是，乔晓阳同时强调，立法决策与改革决策相一致，绝不意味着立法仅仅是简单、单纯地抄写改革决策文字，而是要通过整个立法程序使改革决策更加完善、更加周到、更加符合法治要求。

"实际上，立法决策与改革决策相一致恰恰体现了党的领导、人民当家作主和依法治国的有机统一。"乔晓阳说，立法的过程要广泛征求各方意见，特别是人民群众的意见，要经过人大常委会一审、二审甚至三审才能通过。法律通过后，各方面依法办事。在这个过程中，实现了坚持在法治框架内推进改革，也就实现了立法的引领和推动作用。

"一国两制"的践行者

70 年来，中国特色社会主义现代化建设取得的各项巨大成就中，不能不提及祖国统一大业的重大进展。2019 年是新中国成立 70 周年，也是香港回归 22 周年、澳门回归 20 周年。实践证明，"一国两制"方针政策一登上历史舞台就显示出强大生命力。"一国两制"政策成为实现中华民族伟大复兴中国梦的重要组成部分。

社会主义与资本主义是如此的不同，香港和澳门保持原有的资本主义制度，却成为建设中国特色社会主义宏伟画卷的一个精彩布局。是什么造就了如此神奇的局面呢？乔晓阳认为，靠的就是宪法的调整。

乔晓阳历经了现行 1982 年宪法的全部 5 次修正。他深深地感到，在"一国两制"的实践中，宪法始终发挥着国家最高法律规范的作用。"宪法是'一国两制'的根本保障。从法律上来讲，香港和澳门实行不同于内地的制度和政策，是基于宪法的规定；香港基本法和澳门基本法的法律地位和法律效力，来源于宪法的规定；'一国两制'和基本法的实施受制于宪法的规定。通过这三个方面，宪法不仅在内地，而且在香港和澳门，都发挥着国家最高法律规范的重大作用。"

在乔晓阳的心中，除了宪法，两部基本法也是他格外看重的。邓小平曾经把基本法誉为"一个具有创造性的杰作"。多年来，乔晓阳不断地思考和探索。在他看来，两部基本法的特殊性不仅体现在内容上，即规定了史无前例的"一国两制"，更重要地体现在实施环境上。

"两部基本法不仅要在内地的法律制度下实施，还要分别在香港的普通法制度、澳门的大陆法制度下实施，还不包括三地不同的政治社会制度、不同的意识形态等。这是基本法实施的一个最显著特点，也是对基本法条文经常出现不同理解，而且很难取得一致看法的症结之一。"乔晓阳说。

正因为两个基本法既要在内地法律制度下实施，又要分别在香港和澳门法律制度下实施，在实施初期，出现对同一条文含义上的不同解读，属于正常现象也不可能完全避免，但长此以往，基本法的权威、基本法的稳定就成了问题。因此，乔晓阳认为，应推动形成一套三地都认同的基本法法律理论指导基本法实践，大家在理解和贯彻执行基本法过程中就有了共同的语言、共同的方法，就可以把争议降到最低限度。实际上，无论在内地、香港还是澳门，对于本地的法律条文为什么大家比较容易取得一致理解？关键的一点在于对法律条文进行解读时，都遵循同样的理论、同样的规则。

乔晓阳认为，要推动形成一套三地都认同的基本法法律理论，全部采用内地的法律观念不行，全部采用香港、澳门的法律观念也不行，需要在三地法律制度的基础上多倾听各方意见和建议，展开深入的研究讨论，在一些关键问题上逐步达成共识。

"这种取得最大公约数的指导思想对于研究基本法，推动形成一套基本法的法律理论具有重要的参考意义。"乔晓阳说，目前，他正在按照这一指导思想主持编写一套基本法教材。

祖国统一的维护者

从上世纪 90 年代初算起，乔晓阳从事香港、澳门工作有 20 多年了，先后担任过香港特区、澳门特区筹委会委员以及全国人大常委会香港澳门基本法委员会主任等重要职务。因此，他对香港、澳门怀有深厚的感情。不论是香港回归后还是澳门回归后，乔晓阳都发挥了重要的作用。不管是在任时还是卸任后，他都奔走在港澳工作的第一线，为"一国两制"的实施、基本法的解释以及宪法与基本法的关系，向港澳地区的政府官员以及港澳居民做充分的沟通。香港特别行政区基本法颁布 10 周年、澳门特别行政区基本法颁布 10 周年时，他都应邀前去演讲，充分显示了他的影响力。

2004 年 4 月，乔晓阳成为香港媒体曝光率最高的新闻人物。当年 4 月 7 日，乔晓阳赴香港向各界人士解读 4 月 6 日全国人大常委会的释法。这是一项重要程度和敏感程度都非同一般的任务。不具备精深的法律知识、不具备非同一般的心理素质、不具备良好的风度素养，时时刻刻都可能因言行失当而酿出麻烦。但乔晓阳显然得到了认可。香港媒体对他的评价是：乔晓阳态度和手法都很好，在港掀起旋风，以自己雄辩的口才、渊博的知识和睿智的头脑，赢得港人由衷赞誉。香港媒体更称其"技惊四座"。

由于乔晓阳可以将复杂的问题简单阐述出来，风趣地表达严肃的话题，加上解答问题详细耐心，因此被港澳媒体亲切地称为"乔老爷"。2013 年之前，每次全国人大常委会对基本法作出释法或者就有关问题作出决定后，乔晓阳都会专程到香港、澳门向各界人士详细阐述，取得了很好的沟通和交流效果。

乔晓阳的专题演讲总会让人感到非常难忘。当然，这种难忘不同人有不同的解读和感受。对于近几年香港出现的"港独"和各种激进势力，乔晓阳感到十分痛心。去年 4 月，在一次香港演讲中，乔晓阳掷地有声地说："中国人民在近代内忧外患下都没有丧失过维护国家统一的决心和意志，在已经日益强大起来的今天，还能让'港独'得逞吗？绝不可能！"

"'港独'问题不在于是否会成为现实，也不是言论自由的问题，它是民族感情问题，也是宪法问题。"对于宣扬"港独"是言论自由的说法，乔晓阳反问道，"图谋、煽动分裂国家是言论自由？世界上没有这种理论。在'港独'问题上做开明绅士是不行的！"

2013 年 3 月 24 日，乔晓阳在香港立法会建制派议员座谈会上，专门谈到香港政制发展中的两个焦点问题，即"一国两制"下行政长官最基本的条件是什么？行政长官普选办法最基本的依据是什么？乔晓阳在开诚布公地发表了自己的意见后说："现在外面肯定来了不少香港记者，肯定会问乔老爷刚才都讲了些什么。我建议大家着重传达我今天讲话的三个信息，也是今天讲话的三个重点：第一，中央政府落实 2017 年普选的立场是坚定不移的，是一贯的，绝无拖延之意；第二，行政长官的人选必须是爱港爱国人士的立场是坚定不移的，与中央对抗的人不能当特首是一条底线，这样讲不是为了从法律规定上排除谁、筛选谁，而是为了让将来的提名委员会委员和香港市民心中有杆秤，有个衡量的标准，自觉不提名这样的人，不选这样的人；第三，普选必须符合基本法和全国人大常委会决定的立场是坚定不移的。我再说一遍，是三个坚定不移。"

2014 年，国务院发布《"一国两制"在香港特别行政区的实践》白皮书，提出中央对香港特别行政区具有全面管治权的论述。这被学术界认为是首次提出，在香港引起广泛关注。其实，全面管治权这个概念是乔晓阳第一个提出来的。早在 2010 年，国家行政学院邀请乔晓阳做"一国两制"下中央宪制权力讲座的时候，他就开始用这个概念。2012 年，在一个澳门基本法讲座上，乔晓阳谈到中央的宪制权力时，第一项就是中央对澳门具有全面的管治权。当时之所以谈到这个问题，其中一个原因就是香港、澳门回归中国后，乔晓阳在与各方面人士交流过程中发现，当讲到"一国两制"下中央权力的时候，普遍只讲到基本法具体规定的中央权力，从国防、外交权讲到基本法解释、修改权，这当然没有错，但乔晓阳总觉得缺少点什么。

问题出在哪里呢？

"就出在只见树木不见森林，只看到基本法条文而忽略了制定基本法本身。"乔晓阳说，跳出基本法来看基本法，我们就会看到，港澳回归中国后，中央对港澳具有的最大权力，正在于制定对香港、澳门的基本方针政策和基本法，规定在香港、澳门特别行政区实行的制度和政策。这种权力是先于基本法存在的。从法律上讲，它来源于宪法，来源于国家主权，如果用一个概念来归纳，就是中央对港澳具有全面管治权。如果中央没有这种全面管治权，怎么能够制定对港澳的基本方针政策和基本法呢？

在乔晓阳看来，中央全面管治权这个概念是经得起严格推敲的。全面管治权与高度自治权不仅不矛盾而且相辅相成，本身就是一个整体。"这本来就是单一制国家中央与地方关系的应有之义。"他说。

专家学者的知心者

在立法机关工作多年，实务界的乔晓阳与学界的关系一直都很好。不是法律科班出身的他，大量阅读法学界著名学者的专著、文章，遇到不懂的问题就向学者请教，与多位法学家保持着亦师亦友的关系。

2004 年 9 月 29 日，乔晓阳到北京大学参加祝贺肖蔚云教授 80 华诞暨肖蔚云教授学术思想研讨会。会上，乔晓阳说："我刚才在会场外遇到很多人，有肖老师的开门弟子，据说还有关门弟子。我既不是开门弟子也不是关门弟子，但我自认为是肖老师的旁门弟子。为什么这么说呢？因为我在人大从事立法工作 20 年，在这个过程中，受到肖老师的教益。只要遇到比较大的难题，总要向肖老师求教，以至于本人虽然才疏学浅，但是心里面很有底气。因为有肖老师这个靠山，大树底下好乘凉，借用现代京剧《红灯记》里李玉和的一句台词：肖老师，有您这碗酒垫底，什么样的酒我都能对付。"一番幽默风趣的发言引得现场掌声一片。

说起京剧，熟悉乔晓阳的人都知道，他不但是个京剧票友，而且"发烧"程度很高，一有空便和一些京剧名家聚会唱戏，连他的另一半也在他的熏陶和影响下爱上了京剧。业内人士评价说，乔晓阳一开腔便知有没有，其唱功、板眼、音域、感情都接近专业水平。我国著名刑法学家高铭暄教授也是个戏迷。就在今年中秋节前夕，为庆贺高老获得"人民教育家"国家荣誉称号，乔晓阳专门约 91 岁高龄的高老一起唱了一场京剧。

睿智聪敏、风趣幽默、平易近人、待人诚恳、与人为善，这些都是接触乔晓阳的人给出的评价。他不仅和内地的学者经常联系，和港澳的专家学者也有很好的关系。澳门中华教育会会长李沛霖曾在《澳门日报》发表两篇文章，题目为《乔老爷的风采》和《乔老爷的魅力》，文中称乔晓阳"是一个让人敬佩和愿意亲近的、愿意与他交朋友的人"。据悉，为庆祝澳门回归 20 周年，澳门大学将授予乔晓阳荣誉法学博士称号。

依法治国的传播者

从 1983 年到 2018 年，乔晓阳在最高国家立法机关工作整整 35 年，卸任时的职务是十二届全国人大法律委员会主任委员。2018 年 3 月 11 日，第十三届全国人民代表大会第一次会议通过《中华人民共和国宪法修正案》，将全国人大法律委员会更名为全国人大宪法和法律委员会。乔晓阳笑称，自己成了全国人大法律委员会的"末代"主任委员。

卸任后的乔晓阳脚步并未停歇，似乎更忙了。这位立法人继续以一己之力向越来越多的人讲述中国立法故事，传递依法治国理念。2014 年，乔晓阳重临濠江，在澳门大学横琴新校区作《中国宪法与澳门基本法的关系》专题演讲。这是一个非常专业、单看题目就让人觉得枯燥的讲座，然而却吸引了 700 多人报名。澳门媒体报道，尽管当天天气十分恶劣，中小学甚至都停了课，交通又十分不便，但无法阻挡报名者出席。大家都准时出现在会场，珍惜"乔老爷"这难得一次专程来澳门演讲的机会。整个讲座历时两个小时，乔晓阳主讲75分钟答疑20分钟，其间没人打瞌睡，甚至去洗手间的都不多见。

采访即将结束之际，乔晓阳告诉记者，国庆节过后他又将迎来一个"第一次"。不久前，他收到河南宋砦村村委会的法律宣讲邀请，这个村建成全国首家村级法治展览馆，他欣然应允。从庙堂之上到江湖之中，从人民大会堂到真正的田间地头，这位古稀之年的立法大家将走近最基层的广大人民群众，继续发出中国法治强音。

记者手记

初秋的北京，阳光灿烂。温暖的午后，在位于北京前门西大街1号的办公室里，乔晓阳向记者讲述了他记忆深处的那些中国法治故事。娓娓道来的背后，是他长达几十年的立法工作经验和阅历积累。

不过，这其实是一场来之不易险些未能成行的采访。得知记者的采访意图后，一向谦和的乔晓阳竟然在第一时间婉言谢绝了。以记者的角度看，乔晓阳将人生最宝贵的年华都献给了我国的立法事业，参与了几十部法律的起草工作。有这样的资历，回顾新中国成立以来的中国法治成就，他无疑是一个非常合适的人选。但乔晓阳却认为，自己远不够格对几十年来立法工作大江大河之下的那些过往作出评价。然而，在最高国家立法机关工作了半辈子,对立法工作深深的热爱,让乔晓阳又觉得应该说些什么。作为新中国法治建设的亲历者和参与者,他确实有太多的故事值得回忆。于是,最终便有了这次难忘的采访。

结束采访时,乔晓阳一直把记者送到走廊上,并给了记者一摞厚厚的素材以供参考。沉甸甸的素材背后,是乔晓阳这样的中国立法人一直以来的坚持。也正是因为有这样一代又一代立法人的奋斗,新中国的法治建设才迈开一步又一步的坚实步伐。

向中国立法人,致敬!

刊登于《法制日报》2019 年 10 月 1 日庆祝新中国成立 70 周年特刊

代序二
乔老爷的风采

雨林

人称"乔老爷"的全国人大常委会副秘书长乔晓阳，月初来澳门出席政制发展座谈会，他在会上的讲话令人至今难忘。

当然，不同人对"难忘"有不同的感受和解读。认同他讲话内容的人会觉得他讲得甚有道理，尤其是那些平常较少关心基本法和对"政制发展"知之不多的人更感收获丰富，弄清了很多模糊的概念和事情。而持相反意见的人同样"难忘"，因为他们发觉在"乔老爷"面前底气不足，他们的所谓理据是何等苍白无力。

认识"乔老爷"的人都会有相同的印象，就是感觉到他知识渊博，精通法律，睿智聪敏，头脑灵活，反应过人，能言善辩，风趣幽默，平易近人。总之，就是一个让人敬佩和愿意亲近、愿意交朋友的人。

他是一个有心人，而且记忆力特强。如你在什么场合讲过什么话，产生了一个什么样的效果，只要那是有建设性和有意义的，即使连发表意见的人自己都忘记了，其他当时在场人士一点印象也没有了，他也可以在数年后详尽地将之加以描述，令当事人及见证者惊叹不已。

他还是一个京剧的"票友","发烧"程度很高。一有空便欣赏各大流派名家的演出录像和录音，连他的另一半也在他的熏陶和影响下爱上了京剧，有机会他也喜欢登台露一手，有时甚至"夫唱妇随"，真的是其乐融融。他一开腔，便知"有没有"，其唱功、板眼、音域、感情都具有专业水平，最难得的是所有的曲词他都能记住，真不知他的脑袋是用什么特殊材料制造的。

只要你多些接触"乔老爷"，你便会对他的风采留下深刻和难忘的印象。

刊登于 2012 年 3 月 10 日《澳门日报》新园地版专栏

乔老爷的魅力

雨林

　　两年前在这块园地里，我发表了一篇题为《乔老爷的风采》的文章，将我对全国人大法律委员会主任委员、时任副秘书长乔晓阳的认识、印象和感想作了介绍。事后不少朋友十分认同我的形容：他就是一位"知识渊博，精通法律，睿智聪敏，头脑灵活，反应过人，能言善辩，风趣幽默，平易近人"的人。

　　日前他重临濠江，在他"有一份特殊的感情"的澳门大学横琴新校区大礼堂作专题演讲，真的是别具意义。"饮水不忘掘井人"，乔老爷就是澳门大学横琴新校区的重要"掘井人"之一。就是他在二〇〇九年初带领全国人大常委会六个小组的召集人到横琴进行考察，随后草拟了一份分量十足、理据充足、诚意丰足的，供常委会审议和作出决定的调研报告，打动了全体常委会委员的心，才会那么顺利，在没有什么争议和反对意见的情况下，超高票通过有关决定，才有澳门大学的今天。

　　正是乔老爷的号召力非凡，一个非常专业的、单看题目《中国宪法与澳门基本法的关系》便知异常枯燥的讲座，也吸引了七百多人报名。当天天气十分恶劣，中小幼还要停课，交通又十分不便，但暴雨与路途无阻已报名者出席的决心，大家准时到达会场，珍惜乔老爷难得一次专程来澳的演讲机会。

整个讲座历时两小时，乔老爷主讲了七十五分钟，随后回答问题二十分钟。其间与会者在没有讲稿在手的情况下，耐心聆听，认真思考，踊跃提问，没有人打瞌睡，甚至连到洗手间的也不多见。

乔老爷的"内功"深厚，他可以将复杂问题简单阐述，严肃话题风趣表述，中心主题全面陈述，大家都觉得收获丰富，获益良多，即使山长水远、横风横雨，出席这个讲座也是值得的。

刊登于 2014 年 5 月 17 日《澳门日报》新园地版专栏

目　录

牢牢把握香港基本法的核心内容 [*]

在中国历史博物馆门前高挂的"中国政府对香港恢复行使主权倒计时牌"亮出了 35 天的时候，本刊记者就香港基本法有关问题走访了全国人大常委会法制工作委员会副主任乔晓阳先生。乔先生是香港特别行政区筹委会委员，参加主持了国内 20 部法律的起草、修改工作，著作颇丰。

记者：香港基本法历时四年八个月出台，洋洋洒洒共 160 条，请问最核心的内容是什么？

乔答：香港基本法最核心的内容可以简单概括为以下几点：

1. 坚持一个国家，保障国家主权。一个国家是指中华人民共和国，对内只有一个中央人民政府，对外只有一个由中华人民共和国政府代表的统一的国家主权。基本法序言第一句话开宗明义就是"香港自古以来就是中国的领土"，第一条就明确规定，"香港特别行政区是中华人民共和国不可分离的部分"，是中国的一个地方行政区域，直辖于中央人民政府。基本法规定：中央人民政府负责管理与香港特区有关的外交事务以及向香港特区派出驻军，负责香港特区的防务等，都是国家主权的

---

* 1997 年 5 月 26 日就基本法有关问题答记者问，载《中国律师》1997 年第 7 期。

体现。

2. 坚持两种制度，保障高度自治。基本法规定：不在香港特别行政区实行社会主义制度和政策；香港特区实行高度自治，享有行政管理权、立法权、独立的司法权和终审权；行政机关和立法机关由香港永久性居民组成，即"港人治港"；特区政府自行制定经济、财政、金融、文化、教育等各项政策；驻军不干预香港特区的地方事务；中央政府所属各部门、各省、自治区、直辖市均不干预香港特区自治范围的事务。香港特区享有高度自治权，在某些方面，如货币发行权、财政独立和税收独立、司法终审权，甚至超过联邦制国家的成员邦（州）。

3. 坚持基本不变，保障稳定繁荣。基本法规定：香港特别行政区保持原有的资本主义制度和生活方式，五十年不变；原有法律基本不变；原在香港实行的司法体制，除因设立终审法院产生的变化外，予以保留；特区成立前在香港任职的公务人员、法官和其他司法人员均可留用。基本法还规定，保持香港原有的经济制度、国际金融、贸易、航运、通讯中心地位和自由港地位不变；保持港币继续流通和稳定；保障资金流动和进出自由；保护私有财产权；保护外来投资；等等。基本法的这些规定为香港特区的长期稳定和繁荣发展提供坚实的保障。

记者：中国政府对香港行使主权，为什么一定要派驻军队？

乔答：对这个问题最明确、最具有权威性的答复，是小平同志1984年会见港澳同胞国庆观礼团时的一段讲话，他说，"我讲过，中国有权在香港驻军。我说，除了在香港驻军外，中国还有什么能够体现对香港行使主权呢？在香港驻军还有一个作用，可以防止动乱。那些想搞动乱的人，知道香港有中国军队，他就要考虑。即使有了动乱，也能及时解决。"1997 年 7 月 1 日我国恢复对香港行使主权后，在香港驻军是我国对香港行使主权最重要的体现。届时，中央人民政府派驻香港特别行政区负责防务的军队，由中国人民解放军陆军、海军、空军部队组成，体现了国家从领陆、领水、领空全方位地对香港恢复行使主权。基本法规定中央政府负责香港特别行政区的防务，需要派出军队，执行防务任务，维护国家主权统一、领土完整和香港的安全，保护香港的长期稳定和繁荣。

记者：中国人民解放军进驻香港特别行政区，是否负有维护社会治安的职责？

乔答：香港基本法规定香港特别行政区实行高度自治，享有行政管理权。驻军的任务是负责香港的防务，驻军法对驻军职责有明确规定，对于香港特别行政区自治范围内的事务，驻军不得干预。维护当地治安属于特区自治范围内的事务，由特区政府负责。关于维持治安和救助灾害，基本法和驻军法规定只有在香港特别行政区认为必要时，由它向中央人民政府请求香港驻军协助维持社会治安和救助灾害。请求经中央人民政府批准后，香港驻军根据中央军事委员会的命令派出部队执行协助维持社会治安和救助灾害的任务，任务完成后即返回驻地。所以这样规定，正是考虑到维护社会治安和救助灾害是特别行政区的职责，驻军只起协助作用，这样规定完全是为了维护香港特区的高度自治，真正落实"一国两制"。

记者：香港在英国殖民统治下近百年，从来没有终审权，为了保证回归后的香港高度自治，基本法规定香港有终审权。请您就此谈谈看法。

乔答：香港在英国殖民统治下，沿用英国的法律及法律制度，香港不同类别、不同等级的法律诉讼案件分别在裁判署、地方法院及最高法院审理。但是，香港从来没有终审权，终审权在英国枢密院。根据香港特别行政区基本法的规定，香港特别行政区享有独立的司法权和终审权。这里所谓的独立司法权，除了一般意义所指法院独立审判，不受任何干涉外，更重要的是指特区有自己的一套完整的司法制度，特区法院自成体系，同内地的法院没有组织上的从属关系；这里所谓的终审权，是指香港特别行政区设立终审法院，香港特别行政区的终审权属于香港特别行政区终审法院。也就是说，1997 年 7 月 1 日后，香港法院对依照法律有管辖权的案件就有终审权，香港法院对在香港地区以内发生的刑事犯罪案件以及在民事、经济纠纷中依照国家的法律和香港的法律规定应当由香港法院管辖的案件享有终审权；而对涉及国防、外交等国家行为无管辖权，由于没有管辖权，也就谈不上终审权。

香港基本法目前不需要修改[*]

关于基本法的解释权和修改权问题，香港基本法已经作了比较明确和具体的规定。香港基本法第一百五十八条规定了基本法的解释权归全国人大常委会，同时规定了香港法院、终审法院在什么样的情况下应当提请全国人大常委会解释；全国人大常委会解释基本法还要征询基本法委员会的意见；等等。基本法的修改权在基本法第一百五十九条中规定得也较为明确，修改权属于全国人大，修改的提案权属于全国人大常委会、国务院和香港特别行政区。基本法还规定了特别行政区提出修改提案要获三个方面同意的程序：立法会全体议员三分之二多数同意，港区全国人大代表三分之二多数同意和特别行政区长官同意。至于具体的三方如何操作的程序，还要进一步研究。

从香港回归两年多的实践看，香港基本法是符合香港基本情况的，是香港繁荣、稳定的强大保障，至少目前看不出有哪些地方需要修改。

至于香港基本法第二十三条规定自行立法的问题，是一条很重要的规定：香港特别行政区应自行立法禁止分裂国家、煽

---

* 2000 年 3 月 11 日，答香港记者问，根据新闻稿整理。

动叛乱、颠覆中央人民政府等等行为。这些行为在世界上任何国家都是立法禁止的，就是在香港回归前，也有类似的规定。有关这一问题的立法，首先，特区必须进行立法，因为这是执行基本法；第二，立法有个过程，何时立法应由特区政府决定。特区有这个义务和责任。

如何正确理解和处理好"一国两制"下
中央与香港特别行政区的关系[*]

如何正确理解和处理好"一国两制"下的中央与香港特别行政区的关系，是香港基本法实施中的一个重要的问题。今天，我结合学习香港基本法以及香港基本法成功实施两年多来的实践，就这个问题谈几点体会，和大家研讨，同时作为对香港基本法颁布 10 周年的纪念。我的体会概括起来讲，正确理解和处理中央与香港特别行政区的关系，必须高举两个文件，把握两个特点，抓住一个核心。

两个文件

两个文件，就是宪法、香港基本法。这是正确理解和处理中央与香港特别行政区关系的两个根本法律依据。依法治国，是我国的治国方略，已经郑重加载宪法。依法治港是依法治国的组成部分，是依法治国的必然要求，也是贯彻"一国两制"方针、维护香港长期繁荣稳定的基本保证。依什么法？就是依

---

　　* 2000 年 4 月 1 日，香港基本法推介联席会议在香港举办了"'一国两制'的历史意义及国际意义——基本法颁布十周年研讨会"。这是乔晓阳在该研讨会上发表的演讲。

据宪法和香港基本法。

1. 宪法是国家的根本大法，具有最高的法律效力，在全国范围施行。

宪法施行于全国，是国家主权、统一和领土完整的象征和体现。香港特别行政区是中华人民共和国不可分离的部分，是直辖于中央人民政府的一个具有高度自治权的地方行政区域，因此，宪法从总体上是适用于香港特别行政区的。从贯彻落实"一国两制"方针政策的实践上看，宪法在香港特别行政区的适用集中体现在两个方面：第一，宪法中有关确认和体现国家主权、统一和领土完整的规定，即体现"一国"的规定，包括宪法关于中央国家机关的一系列规定，如全国人民代表大会是最高国家权力机关，全国人大常委会是它的常设机关，它们行使国家立法权和决定国家生活中的重大问题；国家主席的对内对外的职权；国务院即中央人民政府，是最高国家权力机关的执行机关，是最高国家行政机关；中央军事委员会领导全国武装力量等；宪法关于国防、外交的规定以及宪法关于国家标志的规定，如国旗、国徽、国都；有关公民资格，即国籍的规定，等等，宪法的这些规定在香港施行和在内地各省、自治区、直辖市施行是一样的。第二，由于国家对香港实行"一国两制"，宪法在香港施行同在内地施行又有所不同。宪法有关社会主义制度（政治制度、经济制度、文化教育制度等）方面的规定，不在香港特别行政区施行。而这些规定不在香港施行，也正是宪法所允许的。宪法第 31 条规定，全国人民代表大会以法律规定特别行政区的制度。根据这一规定，全国人民代表大会制定了香港基本法。基本法第11条规定，根据宪法第31条，香港特别行政区的制度和政策，包括社会、经济制度，有关保障居民的基本权利和自由的制度，行政管理、立法和司法方面的制度，以及有关政策，均以基本法的规定为依据。基本法的这一规定，体现了"一国两制"的基本方针，表明在"两种制度"方面，有关香港特别行政区的制度和政策，须以香港特别行政区基本法为依据。因此，从这个角度来讲，宪法也是适用于香港的。

宪法的效力及于香港，正是"一国两制"方针和香港基本法得以有效实施的最根本的法律保障。如果认为只有香港基本法在香港实施，而作为香港基本法立法依据的宪法的效力却不及于香港，是难以理解的，在逻辑上是矛盾的，在实践上是很不利于"一国两制"方针和香港基本法实施的。宪法的效力如果不及于香港，基本法也便成了无源之水、无本之木。很难解释，脱离了宪法，"一国两制"方针和香港基本法能够单独获得法律效力。

2. 香港基本法，是全国人民代表大会制定的基本法律，是一部全国性法律，对香港而言，则是一部宪制性法律，效力仅次于宪法。

对香港基本法的这种宪制性地位，可以从两个方面来认识：一是，香港基本法规定的香港特别行政区的政治架构等内容，本来应当是由宪法规定的。宪法对内地各省、自治区、直辖市的政治架构作了明确规定，但对特别行政区的政治架构没有作出规定。因为1982年修订宪法时，"一国两制"方针虽已提出，但宪法还不可能对未来的特别行政区的政治架构作出具体规定，只能留待基本法作出规定。二是，香港基本法是香港特别行政区所有立法的依据和基础，其效力高于香港特别行政区法律。全国人大关于香港基本法的决定指出："香港特别行政区设立后实行的制度、政策和法律，以香港特别行政区基本法为依据。"香港基本法明确规定，香港特别行政区立法机关制定的任何法律，均不得同本法相抵触。香港特别行政区成立时，香港原有法律除由全国人大常委会宣布为同本法抵触者外，采用为香港特别行政区法律，如以后发现有的法律与本法抵触，可依照本法规定的程序修改或停止生效。所有这些规定均表明，香港基本法在香港具有凌驾地位，是香港特别行政区立法机关制定的法律的效力来源。香港回归后，有了香港基本法这样一部成文的宪制性法律，是香港法律制度的一个重大变化。这个变化，是国家恢复对香港行使主权这个大变化的必然结果。宪制不作转变，就与香港回归后的地位不相适应。香港基本法作为宪制性法律，根据宪法和"一国两制"方针，对中央与特区的关系和香港特别行政区享有高度自治权，作了明确的规定。这就奠定了香港的宪制基础。

在贯彻落实"一国两制"方针政策的实践中，凡是涉及中央与特区关系的问题，无不涉及宪法和香港基本法，因此，这两个法律文件，可以称之为正确理解和处理中央与特区关系的纲领性文件。纲举才能目张，只要我们高举这两个文件来统一思想认识，遇到的一切有关中央与特区关系的问题一定能够迎刃而解。

两个特点

中央与香港特别行政区的关系有两个特点：一是单一制下的中央与地方关系，二是"一国两制"下特殊的中央与地方关系。

1. 单一制下的中央与地方关系。在当今世界上，关于国家的结构形式，即中央与地方的关系，主要分为两类：一类是单一制，一类是联邦制。单一制的特点，是全国只有一个国家主权、一个宪法和一个中央政府。单一制国家的中央政府，统一行使对全国的管理权，地方政府是中央政府根据国家管理的需要依法设立的下级政府。地方政府享有的权力，不是本身固有的，是国家授予的。联邦制是由两个或两个以上主权国家联合而成的。联邦制的成员邦本是主权国，它们在组成联邦时，通过制定宪法各自将部分权力交给联邦，其余权力仍保留在各邦自己手中。因此，在联邦制度下，联邦与各成员邦都享有主权，都有自己的宪法和中央政府。联邦与成员邦之间的权力划分，由宪法规定，除非修改宪法，联邦无权单独加以改变。可见，单一制下的中央与地方之间的关系和联邦制下的联邦与成员邦之间的关系，是两类不同性质的关系。

我国宪法规定，中央和地方的国家机构职权的划分，遵循在中央的统一领导下，充分发挥地方的主动性、积极性的原则。这说明我国是单一制国家，由中央国家机关代表国家行使主权。香港特别行政区是最高国家权力机关根据宪法设立的；香港特别行政区享有的权力，是中央根据宪法以基本法的形式授予的，不是香港本身固有的,香港特别行政区处于国家的完全主权之下,受中央人民政府管辖。在这一点上,中央与香港特别行政区的关系,和中央与内地各省、自治区、直辖市的关系一样,都是单一制下的中央与地方的关系。

2. "一国两制"下特殊的中央与地方关系。由于国家对香港实行"一国两制",中央与香港特别行政区的关系,又不完全等同于单一制下一般的中央与地方的关系,即不同于中央与内地各省、自治区、直辖市的关系,而是"一国两制"下的一种特殊的中央与地方关系。作为单一制国家,中央对地方享有完全的主权,对地方行政区实行全面领导,但考虑到香港的历史和现实情况,为了有利于香港的社会稳定和经济发展,中央通过香港基本法赋予香港特别行政区高度的自治权,包括行政管理权、立法权、独立的司法权和终审权,凡属于高度自治范围的事务都由香港特别行政区自己管理,中央各部门、各地方均不得干预。除了基本法规定由中央负责管理的国防、外交等事务外,中央对香港特别行政区实施管理主要体现在两方面:一是行政长官和主要官员由中央政府任命,行政长官对中央政府负责;二是全国人大拥有基本法的修改权和全国人大常委会拥有基本法的解释权。在这种情况下,中央对有些权力进行自我约束。比如,基本法规定,香港特别行政区不实行社会主义制度和政策,保持原有的资本主义制度和生活方式,五十年不变;基本法的任何修改,均不得同国家对香港既定的"一国两制"、"港人治港"、高度自治的基本方针政策相抵触;全国性法律除列于本法附件三者外,不在香港特别行政区实施,任何列于附件三的法律，限于有关国防、外交和其他按照基本法规定不属于香港特别行政区自治范围的法律，等等。这些规定，充分体现了"一国两制"下特殊的中央与地方的关系。

以上两个特点，可以说是正确理解和处理中央与特区关系的基本出发点和立足点，凡遇到中央与特区关系的问题，只要我们始终注意把握这两个特点来理解和处理，就比较容易达成共识，把问题处理好。

一个核心

正确理解和处理中央与香港特别行政区的关系，核心是正确理解和处理"一国"与"两制"的关系，这是保证基本法顺利实施的关键。1997 年香港回归前夕，我曾在《牢牢把握香港基本法的核心内容》一文中提出，基本法最核心的内容可以概括为三句话：一是坚持一个国家，保障国家主权；二是坚持两种制度，保障高度自治；三是坚持基本不变，保障稳定繁荣。这三句话实际上就是讲"一国"与"两制"的关系，可以说它是贯穿基本法始终的灵魂。

"一国"，就是中华人民共和国，就是香港从英国的殖民统治回到了祖国的大家庭，国家对香港恢复行使主权，香港成为国家的一个地方行政区，受中央人民政府管辖。"两制"，就是内地实行社会主义制度，香港特别行政区保持原有的资本主义制度五十年不变。"一国"是"两制"的前提。没有香港的回归，没有"一国"，就没有"两制"。而"两制"是香港顺利回归、平稳过渡和保持长期繁荣稳定的重要保证。"一国两制"是一个整体，不能割裂，"一国"与"两制"都必须得到保障，不能只强调一面而忽视另一面。

基本法实施中遇到的涉及中央与特别行政区关系的问题，有时可能会产生不同的意见，这是完全正常的。这时，就特别需要抓住"一国"与"两制"的关系这个核心，严格按照既有利于维护"一国"，又有利于实行"两制"的要求办事，问题才能处理得比较好。举一个大家比较关心的问题作例子，关于基本法的解释权。宪法规定，法律（指全国人大及其常委会制定的全国性法律）的解释权属于全国人大常委会，这是宪法赋予全国人大常委会的一项职权。基本法作为一部全国人大制定的全国性法律，根据宪法明确规定："本法的解释权属于全国人民代表大会常务委员会。"基本法的这一规定，就是"一国"的体现，表明在涉及国家体制、中央国家机关的权力方面，对香港特别行政区同对内地各省、自治区、直辖市是一样的。同时，考虑到香港的特殊情况，为方便香港特别行政区法院对案件的审理，基本法又规定："全国人民代表大会常务委员会授权香港特别行政区法院在审理案件时对本法关于香港特别行政区自治范围内的条款自行解释。"基本法又进一步规定："香港特别行政区法院在审理案件时对本法的其他条款也可解释。"但有限制条件，基本法规定的唯一限制是：如香港特别行政区法院在审理案件时需要对本法关于中央人民政府管理的事务或中央和香港特别行政区关系的条款进行解释，而该条款的解释又影响到案件的判决，那么在对该案件作出不可上诉的终局判决以前，应由香港特别行政区终审法院请全国人大常委会对有关条款作出解释。基本法这种既授权又限制的规定，就是为了使"一国"和"两制"都能得到维护，既保证中央对香港有效行使国家主权，保证基本法在全国范围获得统一的理解和执行，又保证香港特别行政区有效行使独立的司法权和终审权，保证香港特别行政区实行高度自治。因此，在基本法解释问题上，应当明确：第一，解释权属于全国人大常委会，这是我国的宪法制度，如果全国人大常委会作出解释，香港特别行政区法院在引用该条款时，应以全国人大常委会的解释为准，这是"一国"的体现和要求。第二，授权香港法院解释，不是分权，全国人大常委会并不因授权而丧失解释权，授权香港法院解释，是为了更好地实行"两制"。第三，除了依法应提请全国人大常委会解释的情况外，香港特别行政区法院在审理案件时对案件涉及的基本法条文都可以进行解释。第四，全国人大常委会解释基本法，只限于明确法律条文的界限和内容，不涉及具体案件的审理。第五，全国人大常委会在对基本法解释前，须征询其所属的由内地和香港各 6 位委员组成的香港特别行政区基本法委员会的意见。以上五条基本上体现了在基本法解释问题上如何正确理解和处理"一国"与"两制"的关系，我想只要大家都严格按照这几条办，就用不着对基本法解释问题心存疑虑。一方面，全国人大常委会既已授权，就相信香港法院会严格按照基本法的立法原意进行解释，保证基本法的正确实施，全国人大常委会不会也没有必要频繁地对基本法进行解释；另一方面，即使今后全国人大常委会依照基本法的规定再对基本法作解释，大家都能以一种平常心来对待，因为这本来就是实行"一国两制"

的题中应有之义。

总之，中央与香港特别行政区的关系问题，是"一国两制"实践中的重要问题。香港回归两年多来，中央和香港特别行政区在处理中央与特区的关系方面已经积累了一定的经验，建立起了顺畅、和谐的关系，使我们对"一国两制"和保持香港的长期繁荣稳定更加充满信心。当然，基本法实施中涉及中央与特区关系的问题还会产生，"一国两制"本来就是一个新事物，无先例可循，加上法律制度、法律传统不同，在实施过程中有些不同的意见是十分正常的。但是，我认为，只要我们高高举起两个文件、紧紧把握两个特点、牢牢抓住一个核心，不断探索，就没有解决不了的问题。

“一国两制”的“守护神”*

——纪念香港基本法实施五周年

基本法是根据“一国两制”方针制定的。1997 年香港回归前夕，我曾在《牢牢把握香港基本法的核心内容》一文中提出，基本法最核心的内容可以概括为三句话：一是坚持一个国家，保障国家主权；二是坚持两种制度，保障高度自治；三是坚持基本不变，保障稳定繁荣。这三句话是“一国”与“两制”关系的精髓，是贯穿基本法始终的灵魂。“一国”，就是中华人民共和国，就是香港从英国的殖民统治回到了祖国的大家庭，国家对香港恢复行使主权，香港成为国家的一个地方行政区，受中央人民政府管辖。“两制”就是内地实行社会主义制度，香港特别行政区保持原有的资本主义制度五十年不变。“一国”是“两制”的前提。没有香港的回归，没有“一国”就没有“两制”。而“两制”是香港顺利回归、平稳过渡和保持长期繁荣稳定的重要保证。“一国两制”是一个整体，要作为一个完整的概念来把握，不能割裂，“一国”与“两制”都必须得到保障，不能只强调一面而忽视另一面。基本法全面体现了“一国两制”

---

* 载 2002 年 9 月 27 日《香港文汇报》。

的方针。基本法的贯彻实施，对"一国两制"起到了"守护神"的作用。

香港特别行政区成立以来这五年，是"一国两制"、"港人治港"、高度自治的方针得到切实贯彻执行的五年，是香港基本法得到认真实施的五年。五年间，虽然经历了不少风浪，但香港继续保持着自由港的特色和国际贸易、金融、航运中心的地位，被公认为亚洲乃至全球最具发展活力的地区之一。香港广大居民继续以自己习惯的方式生活，享受着广泛的权利和自由。香港的繁荣和稳定有目共睹。这是"一国两制"方针的生动体现，是基本法具有强大生命力的生动体现。

"一国两制"是一项全新的事业，需要不断实践和探索。在基本法实施的过程中，对一些问题出现不同的认识，甚至出现一些争论，是正常的。通过有益探索和争论，有助于人们对基本法的深入了解。这里，特别要抓住"一国"与"两制"的关系这个核心，全面、完整地理解"一国两制"方针和基本法的规定。我在纪念香港基本法颁布十周年研讨会的发言中，曾以1999年6月全国人大常委会就居港权问题对基本法有关条款的解释为例，阐明要理解基本法的解释权，就需要抓住"一国"与"两制"的关系这个核心，只有抓住这个核心，才能全面领会基本法的有关规定。基本法规定："本法的解释权属于全国人民代表大会常务委员会。"基本法的这一规定，是"一国"的体现，是依照《中华人民共和国宪法》的规定作出的。宪法规定，法律的解释权属于全国人大常委会。基本法作为一部全国人大制定的全国性法律，其解释权同样属于全国人大常委会。解释法律，是宪法赋予全国人大常委会的一项职权。为了保证基本法在全国范围内（包括香港和内地）得到统一的、正确的理解和执行，需要由全国人大常委会行使解释权。同时，考虑到香港的特殊情况，为方便香港特别行政区法院对案件的审理，基本法又规定："全国人民代表大会常务委员会授权香港特别行政区法院在审理案件时对本法关于香港特别行政区自治范围内的条款自行解释。"并规定："香港特别行政区法院在审理案件时对本法的其他条款也可解释。"但有限制条件，基本法规定的唯一限制是：如香港特别行政区法院在审理案件时需要对本法关于中央人民政府管理的事务或中央和香港特别行政区关系的条款进行解释，而该条款的解释又影响到案件的判决，在对该案件作出不可上诉的终局判决前，应由香港特别行政区终审法院请全国人大常委会对有关条款作出解释。基本法这种既授权又限制的规定，就是为了使"一国"和"两制"都能得到维护，既保证中央对香港有效行使国家主权，保证基本法在全国范围获得统一的理解和执行，又保证香港特别行政区有效行使独立的司法权和终审权，保证香港特别行政区实行高度自治。因此，在基本法解释问题上，应当明确：第一，解释权属于全国人大常委会，这是我国的宪法制度。如果全国人大常委会作出解释，香港特别行政区法院在引用该条款时，应以全国人大常委会的解释为准，这是"一国"的体现和要求。第二，授权香港法院解释，不是分权，全国人大常委会并不因授权而丧失解释权，授权香港法院解释，是为了更好地实行"两制"。第三，除了依法应提请全国人大常委会解释的情况外，香港特别行政区法院在审理案件时对案件涉及的基本法条文都可以进行解释。第四，全国人大常委会解释基本法，只限于明确法律条文的界限和内容，不涉及具体案件的审理。第五，全国人大常委会在对基本法解释前，须征询其所属的由内地和香港各 6 位委员组成的香港特别行政区基本法委员会的意见。以上五条基本上体现了基本法解释问题上如何正确理解和处理"一国"与"两制"的关系。一方面，全国人大常委会既已授权，相信香港法院会按照基本法的立法原意进行解释，保证基本法的正确实施，全国人大常委会不会也没有必要频繁地对基本法进行解释；另一方面，必要时，如果全国人大常委会对基本法作出解释，大家都能以一种平常心来对待，因为这本来就是实行"一国两制"的题中应有之义。还有一个与"一国两制"密切相关、也是大家十分关注的问题，就是基本法第二十三条的立法问题。为了维护国家的主权和统一，基本法第二十三条要求香港特别行政区自行立法禁止任何叛国、分裂国家、煽动叛乱、颠覆中央人民政府及窃取国家机密的行为，禁止外国的政治性组织或团体在香港特别行政区进行政治活动，禁止香港特别行政区的政治性组织或团体与外国的政治性组织或团体建立联系。禁止危害国家安全的行为，确保公民在一个安全、稳定、有序的社会中生活，是每一个主权国家都特别加以重视的问题。古今中外，概莫能外。《中华人民共和国刑法》对叛国、分裂国家、煽动叛乱、颠覆中央人民政府、窃取国家机密等行为，都明文予以禁止和处罚。由于实行"一国两制"，香港特别行政区实行高度自治，国家的刑法不在香港特别行政区实施，因此，需要由香港特别行政区自行立法，禁止危害国家安全的行为。香港特别行政区作为中华人民共和国不可分离的部分，作为直辖于中央人民政府的一个地方行政区，有义务禁止危害国家安全的行为，这是"一国"的要求。同时，不在香港适用国家的刑法，而由香港特别行政区自行立法，这又是"两制"的需要。完成基本法第二十三条规定的立法，是香港特别行政区的法定义务，这项义务是"一国两制"方针所要求的。香港回归已经五年，进行基本法第二十三条立法的工作，理所当然地列入了香港特别行政区的议事日程。按照基本法的要求，是由香港特别行政区自行立法禁止各种危害国家安全的行为。进行这项立法，既要确保维护国家的安全与统一，符合"一国"的原则，又要充分考虑香港的实际情况，具有"两制"的特点。我注意到特区政府有关咨询文件中关于落实第二十三条立法的指导原则中，写明"必须全面落实《基本法》的规定，包括第二十三条订明必须禁止的行为：以及其他在第三章的有关条文，特别是保障香港居民某些基本权利和自由的第二十七条，以及第三十九条"。围绕基本法第二十三条的立法问题，香港作为一个多元社会，已经反映出各种不同的意见，这是完全正常的。在充分咨询、理性讨论中，我想还是要抓住："一国"与"两制"的关系这个核心，以此作为基本出发点，就能认识到进行这项立法的必要性和迫切性，并能明确这项立法的原则和目的。

基本法实施五年来的实践充分证明，维护基本法的稳定性是至关重要的。基本法是"一国两制"的"守护神"。广泛宣传、认真执行基本法，是贯彻"一国两制"方针，维护香港繁荣稳定的重要保证。《文汇报》开辟宣传基本法专栏是一件十分有意义的事。这对于进一步广泛宣传和推介基本法，使基本法越来越深入人心，大有裨益。预祝专栏办出特色，越办越好。

关于香港基本法的几个主要问题[*]

《中华人民共和国香港特别行政区基本法》包括一个序言、九章 160 条和三个附件，是 1990 年 4 月 4 日七届全国人大三次会议通过的一部全国性法律，内容十分丰富，其核心内容可以概括为三句话：一是坚持一个国家，保障国家主权；二是坚持两种制度，保障高度自治；三是坚持基本不变，保障稳定繁荣。

一、宪法在香港特别行政区的适用

这是学习香港基本法必须首先明确的问题。有人认为宪法是社会主义宪法，怎么适用于资本主义的香港？如适用岂不是一国一制；有人认为宪法只有第 31 条（即"国家在必要时得设立特别行政区。特别行政区内实行的制度按照具体情况由全国人民代表大会以法律规定。"）适用香港，其他都不适用，香港只适用基本法。认为只有香港基本法适用香港，宪法不适用，是不正确的。宪法是国家主权在法律制度上最高的表现形式。宪法不能在全国范围内统一适用，就限制了一个国家主权的行使范围，否定了主权的最高性。宪法作为国家的根本大法，具

---

* 2004 年 3 月 26 日全国人大常委会会议参阅文件。

有最高的法律效力，在全国范围内实施，必须总体上适用于香港。基本法序言指出，基本法是根据宪法制定的，而不是仅根据宪法第 31 条。宪法在香港特别行政区的适用，集中体现在两个方面：

（一）宪法中有关确认和体现国家主权、统一和领土完整的规定，即体现"一国"的规定，适用于香港同适用内地各省、自治区、直辖市是一样的。我国是单一制国家，只有一个最高国家权力机关（全国人大），只有一个最高国家行政机关（国务院），只有一个最高军事机关（中央军委），宪法关于全国人大及其常委会、国家主席、国务院和中央军委的规定，关于国防、外交的规定，关于国家标志（国旗、国徽、首都）的规定，关于国籍的规定等，这些体现"一国"的规定，都是适用香港的。

（二）由于国家对香港实行"一国两制"，香港特别行政区实行资本主义制度不变，宪法在香港施行同在内地施行又有所不同。宪法有关社会主义制度的规定（包括政治、经济、文化制度等）不在香港施行，而这些规定不在香港施行正是宪法所允许的，这就是宪法第 31 条。如果宪法不适用于香港，那"两制"就不存在了，宪法是"两制"的法源。

宪法是基本法的依据，基本法脱离了宪法，基本法就失去了法律效力。宪法的效力及于香港，正是"一国两制"方针和香港基本法得以有效实施的最根本的法律保障，如果认为只有基本法适用而作为基本法立法依据的宪法却不适用，基本法就成了无源之水、无本之木，基本法就不可能获得法律效力。

二、香港基本法在香港特别行政区的宪制性地位

香港基本法是全国人大制定的基本法律，是一部全国性法律，对香港而言，则是一部宪制性法律，效力仅次于宪法。基本法在香港的这种宪制性地位，主要体现在两个方面：

（一）香港基本法规定的香港特别行政区的政制架构等内容，本来应当是由宪法规定的。但因为 1982 年修订宪法时"一国两制"方针虽已提出，但宪法还来不及对未来的特别行政区的政制架构作出具体规定，只能通过宪法第 31 条的规定留待基本法作出具体规定。

（二）香港基本法在香港特别行政区具有凌驾地位，其效力高于香港特区法律，是香港特区所有立法的依据和基础。基本法第 8 条规定，香港原有法律抵触基本法的不予保留。第 160 条规定，香港特区成立时，香港原有法律凡抵触基本法的，由全国人大常委会宣布不采用为特区法律。据此，1997 年 2 月八届全国人大常委会作出决定，对原有法律中不采用为特区的法律作了明确宣布。基本法第 11 条规定，香港特区制定的任何法律都不得同基本法相抵触，这一规定与宪法第 5 条关于一切法律、行政法规和地方性法规都不得同宪法相抵触的规定一样。充分说明了基本法在香港特区的宪制性地位。

三、香港特别行政区的高度自治权来源于中央授权

香港特别行政区是国家的一个地方行政区域。基本法序言开宗明义规定："香港自古以来就是中国的领土"。总则第 1 条

规定："香港特别行政区是中华人民共和国不可分离的部分。"基本法第 2 条规定："全国人民代表大会授权香港特别行政区依照本法的规定实行高度自治，享有行政管理权、立法权、独立的司法权和终审权。"基本法的上述规定表明：香港特别行政区享有的高度自治权不是香港特别行政区固有的，而是来自于中央的授权。授权与分权是两个不同的法律概念，表达两种不同的权力关系。授权是指权力主体将原来属于它的权力，授予被授权者行使。分权则是将权力在两个或两个以上的权力主体之间进行分割。在授权概念下，权力主体并不因授权而丧失权力，仍对被授权者是否按照授权的规定行使其权力有监督权。在分权概念下，两个或两个以上权力主体，按照分权的规定各自独立行使权力。我国是单一制国家，由中央国家机关代表国家统一行使国家主权，地方政权机关的权力是由中央自上而下授予的。针对有些港人提出的所谓"剩余权力"（基本法没有授予特区的权力都属于特区）问题，基本法第 20 条规定，特区可享有全国人大和全国人大常委会及中央政府授予的其他权力。意即，除了基本法已授予特区的权力外，如果特区需要，还得由中央授权，没有什么"剩余权力"。香港特别行政区是最高国家权力机关根据宪法设立的，处于国家的完全主权之下。

四、中央如何依据基本法管治香港特别行政区

（一）香港特别行政区行政长官和主要官员由中央人民政府任命。我国作为单一制国家，中央对地方政权主要领导人员行使任命权，是维护国家统一的重要手段。基本法规定，中央

人民政府任命香港特别行政区行政长官和行政机关的主要官员，并相应确立了"行政主导"体制，以保证行政长官对特别行政区的有效管治，保证中央能够通过行政长官对香港特别行政区发挥作用。中央人民政府的任命权不是程序性，而是实质性的。

（二）香港基本法的解释权和修改权属于最高国家权力机关。香港基本法在香港特别行政区具有宪制性法律地位，是体现和维护国家主权的重要法律依据和法律手段。因此，根据宪法，基本法第158条明确规定："本法的解释权属于全国人民代表大会常务委员会。"第159条明确规定："本法的修改权属于全国人民代表大会。"香港特别行政区的政治体制是基本法的重要内容，这些内容同基本法其他条文一样，解释权属于全国人大常委会，修改权属于全国人大。

（三）香港特别行政区行政长官和立法会产生办法的任何改变必须获得中央的同意。基本法第45条和第68条确定了行政长官和立法会产生办法的原则，是政治体制的重要内容，两个产生办法的修改权本来是属于全国人大的，但为了根据香港的实际情况和循序渐进的原则逐步推进香港的政制发展，基本法正文在确定大原则后，由附件一对行政长官产生办法作了具体规定，由附件二对立法会产生办法作了具体规定，同时对产生办法的修改，规定了一个比较简便的程序，即2007年以后行政长官和立法会的产生办法如需修改，须经立法会全体议员三分之二多数通过，行政长官同意，并报全国人民代表大会常务委员会"批准"或者"备案"。这样规定，目的是不修改基本法正文，但并不意味着全国人大对行政长官和立法会产生办法没有决定权。基本法第 12 条规定："香港特别行政区是中华人民共和国的一个享有高度自治权的地方行政区域，直辖于中央人民政府。"香港特别行政区是中央统一领导下的地方行政区域，不是任何独立的政治实体，这就决定了香港特别行政区实行什么样的政治体制及其民主如何发展由中央决定，而不能由香港特别行政区自行决定。它只有在获得中央同意的情况下，才可以考虑是否需要作相应改变和如何改变。

（四）国家对香港特别行政区制定的法律行使监督权。基本法第 17 条规定，香港特别行政区立法机关制定的法律须报全国人大常委会备案。备案不影响该法律的生效。全国人大常委会在征询其所属的香港特别行政区基本法委员会，如认为香港特别行政区立法机关制定的任何法律不符合本法关于中央管理的事务及中央和香港特别行政区关系的条款，可将有关法律发回，但不作修改。发回的法律立即失效。

（五）中央人民政府负责管理香港特区的防务，负责管理香港特区有关的外交事务。有关国防、外交等全国性法律可以依法列入基本法附件三在香港特别行政区实施。基本法第 18 条第 2 款规定："全国性法律除列于本法附件三者外，不在香港特别行政区实施。凡列于本法附件三之法律，由香港特别行政区在当地公布或立法实施。"第 3 款规定，全国人大常委会在征询其所属的香港特别行政区基本法委员会和香港特别行政区政府的意见后，可对列于基本法附件三的法律作出增减，任何列入附件三的法律，限于有关国防、外交和其他按本法规定不属于香港特别行政区自治范围的法律。

（六）国家有权依照基本法的规定决定香港特别行政区进入紧急状态。香港特别行政区的高度自治必须以维护国家统一和安全为前提，如果香港特别行政区内发生香港特别行政区政府不能控制的危及国家统一或安全的动乱，根据基本法第 18 条第 4 款规定，全国人大常委会有权决定香港特别行政区进入紧急状态，中央人民政府可发布命令将有关全国性法律在香港特别行政区实施。

中央掌握了任命权、解释权、修改权、监督权、批准权和决定权，就把握住了根本，就能够保证"一国两制"方针和基本法的正确实施。

五、坚持两种制度，保障高度自治

香港特别行政区保持原有的资本主义制度，实行高度自治，这是香港基本法的另一个重要内容。香港特别行政区高度自治权的内容包括四个方面：

（一）行政管理权。行政管理权是重要的国家权力，不论是单一制国家，还是联邦制国家，地方的行政管理权都是有限的。基本法第 16 条规定："香港特别行政区享有行政管理权，依照本法的有关规定自行处理香港特别行政区的行政事务。"按照基本法的规定，除国防、外交以及其他基本法规定由中央人民政府处理的事务外，其他行政事务都由香港特别行政区依照基本法规定自行处理，这些不同于一般地方的高度自治的行政管理权，概括起来主要有：（1）保持财政独立。香港特别行政区的财政收入全部用于自身需要，不上缴中央人民政府。中央人民政府不在香港特别行政区征税。（2）实行独立的税收制度。自行立法规定税种、税率、税收宽免和其他税务事项。（3）实行独立的货币金融制度。（4）实行自由贸易政策。（5）单独的关税地区。香港特别行政区可以"中国香港"的名义参加《关税和贸易总协定》等。（6）自行制定教育、科学、文化、卫生、体育等方面的政策。

（二）立法权。在单一制国家下，地方一般不享有立法权或者只享有有限的立法权。在联邦制国家下，邦或州虽然享有较大的立法权，可以有自己的独立的法律体系，但其立法权限也受到限制。而香港特别行政区的立法权不仅大于单一制国家下的地方，而且也大于联邦制国家下的邦或州。基本法第 17 条规定："香港特别行政区享有立法权。"香港特别行政区立法机关制定的法律虽然要报全国人大常委会备案（第 17 条），但备案不影响法律的生效。全国人大常委会对报送备案的香港特别行政区的法律有发回权，但是：第一，在程序上，全国人大常委会发回前，必须先征询其所属的由香港和内地各 6 名委员组成的香港基本法委员会的意见；第二，在内容上，发回的法律限于不符合基本法关于中央管理的事务及中央和香港特别行政区的关系的条款；第三，发回不作修改；第四，发回的法律立即失效，但"该法律的失效，除香港特别行政区的法律另有规定外，无溯及力"。这就是说，法律的失效一般不影响失效前根据该法律所作出的法律行为。

基本法第 18 条虽然规定列于基本法附件三的全国性法律在

香港特别行政区实施，但是：第一，在程序上必须在征询全国人大常委会所属的由香港和内地各 6 名委员组成的香港基本法委员会的意见后才能列入附件三；第二，在内容上限于有关国防、外交和其他按基本法规定不属于香港特别行政区自治范围的法律；第三，列入附件三的法律需要由香港特别行政区在当地公布或立法实施。

（三）独立的司法权和终审权。在单一制国家下，一般地方都没有司法权。在联邦制国家下，邦或州虽然享有司法权，但一般没有终审权。香港特别行政区不仅享有独立的司法权，而且还享有终审权，这是当今世界独一无二的特例。独立的司法权，一是指香港特别行政区享有独立于内地的司法权，二是指法院独立进行审判，不受任何干涉，司法人员履行审判职责的行为不受法律追究。终审权，是指香港特别行政区的诉讼案件以香港特别行政区终审法院为最高审级，终审法院的判决是最终判决。

（四）自行处理有关对外事务的权力。香港基本法在坚持外交事务属于中央人民政府管理的原则下，不仅允许香港特别行政区政府的代表可以作为中华人民共和国政府代表团的成员参加由中央人民政府进行的同香港特别行政区直接有关的外交谈判，而且还授予香港特别行政区可以自行处理有关对外事务的权力。主要是：（1）香港特别行政区可以在经贸文化等领域以"中国香港"的名义单独对外保持和发展关系。（2）香港特别行政区享有出入境管理权。（3）香港特别行政区可以在外国设立官方或半官方的经贸机构。

国家通过基本法授予香港特别行政区高度自治权，凡是依照基本法的规定属于高度自治范围内的事务，都由香港特别行政区自己管理。为了从法律上保障香港特别行政区行使自治权，基本法又特别作了以下几项规定：（1）"中央人民政府派驻香港特别行政区负责防务的军队不干预香港特别行政区的地方事务。"（2）"驻军人员除须遵守全国性的法律外，还须遵守香港特别行政区的法律。"（3）"中央人民政府所属各部门、各省、自治区、直辖市均不得干预香港特别行政区根据本法自行管理的事务。""中央各部门、各省、自治区、直辖市如需在香港特别行政区设立机构，须征得香港特别行政区政府同意并经中央人民政府批准。""中央各部门、各省、自治区、直辖市在香港特别行政区设立的一切机构及其人员均须遵守香港特别行政区的法律。"

从基本法的以上规定可以看出，香港特别行政区享有的高度自治权，无论是与我国的一般地方政权的权力，包括民族自治地方自治机关的自治权比较，还是与其他单一制国家的地方权力比较，都更为广泛。即使与联邦制国家的邦或州的权力比较，除个别方面，如制定宪法外，在其他方面，香港特别行政区也享有更为广泛、更为高度的自治权。

香港特别行政区高度自治的另一个重点，是指由香港当地人自己管理，中央不派人去管理，也不是由外国人来管理，而是实行"港人治港"。基本法规定："香港特别行政区的行政机关和立法机关由香港永久性居民依照本法有关规定组成。""香港特别行政区终审法院和高等法院的首席法官，应由在外国无居留权的香港特别行政区永久性居民中的中国公民担任。"基本法在有关章节中对香港特别行政区行政机关和立法机关的组成作了具体规定。这些规定，充分体现了维护国家主权和"港人治港"原则。邓小平同志 1984 年接见香港访京团时指出："我们相信香港人能治理好香港。""港人治港有个界线和标准，就是必须由以爱国者为主体的港人来治理香港。"

六、香港特区行政主导型体制下的行政、立法、司法三者之间的关系

香港特别行政区的自治权分别由行政机关、立法机关、司法机关行使，但香港特别行政区的政治体制不是三权分立，而是"行政主导"。所谓"行政主导"，是指行政长官在整个政权运作中处于支配性地位的一种政治体制，同时，行政机关与立法机关既互相制衡，又互相配合，而司法则独立进行审判，不受任何干涉。香港原有的总督制就是一种"行政主导"的政治体制。总督凌驾于行政和立法两局之上，在港英政府中处于支配地位。香港特区继续采用了这种"行政主导"体制的模式。基本法第 43 条明确规定："香港特别行政区行政长官是香港特别行政区的首长，代表香港特别行政区。"这一规定确立了行政长官的主导地位，并从以下四个方面加以体现：

（一）在特别行政区与中央人民政府的关系中，行政长官居于十分重要的地位，中央人民政府通过行政长官对特别行政区发生关系。主要表现在："香港特别行政区行政长官依照本法的规定对中央人民政府和香港特别行政区负责"；行政长官"负责执行本法和依照本法适用于香港特别行政区的其他法律"；行政长官"将财务预算、决算报中央人民政府备案"；行政长官提名并报中央人民政府任命主要官员，并建议中央人民政府免除主要官员的职务；行政长官"代表香港特别行政区政府处理中央授权的对外事务和其他事务"。

（二）行政长官在特别行政区政府中处于首长地位。主要表现在：行政长官"领导香港特别行政区政府"；行政长官"决定政府政策和发布行政命令"；行政长官"依照法定程序任免公职人员"；行政长官"批准向立法会提出有关财政收入或支出的动议"。

（三）行政长官在立法程序中处于重要地位。主要表现在：行政长官"签署立法会通过的法案，公布法律"；行政长官"如认为立法会通过的法案不符合香港特别行政区的整体利益，可在三个月内将法案发回立法会重议"；行政长官"如拒绝签署立法会再次通过的法案或立法会拒绝通过政府提出的财政预算案或其他重要法案，经协商仍不能取得一致意见，行政长官可解散立法会"。

此外，涉及公共开支或政治体制或政府运作的法案只能由政府向立法会提出，议员个人不能提出包括上述内容的法律草案。立法会议员个别或联名提出涉及政府政策的法律草案，在提出前必须得到行政长官的书面同意。在立法会上，政府法案的表决，与议员个人法案的表决机制也不同，"政府提出的法案，如获得出席会议的全体议员的过半数票，即为通过。""立法会议员个人提出的议案、法案和对政府法案的修正案均须分别经功能团体选举产生的议员和分区直接选举、选举委员会选举产生的议员两部分出席会议议员各过半数通过。"这些也是体现行政主导的内容之一。

（四）行政长官在司法方面也有重要作用。主要表现在：行政长官"依照法定程序任免各级法院法官"；"香港特别行政区终审法院的法官和高等法院首席法官的任命或免职，由行政长官报全国人民代表大会常务委员会备案"；"香港特别行政区法院在审理案件中遇有涉及国防、外交等国家行为的事实问题，应取得行政长官就该等问题发出的证明文件，上述文件对法院有约束力。"

以上规定表明，香港特别行政区是以行政长官为主导的体制，不仅行政机关置于行政长官领导之下，行政长官在立法中处于重要地位，享有重要权力，在司法方面也有重要作用。这种"行政主导"体制，充分表明了行政长官是整个特区的首长，代表整个特区。所谓行政长官向中央政府负责，是以整个特区首长的身份向中央政府负责。这种独特的政治体制一方面有利于贯彻"一国两制"，有利于维护国家主权和国家安全，有利于保证香港基本法正确实施；另一方面有利于高度自治，有利于保持香港的稳定、高效，是最适合香港实际的一种政治体制。

同时，立法会对行政长官也有一定的制约。立法会可以"听取行政长官的施政报告并进行辩论"；如立法会全体议员的四分之一联合动议，指控行政长官严重违法或渎职行为而不辞职，经立法会通过进行调查，如调查委员会认为有足够证据构成上述指控，"立法会以全体议员三分之二多数通过，可提出弹劾案，报请中央人民政府决定"；行政长官"因两次拒绝签署立法会通过的法案而解散立法会，重选的立法会仍以全体议员三分之二多数通过所争议的原案，而行政长官仍拒绝签署"；或"因立法会拒绝通过财政预算案或其他重要法案而解散立法会，重选的立法会继续拒绝通过所争议的原案"，必须辞职。

七、坚持基本不变，保障稳定繁荣

在实现香港回归这一"大变"的前提下，保持香港原有资本主义制度和生活方式五十年不变，是保证香港顺利回归和保持香港长期稳定繁荣的一项重要政策，是基本法的一项十分重要的原则和内容。基本法规定："香港特别行政区不实行社会主义制度和政策，保持原有的资本主义制度和生活方式，五十年不变。"这里讲的五十年不变，是指"一国两制"的方针不变，中国政府在中英联合声明中所阐明的基本方针政策不变，保持原有的资本主义制度和生活方式不变。"五十年不变"，不只是一个具体的时间概念，更主要的是一个长期不变的表述方式。1987年4月，邓小平同志会见香港特别行政区基本法起草委员会委员时说："对香港、澳门、台湾的政策五十年不变，五十年之后还会不变。""社会主义国家里允许一些特殊地区搞资本主义，不是搞一段时间，而是搞几十年、成百年。"为了保证基本法不变，基本法第159条对基本法的修改专门作了限制性规定："本法的任何修改，均不得同中华人民共和国对香港既定的基本方针政策相抵触。"这里的"既定的基本方针政策"，是指序言所规定的"国家对香港的基本方针政策，已由中国政府在中英联合声明中予以阐明"，即"一国两制"、"港人治港"、高度自治。

基本法关于基本不变的内容十分广泛，除以上"原有的资本主义制度和生活方式不变"的规定外，还体现在以下几个主要方面：

1. 香港的"行政主导"政治体制不变。2. 香港原有法律基本不变。3. 香港原有政府机构设置基本不变。4. 香港原有司法体制基本不变。（基本法第 81 条规定："原在香港实行的司法体制，除因设立香港特别行政区终审法院而产生变化外，予以保留。"）5. 香港居民原来享有的各项权利不变。6. 香港原有法官、其他司法人员和公务员均可留用，其年资予以保留，薪金、津贴、福利待遇和服务条件不低于原来的标准。7. 香港原有经济地位和政策不变。8. 香港原有教育、宗教等政策基本不变。等等。

坚持基本不变，是基本法的重要内容。但基本不变，并不是一点不变，比如，设立终审法院，就是一种变。在港英统治时期，香港是没有终审权的，当时终审权掌握在英国枢密院司法委员会手里。至于一些具体制度，根据基本法的规定，是可以在原有的基础上予以发展和改进的。例如，香港原有法律如同基本法相抵触，则必须变。根据基本法的规定，1997 年 2 月全国人大常委会对香港原有法律中抵触基本法的规定作出了处理，这是我国恢复对香港行使主权所必须的变。即便如此，宣布抵触的只有很少的一部分，整部法律抵触基本法不采用为特区法律的只有 14 件，部分条款抵触基本法不采用为特区法律的只有 10 件，绝大部分都采用为特区法律，只是有些法律中的名称或词句在解释或适用时需进行替换。

在香港保留资本主义制度，社会、经济制度不变，法律基本不变，生活方式不变，香港自由港的地位和国际金融中心的地位也不变，有利于保持它同世界各国继续发展密切的经济贸易关系，有利于保持它的繁荣和稳定。正如邓小平同志指出的："不保证香港和台湾继续实行资本主义制度，就不能保持它们的繁荣和稳定，也不能和平地解决问题。"

"一国两制"与单一制国家体制不矛盾[*]

  关于联邦制和单一制的问题，美国是联邦制，中国是单一制，单一制下面设立一个特别行政区，这正是"一国两制"的伟大之处，与单一制不矛盾。中央和香港特区的关系有两个层面，第一个层面就是一般的中央与地方的关系。地方没有自己固有的权力，权力都是中央授予的。有关"一国"的体现都是在单一制下的中央与地方的关系。还有一层就是"一国两制"下的中央与地方的关系，就是全国人大常委会授权香港有高度自治权，这个权力远远大于内地各个省、自治区、直辖市的权力。它的统一就是在一个国家下面的两种制度。

  基本法还明确规定，香港不实行社会主义制度，保持资本主义制度 50 年不变，法律制度基本不变，司法制度除了有了终审法院带来的变化以外，其他基本都不变。通过基本法来保证香港实实在在地搞资本主义。这跟联邦制是不一样的，联邦制的权力实际上是各个州授予联邦，把其他权力保留下来，没有给联邦的权力，都是在各自的州里面。

  单一制是反过来的，地方没有权力，地方的权力是中央给

  * 2004 年 4 月 6 日，在国务院新闻办公室举办的记者招待会上的答问。

的，这是一个根本的区别。如果说一定有"剩余权力"，这个权力也是在中央。基本法第 20 条是这样规定的，香港特别行政区享有全国人大和中央政府授予的其他权力。也就是说在基本法已经授予权力的情况下，如果特区有需要，但是你本身没有权，还要再由全国人大或中央政府授予。这和联邦制是不一样的。

至于香港基本法附件一和附件二是否需要修改，行政长官应向全国人大常委会提出报告，由全国人大常委会确定，这是这次解释的第三条。至于说到是不是就是行政长官需要、人大需要，人民有这个需要怎么办？香港社会是多元的社会，香港民主需求是多样的，各个界别、各个方面都有不同的民主需求。

在香港发展民主，必须要有利益兼顾、均衡参与的问题。即便是将来普选，香港基本法第 45 条已经明确规定，提名委员会也是有广泛代表性的提名委员会，这就是要体现均衡参与。人民有需要，行政长官有很多咨询机构，可以广泛地吸纳人民的需求，最后由他作为特别行政区的代表以及基本法规定向中央负责，他要向全国人大常委会提出报告，这个报告里应当反映出人民的要求。

从"一国两制"的高度看待释法的
必要性与合法性*

女士们、先生们、朋友们，大家好！

我今天演讲的题目是《从"一国两制"的高度看待释法的必要性与合法性》。为这个演讲昨晚准备到今天凌晨 4 点，中午未午休还在改稿，虽然事前有所准备，但也要与时俱进，要把这两天的真切感受写进去，这样演讲才更有针对性。

刚刚结束的十届全国人大常委会第八次会议审议通过了关于香港基本法附件一第七条和附件二第三条的解释。这是中央贯彻落实"一国两制"方针和基本法所采取的一项重要举措。到香港来的这两天，通过与香港知识界、法律界等各个方面人士的接触，亲身感受到香港各界对全国人大常委会的释法表现出了高度的关注，就我所听到的、看到的，感觉总体评价正面，但也确实听到、看到了一些不同意见，甚至比较激烈的不同意见。比如，有的认为基本法附件一和附件二的规定已经很清晰，无需释法；有的认为释法加进了新东西，过"三关"变成"过五关"，是修法、变法，任意释法；有的认为释法干预了特区的

———————————

＊ 2004 年 4 月 8 日在香港各界人士座谈会上的演讲。

高度自治；有的认为释法破坏了普通法制度，削弱了香港法治；还有的认为释法架空了特区政府；等等。可以说，这些还都在我预料之中，3 月 30 日在深圳与特区政府专责小组会面时，曾荫权司长已经向我反映了部分港人对释法的忧虑和怀疑。香港是一个自由的、国际化的大都市，利益多元、文化多元、观念也多元，不管什么事情，很难得没有不同声音，这是正常的，也是能够理解的。如果对释法没有不同意见，我反倒会觉得是不是真的没有必要释法。对释法有不同意见，特别是有比较强烈的不同意见，正说明香港社会在释法要解决的几个问题上确实存在着比较严重的不同理解和认识，正说明全国人大常委会的解释确实是非常必要、非常及时的。同时，我也一直在思考，为什么会有这些不同意见呢？我们这次是抱着"理性对话，良性互动，坦诚交流，寻求共识"的宗旨来的，从这 16 个字出发，我想坦诚谈谈之所以有这些不同意见的根由是不是在于对待以下几个问题的认识上。

第一，如何正确认识"一国两制"

"一国两制"是邓小平同志为解决台湾、香港、澳门等历史遗留问题而提出的一项伟大构想，是一项前无古人的事业。之所以说前无古人，我理解，第一，在一个国家里同时允许社会主义和资本主义存在，在国家主体部分实行社会主义，在香港、澳门等地方实行资本主义，这是世界上从来没有的。第二，在一个单一制国家里赋予特别行政区享有超过联邦制国家的州所享有的权力，比如特别行政区享有终审权，这也是世界上的联邦制国家从来没有的。作为一项前无古人的事业，"一国两制"在实践中难免会遇到这样那样的问题和困难。我们在思考解决这些问题和困难时，必须始终遵循"一国两制"方针而不能背离这个方针，必须始终有利于"一国两制"的贯彻实施而不能影响它的贯彻实施，必须始终有利于"一国两制"伟大事业的顺利推进而不能损害这项事业的顺利推进。这就要求我们，首先必须对"一国两制"要有一个正确的认识，否则，认识偏差，必然导致行动的偏差。

那么，如何正确认识"一国两制"呢？我个人体会，重点要把握以下几点：

一是，必须正确认识"一国两制"的基础和前提是"一国"。香港回归祖国怀抱，成为"一国"的一员，是实行"两制"的前提和基础。没有"一国"就没有"两制"。"一国"与"两制"从来不是平行的关系。"两制"中的国家主体的社会主义这"一制"，与香港特别行政区的资本主义这"一制"，也不是平行的关系。为什么？因为国家主体的社会主义这"一制"的存在和巩固，是香港资本主义这"一制"的存在和巩固的前提条件和可靠保障。

二是，必须正确认识特别行政区的高度自治是中央授权下的高度自治。我国是单一制国家，不是联邦制，特别行政区作为一个地方行政区域，其高度自治权不是自身固有，而是中央通过制定基本法授予的。就特别行政区的权力来源而言，特别行政区与内地一般地方是一样的，而与联邦制国家的州则是截然不同的。在联邦制国家，联邦的权力来自于各州的授权，凡没有授予联邦的权力都属于州的权力。而单一制国家，情况恰恰相反，地方的权力是由中央授权的，没有授予地方的权力，都属于中央的权力。总之，高度自治既不是完全自治，也不是最大限度的自治，而是基本法授权范围内的自治，不能离开基本法授权去讲高度自治。

三是，必须正确认识实行"一国两制"的根本目的是为了保证香港的长期繁荣稳定。基本法在序言中明确规定："为了维护国家的统一和领土完整，保持香港的繁荣和稳定，并考虑到香港的历史和现实情况，国家决定，在对香港恢复行使主权时，根据中华人民共和国宪法第三十一条的规定，设立香港特别行政区，并按照'一个国家，两种制度'的方针，不在香港实行社会主义的制度和政策。"授权香港特别行政区实行高度自治，根本目的是为了有利于保持香港的资本主义制度、保持香港的长期繁荣稳定，不是为了高度自治而高度自治，任何人不能以实行高度自治为借口来搞乱香港。中央对保证"一国两制"方针的贯彻落实，保证香港的长期繁荣稳定，既有宪制性的权力，也有宪制性的责任。中央不可能任凭"一国两制"的贯彻落实受阻碍和香港的繁荣稳定受损害而坐视不管。

这里必须特别注意如何正确认识中央不干预特别行政区自治范围的事务。中央不干预特别行政区自治范围的事务，属于自治范围的事务由港人自己管理，是"一国两制"的重要内容，是中央始终坚定不移地坚持的一项基本方针。但是，不干预是有特定含义的，不是绝对的。第一，凡属于涉及国家主权范围的事项，比如国防、外交事务，是中央的专有权力，不属于特别行政区自治范围的事务，中央管理这些事务，自然不存在干预的问题；第二，凡属于涉及中央与特别行政区关系的事务，比如，香港政治体制发展问题，就涉及到中央与特别行政区的关系，为什么？因为香港的政治体制本身就是中央通过基本法规定的，它的任何改变中央当然要管，这也不存在干预的问题；第三，就是发生了基本法第 18 条第四款规定的情形，中央将按照这一规定行使权力。这一规定的目的还是为了维护香港的繁荣稳定，也可以说，既是为"一国"，也是为"两制"。

总之，"一国"是"两制"的前提。没有香港的回归，没有"一国"，就没有"两制"。而"两制"是香港顺利回归、平稳过渡和保持长期繁荣稳定的保证。"一国两制"是一个整体，不能割裂，"一国"和"两制"都必须得到保障。由于近一个时期以来发生的一系列事情，使我感觉到，确有一些人对"一国"的认识比较薄弱，国家观念比较弱，因此，上面我在讲要正确认识"一国两制"时，着重强调了要加强对"一国"的认识。

第二，如何正确认识香港基本法的解释权

我国宪法规定，全国人大常委会"解释法律"，香港基本法第 158 条规定，本法的解释权属于全国人大常委会，这与普通法制度下的法律解释有很大的不同。在普通法制度下，只有法院才能解释法律，以至于有人认为"立法者是最糟糕的释法者"。但我国宪法确立的国家的根本政治制度是人民代表大会制度，人大及其常委会不仅制定法律而且负有监督法律实施的职

责，如果无权解释法律，怎么能掌握法律是否得到正确实施？因此，香港回归后，有了香港基本法这样一部成文的宪制性法律，是香港法律制度的一个重大变化，这个变化，是国家恢复对香港行使主权这个大变化的必然结果。宪制不作转变，就与香港回归后的法律地位不相适应。宪制的基础和回归前已经不同，香港特区必须适应这个宪制体制的变化，不能把全国人大制定的、在全国范围内实施的这样一部全国性法律按照普通法的原则去解释，而必须把它同其他全国性法律一样，按照内地法律制度的解释原则来理解和解释，特别是涉及中央管理的事务和中央与特别行政区关系的条款，更是如此，因为全国性法律是要在全国范围内包括香港和内地一体施行的，必须由最高国家权力机关解释，才能达到上述目的。正因为如此，基本法也赋予香港特别行政区法院在审理案件时对基本法关于自治范围的条款可以自行解释，对其他条款也可以解释，但如果香港特别行政区法院在审理案件时需要对基本法关于中央管理的事务或中央与特区关系的条款进行解释，而该条款的解释又影响到案件的判决，应由终审法院提请全国人大常委会解释。这个158条是典型体现"一国两制"的条文，第一款规定本法的解释权属于全国人大常委会，体现"一国"，第二款授权法院对自治范围的条款自行解释体现"两制"、高度自治，第三款进一步授权法院对其他条款也可以解释，又体现"两制"、高度自治，但涉及中央管理事务和中央与特区关系的条款，要提请全国人大常委会解释，又体现"一国"。全国人大常委会的解释是最权威、最终的解释。基本法的解释权属于全国人大常委会，这既是全国人大常委会依法享有的权力,是全国人大常委会监督香港基本法实施的必要手段,也是全国人大常委会对香港特区所负的责任,是基本法规定的"一国两制"的应有之义,已经成为与香港特区政治体制不可分割的部分。

第三,如何正确认识全国人大常委会释法的出发点和目的

全国人大常委会行使基本法解释权历来是十分慎重、非常严肃认真的,不到万不得已,不轻易行使。全国人大常委会行使解释权的出发点和目的,就是为了保证"一国两制"方针和基本法的贯彻实施,为了保持香港的长期繁荣稳定。比如,1999 年的解释,就是考虑到会有 167 万内地居民可以涌到香港,给香港社会、经济造成严重冲击,而在终审法院作出终审判决后,香港又无法自身来化解这一难题,全国人大常委会才对基本法有关条文的含义作出解释。这次的情况也是一样。

自从去年"七一"以来,香港社会对基本法附件一和附件二关于行政长官和立法会两个产生办法在 2007 年以后是否需要修改问题产生了较大的不同理解和认识,实质是对香港特区未来政治体制的发展有较大的不同理解和认识,而这个问题关系到"一国两制"方针和香港基本法的贯彻实施,关系到中央与香港特别行政区的关系,关系到香港社会各阶层、各界别、各方面的利益,关系到香港的长期繁荣稳定,因此,中央一直高度关注。由于对这个问题争论不休,已经在相当程度上影响到香港集中精力发展经济、改善民生;已经出现了把这场讨论引导到偏离基本法规定的倾向,从而也就从根本上影响到香港政制发展理性的、健康的讨论和顺利进行。正是在这种情况下，全国人大常委会在经过反复研究，广泛听取各方面的意见，包括依照法定程序征询全国人大常委会香港基本法委员会的意见，听取香港基本法起草委员会成员和香港特区政府政制专责小组反映的香港各界人士的意见以及港区人大代表、政协常委的意见后，依照宪法和基本法的规定行使解释权，对香港基本法附件一和附件二有关规定的含义作出解释，全国人大常委会组成人员在审议中一致认为是十分必要、非常及时的。

第四，如何正确认识全国人大常委会释法的性质、功能和原则

通过这两天座谈，使我对两地法律制度差异有了更深刻的了解。如上午与法律界座谈，既听到支持释法的声音，也听到不少反对释法的声音，而且同时听到各自的理据，其中因两地法律制度不同带来的问题是显而易见的，比如对这次释法是解释还是修改，坚持用普通法解释基本法的，坚持这次释法不是解释而是修改；坚持用内地法律制度解释基本法的，坚持这次释法是解释没有修改。所以我在座谈会上说，两地法制差异，用法言法语叫法律冲突，是一门大学问，还须进行长时间的磨合，我说了八个字"来日方长，探讨不止"。

根据内地法律制度，法律解释与法律修改不同。从性质上讲，法律解释是对法律含义的阐述，不是创设新的法律规范，也不删减法律规范。修改是改变法律规范。从功能上讲，根据我国立法法规定，法律解释适用于两种情况：一是法律的规定需要进一步明确具体含义的；二是法律制定后出现新的情况，

需要明确适用法律依据的。法律解释不创制新的规则，只是对
原有含义的明确。比如，这次释法关于行政长官和立法会两个
产生办法"如需修改"由谁确定问题，基本法附件一和附件二
的规定确有不够清楚之处，需要进一步明确，就属于第一种情
况。又比如，1996 年全国人大常委会关于国籍法在香港特别行
政区实施的解释，就属于第二种情况。从原则上讲，由于法律
解释是对法律规定的含义的阐述，因此，法律解释必须忠实于
原意，既不能简单地看条文的字面含义，也不能根据个人理解
随意解释，更不能根据哪些人的好恶来解释。如这次关于
"2007 年以后"是否包括 2007 年问题，就有不同理解，最后严
格根据立法原意作出解释。要忠实于立法原意，就必须将一部
法律的有关各条规定联系起来看，有时甚至要与其他法律的有
关规定联系起来看，从整体上把握法律规定的真实原意。比如，
关于行政长官和立法会两个产生办法"如需修改"，有的认为是
指"立法会认为如需修改，则三分之二通过""行政长官认为如
需修改，则同意""全国人大常委会认为如需修改，则批准或备
案"，而不是将"如需修改"作为中央享有的事先决定权；有的
认为立法会产生办法向全国人大常委会备案，与基本法第 17 条
中的备案有何不同？与内地其他法律中的备案有何不同？如果
将其理解为"可以备案""也可以不备案"，就与"批准"没什
么差别了。有的认为解释中行政长官向全国人大常委会提出报
告违不违反基本法中"行政长官向中央人民政府负责"的规定？
这些问题，如果仅从这些规定的字面上看，可能很难准确把握
立法原意，只有把它同香港特别行政区的法律地位、基本法其

他各条规定联系起来考虑，才能准确把握它的真实含义。

比如"如需修改"由谁启动，如果是立法会启动，应写成"如立法会认为需修改……"，现在写法是"如需修改"，须经立法会三分之二通过，显然有个需要明确谁启动的问题，联系到单一制的国家结构形式，地方的政制由中央决定（基本法第四章专门用一章规定了政治体制），那么政制的改变也需由决定的机关来决定，这是符合法理，顺理成章的。又如附件二修改立法会产生办法的备案与第17条备案有何不同。第17条是本地立法的备案，立法会通过、行政长官签署即生效，然后再报全国人大常委会备案，人大常委会如认为不符合本法关于中央管理的事务和中央与特区关系的条款，可以将法律发回。这与内地省、自治区、直辖市人大及其常委会制定的地方性法规报全国人大常委会备案、全国人大常委会认为违反宪法和法律可予以撤销的做法相似。附件二的备案不是本地立法，这里的报备案类似内地一种备案不立即生效，要经过一个法定审查期，无异议才生效的模式。这里的备案与批准的不同是，行政长官由中央任命，因此，行政长官产生办法的修改要报中央批准，两者相一致；立法会议员是由特区通过功能团体和分区直选产生，不须中央批准，因此备案认可，两者也是匹配的。在操作上，批准要全国人大常委会作决定，备案由全国人大常委会发布公告表示接受就可生效。再如行政长官向全国人大常委会提出报告违不违反基本法关于行政长官向中央人民政府负责的规定，是不违反的。一是因为香港特区政制是全国人大制定基本法规定的，修改权在全国人大，修改的批准权在全国人大常委会，行政长官向全国人大常委会报告顺理成章。二是基本法中有关于行政长官报全国人大常委会的规定。如第 17 条是，特区立法会制定的法律"三读"通过后，行政长官签署后报全国人大常委会备案；特区终审法院法官和高等法院首席法官的任命或免职，行政长官要报全国人大常委会备案。关于释法我曾用"1＋1＝1"说明释法没有修改原意，有人不赞成，说 1＋1 明明等于 2，怎么是 1？我愿改改比喻。比如按手印，第一次按得太轻，看不清楚，然后在原来的手掌纹上再用力按一次，手还是这只手，但更清楚了。不知这个比喻是不是对大家理解解释的含义有帮助。

总之，全国人大常委会这次释法，如同过去对国籍法的释法和对居港权的释法一样，中央毫无任何的私利，都是为着香港好，都是为着港人的福祉，都是为着基本法的正确实施，都是为着"一国两制"伟大事业的成功。

谢谢各位！

在香港各界人士座谈会上的答问 *

陈甘霖（全港各区工商联）问：长官候选人若由港人组成的资格委员会先通过，再由全国人大审核委员会通过后，再普选，有无违反基本法？

答：基本法内无规定这样的审查机制，只是规定了有广泛代表性的提名委员会来提名。

刘宇新（工商界人士）问：市民形容这次释法是为香港部分人士包括部分专业人士补课，为广大香港市民上基本法课，是否同意？

答：释法主要是政制发展讨论中遇到的程序问题，如同时也能收到基本法广为宣传的效果，当然求之不得。

杨森（民主党主席）问：1993 年鲁平主任曾说，第三届立法会选举是特区自行决定，但释法设置关卡，是否推翻鲁生讲法？民主党对释法表示遗憾，人大能否以后不再任意释法，维护高度自治。

答：不管是谁说的话，最后都要以人大常委会的释法为准，这是最高权威的，也是最体现出基本法立法原意的。

＊ 2004 年 4 月 8 日发表演讲后的答问现场记录稿，载 2004 年 4 月 9 日香港《商报》。

人大不可能承诺今后不再释法，因为释法是宪法和基本法赋予人大常委会的权力。给了这个权力，相应就有责任。所以如果承诺说不释法，就把人大常委会置于违宪的境地。

说释法就打击了"一国两制"、高度自治，我刚才演说时已说过，因为人大释法是"一国两制"的应有之义，也是对高度自治的可靠保障，是对基本法正确贯彻实施的最高监督。按基本法办事，不应该有那样一个后果，破坏了"一国两制"或损害高度自治。

司徒华（立法会议员）问：行政长官向中央提交报告之前，是否有一段咨询期，时间多长？何时提交报告？提交前会否公布？

答：这个问题由曾荫权司长回答更合适些。

李柱铭（立法会议员）问：基本法 159 条第四款说明，本法的任何修改，均不得同国家对香港既定的基本方针政策相抵触，但 158 条没有同样的条文。是否人大常委会使用解释权时，可以同国家对香港的既定的基本方针政策相抵触。若不是，为何 158 条无这一款？

答：159 条是基本法的收尾之作，是管整部基本法的，所有条文都需遵循此原则。从立法技术上讲，也不需要每条都作此规定。

祈俊文（美国驻港总领事）问：你会确认人大常委会会保持释法的罕有性吗？

答：回归刚七年，有很多需要磨合的地方。人大都是在万不得已时，为了香港好，作出该举动。我注意到报章上有人引用我 2000 年 4 月 1 日在香港的演讲，其中一句话：人大既已授权，今后不会也不必频繁释法。其实这只是一个方面，当时我还讲了另一句话：必要时，人大常委会进行释法，希望大家以平常心对待，因为这本来就是"一国两制"的应有之义。非现在就能承诺不再释法，不能预期。

帕盛文（英国驻港总领事）问：释法是否能解决所有问题，不需要进一步释法？

答：这次释法当然解决不了所有的问题，只是政制发展的程序问题。今后是什么情况，应该有多种方式。通过这次解释，把政制发展基础打下来了。原来我讲的"搭桥"，桥搭起来以后，大家齐心协力过河。其中也需要广泛地集思广益，寻找一个各方都能接受的方案。但是不是今后一定不释法或释法，我也不能给你一个明确的答案。

涂谨申（立法会议员）问：立法法内的新情况是否与立法原意不一致？立法原意是否有发展性？如何分别解释法律与修改法律？

答：立法法规定的新情况是指法律制定后，又有了新的情况，要明确其法律含义，如果能在原法律条文中以新的含义来明确，那就明确，即解释，如不行，那就要修改。

在内地掌握释法时也是这样，如刑法对国家工作人员贪污的处刑重，非国家工作人员的处刑轻。村委会主任不是国家工作人员，以前以轻罪处理，但一些财力雄厚的村委会，且需要承担一些行政事务，作为执行乡政府行为中若有贪污行为，那就以国家工作人员来论罪，这便是一种新情况发生，可以在原条文中找新的含义，如实在找不到，那就要修改。1999 年居港权问题，因为条文确实是原来的含义，但写得不清楚，港人所生子女，指的是成为永久性居民后所生的子女，这也不是谁的责任，但条文中有不够清楚的地方，现在把它解释出来。我曾讲过，如果条文没有这个原意，不要说 167 万人，就是 267 万人，你也不能硬解释，那就必须修改该法律。

冯志坚（金融服务界）问：如特首不提出修改报告，人大常委会如何判断香港实际情况和有修改需要，如何通过董或港府向立法会提出，又特首对获通过的议案不同意，不向人大备案，结果又如何？

答：特首提不提报告，按解释来说，大家一直在说启动权在何处？从提报告的角度，修改的启动权在行政长官。提出报告后，人大常委会确定，也是启动，此启动权在人大常委会，这是一致的。首先提出应在行政长官，若未提出报告，应是行政长官的考虑，若人大判断，超越行政长官，一定要启动，这与释法第三条是不符合的。首先是行政长官，然后是人大常委会，不可能人大常委会先判断需不需要改。

何俊仁（民主党副主席）问：此次人大释法实际是修法，因为附件内根本无事前批准的机制。如释法是无中生有，是否意味着，将来可透过释法，可指定参选行政长官前，候选人也要批准。

答：是释法还是修法，我已说得很充分，再说大家也很烦。能否指定行政长官候选人，基本法内无此规定。

冯检基（民协主席）问：人大常委会对政改有决定权，但港府的启动机制由人大常委会同意后再给特区，此机制为何不授权予特区政府行政机关，以加强"一国两制"？

答：这个问题不是释法，是修法，这是一个修改，因为现在没有这样的规定，解释不出来。

曾德成（全国人大代表）问：释法第三点，议案表决程序的法案及修正案等，是否都不能由立法会提出？

答：按这条，修改法案及其修正案，这是一体的，立法会议员都不能提。这又牵涉到两地法律差异。讲到法律草案时，这个草案既可以是原来的草案，又可以是修正案，修正案在内地也叫作法律草案。但考虑到特区的习惯，再把它表述出来，修正案也在其内。有一法理，如立法会议员提出政治体制，政府运作，公共开支的修正案的话，又被立法会通过，那等于是变成了立法主导，而非行政主导。修正案和法律草案要统一起来。

结束语：替邹哲开和曹二宝说明一下，涂谨申先生、何秀兰小姐、冯检基先生三人当时给我的信他们都已转我收到，我跟冯检基先生很熟，筹委会曾在一起工作。看到他在电视上说要以当年向太太五次求婚的精神来见我，我很感动，但可能你太太当时就你一个人追，追了五次，被你追到了，但我如果开了这个口，追的人太多（要来当面谈的会很多），很难摆平，也没有这个时间。杨森先生、李柱铭先生的信我也都收到了。

以求真务实的精神探求香港政制
发展正确之路*

女士们、先生们、朋友们：

　　今天上午，十届全国人大常委会第九次会议审议通过了
《关于香港特别行政区 2007 年行政长官和 2008 年立法会产生办
法有关问题的决定》。全国人大常委会的"决定"，是根据香港
基本法的规定，对香港政制发展问题作出的一个重大决策。这
里我想先就全国人大常委会"决定"的性质，作一点说明。全
国人大常委会的"决定"一般分为两种：一种是修改、完善法
律的决定，比如全国人大常委会《关于修改〈中华人民共和国
商业银行法〉的决定》；一种是法律性问题的决定，比如全国人
大常委会《关于根据〈中华人民共和国香港特别行政区基本法〉
第 160 条处理香港原有法律的决定》。修改法律的决定属于立法
行为，可以创设、补充、修改法律规范；法律性问题的决定是
依据法律规定，在全国人大常委会职权范围内对某一特定事项
作出决策或者处理的行为，不能创设新的法律规范，也不能补

　　* 2004 年 4 月 26 日在香港各界人士座谈会上的演讲，摘自 2004 年
4 月 27 日《香港文汇报》。

充、修改原有的法律规范。这次全国人大常委会作出的"决定",属于依据基本法规定对香港政制发展问题所作出的一种处理,不是一种制定法律的行为,所以,大可不必担心这个"决定"会给香港政制发展附加什么新的条件,而只是落实基本法的规定。这个"决定"更不是"释法",没有对法律规定的含义作进一步明确的功能,只是依据基本法有关规定对某一特定事项作出的处理。这里讲的"依据基本法的有关规定",一是依据基本法附件一和附件二及其解释规定的职责,这个职责就是全国人大常委会对香港政制发展问题既有权力、也有责任作出决定;二是依据基本法第45条和第68条及其他有关各条规定的香港政制发展所必须遵循的原则,这就是从香港的实际情况出发和循序渐进的原则,以及保障各阶层、各界别、各方面均衡参与的原则。全国人大常委会的决定是具有法律效力的。

今天这个座谈会是专门为全国人大常委会的"决定"而举行的,我想借此机会先发个言,谈谈个人对"决定"的理解。我发言的题目是《以求真务实的精神探求香港政制发展正确之路》。我发言的时间可能稍长一点,因为我这次是来讲道理的,时间短了怕道理讲不透,我知道绝大多数港人是讲道理的,包括要求07/08年双普选的大多数港人在内。

一、推进香港民主逐步向前发展是中央一以贯之的方针政策

"民主"既是一个崇高的词汇,也是一个伟大的理想,是当今世界的历史潮流,是许多仁人志士为之矢志不渝努力奋斗的目标,是政治文明的重要内涵。我们国家不仅始终致力于发展

国家层面的民主和内地各级地方层面的民主，而且始终高度重视香港特区民主的发展。这是因为：

第一，推进香港民主逐步向前发展，是由我国的国体即国家的性质所决定的。我们国家的国号是"中华人民共和国"。宪法明确规定，国家的一切权力属于人民。国家的这一性质决定，我们国家的各级政权机关，包括从中央到地方的各级政权机关，都必须由人民通过民主选举产生，获得人民的授权，才能代表人民来行使对国家、社会的管治权。没有人民的授权，任何组织和个人都无权代表人民行使管治权。在这一点上，香港特区与内地是完全一样的。正是基于此，我国在 1984 年《中英联合声明》中就郑重宣布："香港特别行政区行政长官在当地通过选举或协商产生，由中央人民政府任命。""香港特别行政区立法机关由选举产生。"英国统治香港一百多年，从来没有在香港实行过民主，直到我国作出以上宣布之后的 1985 年才开始在香港间接选举部分立法局议员，到 1991 年才开始直接选举部分立法局议员，而他们推行所谓民主选举的目的完全是为其撤退所作的准备，并不是真正为港人利益着想。而中央则是从人民共和国这一国家的性质出发，从保证港人回归后行使当家作主权利出发，率先宣布要在香港实行民主选举制度。

第二，推进香港民主逐步向前发展，是"港人治港"、高度自治的应有之义，是基本法的重要精神。香港特别行政区的高度自治权来自于中央通过基本法的授权，港人按照基本法规定实行高度自治，行使当家作主权利，这是最重要的民主体现。香港在英国统治下，长期实行英人治港，总督是英国派来的，主要官员由英国人担任，广大港人从来没有当过香港的家，作过香港的主。而香港回归祖国后，中央不仅不派一个人到香港担任公职，放手让港人管理自己的事务，而且赋予香港高度自治权，港人从此才真正成为香港的主人，享有从未有过的民主权利。为了保障港人当家作主权利落到实处，香港基本法不仅对香港民主发展的近期步骤作出明确规定，而且还规划了香港民主发展的远景目标，即要最终达至双普选，充分体现了中央不断推进香港民主向前发展的决心和信心。

第三，香港回归6年多来，香港的民主一直在中央的支持下按照基本法规定的步骤向前发展。大家都清楚看到，第一任行政长官的选举由具有广泛代表性的400人推选委员会选举产生，到第二任已经扩大为由更具广泛代表性的800人选举委员会选举产生，而且选举委员会委员的产生也更加民主、开放；立法会分区直选产生的议员从第一届20人、第二届24人到今年9月的第三届立法会选举将扩大到30人，与功能组别产生的议员各一半；立法会功能组别的选举办法也在不断改善，更加民主、开放。毫无疑问，香港目前的民主水平是香港历史上从未有过的，而这些进步无不是在中央支持下取得的，今后中央也必将会一如既往地支持按照基本法的规定不断推进香港民主向前发展。

事实表明，中央始终如一地高度关注、大力支持并努力推进香港民主向前发展，这是中央贯彻落实"一国两制"、"港人治港"、高度自治方针和保持香港长期稳定繁荣所应负的责任。香港回归以来，中央为香港所做的每一件事，其出发点和落脚点都是为香港好，为港人好，包括对香港民主的发展中央同样没有任何私心，完全是为了香港好，是为了广大港人的福祉。

二、推进香港政制发展必须求真务实地在基本法规定的轨道内进行

当前，香港社会对政制发展问题，也就是 2007 年行政长官和 2008 年立法会产生办法修改问题，既有比较广泛的一致意见，也有比较大的分歧意见。就我了解，在要不断推进香港民主向前发展这一点上，各方面的意见是非常一致的，都认为 07/08 年两个产生办法应予以修改，分歧并不是要不要民主的分歧，而是要什么样的民主和如何发展民主，集中到一点，就是 07/08 年是否就开始实行双普选的问题。20 天前我在这个展贸中心就"释法"问题发表演讲时曾经说过，香港是一个多元化的社会，有不同意见是正常的，没有不同意见反而不正常。有不同意见怎么办？关键是要寻找出解决意见分歧的正确方法。我个人认为，解决香港政制发展问题意见分歧的正确方法，一是要有求真务实的精神，二是要遵循基本法规定的轨道。"求真"就是求香港实际情况之真，"务实"就是务循序渐进地发展民主这一基本法规定的轨道之实。只要把什么是香港真正的实际情况和什么是循序渐进的发展轨道搞清了，分歧就会比较容易减少，共识就会比较容易增加。

什么是香港真正的实际情况？近期香港各界已经通过多种形式进行了热烈的讨论，行政长官和专责小组报告中也有相当的论述，21 日、22 日我们在深圳听取香港各方面人士意见时，许多人也对此发表了很有见地的看法。全国人大常委会在审议讨论时，充分参考了香港各方面的意见，认为香港政制发展必须认真考虑以下一些实际情况：

第一，在"一国两制"下，香港特别行政区作为一个地方行政区域，政制发展的方向和步骤，必须有利于国家对香港行使主权，符合国家的整体利益，而不能损害国家对香港行使主权和国家的整体利益。目前，由于香港回归才6年多，许多港人对"一国两制"和基本法的认识还不足够，"一国"观念、国家意识、香港法律地位的认知以及市民对普选意义的认识等还不够清晰。许多人提出，在这种情况下，如果对选举制度作出激进的改变，怎样确保不会对国家主权和国家整体利益造成不利影响。

第二，基本法作为香港的宪制性法律的地位尚未真正树立，或者说尚未牢固。基本法虽说得到广大港人的拥护，但在6年多实施过程中，几乎没有一天不受到质疑、歪曲甚至诋毁，这是一个不争的事实。香港是一个法治社会，港人引以为傲的是崇尚法治精神，但对一部宪制性法律却又能容忍这种种怪象滋生成长，难道不是一个悖论吗？我看到一位港人的一篇文章写道，"英国统治时期，未见香港有人质疑、诋毁以及要求修改《英皇制诰》和《皇室训令》，这并不意味广大港人乐意接受殖民统治，而是明白到《英皇制诰》和《皇室训令》拥有至高无上的宪制地位。"那么，这一传统的法治精神到哪里去了呢？在基本法的宪制地位尚未牢固，在基本法的规定尚未全面落实的情况下，或者说在一个连宪制性法律尚未得到应有的尊重的社会里，在政治体制上作出激烈的变革，其负面的后果是可以预计的。

第三，香港是一个高度市场化、国际化的资本主义社会，是一个已经比较成熟的资本主义社会。基本法规定："香港特别行政区不实行社会主义制度和政策，保持原有的资本主义制度和生活方式，五十年不变。"什么是资本主义社会？按照马克思主义理论，资本主义社会的一个重要特征是生产资料的私人占有制。什么是香港原有的资本主义制度？在座的都比我更有发言权，就我有限的了解，香港原有的资本主义制度的重要特征至少包括低税、高效、法治、多元。要保持原有的资本主义制度，必然要求香港的政治体制必须能够兼顾各阶层、各界别、各方面的利益，既包括劳工阶层的利益，也包括工商界的利益，做到均衡参与。这里我要特别讲一下工商界的利益。可以说，没有工商界就没有香港的资本主义；不能保持工商界的均衡参与，就不能保持香港原有的资本主义制度。纵观当今世界的各个资本主义社会可以发现，其实均衡参与是所有成熟的资本主义社会的制度设计中都必须努力保障的一项基本原则，只是不同的社会，均衡参与的方式和途径有所不同罢了。比如，有的是通过两院制中的上院或参院，有的是通过能代表各种不同阶层、不同界别、不同方面的政党等方式和途径来实现均衡参与。我访问英国国会时，英国人向我介绍说，下院好比发动机，上院好比刹车板，这样汽车才能跑得又快又稳，只有发动机，没有刹车板，非翻车不可。目前香港保证各个阶层、各个界别、各个方面均衡参与的主要途径，一是由四大界别产生的 800 人组成的具有广泛代表性的选举行政长官的选举委员会，一是功能团体选举制度，拿后者来说，如果在既没有两院制又没有能够代表他们界别的政党来保证均衡参与的情况下，就贸然取消功能团体选举制度，势必使均衡参与原则得不到体现，使赖以支撑资本主义的这部分人的利益、意见和要求得不到应有反映，那原有的资本主义制度又如何来保持呢？工商界的利益如果失去宪制上的保护，最终也不利于香港经济的发展，如此，也就脱离了基本法保障香港原有的资本主义制度不变的立法原意。

第四，香港是一个经济城市，是国际贸易中心、金融中心、物流中心、航运中心、信息中心等，政制发展必须与香港的这一经济地位相适应。特别是在当前，香港经济正处在复苏阶段，经不起震荡，香港的投资环境容不得半点受损。许多人提出，任何社会都不会在经济状况不好、不稳定时进行激烈的政治改革，那是很不明智的选择。香港现行的自由主义经济制度对经济发展仍然具有较强的刺激作用，如果作出激烈的政制变革，不仅可能使刚刚见好的经济状况受损害，而且可能损害香港长远的经济繁荣，让香港社会失去竞争性和有效性，这是十分令人担忧的前景。

第五，行政主导是基本法规定的香港特区政治体制的一项重要原则，香港回归 6 年多来，这一政治体制的运转还没有完全达到基本法规定的要求，行政与立法之间的配合还在磨合之中，今年 9 月第三届立法会直选议员与功能团体议员各一半的格局形成后对行政主导体制会产生什么样的影响，还需要一段时间的实践来验证。这也是"决定"中特别强调的一点。

第六，目前香港社会对 07/08 年是否实行普选，存在着很大分歧意见，要说实际情况，这是谁也不能否认的实际情况。这也是决定 07/08 年不实行普选的一个重要理据。许多人认为，如果在整个社会对一项政制改革分歧意见很大，缺乏基本共识的情况下，就强行推进，势必会激化社会矛盾，激烈变革的后果必然是激烈的对抗，那就难有宁日，全社会将无法承担政治试验付出的代价。每一个以香港为家的人，谁不愿意在一个宁静祥和的环境里工作、生活。其实无论是赞成 07/08 年实行普选的还是不赞成的，大家心里都明白，香港目前出现的一些问题，不是一实行普选就能够解决的。

关于什么是基本法规定的循序渐进的发展轨道，全国人大常委会在审议讨论时，也充分参考了香港各方面的意见，认为按照基本法规定的循序渐进要求，香港政制发展应当注意以下几点：

第一，按照循序渐进的要求，逐步前进是符合基本法规定的。只要香港社会各界能够形成共识，两个产生办法在 07/08 年应当有所改进，当然，如果对如何改进无法形成任何共识方案，那另当别论。

第二，普选是基本法规定的通过循序渐进达至的最终目标，而不是 07/08 年就要实现的目标，如果是 07/08 年要实现的目标，基本法就不会写"最终达至"。如果 07/08 年就实行"双普选"，明显偏离了基本法规定的循序渐进轨道，是不符合基本法的。

第三，循序渐进是和实际情况紧紧联系在一起的，什么时候可以进到普选，应当根据实际情况是否具备条件而定。不少人要求，如果 07/08 年不普选，希望定出普选时间表。这种愿望是可以理解的，但实际上不可能事先定出时间表，实事求是地讲，谁也做不到预言若干年后的实际情况就具备了普选的条件，但大家努力创造条件朝着这个目标前进是可以做得到的。"决定"的最后一段话的含义正在于此。

总之，求真务实，不带偏见，严格遵循基本法规定的轨道，是解决香港政制发展问题上的分歧和争拗的关键。任何脱离香港的实际和基本法的轨道，注定是无法形成任何共识方案的，注定是无法顺利推进政制向前发展的，其结果注定是不仅贻误政制发展的时机，而且贻误抓住当前不可多得的良机加快经济发展的时机。胡锦涛主席前两天会见董建华先生时殷切希望香港能抓住机遇，发挥本身优势，团结奋斗，集中精力，尽快将经济搞上去，并深刻指出，这是香港当前的要务，也是全国人民的共同愿望。无休无止的争拗，甚至采取一些过激行动，固然表现了香港是个自由社会的一面，但毕竟解决不了普罗大众最为关心的饭碗问题。这是中央在考虑这一问题时最忧虑、最担心的问题。正是基于此忧虑和担心，全国人大常委会才下决心采取果断措施进行"释法"并及时对行政长官的报告作出决定。

三、全国人大常委会的"决定"是一个审慎而负责任的政治决定

自去年 7 月 1 日以来，中央一直高度关注香港有关政制发

展的讨论，及时、全面地收集各方面的意见。全国人大常委会
对香港特区行政长官的报告和专责小组的报告及专责小组在咨
询中收集到的各方面的意见，进行了细致的研究，并送国务院
交港澳事务主管部门研究提出意见。委员长会议还特别委派我
们到深圳召开了三场座谈会，听取香港各方面的意见，并听取
专责小组对 15 日行政长官向全国人大常委会提交报告以后，
香港各界对行政长官报告的意见。全国人大常委会对各方面的
意见，都非常重视，都一一进行了认真的研究，既考虑了提意
见的人数，又考虑了意见的科学性、合理性，判断的根本标准
是看其是否符合香港的实际情况，是否符合循序渐进、均衡参
与的原则，是否有利于保持香港长期繁荣稳定。全国人大常委
会的决定是在充分研究考虑各方面意见，特别是要求 07/08 年
双普选的意见，再三权衡利弊而作出的，是十分审慎、非常负
责任的。

　　要求 07/08 年双普选的意见中，一条理由是，民意调查显
示，多数香港市民赞成 07/08 年实行双普选。首先，我们对科
学的民意调查数据是非常重视的，我们也确实从一些民调数据
中感受到了许多港人的诉求，这就是"决定"中所说的全国人
大常委会在审议中充分注意到香港社会对 07/08 年两个产生办
法的关注，"其中包括一些团体和人士希望 2007 年行政长官和
2008 年立法会全部议员由普选产生的意见"。在这次常委会第一
次全体会议上，李飞副主任专门汇报了包括大律师公会在内的
要求 07/08 年双普选的意见。同时全国人大常委会也充分注意
到不赞成 07/08 年双普选的民意，也绝不在少数。但是坦率地

说，任何一个负责任的政府，在作出重大决策时都不会也不应当完全听从民调所反映的民意，都必须考虑什么是真正的民意诉求，什么是这个社会真正的长远利益。民意是决策参考的重要因素，但不是判断的唯一标准，一个完全被民调牵着鼻子走的政府，是不负责任的政府，必定是无所作为的，也是难以为继的。特别是在诸如是否要求普选的问题上，可以设想，你问任何一位市民，让你有权投票选特首，你要不要，我想几乎没有不要的。但普选并不是免费的午餐，迟早是要由每一个人付出代价的。高举普选这一象征民主最高境界的大旗是不需要多大勇气的，而敢于从香港实际情况和长远利益考虑说出 07/08 年不能普选的人，才是真正有勇气、有承担的，才是真正为香港好，对港人负责。作为中央，必须负起宪制上的责任，负起对国家的责任，负起对"一国两制"伟大事业的责任，负起对广大港人的责任。

要求 07/08 年普选的意见中，还有一条理由是，只有通过普选产生的行政长官才有认受性。普选产生行政长官是基本法规定的最终达至的目标，如果只有普选产生的行政长官才有认受性，那么在普选之前按照基本法规定产生的行政长官就没有认受性，如此这般，基本法的设计就出大问题了，何况基本法规定的代表四大界别的 800 人选委会选举特首是个常态的产生办法，不仅是第二任行政长官的产生办法，而是只要不改就是这一个产生办法，不像立法会产生办法，明确规定第一届如何、第二届如何、第三届如何，到第四届才没有规定。如果凡是在达至普选前按基本法规定产生的行政长官都没有认受性，不仅否定了行政长官，等于把经过近 5 年内地与港人反复咨询研究协商达成一致的基本法都否定了。这个逻辑恐怕不通。行政长官有无认受性，关键要看其产生是否符合法律规定，基本法规定经 800 人选委会选举产生，中央任命，这是认受性的唯一来源。法律是全社会的契约，是大家共同遵守的规则，承认它就要承认其认受性。否则怎么解释回归前无人质疑不经任何选举产生的港督的认受性呢？当然，认受性除了依法产生外，还要看其是否代表港人的整体利益，是否对特区负责，是否对中央负责，这些也是有无认受性的因素，但首要的、根本的还在于它的产生是否合法。小布什与戈尔竞选结果，后者实际票数是领先的，但美国最高法院裁决小布什胜出，符合美国法律制度，尽管有超过一半的美国选民没有投他的票，但没有美国人质疑他当总统的认受性，这是法治社会起码的常识，尊重法治，就要尊重选举的游戏规则。在特区政治体制中，行政长官不是一个个人，而是一个机构，是特区政治体制中的一个最重要的组成部分，负有基本法规定的重要职能。必须正确认识行政长官的地位和作用，必须正确认识维护行政长官的权威对落实"一国两制"、"港人治港"、高度自治的重要性。

要求 07/08 年双普选的意见中，有一种说法是，全国人大常委会应当只确定是否同意行政长官报告中提出的"应予修改"，不应当决定 07/08 年不能普选，说全国人大常委会没有宪制上的权力决定 07/08 年不普选。到底全国人大常委会有没有权确定 07/08 年不实行"双普选"？为了便于取得共识，我想把"释法"第三条中的这一段内容再给大家念一遍。这段的原文是："是否需要进行修改，香港特别行政区行政长官应向全国人民代表大会常务委员会提出报告，由全国人民代表大会常务委员会依照《中华人民共和国香港特别行政区基本法》第四十五条和第六十八条的规定，根据香港特别行政区的实际情况和循序渐进的原则确定。"请大家注意，这一段解释作出了两个明确，一是明确全国人大常委会对两个产生办法是否进行修改有确定权，一是同时明确全国人大常委会在确定是否进行修改时，要"根据香港特别行政区的实际情况和循序渐进的原则"。前面我已经讲过，全国人大常委会经过审慎研究认为，香港的实际情况不具备在07/08年实行普选的条件，07/08年双普选也不符合循序渐进原则。全国人大常委会关于07/08年不实行普选的决定，正是依据"释法"明确提出的在行使确定权时必须遵循的原则作出的，这是落实"释法"的要求，怎么能说全国人大常委会没有宪制上的权力确定07/08年不实行"双普选"呢？基本法的解释和基本法具有同等效力，这就是全国人大常委会决定07/08年不实行普选的宪制上的权力来源。当然，如果连"释法"都不接受，那就是另一回事了。这个问题是香港法律界人士提出来的。我欢迎提出法律问题，通过交流可以加深对法律的理解，对我们在人大常委会从事法律工作的人，是有好处的。至于为反对而反对，连反对什么都不清楚就难以沟通了。全国人大常委会行使职权的一项重要原则是，既不能失职，也不能越权，没有法律依据，全国人大常委会是不能越权作出任何决定的。

要求双普选的意见中，还有一种说法是，全国人大常委会决定 07/08 年不能普选，拖慢了香港民主的发展。我国有句成语叫"欲速则不达"。我相信，任何一个不带偏见的人，包括强烈希望加快香港民主进程的人，只要认真想一想，都会得出结论，无论是全国人大常委会的"释法"还是"决定"，正是为了促进香港政制顺利地朝着基本法规定的轨道发展。上次我曾说，"释法"是为香港政制发展架桥过河，那么这次的"决定"可以说是为香港政制发展立牌指路。"释法"后，随着行政长官报告的提出，香港政制发展可以说已经过了河，现在全国人大常委会的"决定"则是进一步为香港政制发展指明前进的步骤和方向，这是快，多走弯路才是慢。我想，广大港人只要回想一下这几个月来的争拗，是能够明白这个道理的。全国人大常委会的"决定"为香港政制发展留下了广阔讨论的空间，当务之急是齐心协力朝着"决定"指明的方向前进。

女士们、先生们、朋友们：

全国人大常委会是最高国家权力机关的常设机关，全国人大常委会的"决定"是在全体组成人员认真审议香港特区行政长官提出的报告、充分听取各方面意见的基础上，严格依照法定程序作出的，具有不容置疑的法律效力。最后，让我用吴邦国委员长在今天全国人大常委会通过"决定"后的讲话作为我发言的结束，他说："全国人大常委会对香港基本法附件一和附件二作出的解释和决定，都是本着对香港公众的整体利益和香港的未来高度负责的精神，严格依法进行的。我们相信，香港特区政府和各界人士一定会按照全国人大常委会有关解释和决定的规定，在广泛凝聚社会共识的基础上，提出有关具体方案，报全国人大常委会批准或备案，从而使香港政制发展的有关问题得到妥善处理。"

我知道我今天的发言不可能得到在座的每一个人的赞同，但我希望"求真务实"这四个字能够得到在座的每一个人的赞同。谢谢大家。

在祝贺肖蔚云教授八十华诞
暨肖蔚云教授学术思想研讨会上的致辞*

尊敬的肖蔚云教授,

尊敬的各位老师、各位同学、各位来宾:

今天我们在这里欢聚一堂,满怀喜悦的心情祝贺肖教授八十华诞,祝贺肖教授从事高等教育五十六周年。我代表全国人大常委会办公厅、全国人大常委会法工委、全国人大常委会香港基本法委员会、全国人大常委会澳门基本法委员会对肖教授表示衷心的祝贺!

在肖老师五十六年教学生涯当中,培养了一批又一批优秀的法学人才。刚才在会场外遇到了很多,他们当中既有肖老师的开门弟子,据说还有关门弟子。本人既不是肖老师的开门弟子,也不是关门弟子,但是我自认为是肖老师的旁门弟子。为什么这样说呢?因为我在人大从事立法工作二十年,在这个过程中,受到肖老师的教益,我想,可能也不亚于你们这些开门或者关门弟子。说起来很幸运,我在人大法工委工作的时候,分工负责宪法和宪法相关法的研究、起草和修改工作,这正是

---

* 2004 年 9 月 29 日在北京大学。

肖老师的权威领域。我到人大办公厅工作以后，又分工主管香港、澳门两部基本法的研究工作，这又正是肖老师的权威领域。在这两个领域当中，我在立法工作中，只要遇到比较大的难题，总要向肖老师求教，肖老师总是不吝赐教，以至于虽然本人才疏学浅，但是在这两个领域从事立法工作，心里面很有底气。为什么？因为有肖老师这个靠山，大树底下好乘凉，借用《红灯记》里李玉和的一句台词：肖老师，有您这碗酒垫底，什么样的酒我都能对付。

肖老师多年来对我工作的支持和帮助，对国家立法工作做出的重要的贡献，我是一直铭记在心的。一个星期以前，在一个小型的为肖老师过生日的晚宴上，我曾经当着肖老师和肖师母的面，表达过这个心意，但是，总觉得意犹未尽。今天，总算有这样一个机会，能够让我再一次当着肖老师和肖师母的面，——我看到她坐在下面，当着大家的面，把我想要说的话说出来，请肖老师接受一个自认为是您的弟子的晚辈对您深深的敬意和谢意。（向肖老师鞠躬）

我今天还想要讲的是，肖老师不仅是一个优秀的教育家、杰出的法学理论家，不仅和其他学者一起编著了我国高等学校第一本宪法学教材《宪法学概论》，并且发表了大量论文，为我国宪法学研究做出了重要的贡献，从而成为我国宪法学的奠基人之一；我想说的是，他不仅是教育家、理论家，而且是一个勇敢的积极的实践家。1980年到1982年这个期间，肖老师参加了我国现行宪法的修改、制定工作，具体负责宪法总纲的草拟。他和其他学者一起收集古今中外各种宪法资料，分析研究，结合我国的国情，提出了许多重要的建设性意见，最终都被宪法所采纳。肖老师为现行宪法的制定作出了重要贡献。1982 年宪法通过以后，1988 年、1993 年、1999 年和今年四部宪法修正案里面，也都包含着肖老师的重要贡献。

肖老师还是香港、澳门两部基本法主要起草人之一。香港基本法是被邓小平同志誉为"一个具有创造性的杰作"，起草基本法是前无古人、极富于挑战的工作。1985 年以后，肖老师担任了香港和澳门两部基本法起草委员会的委员，具体负责政治体制这个专题小组。在起草两部基本法的过程中，肖老师充分地展示了他扎实的法学功底和过人的胆识与才智，为两部基本法的制定付出了大量心血，做出了历史性的贡献。基本法通过以后，肖老师又陆续参加了香港特别行政区筹委会预备工作委员会的工作、香港特别行政区筹委会的工作、澳门特别行政区筹委会的工作，为两个特区的平稳过渡、顺利回归做出了不懈的努力。直到现在，他还担任着全国人大常委会澳门基本法委员会的委员，直到不久以前，他还担任着澳门科技大学法学院的院长，不辞辛劳地奔波于北京和澳门两地。特别令人感动的是，今年年初，为了香港的政制发展问题，肖老师两度亲赴香港，以八十高龄发表演讲，回答提问，为香港社会讨论政制发展问题起到了积极的、正面的引导作用。

所以，肖老师是对国家有大功劳的人。但他为人十分谦和，行事十分低调，既有学者的严谨，又有长者的宽厚，真正是具有大家风范。肖老师的人品，是我学习的榜样，我想，也应当成为我们大家的一个典范。

今天是祝贺肖教授八十华诞的大喜日子，我在这里祝愿他身体健康、阖家幸福、福如东海、寿比南山！祝愿肖老师今后继续为国家的民主和法制建设，为两部基本法的顺利实施作出更大的贡献！

谢谢大家！

强调香港基本法的宪制性地位至关重要*

尊敬的政务司司长曾荫权先生，

尊敬的各位来宾，

女士们、先生们：

承蒙特区政府与基本法研究中心邀请，出席基本法图书馆揭幕仪式，并担任主礼嘉宾，本人深感荣幸，也十分感谢。

今天我们共聚一堂，庆祝基本法图书馆揭幕，既有现实意义，也有长远意义。

基本法是全国人大通过的一部宪制性法律，它把邓小平先生"一国两制"的伟大构想，以法律形式完整地体现出来和固定下来，并在香港得以成功实践。基本法全面规定了中央与香港特区的关系，香港特区的政治、社会、经济制度，香港居民的基本权利和自由等。基本法具有凌驾于特区法律之上的地位，是香港特区行政、立法、司法的依据和基础。基本法最核心的内容可概括为三句话，即：坚持一个国家，保障国家主权；坚持两种制度，保障高度自治；坚持基本不变，保障繁荣稳定。这三句话贯穿于基本法始终。在香港这样一个法治社会里，强

---

* 2004 年 12 月 19 日，在香港礼宾府主持香港特别行政区基本法图书馆揭幕仪式上的致辞。

调基本法的宪制性地位是至关重要的。

各位朋友，自香港回归以来，她的一举一动都吸引着世人的关注，而能够保证香港这颗"东方明珠"永放光芒的保护神，就是基本法。因此，我们有责任、有义务让世人，首先是香港各界民众知晓基本法，维护基本法。基本法图书馆的建立，就是实现这个目标的一个具体措施。我了解到，回归以来，特区政府一直致力于基本法的宣传和推广。1998年，特区政府专门成立了基本法推广督导委员会，通过各种方式推广基本法。同时，还有众多的社会团体在从事基本法的宣传和推广工作。香港法律界的一些有识之士，如在座的基本法研究中心胡汉清主席等，几年前，他们就一直为筹办基本法图书馆，奔波于香港和内地，走访了多位当年参加基本法起草的香港委员和内地委员以及有关部门，包括全国人大常委会法工委。我本人也为此事见过他们多次。对此，他们倾注了满腔的热情，付出了辛勤的劳动。图书馆大部分的资料是基本法研究中心提供的，其余的则是香港的中央图书馆基本法参考特藏转来。香港赛马会为图书馆购买图书和期刊提供了资助，特区政府有关部门负责了图书馆的设备和有关工程的建设和管理。可以说，这个图书馆倾注了香港各界同胞的心血，它值得我们精心地维护和扶植。我作为全国人大常委会香港基本法委员会主任，在此对特区政府、法律界同仁及所有为基本法图书馆的建立作出贡献的人表示由衷的敬意！

我们已经看到了，设在中环大会堂的基本法图书馆，坐落在举世闻名的维多利亚港湾，风景秀丽，景色宜人。馆内既有丰富的藏书，还有期刊、多媒体资料，包括的内容十分广泛。在这里，我们可以看到基本法四年零八个月的起草过程中所走过的脚步和轨迹；还可以看到，香港回归后实施基本法过程中所经历的风雨和发展。我想每一位带着问题来这里的人，都可以在这座基本法知识宝库中找到答案。特别令人高兴的是，国家的宪法及有关资料也被摆在了这里，供香港市民阅览。可以说，到目前为止，有关基本法资料的收藏，香港基本法图书馆的馆藏内容之丰富，形式之多样，设备之先进是首屈一指的。

基本法图书馆的建立，为香港市民更多地了解基本法，熟悉基本法搭建了一个平台。哲人培根说过，"你把快乐告诉一个朋友，你将得到两个快乐"。中国也有句古话，"独乐乐不如众乐乐"。书是人类最好的朋友，一本好书一人读了受益，不如把它介绍给你所有的朋友。在座的各位可以把基本法图书馆介绍给你的每位朋友，共同分享这些宝贵财富。我祈望不久的将来，能看到这样的情景，在图书馆的门前出现一条长龙，就像我们香港的飞龙标志一样。那就证明了香港市民充分运用了这个平台，证明基本法更加深入人心。这也就实现了建立基本法图书馆的初衷。

圣诞节就要到了，这是香港各界的市民都十分重视的节日，在此，我祝大家圣诞快乐！谢谢各位！

就法论法、以法会友[*]

我这次是抱着"就法论法、以法会友"的目的，来与香港法律界同仁座谈、讨论、沟通的。下面，我作一个发言，以和大家讨论。

一、如何以正常心态看待和处理两地间的法律意见分歧

香港回归近 8 年来，由于内地与香港法律制度、法律传统不同，两地法律界对基本法一些条文的理解不时发生意见分歧，我认为这是正常的。香港实行普通法，而且是英国式的普通法；内地实行成文法，而且是中国特色社会主义的成文法，两地法律差异如此之大，在共同面对基本法这部既是全国性法律又是香港宪制性法律时，不可避免地会对其中某些条文的含义产生意见分歧，如果没有任何分歧反而是不正常的。其实，即使在同一法律制度、同一法律传统下，也经常会对一些法律条文的含义产生意见分歧。可以说，任何法律在实施中都会有不同意见的争论，而正是因为这种不同意见的争论，才不断地推动着法律的发展完善。基本法也一样。我们不可能指望基本法在实

———————

  * 2005 年 4 月 2 日，与香港法律界人士座谈会上的发言，摘自 2005 年 4 月 13 日《香港文汇报》。

施过程中不产生一点意见分歧，既然有分歧是正常的，我们就应当以一种正常的心态来看待和处理这种分歧，使这种分歧成为促进基本法进一步发展完善的契机和积极力量。

那么，什么才是"正常心态"呢？我认为主要有三点：

第一，法律的问题，应当从法律的观点和角度来看待，按照法律的途径来处理，不应政治化。我和大家一样，都是法律工作者，在法言法，每当遇到法律问题时，总是愿意首先从法律的观点和角度来分析，按照法律的途径来处理，而不希望把法律问题政治化，特别不希望过分政治化。当然，法律也受包括政治在内的诸多因素的制约，要考虑社会效果，但从根本上要符合法律本意和法治要求。香港有的人认为，每次人大释法都是从政治考虑，这次主张剩余任期，也是从政治考虑，而不是从法治考虑。这是一种很大的误解。当前，国家正致力于依法治国，强调严格依法办事，如果说人大释法有政治考虑的话，那么，这个政治就是必须严格依照基本法办事。

第二，"一国两制"和基本法实施中产生的问题，应当以一种新的法治观和新的思维方式来看待，在"一国两制"和基本法的轨道内来处理，不能简单化。"一国两制"对国家、对香港都是一项全新的制度，基本法是一部全新的法律，国内外都没有现成的经验可供借鉴，只有靠我们大家共同努力来探索。这就要求我们必须要用新的思维来审视因"一国两制"和基本法的实施所带来的各个方面的变化，其中包括法治的变化。香港回归，保持原有资本主义制度和生活方式五十年不变，但法律制度是基本不变，并不是一点不变。这个变，首先是香港特区有了基本法这样一部由全国人大制定的宪制性法律；其次是香港特区有了自己的终审法院和终审权；再次是还有一些列入基本法附件三的全国性法律要在香港特区实施；等等。面对这样一些新变化，如果我们没有一种新的法治观和新的思维方式，就很难正确看待和处理好两地间的一些法律意见分歧。这不是只对你们香港法律界讲的，也是对我们内地法律界讲的。两地法律界都需要学会换位思考，学会如何去理解对方的想法，而不只是仅从自己一方的传统和习惯去考虑问题，这样，才能使各自想法不断接近，才能逐步达成共识。如果大家都只从自己方面考虑问题，固守自己熟悉的法律观点和思维方式，不因应"一国两制"和基本法实施所带来的新变化，就难免渐行渐远。

第三，应当理性沟通，摆事实讲道理，有理说理，以理服人，不能情绪化。遇到意见分歧时，只有平心静气地把各自的看法、理据都摆出来，才能发现相互间有哪些是共同的，分歧在哪儿，进而寻找共识。我觉得今天的座谈会就是一种不带情绪化的理性沟通，通过刚才的座谈、讨论，我们发现：第一，大家都一致认同基本法的权威，对基本法有关条文含义不同理解的争论，其前提正是出于对基本法的尊重和服从。这是大家今天能够坐在一起座谈、讨论的前提，也是今后能够通过进一步沟通达致共识的前提。第二，大家都一致认同行政长官缺位后应当按照基本法规定在六个月内产生新的行政长官，这是大家能够共同寻找合法合理的办法、避免出现宪制危机的基础。就"二五之争"，主要有两个分歧点：第一，有的认为第46条适用于所有情况下产生的行政长官，有的认为第46条只适用于正常情况下产生的行政长官，因行政长官缺位后补选的行政长官的任期应适用第53条，不应直接适用第46条。第二，有的认为毋须释法，有的认为只有释法才能确保在7月10日顺利选出新的行政长官。找到了共同点，明确了分歧点，下一步只要我们本着理性、善意的态度进行沟通、讨论，不政治化、不简单化、不情绪化，就一定能够找到大家所能接受和认同的解决意见分歧的办法。

二、为什么补选产生的新的行政长官的任期适用第53条而不直接适用第46条

"二五之争"的关键，是适用第46条还是第53条。香港法律界多数认为，基本法第46条规定的行政长官任期5年非常明确，没有可以作其他解释的空间。对这一点，大家没有意见分歧。但问题是，第46条中的行政长官是否是指各种情况下产生的行政长官？香港法律界许多人认为是指各种情况下产生的行政长官，如果是，怎么解释第46条的规定与附件一规定的任期5年的选举委员会补选新的行政长官这一制度性安排的不一致性？法律条文之间应当是协调一致的。正因为此，内地法律界绝大多数认为第46条只是指正常情况下产生的行政长官，不包括因行政长官缺位后补选的行政长官，认为补选的行政长官的任期应适用第53条。刚才，李飞副主任已经比较详细地介绍了我们的研究意见。下面，我想再强调三点：

第一，第53条是包含有任期的。虽然，第53条没有明确规定新的行政长官的任期，但这一条文在草拟时的变化过程表明，有关新的行政长官的任期是在第 53 条中考虑的，而不是在第 46 条中考虑。两地基本法草委对第 53 条立法过程的回忆也从一个方面佐证了这一点。他们有的记得是新一届 5 年任期，有的记得是剩余任期，他们的记忆和条文的变化过程是吻合的。当年在删去"一届"的同时，增加了"依本法第四十五条的规定产生"的内容，表明是将补选的行政长官的任期与行政长官的具体产生办法相挂钩，要求根据不同的行政长官产生办法来确定补选的行政长官的任期是剩余任期，还是重新起算的五年任期。我认为这样规定是合理的，是符合各国通例和民主原则的。

第二，在由任期 5 年的选举委员会产生行政长官这一制度安排下，行政长官缺位时由同一选举委员会产生的新的行政长官，其任期只能是剩余任期。选举委员会任期 5 年的目的之一，就是为了在行政长官缺位时随时能补选产生新的行政长官，因此，它不能产生超过一届 5 年任期的行政长官。在行政长官 5 年任期届满前缺位的情况下，由该选举委员会产生的新的行政长官，只能完成原行政长官未任满的剩余任期，否则，就违背了现代民主原则，就会出现法律解释学上所说的按字面解释会导致荒谬结果的情况。大家都知道，各国法律实践公认在两种情况下应当作法律解释：一是条文字面含义可作多种理解而没有共识的，二是按条文字面含义理解会导致荒谬结果的。如果按 46 条字面含义理解，允许任期 5 年的选举委员会可以选举产生任期 7 年的行政长官，显然是不合常理的，不符合现代民主社会普遍遵循的原则。

第三，在 2007 年以前行政长官缺位后补选的行政长官，其任期只能是剩余任期。按照基本法附件一第七条规定只有到2007 年以后各任行政长官的产生办法才可以修改，这表明在香港特区成立后的头十年内，是按两个 5 年任期的行政长官来安排的，即只能产生任期各 5 年的第一任、第二任行政长官，其任期不应超过 2007 年。2007 年以后如有需要可以对行政长官的产生办法进行修改，如果作出修改，2007 年以后如再出现行政长官缺位的情况，补选的行政长官的任期是剩余任期，还是重新起算的 5 年任期，则要根据届时的行政长官产生办法而定。如果届时的产生办法仍然是 5 年任期的选举委员会，则行政长官缺位后由同一选举委员会补选的行政长官的任期，仍应为剩余任期。如果届时选举委员会没有任期或者将来最终达至普选，则行政长官缺位后由重新组成的选举委员会选举产生或重新普选产生的行政长官，其任期应为重新起算的 5 年任期。

三、怎样正确看待人大释法

我很高兴地看到，经过两次人大释法，现在香港多数人已经不再质疑全国人大常委会享有基本法的解释权，从宪制上，已经认同要以全国人大常委会的解释为依归，这是一个可喜的进步。但仍有不少人对人大释法存在误解和担忧，所以，我想借此机会再就怎样正确看待人大释法讲几点意见。

第一，香港基本法是全国人大制定的一部全国性法律，不仅在香港实施，在全国范围内都要一体遵行。全国人大常委会享有基本法的最终解释权，是国家法律解释制度的必然结果，也是保证基本法在全国范围内统一实施的客观要求，这是"一国两制"的应有之义和香港作为地方特别行政区这一法律地位的重要体现，是香港回归后新的政治体制和法律制度的重要组成部分，而不应把人大释法看成是外加于香港的，进而把人大释法看成是对香港法治的破坏。香港回归后，法治首先是依基本法之治。尊重法治，首先要尊重基本法，包括尊重基本法规定的全国人大常委会的解释权。当基本法在实施过程中对有关条文的含义产生不同理解而又没有其他解决途径时，尊重和服从全国人大常委会的最终解释，是尊重和维护法治的应有之义，而决不存在破坏法治的问题。

第二，全国人大常委会享有基本法解释权，与香港享有独立的司法权和终审权是并行不悖的，人大释法决不存在损害香港司法独立和终审权的问题。香港基本法规定，香港特区享有独立的司法权和终审权，这是指香港特区享有对案件的审理权和最终审判权，人大释法并不代替香港法院对案件的审理，也不改变香港法院对案件的判决。香港基本法第 158 条明确规定，法院在人大释法以前作出的判决不受影响。1999 年人大释法时专门明确："本解释不影响香港特别行政区终审法院 1999 年 1 月 29 日对有关案件判决的有关诉讼当事人所获得的香港特别行政区居留权。"所以人大释法，不存在损害香港特区独立的司法权和终审权问题。虽然基本法授权香港法院也享有对基本法的解释权，但同时明确规定："如全国人民代表大会常务委员会作出解释，香港特别行政区法院在引用该条款时，应以全国人民代表大会常务委员会的解释为准。"这表明，香港特区的终审权并不包括对基本法的最终解释权。

　　第三，全国人大常委会解释法律是有规范的，所谓有规范就是有自我约束，决不是任意释法。首先，从解释对象看，根据国家立法法规定，在以下两种情况下可以作法律解释：一是法律的规定需要进一步明确具体含义的；二是法律制定后出现新的情况，需要明确适用法律依据的。虽然法律规定以上两种情况可以作法律解释，但实践中，宪制性法律文件即使规定不是十分明确、具体或者出现了新的情况，但通过讨论、沟通，大家意见取得了一致，也不需要进行法律解释。但如果有不同意见而又没有其他办法达成一致时，就必须进行解释。而对基本法这部宪制性法律文件的解释，考虑到香港有一部分人对人大释法还存有误解，因此，人大又采取更加慎重的态度。这次在国务院 3 月 12 日批准董建华辞职的第一时间，即由法工委发言人发表谈话阐明剩余任期的理据，其目的就是希望通过这种及时沟通能够达成共识，如果取得共识自然可以免却人大释法。但遗憾的是，这个目的没有达到。其次，从解释程序看，人大释法有严格的程序，提出议案要征求各方面意见，委员长会议列入常委会议程后要征询香港基本法委员会的意见，常委会全体会议要听取提议案人对法律解释草案的说明，然后分组审议，法律委员会要根据分组审议意见进行统一审议，提出修改后的表决稿，由委员长会议审议决定交付表决、公布。其三，从解释方法看，人大释法要忠实于立法原意。要做到尊重立法原意，首先要尊重法律条文的字面含义。在这一点上，我们和你们的普通法解释方法并没有什么区别，只是在如何确定立法原意上，在这次"二五之争"中表现出来，你们可能更注重某一条文的字面含义，而我们在注重条文字面含义的同时也强调要对其他相关条文和整个制度设计进行综合考察，以得出最符合立法者所希望表达的含义。

第四，人大释法是管长远的，对内地和香港都具有约束力。人大释法一经作出，具有与法律同等的效力，不仅在香港实施，内地包括中央也要遵循，也要受到约束，而且是长期有效的。因此，把人大释法看成是针对香港的或针对一时一事的，是不正确、不全面的。

最后，我还想谈谈如何正确看待基本法。"一国两制"是前无古人的事业，香港基本法是一部全新的法律，是一部开创性的、充满远见卓识的历史杰作。同时，我们也要历史地看待基本法，不能对基本法过于苛求。毕竟基本法是在香港尚未回归、毫无前人实践经验的基础上制定的，加上它又是一部宪制性法律，因此，不可能也不应当对所有问题都作出十分详尽的规定。正如有的资深草委所说，如果要求当时把什么问题都规定得十分清楚，那基本法可能到现在也出不来。这句话我认为是非常中肯的。所以，我们不应苛求前人。前人所做的已经足够超前，已经向我们展示了他们不同寻常的聪明才智，现在我们所应做的也是所能做的，就是全面、准确地把基本法贯彻好、实施好，通过我们大家的共同努力，使基本法在实践中不断得到充实、完善。

讲出来、说清楚*

女士们、先生们、朋友们，大家好！

　　刚才有 25 位发了言。我感觉到大家在发言中都非常关心中央对香港特区政治体制发展问题的看法。对这个问题，11 月 18 日胡锦涛主席在韩国釜山会见曾特首时的讲话已经表达得十分清楚，我想首先谈一下自己的体会。我理解，胡主席的讲话，明确地表达了这样四层意思：一是，再次重申了中央支持香港特区依法循序渐进地发展适合香港实际的民主制度的一贯立场。众所周知，循序渐进地推进香港民主向前发展，最终达至行政长官和立法会全体议员由普选产生的目标，是香港基本法明文规定的，是中央在认真听取广大港人意见的基础上作出的一个郑重的承诺，它既是香港社会主流民意的体现，也是全国人民共同意愿的体现。在这个问题上，中央的一贯立场，与广大香港同胞是完全一致的。

　　二是，再次重申了应当根据香港实际情况，按照香港基本法规定的轨道，稳步、扎实、有序地推进香港政治体制向前发展的一贯立场。因为任何民主制度都必须从自己的实际情况出

---

　　* 2005 年 12 月 2 日，中央政府驻香港联络办公室在深圳举办"香港政制发展座谈会"，这是乔晓阳在该座谈会上的演讲。

发，按照法定轨道，稳步、扎实、有序地向前推进。稳步、扎实就是循序渐进，有序就是按照法定程序。不顾实际情况，不按法定轨道，不稳步扎实有序推进民主改革，其结果只能给社会带来纷争不止，对公众的福祉有害无益。

三是，充分表达了对香港社会各界人士能够从香港长期繁荣稳定的大局出发，理性探讨，凝聚共识的殷切期望。理性是民主之要义和条件。香港是一个成熟的资本主义社会，是一个利益多元、意见多元的社会，从今天座谈会二十五位的发言也可以看到，在这样一个社会里如何既能保持长期繁荣稳定又能不断推进民主向前发展，更需要理性和包容，通过理性探讨，相互包容，凝聚共识，才有可能找出一个大家都能接受的建设性方案。

四是，充分表达了对香港社会各界人士共同为最终达到基本法规定的行政长官和立法会全体议员由普选产生的目标积极创造条件的殷切期望。实现行政长官和立法会全体议员由普选产生，是基本法规定的最终要达至的目标，中央对实现这个目标，从来是抱着开放的、积极的态度，对香港社会关于普选的诉求一直是高度关注，充分了解的。比如去年 4 月 26 日全国人大常委会在决定中专门写进了这样一段话："全国人大常委会在审议中充分注意到近期香港社会对 2007 年以后行政长官和立法会产生办法的关注，其中包括一些团体和人士希望 2007 年行政长官和 2008 年立法会全部议员由普选产生的意见。"对香港各界要求普选的意见写入了决定，可以说是记录在案的，表示中央对港人的诉求是充分了解的。中央期待着香港社会各界共同作出努力，循序渐进地发展政制民主，不断创造实行普选的条件，以最终实现普选。

总之，我认为胡主席的讲话已经十分清楚地表达了中央对香港特区政治体制发展问题的立场，充分体现了民主法治、包容共济、务实理性的精神，充分体现了中央处理香港事务的一切出发点和落脚点都是为了维护香港长期繁荣稳定和公众的福祉。只要我们真正按照胡主席的这一讲话去实践，就一定能够对特区政府提出的2007/2008年两个产生办法的修改方案作出客观公正的评价并作出理性的选择和决定，从而朝着行政长官和立法会全体议员最终达至由普选产生的目标迈出实质性的重要一步，也能够在下一步就大家关心的普选路线图和时间表问题达成广泛的共识。

前两天，行政长官曾荫权先生就香港的政改问题，向香港市民发表了电视广播讲话。他说，政改方案是一个民主的方案，可以令香港朝向普选的目标，迈出重大的一步；方案已经尽量照顾到社会各界的诉求，得来不易；2007/08年选举安排与制定普选时间表是两件应该分开处理的事情；承诺下一步对如何发展民主的路线图和时间表，会尽快在策发会及其他途径充分讨论。我认为曾特首的讲话非常务实、开放、诚恳，抓住了当前香港社会关于政制发展问题分歧的症结，提出了"分开处理"解开这一症结的办法，值得大家很好体会、思考。下面，我也想借此机会坦诚地谈谈个人看法。我的发言可以归结为六个字"讲出来、说清楚"，意思是对当前政改方案涉及的主要问题要讲出来，对这些问题的看法要用十分明白的语言说清楚。

第一，2007/08 年政改方案依法要修改的范围究竟是什么。特区政府提出的 2007/08 政改方案的依据是去年 4 月全国人大常委会的决定，因此，要回答这个问题，首先需要搞清楚去年全国人大常委会决定 2007/08 年两个产生办法可以修改的范围是什么。这个问题有人清楚，有人可能并不很清楚。决定共有两条内容：第一条是明确 2007/08 年不实行普选产生的办法，第二条是明确在不实行普选的前提下 2007/08 年两个产生办法可以作出符合循序渐进原则的适当修改。

全国人大常委会决定的指向是非常明确的，就是指 2007/08 年两个产生办法的修改，没有包括今后如何修改。2007/08 年政改方案要做的工作，具体讲就是对基本法附件一、附件二作出修改，这个修改分为两个层面，一是宪制层面的，需要报经全国人大常委会批准或备案；一是本地立法层面的，需要特区修改行政长官选举条例和立法会选举条例，将来作为本地立法按基本法第十七条的规定报全国人大常委会备案。全国人大常委会必须依法行使自己的职权，全国人大常委会这次批准或者备案的，只能是关于 2007/08 年两个产生办法的修改，不能超出全国人大常委会去年决定的范围。刚才我讲特区政府提出政改方案的依据是决定，全国人大常委会将来予以批准或接受备案也要依据决定。这是法治社会应当遵循的准则。

第二，为什么普选时间表可以展开讨论，但难以写进 2007/08 年政改方案。从前面介绍的全国人大常委会决定 2007/08 年两个产生办法可以修改的范围，可以清楚地看出，普选时间表是 2007/08 年两个产生办法修改方案之外的问题。全国人大常委会在决定中已经明确 2007/08 年两个产生办法不实行普选，至于将来什么时候实行普选，不是 2007/08 年政改方案所要解决和所能解决的问题，而是需要香港社会各界继续讨论达成共识的问题。这个共识不仅是对普选时间表的共识，我想更重要的是对既符合基本法又适合香港特点的普选方式的共识。这个共识可能比普选时间表还要重要。

曾特首对于社会上尽早制定普选的路线图和时间表的要求，已经作出了积极的响应，决定由策略发展委员会尽快讨论这个议题，并提出分两个阶段进行，致力在 2007 年初总结这个议题，并提出分两个阶段的工作。我认为曾特首的这个安排是积极的、开放的、合理的。当务之急是按照全国人大常委会的决定完成对 2007/08 年两个产生办法的修改，与此同时进行普选路线图和时间表的讨论，但这需要更多时间进行理性的讨论，既不能把两者混为一谈，也不能把两者捆绑在一起。我们在商业活动中禁止将两种商品捆绑在一起销售，把这种行为称之为不正当竞争。我想在香港 07/08 年政改方案问题上，也不能搞捆绑销售。将 2007/08 年两个产生办法的修改方案与普选时间表捆绑在一起还要获得通过，是一个无法完成的任务，这里的"无法"有两层含义，一是没有办法，一是没有法律依据。我诚恳地希望要求捆绑的人认真想想，如果因为捆绑致使两个产生办法的修改最终不能获得通过，香港社会经过近两年的广泛咨询所形成的成果将付诸东流，这是非常可惜的。

现在香港社会有许多市民要求尽快通过政改方案。同时，有许多市民支持要有普选时间表，表明市民对实现普选有强烈的期望。两个民意说明市民是理性的、务实的，既看到特区政府提出的两个修改方案的进步意义，明白这是朝向最终达至普选目标迈出积极的具有实质意义的一步，同时又希望有一个普选的时间表来落实更加民主的远景。我认为这两个民意都应当得到尊重和重视，不应该以一个民意去否定另一个民意，既不能认为有民意支持特区政府方案而看不到希望有普选时间表的诉求，也不能认为有民意要求有普选时间表而否定特区政府方案的广泛民意基础，使之通不过。那么如何使这两个民意都得到尊重呢？合理、可行的办法，就是分开处理，并行不悖，一方面优先完成当务之急的 2007/08 年两个产生办法的修改，另一方面就普选的路线图和时间表进行广泛、充分的讨论，在此基础上达成共识。我想，只要大家理性、认真、负责地对待香港政治体制发展问题，两个民意都是可以得到实现的。

第三，真心诚意地希望特区政府的政改方案能够获得立法会 2/3 多数通过。香港回归 8 年多来，无论行政长官的选举，还是立法会的选举，在循序渐进的过程中愈加民主、开放。这次特区政府根据广泛公众咨询意见提出的 2007/08 年行政长官和立法会两个产生办法的修改方案，更大大地扩大了民主的元素。在行政长官选举方面，选举委员会从原来的 800 人增加到了 1600 人，并将 400 位由直接选举产生的区议员全部加入选举委员会，从而使选举委员会的选民基础由原来的 10 多万人大幅度地增加到全体登记选民的 300 多万人。在立法会选举方面，也增加了 10 个议席，其中 5 席由地区直接选举产生，另外 5 席由区议员互选产生，加上原有的 30 个功能议席和 30 个直选议席，同样拥有 300 多万登记选民的基础。

说到这里，我要讲句老实话，在看到特区政府政改方案之后，我没想到在对 2007/08 年政改方案各种诉求如此之多，又如此不同的情况下，特区政府拿出了一个能够平衡各种诉求的政改方案。近两年来，特区各界十分积极、踊跃地参与了各种层面有关 2007/08 年香港政改方案的讨论，许多团体和个人提出了自己觉得是最好的方案。各种方案和诉求是如此之多，相互之间的差距又是如此之大，常常令人担心特区政府怎么在各种方案中取得一个平衡，拿出一个既符合基本法、释法和决定，又能为各方都接受的方案。难度确实太大了。没有想到的是，特区政府在广泛咨询基础上，拿出了一个体现各种不同意见的可以说是最大公约数的修改方案。我们常说，"立法是在矛盾的焦点上砍一刀"，我从事立法工作 20 年，深感要在意见纷纭甚至相互对立当中拿出一个各方基本能够接受的方案，是非常不容易的，常常会为各种意见严重分歧而找不到妥协的办法感到苦恼，所以我对曾特首在电视广播讲话中说的 "方案得来不易" 这句话，是感同身受，非常理解。尽管这个方案不是十全十美，各方都不尽满意，但在一个民主的社会里，正是这种各方都不尽满意却又基本能够接受的方案，可能才是最好的方案。如果一个方案让一部分人非常满意，必定会有另一部分人非常不满意，这样的方案即使勉强获得通过，最后实施的效果也不一定会好。

记得曾有一位熟悉普通法的法律界人士告诉过我，普通法有一个说法：最好的判决就是双方当事人都满意、又都不满意的判决。表达的也是这个意思。特区政府提出的政改方案，符合基本法规定，符合多数香港市民意愿，是朝着最终达至行政长官和立法会全部议员由普选产生的目标迈出的重要的、具有实质意义的一大步。走出了这一步，实际上离最终达至普选的目标也就更近了，真正支持普选的人应该支持这个方案才合逻辑。这句话是许仕仁先生说的，我很赞同，因为实在看不出支持普选的人有什么理由不支持这个方案。

本来处在我这个角色，在这两个修改方案还在特区进行公众咨询的时候似乎不宜这样公开表态，但我是个有话直说的人，既然是坦诚交流、坦诚沟通，我也已声明今天的发言要"讲出来、说清楚"，就不能不清楚地说出我的个人看法。文责自负。我这样说是发自内心的，就是想表达出真心诚意希望这个方案能获得通过的心情。刚才也有提到，如果最终没有获得通过，基本法规定需要立法会2/3多数通过而不是半数通过，本意是要求如作修改必须取得最大程度的共识，通不过的结果只能说明香港社会对政改方案还没有达成最大的共识。这也是强求不来的。去年释法指基本法规定的"2007年以后如需修改"的立法原意是，2007年以后可以修改，也可以不修改。对不修改，基本法和释法也都作了制度性的安排。按照基本法附件一和附件二的规定以及去年4月全国人大常委会的释法，2007年第三任行政长官的产生办法将继续适用第二任行政长官的产生办法，2008年第四届立法会的产生办法将继续适用第三届立法会的产生办法。如果是这样，全国人大常委会决定香港特区2007/2008

年行政长官和立法会两个产生办法可以作出符合循序渐进的适当修改将不能得到实现，香港民主发展将失去向着普选目标迈出实质性一大步的机会。

我国的国体、政体和国家结构形式 *

一、我国的国体和政体

（一）国体和政体的概念及关系

"国体"，也就是"国家性质"，是指国家的根本属性，这是国家的根本问题，是整个国家制度的核心。马克思主义国家理论从国家的阶级本质的角度来研究国家性质（即国体）的问题。马克思主义国家理论认为：国家性质就是国家的阶级本质，即由哪个阶级掌握国家的政治权力。

政体是什么呢？简单地说，政体就是政权的组织形式，是指国家权力在国家机关间的配置以及在此基础上形成的国家机关间的相互关系。政权组织形式可以根据不同的标准进行划分，常用的划分如共和制、君主制、君主立宪制等等。近现代国家所采用的政体主要是共和制和君主立宪制，共和制是最普遍采用的政体。由于国家权力在中央国家机关之间的配置不同，国家机关的相互关系也不一样，共和制政体主要有总统制（如美国）、议会内阁制（如意大利）。君主立宪制，又分为两种：一种是议会

---

* 2007 年 5 月 14 日在清华大学法学院"香港媒体人士培训班"授课稿。

君主制，君主作为国家元首，仅在形式上代表国家，不享有实质意义上的国家权力，比如英国、日本；另一种是二元君主制，君主作为国家元首，拥有一定的国家权力，在整个国家机关权力配置中占有重要地位，议会权力较小，政府对君主负责，现代国家中只有约旦、沙特阿拉伯等少数国家保持这种政体。

国体和政体是密切联系的两个概念。国体是国家的阶级性质，即哪个阶级掌握政治权力；而政体是指国家政权的组织形式，即掌握政权的阶级用什么方式来行使国家权力。可见，国体决定政体，政体是为国体服务的，它们之间的关系是内容与形式的关系，国体是内容，政体是形式。一个国家采取和选择什么样的政体，主要是由这个国家的统治阶级决定的；另一方面，国体要通过一定的政体来表现，如果没有适当的政体，统治阶级就无法组织和巩固国家机器。

（二）我国的国体和政体

关于我国的国体，宪法第一条规定："中华人民共和国是工人阶级领导的、以工农联盟为基础的人民民主专政的社会主义国家。"宪法将我国的国体确定为人民民主专政。它是以工人阶级为领导的，以工农联盟为基础的，包括对人民民主和对敌人专政两个方面的内容，并有一个广泛的统一战线作为政治基础。

关于我国的政体，宪法第二条规定："中华人民共和国的一切权力属于人民。人民行使国家权力的机关是全国人民代表大会和地方各级人民代表大会。"我国是人民当家作主的社会主义国家，但不可能13亿人都来直接管理国家，怎样保证人民能够真正当家作主，掌管国家权力，需要一种组织形式，这个组织形式，就是全国人民代表大会和地方各级人民代表大会。各级人大都是在选举的基础上产生的，所选出的代表具有广泛的群众基础，包括了各阶层、各地区、各民族、各方面的人士。广大人民群众通过由人大代表组成的人民代表大会参加国家的管理，行使自己当家作主的政治权利。简言之，我国的政体是人民代表大会制度。

（三）中国共产党在国家的领导地位

这是一个与我国的国体和政体密切相关的重要内容。坚持中国共产党对国家的领导是我国宪法确立的基本原则。宪法关于党的领导地位的规定，体现在：（1）宪法第一条规定了我国的国体，即工人阶级领导的、以工农联盟为基础的人民民主专政的社会主义国家，而共产党是工人阶级的先锋队，因此，宪法第一条是间接规定了中国共产党的领导地位。（2）宪法在序言中，通过历史回顾的方式，说明中国共产党的领导是中国人民的历史选择。宪法序言作为宪法的重要组成部分同宪法条文一样具有法律效力。（3）1993 年八届全国人大一次会议通过的宪法修正案第四条规定了"中国共产党领导的多党合作和政治协商制度将长期存在和发展"。这也是宪法对中国共产党领导地位的确认。

2004 年 9 月，胡锦涛主席在首都各届纪念全国人大成立 50 周年大会的讲话中指出："依法治国不仅从制度上、法律上保证人民当家作主，而且也从制度上、法律上保证党的执政地位。"他还说，"中国共产党执政，就是领导、支持、保证人民当家作主，维护和实现最广大人民的根本利益"。在新的历史时期，发展社会主义民主政治，坚持和完善人民代表大会制度，最根本的是要把党的领导、人民当家作主和依法治国有机统一起来。人民代表大会制度是人民当家作主的根本途径，是共产党执政的制度载体，是依法治国的制度保障。中共十五大报告明确指出："我国实行的人民民主专政的国体和人民代表大会制度的政体是人民奋斗的成果和历史的选择，必须坚持和完善这个根本政治制度，不照搬西方政治制度的模式，这对于坚持党的领导和社会主义制度、实现人民民主具有决定意义。"

二、我国的政权组织形式（政体）

（一）人民代表大会制度

人民代表大会制度是我国的政权组织形式，是我国的根本政治制度。根据宪法规定，人民代表大会制度的内容主要包括以下几个方面：

1. 各级人大都由民主选举产生，对人民负责，受人民监督。全国人大和地方各级人大是国家权力机关，行使国家权力。人大的权力从哪里来？来自于人民的授权。人民通过选举，产生代表自己意愿的代表，组成代表机关，代表人民行使国家权力。因此，民主选举是人民代表大会制度的组织基础，也是各级人大的权力源泉。选举权和被选举权是人民行使国家权力的重要标志。按照宪法和选举法，选民或者选举单位有权依照法定程序选举代表，并有权依照法定程序罢免自己选出的代表，这对于保证各级人大真正按照人民的意志，代表人民的利益行使权力具有根本性的作用。

2. 各级人大及其常委会集体行使权力，集体决定问题，严格按照民主集中制的原则办事。宪法规定了各级人大及其常委会的职权。人大及其常委会要按照规定的程序讨论决定问题、履行自己的职责，实行少数服从多数的原则，而不是由一个人或少数几个人决定。在表决中，每个代表和每个常委会组成人员都只有一票，没有特权。

3. 国家的行政机关、审判机关、检察机关都由人大产生，对它负责，受它监督。国务院、最高人民法院和最高人民检察院分别作为我国的最高行政机关、审判机关和检察机关，由全国人大产生，对全国人大负责并报告工作，接受全国人大的监督；地方各级人民政府、地方各级人民法院和人民检察院分别由本级人大选举产生，对本级人大负责并报告工作，接受本级人大的监督。人民代表大会统一行使国家权力，在这个前提下，明确划分国家行政机关、审判机关和检察机关的职责，实行合理的分工负责。这样既保障行政机关、审判机关和检察机关按照人民的意愿行使职权，时刻接受人民的监督，不违背人民的利益，同时又能使各个国家机关在法律规定的各自职权范围内既独立负责又协调一致地进行工作，形成一个统一的整体。这和西方一些国家实行的"三权分立"体制是根本不同的。

4. 中央和地方国家机构的职权划分，遵循在中央的统一领导下，充分发挥地方的主动性、积极性的原则。全国人大作为最高国家权力机关，审议决定全国的大政方针；地方各级人大作为地方国家权力机关，在本行政区域内，保证宪法、法律、行政法规的遵守和执行，依照法律规定的权限，通过和发布决议，审查和决定地方的经济建设、文化建设和公共事业建设的计划等。全国人大和地方人大是法律监督关系，不是领导关系。就行政机关而言，国务院统一领导地方各级行政机关的工作，规定中央和省、自治区、直辖市的国家行政机关的职权划分。地方各级人民政府对本级人大负责并报告工作，同时对上一级国家行政机关负责并报告工作。全国地方各级人民政府都是国务院统一领导下的国家行政机关，都服从国务院。就审判机关而言，上级审判机关与下级审判机关是审判监督关系，最高人民法院监督地方各级人民法院的审判工作，上级人民法院监督下级人民法院的审判工作。就检察机关而言，上级检察机关和下级检察机关是领导关系，最高人民检察院领导地方各级人民检察院的工作，上级人民检察院领导下级人民检察院的工作。这些都是中央和地方职权划分原则的具体体现。这样既有利于统一领导，保证国家的统一，又有利于发挥地方的积极性和主动性，加快国家的现代化建设。

从上述四个方面的内容可以看出，人民代表大会制度与一般的政治制度不同，它是带有全局性的根本政治制度。第一，这一制度从根本上体现了一切权力属于人民的原则，是人民行使国家权力的根本途径和形式。人民代表大会制度是维护人民利益的根本保障，也是我们国家能够经得起各种风险、克服各种困难的可靠保证。第二，人民代表大会制度是其他各项政治制度建立的基础。国家的政治制度除了政权组织形式外，还包括行政管理制度、司法制度、军事制度、地方政权制度等诸多制度。这些具体政治制度的建立和发展，有赖于人民代表大会制度。人民代表大会制度一经建立，通过自身的活动，如立法、发布决议、决定等，建立和完善其他的各项具体政治制度。如全国人大制定国务院组织法和地方各级人大和政府组织法，确立了我国的行政管理制度，明确了国家行政机关的组成、组织原则和工作程序；通过制定人民法院组织法和人民检察院组织法以及各项民事、刑事法律制度，确立了我国的司法制度；通过制定村民委员会组织法和城市居民委员会组织法，建立我国的基层群众自治制度；通过制定民族区域自治法，确立我国的民族区域自治制度；通过制定香港、澳门两个基本法，确立了特别行政区制度；通过制定兵役法、国防法以及其他有关的军事法律，建立我国的军事和国防制度等。全国人大及其常委会按照人民的意愿，通过立法或者其他形式，建立和完善有关的具体政治制度，并且将其置于人民的监督之下。这使得这些制度有了法律基础和权力来源。

对于人民代表大会制度的理解，有些人把它简单地与人民代表大会等同起来。人民代表大会并不等同于人民代表大会制度，这是两个既相关又有区别的概念。人民代表大会是依照宪法和法律行使国家和地方权力的各级国家权力机关；人民代表大会制度是以人民代表大会为核心和主要内容的一整套国家政权组织制度，它不仅包括人民代表大会本身的产生、组织、职权和行使职权的方式等一整套制度，还包括人民代表大会与人民的关系以及人民代表大会与其他国家机关的关系等。

（二）我国的国家机构

宪法第三章规定了我国的国家机构，包括：全国人民代表大会、中华人民共和国主席、中华人民共和国国务院、中华人民共和国中央军事委员会、地方各级人民代表大会和地方各级人民政府、民族自治地方的自治机关、人民法院和人民检察院。

1. 全国人民代表大会

全国人民代表大会是最高国家权力机关。根据宪法规定，全国人民代表大会的职权是：修改宪法；监督宪法的实施；制定和修改刑事、民事、国家机构的和其他的基本法律。选举全国人民代表大会常务委员会委员长、副委员长、秘书长和委员；选举中华人民共和国主席、副主席；根据中华人民共和国主席的提名，决定国务院总理的人选；根据国务院总理的提名，决定国务院副总理、国务委员、各部部长、各委员会主任、审计长、秘书长的人选；选举中华人民共和国中央军事委员会主席；根据中华人民共和国中央军事委员会主席的提名，决定中华人民共和国中央军事委员会其他组成人员的人选；选举最高人民法院院长；选举最高人民检察院检察长。有权罢免上述人员。审查和批准国民经济和社会发展计划和计划执行情况的报告；审查中央和地方预算及中央和地方预算执行情况的报告，批准中央预算和中央预算执行情况的报告。改变或者撤销全国人民代表大会常务委员会不适当的决定。批准省、自治区、直辖市的建置；决定特别行政区的设立及其制度；决定战争和和平的问题。这些职权基本上可以概括为立法权、监督权、人事任免权、重大事项决定权等。全国人大每届任期 5 年，由省、自治区、直辖市、特别行政区和军队选出的代表组成，各少数民族都应当有适当名额的代表。十届全国人大共有代表2984人，其中：中共党员2178人，占72.99%；民主党派和无党派人士480人，占16.09%；工人322人，占10.79%；农民229人，占7.67%；干部968人，占32.44%；解放军268人，占8.98%；知识分子631人，占21.14%；归国华侨38人，占1.27%；少数民族415人，占13.91%；妇女604人，占20.24%。全国人大会议每年举行一次，由全国人大常委会召集，并选举主席团主持会议。

全国人民代表大会常务委员会是全国人民代表大会的常设机关，对全国人民代表大会负责并报告工作。全国人大常委会由委员长、副委员长若干人，秘书长、委员若干人组成。常委会组成人员由全国人民代表大会从全国人民代表大会的代表中选举产生。十届全国人大常委会组成人员共175人：委员长1人，副委员长15人，秘书长1人（盛华仁副委员长兼），委员159人。委员长主持全国人大常委会的工作，召集全国人大常委会会议。副委员长、秘书长协助委员长工作。全国人大常委会会议一般每两个月举行一次；有特殊需要的时候，可以临时召集会议。全国人大常委会委员长、副委员长、秘书长组成委员长会议，处理常委会的重要日常工作。全国人大常委会每届任期和全国人大任期相同，委员长、副委员长连续任职不得超过两届。全国人大常委会的职权有：解释宪法，监督宪法的实施；制定和修改除应当由全国人大制定的法律以外的其他法律；在全国人大闭会期间，对全国人大制定的法律进行部分补充和修改，但是不得同该法律的基本原则相抵触；解释法律；在全国人大闭会期间，审查和批准国民经济和社会发展计划、中央预算在执行过程中所必须作的部分调整方案；监督国务院、中央军事委员会、最高人民法院和最高人民检察院的工作；撤销国务院制定的同宪法、法律相抵触的行政法规、决定和命令；撤销省、自治区、直辖市国家权力机关制定的同宪法、法律和行政法规相抵触的地方性法规和决议；在全国人大闭会期间，根据国务院总理的提名，决定部长、委员会主任、审计长、秘书长的人选；在全国人民代表大会闭会期间，根据中央军事委员会主席的提名，决定中央军事委员会其他组成人员的人选；根据最高人民法院院长的提请，任免最高人民法院副院长、审判员、审判委员会委员和军事法院院长；根据最高人民检察院检察长的提请，任免最高人民检察院副检察长、检察员、检察委员会委员和军事检察院检察长，并且批准省、自治区、直辖市的人民检察院检察长的任免；决定驻外全权代表的任免；决定同外国缔结的条约和重要协定的批准和废除；规定军人和外交人员的衔级制度和其他专门衔级制度；规定和决定授予国家的勋章和荣誉称号；决定特赦；在全国人大闭会期间，如果遇到国家遭受武装侵犯或者必须履行国际间共同防止侵略的条约的情况，决定战争状态的宣布；决定全国总动员或者局部动员；决定全国或者个别省、自治区、直辖市进入紧急状态；全国人民代表大会授予的其他职权。

2. 中华人民共和国主席

中华人民共和国主席也就是通常人们习惯所说的"国家主

席"。国家主席、副主席由全国人民代表大会选举产生，任期与全国人大的任期相同，连续任职不得超过两届。有选举权和被选举权的年满 45 周岁的中华人民共和国公民可以被选为中华人民共和国主席、副主席。中华人民共和国主席根据全国人大及其常委会的决定，公布法律，任免国务院总理、副总理、国务委员、各部部长、各委员会主任、审计长、秘书长，授予国家的勋章和荣誉称号，发布特赦令，宣布进入紧急状态，宣布战争状态，发布动员令。中华人民共和国主席代表中华人民共和国，进行国事活动，接受外国使节；根据全国人大常委会的决定，派遣和召回驻外全权代表，批准和废除同外国缔结的条约和重要协定。

3. 中华人民共和国国务院

中华人民共和国国务院，即中央人民政府，是最高国家权力机关即全国人民代表大会的执行机关，是最高国家行政机关，由总理、副总理、国务委员、各部部长、各委员会主任、中国人民银行行长、审计长、秘书长组成。国务院实行总理负责制。各部、各委员会实行部长、主任负责制。本届国务院有总理 1 人，副总理 4 人，国务委员 5 人，共设 26 个部、委，加上中国人民银行和审计署，共 28 个组成部门。总理、副总理、国务委员连续任职不得超过两届。

4. 中华人民共和国中央军事委员会

中华人民共和国中央军事委员会领导全国武装力量。中央军事委员会由主席、副主席若干人，委员若干人组成。中央军事委员会实行主席负责制。中央军事委员会主席对全国人大及其常委会负责。

5. 地方各级人民代表大会和地方各级人民政府

省、自治区、直辖市、县、市、市辖区、乡、民族乡、镇设立人民代表大会和人民政府。地方各级人民代表大会和地方各级人民政府的组织由法律规定。

6. 民族自治地方的自治机关

民族自治地方的自治机关是自治区、自治州、自治县的人民代表大会和人民政府。（其他内容在后面的民族区域自治制度中一并介绍）

7. 人民法院

人民法院是国家审判机关，依法独立行使审判权。人民法院的组织系统由最高人民法院、地方各级人民法院和专门法院构成。地方各级人民法院是指高级人民法院、中级人民法院和基层人民法院；专门法院是指军事法院、海事法院等。最高人民法院是最高审判机关，监督地方各级人民法院和专门人民法院的审判工作，上级人民法院监督下级人民法院的审判工作。最高人民法院对全国人大及其常委会负责，地方各级人民法院对产生它的国家权力机关负责。最高人民法院院长连续任职不得超过两届。

8. 人民检察院

在我国，人民检察院的职能不仅仅是在刑事案件中代表国家起诉犯罪嫌疑人，根据宪法规定，人民检察院是国家的法律监督机关，依照法律规定对国家工作人员履行职务进行监督，对公安机关的刑事侦查工作、人民法院的审判工作、司法行政机关的监狱工作进行监督。人民检察院依照法律规定，独立行使检察权。人民检察院的组织系统由最高人民检察院、地方各级人民检察院和军事检察院等专门人民检察院构成。地方各级人民检察院包括：省、自治区、直辖市人民检察院，自治州和省辖市人民检察院，县、县级市、自治县和市辖区人民检察院。最高人民检察院是最高检察机关。最高人民检察院对全国人大及其常委会负责，地方各级人民检察院对产生它的国家权力机关和上级人民检察院负责；最高人民检察院领导地方各级人民检察院和专门人民检察院的工作，上级人民检察院领导下级人民检察院的工作。最高人民检察院检察长连续任职不得超过两届。

（三）政治协商制度

讲到这里，可能有人会问，国家机关里面怎么没有讲到政协？政协在我国政治生活中发挥着重要作用，但它不是国家政权组织，不是国家机关。为了使大家了解政协的性质、功能，有必要在这里介绍一下我国的政治协商制度。

宪法修正案第四条规定："中国共产党领导的多党合作和政治协商制度将长期存在和发展。"多党合作是指在中国共产党的领导下，中国共产党和各民主党派以共同致力于社会主义事业为目标，以四项基本原则为政治基础，在长期的革命和建设实践中逐步建立起来的一种有中国特色的新型政党关系。我国有 8 个民主党派：中国国民党革命委员会、中国民主同盟、中国民主建国会、中国民主促进会、中国农工民主党、中国致公党、九三学社、台湾民主自治同盟。这 8 个民主党派都有自己的中央组织、地方组织和基层组织。据统计，到 2004 年底，民主党派的成员共有 60 多万。政治协商制度，是指在中国共产党领导下，以多党合作为基础，由各民主党派、各人民团体、各方面的爱国人士、无党派人士和少数民族代表参加的，以中国人民政治协商会议为组织形式，就国家的大政方针，各族人民社会生活中的重大问题进行民主、平等的讨论和协商的一种政治制度。

1. 人民政协的性质

中国人民政治协商会议，通常简称为"政协"，政协是我国特有的政治组织，就性质来讲，它是我国政治协商和统一战线的组织形式。

政协在我国政治生活中发挥着重要作用，但它不是国家政权组织，不是国家机关，也不是一般的人民团体。从地位上看，政协全国委员会是我国政治领导体制中的重要组成部分，全国政协主席、副主席是国家领导人，这显然不是人民团体可以相比的。从性质上看，人民团体代表不同社会阶层、行业和团体的利益，其性质具有特殊性，反映的是特定阶层、行业和团体的利益；政协则具有广泛性和党派性的特点。从职能上看，政协的职能是政治协商和民主监督，人民团体虽然也参与政治协商和民主监督，但这不是它的基础职能。

2. 政协的组织系统

政协的组织系统包括政协全国委员会和政协地方委员会。政协全国委员会我们平时常简称为"全国政协"，每年举行一次全体会议；政协地方委员会按照我国的行政区划设立，包括省级、市级、县级三级地方委员会，政协地方委员会每年至少举行一次全体会议。

中国人民政治协商会议成立于 1949 年 9 月 21 日。政协第十届全国委员会共设 34 个界别①，共有委员 2238 人，其中中共委员 895 人，占 40%；非中共委员 1343 人，占 60%；民主党派委员 666 人；少数民族委员 262 人，包括了我国 55 个少数民族的代表人士；妇女委员 373 人。此外，还有我国各大宗教团体负责人，有台湾同胞和香港、澳门各界知名人士，有外国血统的中国籍专家，有在社会变革中出现的新的社会阶层的代表人物，等等。这种构成充分体现了中华民族大团结大联合的精神。

3. 政协的主要职能

政协的主要职能是政治协商、民主监督、参政议政。这三项主要职能是各民主党派、各团体、各族各界人士在我国政治体制中参与国事、发挥作用的重要内容和基本形式，体现了人民政协的性质和特点，是人民政协区别于其他政治组织的重要标志。

政治协商是对国家和地方的大政方针以及政治、经济、文

---

① 34 个界别是：中国共产党，中国国民党革命委员会，中国民主同盟，中国民主建国会，中国民主促进会，中国农工民主党，中国致公党，九三学社，台湾民主自治同盟，无党派民主人士，中国共产主义青年团，中华全国总工会，中华全国妇女联合会，中华全国青年联合会，中华全国工商业联合会，中国科学技术协会，中华全国台湾同胞联谊会，中华全国归国华侨联合会，文化艺术界，科学技术界，社会科学界，经济界，农业界，教育界，体育界，新闻出版界，医药卫生界，对外友好界，社会福利界，少数民族界，宗教界，特邀香港人士，特邀澳门人士，特别邀请人士。

化和社会生活中的重要问题在决策之前进行协商和就决策执行过程中的重要问题进行协商。民主监督是对国家宪法、法律和法规的实施，重大方针政策的贯彻执行、国家机关及其工作人员的工作，通过建议和批评进行监督。参政议政是对政治、经济、文化和社会生活中的重要问题以及人民群众普遍关心的问题，开展调查研究，反映社情民意，进行协商讨论。通过调研报告、提案、建议案或其他形式，向中国共产党和国家机关提出意见和建议。

三、我国的国家结构形式

前面在讲国家机构时，讲到的是全国人大、国家主席、国务院、中央军委、最高人民法院和最高人民检察院这样一种横向的关系，而国家结构形式是指中央与地方这种纵向的国家权力配置关系，以及由此形成的中央与地方、地方与地方国家机关之间的关系。一个国家采取什么原则和方式调整其整体与部分、中央与地方以及地方之间的关系，主要由这个国家的政治传统、地理环境、民族关系和意识形态等因素决定，其中政治传统和民族关系是最重要的因素。近代以来世界各国采用的国家结构形式，主要分为两种，一是"单一制"，一是"联邦制"。单一制和联邦制的区别主要是：第一，在单一制国家，地方政府是由中央政府设立的，在联邦制国家，联邦政府是由各成员单位协议建立的，各成员单位往往先于联邦政府而存在；第二，在单一制国家，地方政府的权力是由中央政府授予的，中央政府单方面规定地方政府的权限，地方政府必须服从中央政府所代表的最高的国家权力，在联邦制下，联邦与其成员之间的权力划分有一个明确的界定，双方都不能任意改变；第三，单一制国家，中央政府可以变更地方行政区域的疆界，在联邦制国家不能任意改变各成员单位的疆界。

（一）我国实行单一制的国家结构形式

我国实行单一制的国家结构形式，这是由我国的政治传统、历史文化和民族关系等各方面因素决定的。第一，从政治传统和历史文化的角度看，自公元前221年秦灭六国，建立我国历史上第一个中央集权的统一国家以来，2000多年历史中虽然也出现过分裂割据的局面，但统一是主流，特别是元朝以来的700多年，我国再没有出现大的分裂状态，统一格局和辽阔疆域保持至今。第二，从民族关系来看，自汉朝以来我国就形成了以汉族为主体的多民族国家。根据2000年第五次全国人口普查的数据，55个少数民族人口为10643万人，占全国总人口的8.41%。从民族分布来看，少数民族的分布地区广泛而且比较复杂，形成大杂居、小聚居的分布状况，各民族间交互居住，往往一个民族有许多聚居区。如藏族除在西藏比较集中外，还散居在青海、甘肃、四川、云南等地；回族除了在宁夏、甘肃比较集中外，还散居全国各地；新疆除维吾尔族外，还有12个民族居住，云南则有20多个少数民族。我国历史上发生过多次大规模的民族融合，民族融合以及对中华民族的认同形成了统一国家的民族凝聚力。我国这样一种民族关系及其分布状况，决定了少数民族不能也不必要建立单独的民族国家，因而也不能选择建立在民族国家基础上的联邦制国家结构形式。

（二）我国的行政区划

在单一制国家结构形式的前提下，我国建立了以有利于民族团结、有利于经济发展、便于人民参加管理国家、照顾历史状况为原则的行政区域划分制度。我国的行政区域划分是这样的：

（1）根据宪法第三十条的规定，全国分为省、自治区、直辖市。宪法第三十一条并规定国家在必要时得设立特别行政区。目前我国有 34 个省级行政区，包括 23 个省、5 个自治区、4 个直辖市、2 个特别行政区。①

（2）省、自治区分为自治州、县、自治县、市。

自治州、县、自治县这三种设置好理解，"市"这种行政区域就比较复杂，这里简单介绍一下。我国的"市"有直辖市、省、自治区管辖的市和县级市 3 种，这 3 种市虽然都叫"市"，但它们的宪法地位各不相同，权力也有较大差异。直辖市是省一级的行政区域，省辖市是介于省级和县级之间的一级行政区域，管辖着县和县级市。

（3）直辖市和较大的市分为区、县。自治州分为县、自治县、市（县级）。

---

① 23 个省：河北省、山西省、辽宁省、吉林省、黑龙江省、江苏省、浙江省、安徽省、福建省、江西省、山东省、河南省、湖北省、湖南省、广东省、海南省、四川省、贵州省、云南省、陕西省、甘肃省、青海省、台湾省；5 个自治区：内蒙古自治区、广西壮族自治区、宁夏回族自治区、新疆维吾尔自治区、西藏自治区；4 个直辖市：北京市、天津市、上海市、重庆市；2 个特别行政区：香港特别行政区、澳门特别行政区。

（4）县、自治县分为乡、民族乡、镇。

乡、镇是我国最基层的一级地方，有乡、民族乡、镇三种形式。乡、镇的国家机关有乡镇人民代表大会和乡镇人民政府，乡镇长由乡镇人民代表大会选举产生，民族乡的乡长由建立民族乡的少数民族公民担任。

（三）民族区域自治制度

世界上的多民族国家在处理民族问题方面有不同的制度模式，我国采用的是民族区域自治。民族区域自治是在国家统一领导下，各少数民族聚居的地方设立自治机关，行使自治权，实行区域自治。采用民族区域自治的办法解决民族问题，是根据我国的历史发展、文化特点、民族关系和民族分布等具体情况作出的制度安排，符合各民族人民的共同利益和发展要求。民族区域自治制度是我国的基本政治制度。宪法和民族区域自治法，对民族区域自治及其实施作出了明确规定。

我国的民族自治地方分为自治区、自治州、自治县三级。中华人民共和国成立之前的 1947 年，在中国共产党领导下，已经解放的我国蒙古族聚居地区就建立了中国第一个省级民族自治地方——内蒙古自治区。新中国成立后，我国政府开始在少数民族聚居的地方全面推行民族区域自治，先后成立了新疆维吾尔自治区、广西壮族自治区、宁夏回族自治区、西藏自治区。目前，我国共建立了 155 个民族自治地方，其中包括 5 个自治区、30 个自治州、120 个自治县。

依据宪法和民族区域自治法的规定，民族自治地方的自治机关，是自治区、自治州、自治县的人民代表大会和人民政府，它们在行使一般地方同级国家机关职权的同时，在中央统一领导下，拥有自治权。自治权概括起来包括以下几个方面：一是自主管理本民族、本地区的内部事务。自治区主席、自治州州长、自治县县长全部由实行区域自治的民族的公民担任。二是享有制定自治条例和单行条例的权力，自治条例和单行条例可以依照当地民族的特点，对法律和国务院制定的行政法规作出变通规定，但不得违背法律或者行政法规的基本原则。截至2006年底，民族自治地方共制定现行有效的自治条例135件，单行条例518件。三是使用和发展本民族语言文字。目前，我国有22个少数民族使用28种民族文字。四是尊重和保护少数民族宗教信仰自由。此外，民族自治地方还有权保持或者改革本民族风俗习惯，自主安排、管理和发展本地方经济建设事业，自主管理地方财政，自主发展教育、科技、文化、卫生、体育等社会事业。

由于成功地实行民族区域自治制度，我国少数民族依法自主地管理本民族事务，民主地参与国家和社会事务的管理，保证了我国各民族不论大小都享有平等的经济、政治、社会和文化权利，共同维护国家统一和民族团结，反对分裂国家和破坏民族团结的行为，形成了各民族相互支持、相互帮助、共同团结奋斗、共同繁荣发展的和谐民族关系。

《基本法与香港回归十周年》序 *

    在香港回归祖国十周年纪念日即将到来之际，谭惠珠女士送来了《基本法与香港回归十周年》书稿，并嘱我作序，我很愉快地接受了这项任务。

    1997 年 7 月 1 日，中国政府对香港恢复行使主权，成立香港特别行政区，香港特别行政区基本法正式实施，香港进入了"一国两制"、"港人治港"、高度自治的新纪元。这是一个巨大的历史转变，最难能可贵的是这种转变平稳地进行，各方面的利益都得到了充分的照顾和保障，从而使香港始终保持稳定繁荣，各项事业不断地向前发展。《基本法与香港回归十周年》很好地记录了这段历史，从中我们可以清楚地看到，保持香港的稳定繁荣，有三个因素发挥着决定性的作用，一是"一国两制"方针政策和香港基本法的正确指导，二是日益繁荣富强的社会主义祖国作为强大后盾，三是爱国爱港的香港居民在特区政府领导下的团结奋斗。

    香港基本法是全国人民代表大会制定的全国性法律，是"一国两制"方针政策的法律化、制度化。香港特别行政区是我

---

    * 作于 2007 年 6 月。

国的第一个特别行政区，基本法对特别行政区制度的规定，创立了中央对特别行政区实施管治的崭新模式。这种模式的最大特点就是，在坚持国家主权和统一、坚持国家的单一制性质、坚持人民代表大会制度是国家根本政治制度、坚持国家主体实行社会主义制度的前提下，授权香港特别行政区依照基本法的规定实行高度自治，享有行政管理权、立法权、独立的司法权和终审权。香港特别行政区实行"港人治港"，行政机关、立法机关由香港永久性居民组成，中央不向香港特别行政区派出一官一吏。香港特别行政区采用以行政为主导的政治体制，实行不同于全国其他地方的行政、立法和司法制度。香港特别行政区不实行社会主义制度和政策，保留原有的资本主义制度和生活方式不变。基本法对香港特别行政区实行的制度作出了全面规定，从而确保了"一国两制"方针政策的贯彻实施。

香港基本法是香港特别行政区宪制性法律文件，是香港长期稳定繁荣的法律基石。尽管基本法到 1997 年 7 月 1 日才开始实施，但基本法保障香港稳定繁荣的重要作用，在长达 12 年的香港过渡时期内，就已经充分显现出来。1985 年 7 月开始的基本法起草工作，既是香港特别行政区制度设计的过程，也是不断深化香港社会和国际投资者对"一国两制"方针的理解和认同的过程，极大地增强了香港以至国际社会对香港前景的信心。1990 年 4 月基本法通过颁布后，立即成为处理香港过渡时期事务的指针，正是有了基本法的规定，成立香港特别行政区的各项筹备工作得以顺利进行，实现了平稳过渡和政权的顺利交接。1997 年 7 月 1 日基本法全面实施后，尽管受到亚洲金融危机、非典疫情和禽流感的冲击，香港特别行政区始终保持政治稳定，经济充满活力。《基本法与香港回归十周年》全面地反映了香港回归以来不平凡的历程，全面反映了在政治、经济、社会、文化等方面实施基本法所取得的成就，以事实说明香港继续保持着国际金融、贸易和航运中心的地位，继续保持自由港和国际大都会的特色，说明一个稳定繁荣的香港不仅造福了 700 万香港同胞，而且有利于国家的建设与发展，充分证明了"一国两制"方针和基本法完全适合香港的实际情况，为香港的稳定繁荣提供了有力的保障。

基本法是在广大香港居民参与下制定出来的，其全面贯彻实施，也同样要依靠广大港人。在基本法起草过程中，全国人民代表大会常务委员会任命的 59 名基本法起草委员中有 23 名是香港委员，基本法起草委员会还在香港成立了由香港各方面人士 180 人组成的基本法咨询委员会。基本法（草案）曾经两次在内地和香港公布征求意见，香港社会各种团体、各阶层和各界别人士以各种方式参与了基本法的起草和讨论。仅香港基本法咨询委员会就收到和整理了香港社会各界人士提出的近 8 万份意见和建议，向基本法起草委员会先后提交了 7 册咨询报告，包括 26 个专题报告和香港社会各界对基本法每一个条文的意见和建议。可以说，基本法的每一个条文都凝聚了香港社会的广泛共识，是人民集体智慧的结晶，体现了包括香港同胞在内的全体中国人民的共同意志和根本利益。香港回归后的实践表明，基本法的实施，既要靠中央政府坚定不移地坚持"一国两制"方针，严格按照基本法办事，也要靠广大香港居民牢固树立基本法的意识和观念，严格按照基本法的规定来处理香港特别行政区高度自治权范围内的事务。香港居民广泛地参与基本法制定，对基本法的顺利实施发挥了重要的作用，这一经验告诉我们，要继续把基本法贯彻实施好，必须加强学习基本法、宣传基本法和推广基本法。使年青的一代人了解基本法的历史和内涵，努力培养尊重基本法、遵守基本法的社会意识，为基本法的正确实施创造良好的条件、提供保证。我想，这也正是谭惠珠女士主编《基本法与香港回归十周年》这本书的意义所在。

学习、宣传、推广基本法任重道远，让我们共同努力，使人人都成为基本法的坚定实践者和维护者，为香港特别行政区的长期稳定繁荣贡献自己的力量。

齐心协力迈向香港民主发展新历程[*]

女士们、先生们、朋友们：大家好！

今天上午，十届全国人大常委会第三十一次会议通过了《香港特别行政区 2012 年行政长官和立法会产生办法及有关普选问题的决定》，这是本届全国人大常委会依法对香港政制发展问题作出的又一个重要决定。这个决定是在常委会组成人员认真审议行政长官报告和各方面意见的基础上，严格按照基本法规定和法定程序作出的，具有不容置疑的法律效力。

决定通过后，我和李飞、张晓明即受委员长会议的委托，赶来香港参加各界人士的座谈会。我们这次来，一是通报全国人大常委会决定的内容，二是介绍全国人大常委会审议的情况，三是谈谈对人大决定内容的理解和体会，四是回答有关这次决定的问题。一句话就是沟通交流，加深理解。只有正确理解了人大的决定，才能正确贯彻人大的决定。

在开讲之前，我想有必要先明确一个问题，就是由全国人大常委会对香港特区的政制发展问题作决定，是中央的宪制权力。香港特别行政区是直辖于中央人民政府的地方行政区域，

---

[*] 2007 年 12 月 29 日下午在香港各界人士座谈会上的讲话。

地方行政区域政治体制的决定权在中央，这是单一制国家的应有之义，已经体现在国家宪法和香港基本法的有关规定中。为什么要先明确这个问题？因为这是沟通交流的平台。只有大家站在同一个平台上，才有沟通的条件，如果大家站在不同的平台上，就像著名相声"关公战秦琼"一样，既无法沟通，也无法交流。我很高兴地看到，在绿皮书咨询期间，有两组民意调查数据显示，有接近70%的受访市民认为，要尊重中央政府的宪制权力，香港政制发展方案的最终决定权在中央。

现在向大家通报全国人大常委会决定的内容。这个决定刚公布不久，也许在座的有些人还没有看到。

全国人大常委会的决定，可以概括为五个"明确"：一是明确了行政长官和立法会的普选时间表，这就是：2017年行政长官可以由普选产生；在行政长官由普选产生以后，立法会的全部议员可以由普选产生，也就是说，立法会可以普选的最早时间是2020年。二是在明确2017年这个普选时间表的前提下，明确了2012年行政长官和立法会的具体产生办法，可以作出循序渐进的适当修改，但是立法会功能团体和分区直选产生的议员各占半数的比例维持不变，立法会对法案、议案的表决程序维持不变。三是明确了行政长官和立法会在实行普选前的适当时候，行政长官须按照基本法的有关规定和全国人大常委会的解释，就行政长官和立法会产生办法的修改问题向全国人大常委会提出报告，由全国人大常委会确定，然后由特区政府向立法会提出两个产生办法修改的法案及其修正案，经立法会全体议员三分之二多数通过，行政长官同意，报全国人大常委会批准或者备案。四是明确了行政长官普选时提名委员会可参照基本法附件一有关选举委员会的现行规定组成。五是明确了行政长官和立法会的产生办法和法案、议案表决程序如果未能按照法定程序作出修改，都继续适用原有办法。

上述五个"明确"，最核心、最重要的，也是广大香港市民最关注的，是明确了普选时间表。全国人大常委会组成人员在审议时，普遍认同行政长官报告中下面这段话："市民对按照基本法达至普选的目标，是殷切期待的。市民、政党、立法会议员、区议会、不同界别均认同应早日订出落实普选的方案，特别是普选时间表，这有助于减少社会内耗，亦有利于香港的长期稳定和长远发展。"全国人大常委会对普选时间表作出明确，既是履行宪制责任，表明中央不仅把最终达至普选目标郑重写进基本法，而且以实际行动坚决落实基本法，也是对香港社会这一期盼的积极回应，充分体现了中央听取港人意愿和诉求的诚意，也充分表明了中央对广大港人的信任，相信我们香港人不仅能够创造出令世界瞩目的经济奇迹，在经济发展上谱写了一个令人称赞的香港故事，也一定有智慧、有能力落实好、实行好普选，在民主发展上再谱写一个令人称赞的香港故事。

下面，我着重就如何正确理解全国人大常委会的决定，谈几点认识和大家交流。

一、为什么把可以开始普选的时间表确定在 2017 年？

第一，这是按照基本法立法原意所能做到的最积极的安排。

根据基本法规定，行政长官和立法会全部议员实行普选产生，是最终所要达至的目标，而不是回归后必须很快达至的目标。政治制度的相对稳定，是一个社会稳定的重要保证。1988 年 6 月邓小平先生在一次公开谈话中深刻指出："香港要稳定。在过渡时期要稳定，中国恢复行使主权以后，香港人执政，香港也应该稳定。这是个关键。香港的稳定，除了经济的发展以外，还要有个稳定的政治制度。"基本法关于行政长官和立法会产生办法要循序渐进最终达至普选的规定、两个产生办法的修改法案都要获得立法会三分之二多数通过的规定等，可以说就是邓小平这位"一国两制"总设计师这一思想的重要体现。再从基本法的字面上看，附件一第七条规定，2007 年以后"各任"行政长官的产生办法如需修改，可以按照法定程序进行修改。这里的"各任行政长官"表明，2007 年以后行政长官产生办法可以进行多次修改，至少不是在 2007 年那一任就要达至普选这一最终目标。如果普选是在 2007 年以后很快就要达至的最终目标，基本法就不会写"各任"可以修改，也不会原则写"最终达至"。至于"最终"是什么时间？虽然基本法没有明确规定，但有一点是可以肯定的，这就是在香港回归后的头十几年不是基本法立法原意的"最终"。基本法起草委员会政治体制小组召集人肖蔚云教授，在 1990 年基本法通过后不久发表过一篇文章，介绍基本法关于香港政治体制规定的由来及当时的考虑，文中写道，基本法有关政治体制的规定"体现了维护香港的稳定和繁荣的原则。首几届的行政长官不由普选产生，1997 年对香港是一个根本的政治变化，在此以后的十几年内尽可能不采用普选选举行政长官，以保持社会的稳定"。这反映了在香港回归后的头十几年里不实行普选，是当时基本法草委的主要考虑。全国人大常委会决定 2017 年可以开始实行普选，也就是在香港回归 20 年、50 年不变中期的前段开始实行普选，这是按照立法原意所能做到的最积极的安排。

第二，这是在 2007/08 年两个产生办法未能修改的情况下所能做到的最积极的安排。循序渐进地推进香港民主向前发展，是基本法关于香港政制发展的一项基本原则。早在 1987 年 4 月邓小平先生在会见香港基本法起草委员会委员时就明确提出："要循序渐进，我看这个看法比较实际。即使搞普选，也要有一个逐步的过渡，要一步一步来。"所谓"循序渐进""最终达至"，就是遵循着一定的步骤，分阶段、有秩序地逐步向普选的目标推进。循序渐进不仅是香港回归后头 10 年政制发展所要遵循的基本原则，也是 10 年后向最终达至普选目标所要遵循的基本原则。这就是为什么 2004 年全国人大常委会决定 07/08 年行政长官和立法会产生办法不实行普选而只能作循序渐进修改的根本原因。这也是为什么 2005 年 12 月 2 日在深圳与香港各界人士座谈时，我力挺特区政府循序渐进的 2007/08 年政改方案，我当时说："特区政府提出的政改方案，符合基本法的规定，符合多数香港市民的意愿，是朝着最终达至行政长官和立法会全部议员由普选产生的目标迈出的重要的、具有实质意义的一大步。走出了这一步，实际上离最终达至普选的目标也就更近了。"只可惜，终因未能获得立法会全体议员法定的三分之二多数通过，致使两个产生办法原地踏步，循序渐进未能起步，错失推进民主发展的一次大好机会。在这种情况下，2012 年前进一步，为普选作准备、打基础，有利于平稳地向普选过渡。这样，从 2017 年可以开始实行普选是在 2007/08 年两个产生办法未能修改的情况下所能做到的最积极的安排，也是最稳妥的安排。

第三，这是香港社会各界所能接受的最大公约数。在香港这样一个利益多元、诉求多元的社会里，不论是制定法律，还是作政治决定，都必须广泛听取各方面的意见，平衡考虑各种不同甚至相互对立的主张和诉求，从中找出最大公约数，这样才能使所制定的法律或者所作出的政治决定得到最大多数人的赞同，才能具有最大程度的认受性。全国人大常委会深切体会到香港各界对普选的期望，同时也充分注意到各界对什么时间实行普选意见并不完全一致。行政长官向全国人大常委会提交的报告，提供了两组数据：一组是民意调查显示，有过半数的受访市民支持 2012 年实行行政长官和立法会普选；在约 18300 份书面意见中，约 12600 件内容相同的意见书支持 2012 年达至普选。同时，也有另一组数据告诉我们：1. 在立法会内支持 2012 年普选行政长官及立法会的议员不足一半。有半数立法会议员支持在不迟于 2017 年或 2017 年或之后，先落实行政长官普选，立法会普选随后。这个数据很重要，因为两个产生办法修改法案需经立法会全体议员三分之二多数通过，得不到立法会绝大多数议员支持，任何修改法案都无法获得通过。2. 在全港 18 个区议会中，有超过三分之二区议会通过动议，支持在不迟于 2017 年或在 2017 年先普选行政长官，立法会随后。这个数据也很重要，绝大多数区议员是全港 700 多万人一人一票选出的民意代表，这个民意基础比一些民调数据更有说服力。3. 有约六成受访市民接受若在 2012 年不能实行行政长官普选，可于 2017 年实行普选。4. 有过半数受访市民接受若在 2012 年不能实行立法会普选，可于 2016 年或之后实行普选。5. 有超过 15 万个市民签名支持在不迟于 2017 年及在 2017 年或以后普选行政长官，其中有超过 13 万个市民签名支持先落实行政长官普选，立法会普选随后。总结公众咨询意见，行政长官报告认为："在 2012 年先行落实普选行政长官，是民意调查中反映出过半数市民的期望，应受到重视和予以考虑。与此同时，在不迟于 2017 年先落实普选行政长官，将有较大机会在香港社会获得大多数人接纳。"全国人大常委会组成人员在审议行政长官报告时，一致认为，行政长官报告反映的两组不同意见都应当重视，不能只考虑一方面意见而忽视另一方面意见，认为行政长官的总结意见是客观的、务实的。我们历来认为，民意调查是决策的重要依据，但不是决策的根本依据。全国人大常委会作决定的根本依据是基本法，同时，也要充分考虑广大香港市民的意愿。全国人大常委会决定把可以开始实行普选的时间表确定在 2017 年，这是既符合基本法又是香港社会所能接受的最大公约数。

全国人大常委会组成人员审议时一致认为，香港回归祖国 10 年来，香港的民主政制按照基本法的规定逐步发展，这几年香港社会围绕普选路线图、时间表展开了广泛讨论，意见分歧逐步收窄，相信再经过 10 年，到 2017 年，香港回归祖国已经

20 年，已经处于"五十年不变"的中期，随着香港民主政制发展的经验进一步积累，社会共识进一步凝聚，届时先后实行行政长官和立法会全部议员普选，应当是具备条件的。全国人大常委会在决定中订出普选时间表是十分严肃的，是必须加以贯彻落实的。在全国人大常委会确定的时间实现普选，是我们共同努力的目标。

二、为什么要先普选行政长官，立法会随后？

这是因为：第一，普选是政治体制的一个重大变化，必然会对香港社会带来许多影响，如果行政长官与立法会普选同时进行，则政治体制在短期内变化过快，不利于保持香港的繁荣稳定。将行政长官和立法会普选分步进行，有利于最大限度地降低普选对社会各方面所带来的影响，有利于普选的稳妥实施，有利于香港政治制度的稳定。第二，按照基本法规定，香港特区的政治体制是以行政为主导。如果立法会普选先于行政长官普选，势必对基本法规定的以行政为主导的政治体制造成冲击。行政长官先普选产生，使行政长官及其领导的特区政府在普选的条件下运作一段时间，处理好行政与立法关系，有利于维护以行政为主导的政治体制。第三，基本法对行政长官普选办法的框架已经作了规定，即"由一个有广泛代表性的提名委员会按民主程序提名后普选产生"，经过讨论，目前香港社会对行政长官的普选办法已有较大共识。而对立法会普选办法，基本法没有明确规定。香港各界对立法会普选模式，分歧意见较大，缺乏基本共识，还需要较多时间进一步深入讨论。行政长官归纳公众咨询意见时得出的结论是："对于循'特首先行、立法会普选随后'的方向推动普选，已开始凝聚共识。""订定行政长官和立法会普选的时间表，有助于推动这些问题的最终解决。"全国人大常委会组成人员普遍赞同这一意见。

三、为什么在行政长官和立法会普选前的适当时候，行政长官要向全国人大常委会提交报告？

有的人可能会问，既然决定已经明确了普选时间表，为什么普选前行政长官还要提交报告。决定的这一规定，是重申修改两个产生办法的法定程序。按照香港基本法附件一和附件二的规定及其解释，行政长官和立法会产生办法的修改需要经过五个步骤：一是行政长官向全国人大常委会提出报告；二是全国人大常委会对是否需要修改作出决定；三是特区政府向立法会提出修改行政长官和立法会产生办法的法案，经立法会全体议员三分之二多数通过；四是经行政长官同意；五是行政长官将有关法案报全国人大常委会批准或者备案。

按照上面所述的规定，行政长官和立法会产生办法每一次修改都要经过这五个步骤。这次全国人大常委会作出决定后，2012年行政长官和立法会产生办法的修改已经完成了五个步骤的前两个步骤，接下来还有三个步骤需要走。而对行政长官和立法会实行普选，这次决定只是明确了普选时间表，尽管这个时间表是由全国人大常委会明确的，其权威性和法律效力毋庸置疑，但明确普选时间表，还不能代替两个产生办法每一次修改的五个法定步骤，这是两回事。因此，决定在明确普选时间表的同时，规定在行政长官和立法会全部议员实行普选前的适当时候，行政长官还要向全国人大常委会提出报告，由全国人大常委会确定，确定后，修改法案及其修正案由特区政府向立法会提出，经立法会全体议员三分之二多数通过，行政长官同意，报全国人大常委会批准或者备案。

四、为什么行政长官普选时提名委员会可参照基本法有关选举委员会的现行规定组成？

主要有以下几点考虑：第一，1988 年 4 月基本法起草委员会公布的《香港基本法（草案）征求意见稿》附件一对行政长官产生办法列举了五个方案，其中有两个方案主张行政长官人选由普选产生。在这两个主张普选的方案中，对如何提名行政长官候选人问题，一个主张由不少于十分之一的立法机关成员提名；一个主张由提名委员会提名，并主张提名委员会的组成为工商、金融界代表 25%，专业团体代表 25%，劳工、基层、宗教团体代表 25%，立法机关成员、区域组织成员、人大代表、政协委员代表 25%。基本法否定了由立法机关提名行政长官候选人的方案，而采纳了由提名委员会提名行政长官候选人的方案。对照基本法附件一关于选举委员会的组成就可以清楚看出，这个提名委员会的组成方案与选举委员会的组成是一致的。第二，正因为如此，基本法附件一第一条规定："行政长官由一个具有广泛代表性的选举委员会根据本法选出，由中央人民政府任命。"基本法第四十五条第二款规定，行政长官"最终达至由一个有广泛代表性的提名委员会按民主程序提名后普选产生的目标"。可见，"广泛代表性"是选举委员会和提名委员会组成所必须遵循的共同原则，两者是有共性和相通的。第三，选举委员会的组成是基本法起草时经过广泛咨询和讨论所形成的共识，凝聚着包括广大香港同胞在内的各方面的智慧，具有广泛的民意基础和较强的认受性。香港回归以来，选举委员会已经进行了三次行政长官选举，实践证明，选举委员会的组成体现了各阶层、各界别的均衡参与，具有广泛的代表性，是可行的。第四，明确提名委员会可参照选举委员会组成，反映了香港社会多数人的意见。行政长官报告表明，"较多意见认为，提名行政长官候选人的提名委员会可参考现行的行政长官选举委员会组成。"这是特区政府经过广泛公众咨询所形成的重要共识，全国人大常委会组成人员在审议时认为，应当在决定中将这一共识肯定下来，避免在同一问题上重复讨论，有利于尽快达至普选目标。

这里，我再讲一下"参照"一词的法律含义。在我国现行有效的 230 部法律中，共有 56 部法律 85 处使用了"参照"一词。在这 85 处"参照"中，最通常使用的含义是，法律对一种情况作了具体规定，对另一种类似情况没有作具体规定，在这种情况下，法律通常规定参照适用。"参照"既有约束力，又可以根据具体情况作适当调整。这次全国人大常委会决定中明确提名委员会可参照选举委员会组成，就是既要保持选举委员会由四大界别组成的基本要素，又可以在提名委员会的具体组成和规模上继续讨论，有适当的调整空间。

五、为什么 2012 年行政长官和立法会产生办法只能作循序渐进的修改和维持"两个不变"?

全国人大常委会组成人员审议时很理解香港市民期盼尽快实现普选的愿望,所以一致建议全国人大常委会在决定中回应这一愿望。同时,也一致认为,香港的民主发展必须按照基本法的规定办,必须根据香港的实际情况和循序渐进的原则,必须要有一个逐步发展的过程,因此也几乎一致地认为普选的时间应放在 2017 年,个中的考虑我在前面已经作了详细介绍,大家说,2017 年已经是最积极的安排,不能再早了。既然 2017 年是可以开始实行普选的最早时间,那么,2012 年理所当然只能作循序渐进的适当修改,不能实行"双普选"。至于为什么要明确立法会功能团体和分区直选产生的议员各占半数的比例维持不变,主要是考虑功能团体选举是基本法根据香港实际情况而作出的一项制度安排,至今已进行了三次立法会选举,实践证明,它对保证各阶层、各界别的均衡参与起到了积极作用。全国人大常委会了解到香港社会对功能团体选举制度提出了一些意见,但究竟如何改进功能团体选举制度,意见纷纭,还没有基本共识。全国人大常委会在决定中明确 2012 年功能团体与分区直选各占一半维持不变,有利于减少争拗,有利于 2012 年立法会产生办法的修改。立法会对法案、议案表决程序的规定,是与功能团体选举制度相适应的,在功能团体选举制度 2012 年尚未改变的情况下,立法会对法案、议案的表决程序自然也需要维持不变。

六、为什么行政长官和立法会产生办法如果不作修改继续适用现行规定？

这个问题我想不需要再说明了，如果新的法律没有获得通过，继续适用原来的法律规定，这是法治的一般原则。

女士们、先生们、朋友们！香港回归以来，中央始终坚定不移地贯彻"一国两制"、"港人治港"、高度自治方针，严格按照基本法办事，全力支持特别行政区政府依法施政，千方百计维护香港的繁荣稳定。特别是 2003 年以来，中央先后出台了 CEPA 及其 4 个补充协议、开放个人游、推动泛珠三角洲经济合作、允许香港银行试办人民币业务、推出 QDII 等一系列支持香港经济发展、社会繁荣的重大举措。国家"十一五"规划纲要已明确把香港纳入其中，提出了促进香港经济发展的目标和重点。与此同时，中央政府在统筹国家整体发展、调整内地经济政策的时候，也都慎重地评估并尽量避免对香港可能产生的影响。中央这些决策的出发点和落脚点都是为了香港好。在中央政府和祖国内地的大力支持下，经过特区政府、香港社会各界人士和全体市民的共同努力，香港实现了经济发展、社会稳定、民生改善。2003 年下半年香港经济复苏以来，一直保持较好的发展势头。香港继续保持自由港和国际大都市的特色，继续保持国际金融、贸易和航运中心的地位，继续是全球最自由开放的经济体和最具发展活力的地区之一。可以说，目前是香港历史上发展最好的时期。在这种情况下，中央更加关注和重视香港社会长期在政制发展问题上纷争不已的情况。为了解决好这个问题，特区政府进行了很大努力，多次就此开展公众咨询。2005 年特区政府提出的 2007/08 年两个产生办法修改法案未能获立法会通过后，2012 年怎么办？更长远一些怎么办的问题很现实地摆在面前，大家都十分关注，也都在进行思考。这次全国人大常委会在对行政长官报告进行认真审议的基础上，依法对 2012 年行政长官和立法会产生办法的修改及 2017 年普选时间表一次过作出决定，使香港未来的政制发展明朗化，有一个清晰的蓝图，大家可以朝一个共同的目标努力，其出发点和落脚点还是为了香港好，为维护香港的整体利益和广大市民福祉，维护香港的长期繁荣稳定。

女士们、先生们、朋友们！胡锦涛主席几次会见特首都强调，发展经济是第一要务。现在，政制发展的方向、目标、步骤都已经明确，真诚地希望持有各种不同的意见的人，在香港广大市民对政制发展问题日趋理性务实的氛围下，都能够相互包容，停止纷争，齐心协力，共同朝着全国人大常委会决定的普选目标迈进，这样，大家才能真正把注意力和精力集中到发展经济、改善民生上来。香港必须全力保持国际金融、贸易、物流、航运等中心地位，这是保持香港长期繁荣稳定的需要和重要标志。中央提出，本世纪头二十年是加快国家发展的重要战略机遇期，它同样也是加快香港发展的重要战略机遇期。香港是一个高度商业化的社会，对"机不可失，时不再来"有着更加深刻的体会。希望广大香港同胞深刻领会决定的现实意义和长远意义，紧紧抓住经济全球化趋势和内地发展给香港带来的机遇，如果错过这个重要的发展机遇期，贻误发展时机，这是广大香港同胞所不愿意看到的，也是中央所不愿看到的。

全国人大常委会的决定开启了香港民主发展的新历程。让我用吴邦国委员长今天上午在全国人大常委会闭幕时的讲话作为结束语："我们相信，香港特区政府一定能够高举基本法的旗帜，团结香港各界人士和广大市民，按照全国人大常委会的决定，妥善处理香港政制发展问题，顺利实现基本法规定的行政长官和立法会全部议员由普选产生的目标。"

再过两天就是元旦了，借此机会，祝大家新年愉快，万事如意，合家欢乐。谢谢大家。

香港政制发展问题 *

谭耀宗主席给我出了一个题目，让我讲"香港未来的政制发展"，我把这个题目改为"香港政制发展问题"。这个改动有两个目的，一是，想利用这个机会同大家一起回顾香港政制发展问题的由来，学习和领会中央对香港政制发展问题的基本立场和主要决策，分析和研究当前香港政制发展的主要问题，更好地贯彻落实去年 12 月 29 日全国人大常委会作出的决定。二是，香港未来政制发展要靠香港各界人士，靠在座的各位来回答。我们经常说，要根据香港的实际情况来处理香港政制发展问题，这个实际情况也包括香港各界人士的想法。因此，希望我今天的讲话能起到抛砖引玉的作用，启发大家一起探讨香港未来政制发展这个课题。

一、香港政制发展问题的由来

在香港基本法规定中，香港政制发展是一个专门的问题。香港基本法第 45 条、第 68 条规定，行政长官和立法会的产生办法根据香港的实际情况和循序渐进的原则而规定，最终达至双

---

* 2008 年 3 月 29 日在深圳香港民建联"路向营"的讲话（节选）。

普选的目标。由于基本法规定了普选的目标，规定了 2007 年以后两个产生办法可以修改，这才提出一个政制发展问题，换句话说，香港政制发展问题源于基本法的规定。就是指基本法附件一和附件二规定的行政长官产生办法、立法会产生办法以及法案、议案表决程序是否修改，如何修改的问题。从积极的角度来看，这是一个基本法起草者留给后人解决的问题，处理好这个问题，也是全面贯彻实施基本法的应有含义。

为什么基本法会留下一个政制发展问题？这是由基本法起草时复杂情况所决定的。香港特区的政治体制问题是基本法起草过程中讨论时间最长、争议最大的问题之一。在争论背后，有两个问题纠缠在一起，一个是我们与英方争夺设计未来特区政治体制主导权的斗争，这个问题我后面还要讲到；另一个是香港社会各阶层、各界别之间的政治利益分配。就两个产生办法而言，在长达四年零八个月的基本法起草过程中，香港社会各界人士提出的方案有几十个，从最激进的立即全面普选，到最保守的行政长官由协商产生、立法会议员全部由功能界别选举产生，各种方案都有，争执不下。怎么样才能确定一个大家都能接受的行政长官和立法会产生办法？基本法采取的办法就是，在附件一和附件二里先规定特区成立头十年的两个产生办法，同时规定 2007 年以后如有需要可以对两个产生办法进行修改及修改的程序，最终实现普选。这是一种妥协，是一种大家都能接受的办法，从而使基本法得以顺利通过，是十分不容易的，体现了基本法制定者高超的政治智慧。当时设想，2007 年以后两个产生办法是否修改、如何修改问题，在香港回归祖国十年后，应当有比较好的条件、比较充裕的时间通过理性讨论来解决。为促进以理性讨论、相互妥协的精神来推进两个产生办法的修改，逐步达至普选的目标，基本法还规定了修改两个产生办法必须遵循的原则，设置了十分严格的修改程序，应当说是考虑得很周到的。

香港回归以后政制发展问题争议不断，成为影响香港政治稳定的一个重要因素，说明了原来的设想没有完全实现。这其中的原因很值得我们重视，这就涉及到我今天要讲的第二个问题，即香港政制发展问题的实质。

二、香港政制发展问题的实质

香港回归以后，政制发展问题争议不断，甚至越闹越大，最主要原因是香港反对派在西方势力的支持下，利用了基本法的规定，与我争夺香港特区的管治权。因此，争夺管治权是政制发展问题的实质。反对派怎么同我们争夺特区管治权？他们的着力点在于争夺特区政制发展的主导权，以争取"双普选"为口号，企图通过煽动香港市民支持对他们有利的行政长官和立法会普选办法，形成所谓的"共识"，迫使中央和特区政府接受。反对派所采取的手法，同基本法起草过程中英方与我争夺设计未来特区政治体制的主导权的手法如出一辙。

在这里，我想和大家一起回顾一下香港回归前我们同英方围绕特区政治体制问题的几场大的斗争：

——1984 年 9 月草签中英联合声明，7 月港英当局抢先发表了《代议政制在香港的进一步发展的绿皮书》，提出在香港立

法局引入民选议员；12 月中英联合声明正式签署，11 月港英当
局又抢先发表了代议政制的白皮书，确定在 1985 年立法局开始
有 24 席功能团体选举的民选议员，并提出要进一步检讨是否在
1988 年引入直选的议员。英国管治香港一百多年，从来不在香
港发展民主，在香港即将交还中国的时候，突然打出发展民主
的旗帜，在香港大搞代议政制，实质上是在与我们争夺设计未
来特区政治体制的主导权。

　　——1985 年 7 月香港基本法起草委员会正式成立，开始香
港基本法的起草工作。1986 年，港英当局开始检讨是否在 1988
年引入直选议员，挑起所谓的"88 直选"之争，企图赶在基本
法起草完成之前，设计好一套政治体制，迫使我们接受。经过
我们的坚决斗争，英国政府不得不接受过渡时期香港政制发展
要与基本法相衔接，同意政制发展要循序渐进。这场斗争的意
义就是迫使英方同意中国政府在未来特区政治体制设计上的主
导权，当然我们从平稳过渡和政权顺利交接考虑，也同意与英
方商量未来政制发展问题。

　　——1989 年政治风波后，英方单方面中断了中英联合联络
小组的工作，当然有关政制发展问题的磋商也中断了，与此同
时，英方推动提出了一个所谓的"两局共识"的政制方案，走
回到企图主导设计未来特区政治体制、迫使我接受的老路子。
在十分困难的情况下，中央支持罗德丞先生的新香港联盟提出
的"一会两局"方案，与英方展开针锋相对的斗争，在基本法
通过之前，最终迫使英方回到与我继续进行合作的轨道上来，
并通过两国外长交换信件的方式，确定了从 1991 年到 2007 年的

政制发展方案。

——1990 年全国人大通过了基本法和关于香港特区第一届政府和立法会产生办法的决定。基于中英两国外长七封信件达成的共识，英方最后一届立法局的产生办法应当与我们进行磋商，使其能够符合基本法和全国人大决定的规定，实现立法机关议员的直通车安排。但英方一直没有放弃主导特区政制发展、迫使我接受的企图。英方看到港英最后一届立法局议员直通车安排已经写进全国人大的决定，以为不管他们怎么安排议员的选举办法，我们都只能接受。因此，不顾中方的坚决反对，单方面推出彭定康的"政改方案"。在这种情况下，中央提出了"以我为主，两手准备"的工作方针，一方面继续与英方谈判，争取英方回到合作的道路上来，另一方面成立了预委会，提前进行筹备成立特区的准备工作。由于英方在政制发展问题上一意孤行，中英之间的谈判破裂，1994 年全国人大常委会根据郑耀棠等 32 名全国人大代表提出的议案，作出决定，放弃直通车安排，另起炉灶，随后香港特区筹委会决定成立临时立法会。

在香港过渡时期，英方同我们争夺设计香港特区政治体制主导权的目的，就是要通过政治体制的设计，确保由其代理人来管治香港，实现不是英国人的"英人"治港。因此，香港特区的政治体制问题的实质是管治权问题，我们同英方的斗争实质是国家主权之争，是香港特区管治权之争。回顾这段历史，我们就能清楚理解回归后在政制发展问题上发生的种种问题，实际上是这场斗争的延续。在英方同我们争夺设计香港特区政治体制主导权的过程中，香港的反对派一直充当配角，港英政府也积极地扶持他们，1991 年、1995 年两次港英立法局选举，为什么反对派能够大获全胜，使他们的势力不断坐大，英方设计的立法会分区直选制度对反对派有利是一个重要因素。这一点在座的各位比我更清楚。香港回归后，同我们争夺特区管治权的主角换成了反对派，英国政府退居背后，而且在背后支持的还加进其他西方势力，其中美国的作用加大了。回归以来，香港反对派同我争夺管治权是公开的、明目张胆的、肆无忌惮的，他们之所以敢这样做，我认为，有以下几个因素起作用：

首先，香港回归后，社会政治生态没有发生根本性转变，英国 150 年统治不可能回归几年就转变，反对派看到他们在立法会分区直选中一直有 60% 的选民支持，刺激了他们通过普选夺取特区管治权的欲望。

其次，香港回归后，美英等西方势力利用香港对我国进行渗透、颠覆的图谋没有改变，为了实现这个图谋，他们就需要在香港扶持一支与我们对着干的力量，并力争让他们掌握特区的管治权。香港反对派敢于同我们争夺特区的管治权，很关键一点就是有西方势力在背后支持。

第三，客观地讲，经过港英政府和反对派 20 多年的催谷，加上香港深受西方民主、人权观念影响新生代的成长，香港社会的普选诉求已经大大地增强，为反对派以争取"双普选"为口号同我争夺特区管治权提供了群众基础。

第四，特区政府成立后经济、民生一度出现困难，引起民怨，为反对派发动群众争夺特区管治权提供了契机。香港回归后，经济、民生出现了一些困难，背后的原因十分复杂，最直接的原因是亚洲金融危机、禽流感、非典等事件对香港造成比较大的冲击，房地产泡沫破灭，引起经济不景气，市民的利益受损。在这种情况下，市民把怨气转嫁到政府头上。在这当中，反对派推波助澜，把特区遇到的困难转化为政治体制问题，转化为香港没有普选带来的问题，从而煽动市民走上街头争取所谓的"双普选"。2003 年 7 月大游行，他们的手法很简单，就是三步曲：第一步抹黑董建华，把特区发生的所有问题都推到董个人身上；第二步，为什么董不行？因为董是小圈子选出来的，没有公信力、认受性；第三步，怎么办？只有普选的行政长官才有公信力、认受性，所有问题就会解决。于是发动市民上街争 07/08 年双普选。

在香港反对派不断发动群众与我们争夺管治权的情况下，我们如何取得斗争的主动权，使香港政制发展回到基本法规定的轨道，就成为一项事关全局的重大问题。这就提出了我今天要讲的第三个问题，即 2004 年 4 月全国人大常委会"释法"的重要意义。

三、2004 年 4 月全国人大常委会"释法"和"决定"的重要意义

从上个世纪八十年代开始，中央关于香港政制发展问题的立场就十分明确，而且一直没有改变。这个立场可以概括为三句话：第一句话是，要在香港发展民主制度；第二句话是，香港的民主制度要适合香港的实际情况；第三句话是，香港发展民主制度要循序渐进，最终达至普选目标。基本法的有关规定

全面体现了这个立场。无论是在香港过渡时期还是回归后，我体会中央在处理香港政制问题时，一直十分坚持这个立场，并且注意区分两种情况：一种是打着民主的旗号同我们争夺管治权，对此，我们都进行坚决的斗争，因为这个问题事关国家的主权，我们没有任何妥协的余地；一种是香港社会各阶层、各界别的民主诉求，对此，我们从来都是积极地进行回应，并且高度重视香港社会各方面的意见，希望香港社会各界能够在维护香港长期繁荣稳定的前提下，通过理性讨论，就民主发展的步骤、具体的民主制度达成一个大家都能接受的共识。从贯彻落实基本法的角度来讲，就是希望香港社会各界能够在基本法规定的轨道上发展民主，通过广泛讨论就两个产生办法的修改问题达成一致，循序渐进实现普选的目标。

2003年七月事态后，尽管在反对派的煽动下，当时香港已经不具备理性讨论政制发展问题的环境，但中央的上述立场也没有改变。针对反对派不断地以争取07/08年"双普选"的口号煽动市民上街游行，企图迫使中央和特区政府接受他们的要求和条件，怎么才能够迅速平息事态，使政制发展重新纳入基本法规定的轨道，就成为一个迫切需要解决的问题。中央经过反复研究和论证，果断决定由全国人大常委会对基本法附件一第七条和附件二第三条作出解释，明确规定两个产生办法是否需要修改，要由行政长官向全国人大常委会提出报告，由全国人大常委会依法确定。大家可以看出，这一解释的核心是解决政制发展的主导权问题，两个产生办法具体如何修改，仍然留给香港社会进行讨论。为什么抓这一核心问题？因当时反对派为了抓主导权曲解基本法，把"如需修改"需经立法会三分之二多数通过，行政长官同意，报中央批准或备案，解释为政制发展是香港自治范围内的事，中央最后才有参与权，企图抓主导权。"释法"之后，行政长官向全国人大常委会提交报告，全国人大常委会就 07/08 年两个产生办法作出了决定。2004 年 4 月全国人大常委会"释法"和"决定"的重要意义在于：

第一，使特区政制发展的主导权牢牢地掌握在中央手中，为在基本法规定的轨道上处理好香港政制发展创造了条件。"释法"不仅考虑到处理 07/08 年两个产生办法的修改问题，也考虑了今后如何处理这个问题，因此，所确立的机制是一个管长远的机制。按照"释法"的规定，全国人大常委会已经两次就香港政制发展问题作出决定，都取得了很好的效果。

第二，使特区政制发展问题的讨论处于可控状态，为香港特区经济恢复和发展创造了条件。正是由于中央通过"释法"和"决定"，迅速平息了争论，中央支持香港的政策和措施才能够很好地发挥作用，特区政府才能够集中精力发展经济、改善民生，从而保持了香港的繁荣稳定。从 2004 年以来，香港经济迅速复苏，恢复并超过历史最好水平，特区财政收入从连年赤字到去年盈余 1000 多亿，就充分说明这一点。

第三，使爱国爱港力量卸下"双普选"的包袱，在 2004 年立法会选举中取得好的成绩，并且不断发展和壮大。2004 年 4 月一个月内，全国人大常委会两次开会，先后进行"释法"和作出"决定"，这是十分罕见的。事实证明，"释法"和"决定"给予爱国爱港力量极大的支持，在 2004 年立法会选举中轻装上阵，取得了很好的成绩，尤其是"民建联"获得了 12 个议席，比上届立法会多了一个议席。从 2004 年以来，香港社会政治气氛也发生了很大的改变，这有力地促进了爱国爱港力量不断发展和壮大。

第四，打击了反对派的嚣张气焰，有效地遏制了他们进一步坐大。2004 年反对派在反对 23 条立法、区议会选举得手后，气焰一度十分嚣张，不仅宣称要在立法会选举中获取超过 30 席的席位，把爱国爱港议员赶出立法会，而且在政制发展问题上摆出了决不妥协的姿态。全国人大常委会的"释法"和"决定"，打击了他们的嚣张气焰，打破了他们上台执政的美梦。更重要的是，香港市民看到了跟着反对派闹事没有前途，开始转向中立或支持爱国爱港阵营，使反对派难于进一步坐大。

第五，使香港社会恢复了理性讨论政制发展的氛围。在 2004 年 4 月全国人大常委会"决定"作出后，特区政府经过广泛咨询，于 2005 年提出了 07/08 年两个产生办法的修改方案，香港社会有 60% 以上市民支持这个方案，充分说明了香港社会认同和支持在基本法规定的轨道上逐步发展民主，说明了香港社会在政制发展问题上恢复了理性和务实的态度。

在香港反对派的立法会议员联手否决 2005 年"政改方案"之后，怎样进一步维护好在政制发展问题上的良好态势，就提上我们的工作日程。这就涉及我今天要讲的第四个问题，即去年 12 月 29 日全国人大常委会的决定。

四、去年 12 月 29 日全国人大常委会的决定

在反对派否决 2005 年"政改方案"后，中央就指示有关部

门着手研究如何处理好下一步香港政制发展的问题。去年 12 月
29 日全国人大常委会作出的关于 2012 年两个产生办法和普选问
题的决定，就是经过深入研究、慎重决策的结果。决定的内容
大家都已经十分熟悉，我在这里就不再重复了。我在 12 月 29 日
与香港社会各界人士座谈中，对这个决定的各项内容作了比较
全面的解释和说明，今天我想讲一点我对决定的体会和理解，
目的是使大家更好地把握决定的精神，贯彻落实好这一决定。

第一，全国人大常委会的决定抓住了香港政制发展问题的
要害。通过近几年参与处理香港政制发展问题的工作，我体会
最深的一点是香港政制发展问题虽然错综复杂，头绪很多，但
其中"双普选"问题是个要害。普选时间表问题一天不解决，
香港就一天也不会安宁。这是因为，一方面，根据基本法，行
政长官和立法会的产生办法可以按照循序渐进的原则作出适当
修改，并最终达至普选；另一方面，在香港社会政治环境和立
法会力量对比的格局下，特区政府提出的任何有关两个产生办
法的修改法案在立法会均无法得到法定的三分之二多数支持，
循序渐进难以起步。特别值得关注的是，在香港反对派的极力
煽动和社会长期发酵之下，香港政制发展问题已经成为影响甚
至左右香港政治大局的核心问题，成为在香港任何选举中最具
影响力的重要因素。如果我们不及时采取果断措施处理香港政
制发展问题，在反对派的持续催谷之下，一旦 2012 年"双普
选"成为香港公众较为普遍的诉求，我们出手解决这一问题将
会陷入极大的被动，付出更大的政治代价。全国人大常委会的
决定通过明确普选时间表，回应了香港社会发展民主的诉求，

彻底拿掉了反对派手中争取"双普选"的旗子，这就可以为爱国爱港力量成长壮大、为特区政府的有效施政创造必要的条件，为开创香港工作新局面，逐步改变香港的社会政治生态，实现长治久安创造条件。

第二，全国人大常委会决定的核心内容是明确普选时间表，这个时间表是十分恰当的。从基本法的规定讲，两个产生办法必须循序渐进达至普选，在2007/2008年两个产生办法没有前进一步的情况下，2012年实行普选不符合基本法有关根据香港实际情况循序渐进地推进政制发展、最终达至普选的规定。如果2022年才开始普选，在香港社会对"双普选"诉求比较强烈的情况下，难于获得香港社会的广泛接受，不利于争取人心。决定明确2017年行政长官可以由普选产生，在此之后，立法会全部议员可以由普选产生，我认为，这个时间表的现实意义和长远意义有以下几条：

（1）这一普选时间表，意味着在香港实行"一国两制"、"五十年不变"的中期就实现基本法规定的普选目标，既符合基本法的立法原意，也相当积极，与过往我们在香港政制发展问题上反复表明的原则立场相一致，同时与香港社会普遍希望早些实行"双普选"的诉求比较接近，较容易获得社会认同。

（2）这一普选时间表，可以使行政长官和特区政府在很大程度上摆脱政制发展问题的困扰，集中精力发展经济，改善民生，着力保持香港长期繁荣稳定和发展，从而为香港未来实行普选奠定良好的社会政治基础。

（3）这一普选时间表，可以增加首次行政长官普选的安全性。一般来讲，现任领导人争取连任，比较容易当选。曾荫权的行政长官任期到 2012 年届满后不能再连任。2012 年将产生新的行政长官，到 2017 年行政长官实行普选时，他已经有五年施政经验，有比较大的机会通过普选连任，可以降低第一次普选行政长官的风险。

（4）这一普选时间表，有利于行政主导政治体制的贯彻落实。2017 年行政长官实行普选后，立法会全部议员才可以实行普选，立法会全部议员的普选时间最早要到 2020 年，这样安排，有利于以行政长官为主调整行政立法关系，落实行政主导。立法会晚于行政长官实行普选，符合香港社会的整体利益，在香港社会也有比较广泛的共识。

第三，全国人大常委会的决定在法律上考虑得十分周密，充分体现了中央的主导权。2004 年全国人大常委会"释法"规定了香港特区两个产生办法修改的程序，即每一次修改，行政长官都要向全国人大常委会提交报告，由全国人大常委会依法确定。这次决定只是明确普选时间表，不能替代将来修改两个产生办法的法定程序。因此，决定规定在实行普选前，行政长官仍然需要向全国人大常委会提交报告，由全国人大常委会作出决定。这一规定充分体现了中央对香港政制发展问题的主导权。全国人大常委会在临近普选时还要专门作出决定，就可以根据届时香港的实际情况，从宪制层面对普选办法作出原则规定，确保普选的安全。

第四，全国人大常委会的决定具有很强的前瞻性。从过去几年香港社会对行政长官普选办法的讨论情况看，将来行政长官普选办法的争论焦点在于提名委员会的组成、产生方式和提名程序。为此,决定规定提名委员会可以参照基本法附件一关于选举委员会的现行规定组成。至于提名委员会的提名方式,决定原则规定"提名委员会按民主程序提名产生若干名行政长官候选人"。将来人大常委会在按照法定程序就行政长官普选办法作出决定时,还可再视情对提名的具体方式作出进一步规定。决定还充分估计到反对派可能再次否决 2012 年两个产生办法的修改方案,因此,专门规定如果两个产生办法不能依法修改,就继续采用原来的产生办法。

去年 12 月 29 日作出的决定和 2004 年 4 月的决定相比较,2004 年 4 月的决定只解决了 07/08 年两个产生办法的修改问题,而去年 12 月 29 日决定不仅解决了 2012 年两个产生办法修改问题,还对香港政制发展作出了长远的安排,具体体现为明确了普选时间表。这一决定获得香港社会的广泛认同和支持,同时也把设计行政长官和立法会的普选办法提上了工作议程。最近策略发展委员会政制发展专题小组讨论 2012 年两个产生办法的情况说明,香港社会的注意力已经集中在行政长官和立法会的普选办法上。要怎么设计未来的普选办法,这就首先需要回答什么是普选,设计实现普选的两个产生办法必须遵循什么原则。

五、关于普选的含义及设计两个普选办法必须遵循的原则

1. 关于普选的含义

香港特区行政长官和立法会全部议员最终要由普选产生,这是香港基本法所规定的目标。对于什么是普选,基本法没有回答，尽管这个概念广为使用，但迄今为止还没有一个关于"普选"的权威定义。

从历史上来看，"普选"这个概念是与不同财产地位的人争取同等投票权、与妇女争取与男子一样的投票权等联系在一起的，它指的是选举权，而不是专指某种选举制度。现在通常所说的"普选"，就是指普及而平等的选举权，是可以通过不同的选举制度来实现的。在香港，许多人把"普选"等同于"直选"，混淆了选举权与选举制度的区别，是不正确的。例如，目前香港多数功能界别选举已经是由界别内的选民直接选出立法会议员，这也是一种"直选"，但由于香港社会有些人可以在功能界别选举中投票，有些人没有这种投票权，存在着投票权不平等的问题，还不是"普选"。反过来，间接选举制度也可以实现"普选"，例如，美国总统是大选举团选举产生的，但由于选举团成员是普选产生的，因此，通常都说美国总统是普选产生的；又例如，2005 年"政改方案"中有关区议员可以互选出六名立法会议员，这实际上就是"普选"，因为全港选民在区议员选举中享有平等的投票权，由区议员选举产生的立法会议员，就是由"普选"产生的。需要进一步说明的是，普及而平等的选举权不是绝对的，如果用绝对的标准来衡量，美国的参议院议员、英国的上议院议员产生办法都没有达到"普选"的标准。许多国家的选举制度中照顾少数民族、少数党派的规定，也不符合"普选"的标准。同时，选举权也不是越平等越好，如果是这样，比例代表制是使选举权平等最大化的选举制度，但美国国会众议员、英国议会下院议员的选举制度，都采用单议席单票制。英国人对为什么要采用这种选举制度的解释是，在全国性的选举中，最重要的是确保有一个在议会中占多数的政党，保持国家政权的稳定。由此可以看出，在设计选举制度时，除了考虑选举权的普及而平等外，还要考虑到其他因素，如何保证国家或地区的有效管治就是其中的一个重要因素。在两者发生冲突时，保证国家或地区的有效管治通常都放在更加重要的位置。

从香港基本法起草过程来看，基本法规定的"普选"，其含义应当是在香港行政长官和立法会议员产生办法上要实现全港合资格选民享有普及而平等的选举权，对于选择什么样的选举制度来实现普及和平等的选举权，基本法本身没有作出明确的规定，这是在未来设计普选办法时必须回答的问题。这里，我要顺便提一下《公民权利和政治权利国际公约》第 25 条的规定。该条保障公民在真正、定期的选举中选举和被选举的权利和机会，要求"这种选举应是普遍的和平等的并以无记名投票方式进行，以保证选举人的意志的自由表达"。至于行使选举权的具体方式，按照人权事务委员会的解释，"公约没有要求缔约国采取某种具体的民主模式"，也就是说，各国可以根据自己的实际情况采用不同的选举制度来实现普遍的和平等的选举权。由此可以看出，尽管公约第 25 条规定不适用于香港，但基本法的规定是完全符合公约规定精神的。

2. 关于设计两个普选办法必须遵循的原则

香港特区行政长官和立法会产生办法是香港特区政治体制的重要组成部分，姬鹏飞主任在香港基本法草案说明中阐述的设计香港特区政治体制的原则，仍然适用于未来行政长官和立法会普选办法。根据这些年来处理香港政制发展问题的体会，我认为，在考虑未来行政长官和立法会普选办法时，最重要的是要遵循以下三个原则：

第一，香港特区行政长官和立法会的普选办法要确保特区管治权牢牢掌握在爱国爱港者手中。我前面讲过，围绕香港政制发展问题的斗争，本质上是香港内外的敌对势力与我争夺特区管治权的斗争。确保特区管治权掌握在爱国爱港者手中，是我们必须坚持的第一条原则。香港回归以后，特区政权能够牢牢掌握在爱国爱港者手中，很关键的一条就是基本法规定的行政长官和立法会产生办法适合香港的实际情况，能够确保选出爱国爱港的行政长官，确保爱国爱港力量在立法会中占多数议席。要修改两个产生办法，实行普选，同样必须做到这两个确保。

第二，香港特区行政长官和立法会的普选办法要有利于行政主导，有利于特区的有效管治。

去年 12 月 29 日全国人大常委会的决定确定先实行行政长官普选，后实行立法会全部议员普选，其中的一个重要考虑也是维护香港特区的行政主导体制。因为如果先实行立法会全部议员普选，根据香港回归以来的实践经验，行政长官及其领导的特区政府将会面临来自立法会的严重挑战，行政主导体制会受到很大的冲击。行政长官先实行普选，获得更加广泛的认受性，就比较容易调整行政、立法和司法的关系，使行政主导体制更加巩固。在设计未来的普选办法时，仍然要把有利于行政主导，有利于特区有效管治作为一项重要的原则。香港社会有一种说法，认为行政主导政治体制贯彻落实得不好，主要是因为行政长官领导的政府在立法会中缺乏稳定的支持力量。那么，设计未来的行政长官普选办法时，能否设计一种办法使行政长官领导的政府在立法会中有稳定的支持力量？我的看法是，如果能够做到这样，当然是好的。但由于基本法规定了行政长官和立法会由不同方式选举产生，这就决定了不可能确保行政长官领导的政府在立法会中有稳定的多数支持。目前立法会的选举制度只能采用比例代表制，这也决定了不可能有任何政团在立法会中可以获得多数议席。在这种现实下，将来在实行普选时，要使行政长官领导的特区政府在立法会中获得多数支持，关键要靠爱国爱港统一战线，靠立法会中爱国爱港议员占多数议席。

　　第三，行政长官和立法会的普选办法，要有利于均衡参与，有利于保持原有的资本主义制度。基本法第五条规定，"香港特别行政区不实行社会主义制度和政策，保持原有的资本主义制度和生活方式，五十年不变"。有利于均衡参与，有利于保持香港原有的资本主义制度，是设计未来普选办法的又一条重要原则。从总体上说香港是一个经济城市，是国际金融、经济、贸易活动的一个服务平台。香港基本上没有农业，工业的比重也很小，服务业的比重已经占到香港 GDP 的 80% 以上。这个经济服务平台要能够吸引各国各地区的投资，保护工商界的利益十分重要。为此，在经济方面，基本法规定了低税制、自由港、财政预算要以量入为出为原则以及各种自由经济制度和政策。在政治方面，在基本法起草过程中提出了"均衡参与"作为政治体制的设计原则。这里用"均衡参与"而不是平等参与，指的就是要保障工商专业界的政治参与权利。实践证明，香港回归后能够始终保持经济活力，即使经历了亚洲金融危机、禽流感、非典等冲击，还能够很快恢复过来，工商界利益得到充分保护，能够放心在香港投资，是最重要的因素之一。今后如何既保障香港市民平等的政治参与权，又要保障工商专业界的政治参与权利，是设计未来行政长官和立法会普选办法的难点之一，也是能否保持香港原有资本主义制度的关键。我认为，要做到这一点，必须强调均衡参与，具体来讲，就是要使工商专业界在提名行政长官候选人方面有足够的参与权利，在立法会中要确保有代表他们利益的足够声音。

六、未来行政长官和立法会普选办法需要解决的几个具体问题

由于到 2017 年还有 9 年的时间，到 2020 年还有 12 年的时间，现在一下子确定行政长官和立法会普选办法还有困难。为了能够在政制发展问题上掌握主动权，引导社会舆论，唯有采取把一些看得比较准的问题明确下来、对一时还看不清楚的问题保留余地的办法。在行政长官和立法会普选办法问题上，有什么我们今天可以说已经看得比较准呢？主要有以下几个问题：

1. 提名委员会提名行政长官候选人的方式

基本法第 45 条规定，"行政长官的产生办法根据香港特别行政区的实际情况和循序渐进的原则而规定，最终达至由一个有广泛代表性的提名委员会按民主程序提名后普选产生的目标。"从过去几年的讨论情况看，大家就行政长官普选办法已经有了一个重要的共识，即提名委员会提出若干名候选人后，要由全港合资格选民一人一票选举产生，全国人大常委会的决定也确认了这一点。现在反对派的目光主要集中在提名委员会的提名方式上。他们一方面批评提名委员会提名是"筛选机制"，另一方面主张提名门槛要低，只要有若干名委员联名提出，就可以成为正式候选人。李柱铭在这个问题上讲了大实话，这就是要求行政长官实行普选时要确保有"非北京马房"的候选人。我们的立场也十分明确，就是要确保普选产生的行政长官是爱国爱港的、是中央能够信任和接受的，这就必须使被提名的行政长官候选人是爱国爱港的人士。

那么，如何确保被提名的行政长官候选人是爱国爱港人士？答案是必须坚持提名委员作为一个整体来提名行政长官候选人。这个主张是有充分的法律依据的：第一，基本法第45条规定中"提名"的主语是"提名委员会"，不是提名委员会委员，因此，正确的含义是提名委员会提名行政长官候选人是机构提名，而不是提名委员会委员个人提名。第二，基本法第45条规定提名委员会必须"有广泛代表性"，说明行政长官候选人必须获得香港社会各阶层、各界别的广泛支持，只有机构提名，才能做到这一点。第三，基本法第45条规定提名委员会必须"按民主程序"提名，也进一步说明是机构提名，因为只有机构提名，"按民主程序"才具有实质意义。第四，基本法规定的行政长官由选举委员会选举产生和由普选产生的提名方式是不同的，关于选举委员会提名，基本法附件一第四条规定"不少于一百名的选举委员可联合提名行政长官候选人。每名委员只可提出一名候选人"，获得提名的候选人由选举委员会选举产生；关于提名委员会提名，基本法第 45 条规定行政长官候选人"由一个有广泛代表性的提名委员会按民主程序提名"，获得提名的候选人由普选产生。很显然，对基本法上述有关提名方式的不同规定，不能作出同样理解，也就是说，不能把基本法第 45 条规定的提名委员会提名理解为提名委员会若干委员联合提名。因此，提名委员会作为整体提名是有充分法律依据的。

2. 提名委员会提名行政长官候选人的程序

在提名委员会作为一个机构提名行政长官候选人的情况下，必须有一套程序。基本法第 45 条只规定了要"按民主程序"，对什么样的程序才构成"民主程序"没有作出具体的规定，香港过去几年的讨论已经表明，这个问题将会成为今后的一个争论焦点。去年夏天基本法委员会在内部讨论了这个问题，大家比较一致的意见是，由于提名委员会提名是机构提名，提名的"民主程序"，至少应当包括以下两个步骤：一是先由提名委员会委员推荐合适的行政长官候选人人选，二是在获得推荐的人选中通过一套程序产生即提名行政长官正式候选人。在这两个步骤中，应当做到：第一，每位提名委员会委员都有平等的权利推荐行政长官候选人人选；第二，获得推荐的行政长官候选人人选有平等的机会寻求提名委员会的正式提名；第三，每位提名委员会委员都有权参与正式候选人的遴选。

3. 提名委员会的组成

在提名委员会提名是机构提名的前提下，要确保所产生的正式候选人都是爱国爱港人士，还必须具备一个条件，这就是提名委员会的大多数委员必须是爱国爱港人士。提名委员会组成这个问题势必成为下一步讨论行政长官普选办法时的又一个争论焦点。正是看到这一点，全国人大常委会的决定中明确提名委员会可以参照基本法有关选举委员会的现行规定组成，目的是为即将到来的讨论作出一个明确的指引。全国人大常委会决定中作出这样的指引，是合情合理的，也同样有法律依据。第一，基本法在有关选举委员会和提名委员会的规定中，都使用了"有广泛代表性"一词，在同一部法律中，同样的用语要作出同样的理解，因此，两个委员会的组成原则应当保持一致。第二，选举委员会的组成是基本法起草过程中香港社会各界经过广泛讨论达成的共识，经过了十年的实践，已经充分证明了该委员会具有广泛的代表性。第三，从目前已经提出的提名委员会的各种组成建议看，按照基本法附件一规定的选举委员会的模式组成提名委员会，是香港社会各界的主流意见。第四，从现实情况看，如果离开基本法附件一规定的选举委员会的组成模式，重新设计一个有广泛代表性的提名委员会，即使是经过旷日持久的讨论，也很难达成共识。

我在去年 12 月 29 日向香港社会各界人士解释全国人大常委会决定内容时提到，这次全国人大常委会决定中明确提名委员会可参照选举委员会组成，就是既要保持选举委员会四个界别组成的基本要素，又可以在提名委员会的具体组成和规模上继续讨论，有适当的调整。

4. 提名委员会委员的产生方式

提名委员会委员如何产生，是影响提名委员会内力量对比的重要因素。2012 年选举委员会委员产生办法对 2017 年提名委员会委员产生办法有很大影响，是否作出改变，如何改变，还须认真研究。

5. 立法会功能界别选举的延续问题

由于立法会全体议员由普选产生，最快也要到 2020 年，这期间还有 2012 年、2016 年两届立法会选举，所以对立法会普选办法的研究可以往后放一放。现在可以看到的是，有关立法会普选问题的争论焦点在功能界别选举问题上。我们现在还可以不提立法会普选方案，2012 年功能界别选举问题已经明确要保留，我们还要坚持 2016 年的功能界别选举也一定要保留。如果我们现在就主张废除功能界别选举，就会给处理行政长官提名委员会的组成和产生办法问题带来很大的压力。

七、香港政制发展问题的当前任务

去年 12 月 29 日全国人大常委会作出决定后，受到香港社会普遍欢迎和支持，但这只是阶段性的胜利，更艰巨的工作还在后头。按照决定确定的时间表，在 2020 年之前我们在处理香港政制发展问题上，需要处理好以下几个问题：2012 年两个产生办法如何进行循序渐进的修改？2016 年立法会产生办法是否需要修改，如果需要修改，如何进行循序渐进的修改？2017 年行政长官的普选办法如何规定？2020 年立法会全部议员的普选办法如何规定？从法律程序上来说，全国人大常委会已经就 2012 年两个产生办法的修改问题作出了决定，也就是说，修改 2012 年两个产生办法的五个步骤已经走了前两步，还剩下三个步骤，即由特区政府提出修改两个产生办法的法案，提交立法会三分之二多数通过，行政长官同意，报全国人大常委会批准或备案。2016 年立法会产生办法的修改、2017 年行政长官实行普选、2020 年立法会全部议员实行普选，都还要经过五个法定步骤，即行政长官在适当的时候向全国人大常委会提交报告，由全国人大常委会作出相应的决定，然后由特区政府提出修改两个产生办法的法案，经立法会三分之二多数通过，行政长官同意，报全国人大常委会批准或备案。

由于要经过法定程序才能对两个产生办法进行修改，因此，政制发展问题存在着一些变数，例如，2017 年行政长官普选办法不能获得立法会三分之二多数通过，那么，2017 年以后就需要继续先处理行政长官普选问题，立法会全部议员普选的时间就要顺延。从大局上讲，我们要努力争取两个产生办法能够在各个阶段作出适当的修改，尤其要争取普选时间表的实现，力争减少变数。因为如果出现全国人大常委会确定的普选时间表不能实现的情况，香港社会一定会出现很大的震动，这是我们不希望看到的。因此，我们一定要做好工作，使香港政制在中央确定的目标和轨道上顺利发展。

从今后 12 年的工作任务可以看出，"香港未来的政制发展"是一个需要长达 12 年，甚至更长时间来完成的巨大工程。我们既要把这 12 年内要做的事情作为一个整体来考虑和研究，也要立足于当前，妥善地应对 2012 年两个产生办法的修改问题，从而一步一步地推进香港政制向前发展。

八、对"民建联"工作的几点希望

1991 年香港第一次进行立法会分区直选，爱国爱港参选人全面失利，经过总结经验和教训，并着眼于香港选举斗争的长期需要，1992 年 7 月成立了"民建联"。16 年来，"民建联"从 56 名创会会员开始，发展到目前的 11000 多名会员，有 9 名全国人大代表、32 名全国政协委员、11 名立法会议员、129 名区议会议员，成为爱国爱港阵营的旗舰。回顾"民建联"发展壮大的历程，能够取得今天的成就，很重要的一个原因就是坚持爱国爱港的立场，始终从维护香港繁荣稳定的大局出发，拥护中央的决策，支持行政长官和特区政府施政，以鲜明的政治立场获得越来越多香港市民的支持和认同。

"民建联"是大有发展前途的。首先，国家持续稳定发展，国际地位日益提高，香港市民对国家的认同感不断增强，为"民建联"不断发展壮大提供了大的环境和基础。其次，"一国两制"方针和基本法的深入实施并取得成功，香港社会对"一国两制"也开始有了更加全面和准确的认识，为"民建联"能够不断发展壮大创造了前提和条件。第三，"民建联"成立以来秉持服从大局，秉持通过扎实工作服务于香港市民，这就为"民建联"不断发展壮大提供了基础。这几个条件综合到一起，一定能够使"民建联"事业兴旺发达。我们经常说，香港的主要问题是社会政治生态问题，"民建联"从成立之日起，就为改变香港社会政治生态发挥了重要的作用，但香港经历了一百多年的英国殖民统治，要从根本上改变香港的社会政治生态，还需要我们不断地努力工作。谭耀宗主席要我对"民建联"如何应对未来的政制发展问题谈点想法，在这里，我冒昧提出几点希望，供大家参考：

第一，希望能够抓紧时间不断发展和壮大自己的队伍。"民建联"作为最重要的爱国爱港力量，一定要充分利用好这个时间，发展和壮大好自己的队伍，并且能够争取香港社会各方面的更多支持和认同。这些年来，"民建联"有不少新面孔，有不少年轻人，我完全相信，"民建联"一定能够凝聚越来越多的人，以崭新的姿态，在香港社会发挥更加重要的作用。

第二，希望加强对"一国两制"方针政策实施过程中遇到的新情况、新问题的研究，积极地建言献策。现在香港经常在说缺乏政治人才，怎么培养政治人才？既要通过实干来培养，也要通过研究宏观问题来培养，两者要很好结合起来。中央已经明确提出，按照"一国两制"方针保持香港、澳门的长期繁荣稳定，是新时期治国理政的崭新课题。怎么从治国理政的高度来看"一国两制"实施过程中遇到的问题，并加以解决，不仅中央有关部门要研究，"民建联"也要研究。通过这种研究，尤其是结合香港实际情况提出切实可行的意见和建议，就一定能够增长才干，培养出政治人才。

第三，建议抓紧做好立法会选举工作，取得更大的成绩。目前"民建联"在立法会中议席最多，是支持特区施政最稳定、重要的力量。前几天香港有一篇报道，说"民建联"善于在逆境下参与选举，不善于在顺境下打仗，这样的评论对错不重要，最重要的是要把这种评论当作对我们的提醒，全力以赴地投入 9

月就要进行的立法会选举，尽管现在形势比较好，但仍要努力争取每一张选票。只有在立法会的选举中取得好的成绩，确保爱国爱港力量占多数议席，才有可能更好地处理政制发展问题，更好地处理香港未来发展的其他重大问题，才能不断发展和壮大"民建联"的队伍和力量。

在基本法研究工作领导小组会议上的讲话*

同志们：

刚才张晓明、王凤超、陈永浩同志分别介绍了港澳形势、一年来港澳的中心工作以及基本法实施过程中遇到的问题，李飞同志介绍了一年来内地开展基本法研究工作的情况，各研究区的负责同志分别介绍了各地开展基本法研究工作的情况。大家讲得都很好。我讲三点意见。

一、要增强做好基本法研究工作的责任感和信心

面对金融海啸，全世界都在讲要有信心，我们做基本法研究工作也要有信心。说实话，2006 年年底我和李飞同志接受牵头推动基本法研究的工作任务时，信心不是很足，一方面感到责任重大，另一方面也感到忐忑不安，怕不能很好地完成中央交给的任务。后来成立了基本法研究工作领导小组，在大家的共同努力下，各研究区把基本法研究工作开展得有声有色，一年多来的工作很有成效。一是凝聚了一支基本法研究工作的队伍，调动了研究基本法的积极性，尤其是有一批年轻的学者开

＊ 2008 年 11 月 3 日下午在全国人大会议中心。

始投入这项工作，使这支队伍充满了朝气。二是建立了职能部门和学术界相互配合的研究机制，立足于现实工作的需要，充分考虑到长远的发展，理论研究与实际工作密切配合，使我们的研究课题充满活力。三是形成了一些初步的研究成果，明天要召开的基本法研讨会总共收到了 25 篇论文，总体上讲，论文的质量比以往有较大提高，尽管有一些问题的研究还不够深入，还不是很系统，可能有些观点还需要商榷，但能够这么快就取得一些研究成果，是很不容易的。这说明只要我们努力，就一定能够推动基本法研究工作不断向前发展。

去年 6 月 6 日，吴邦国委员长在香港基本法实施十周年座谈会上的讲话中要求我们"本着实事求是、与时俱进的精神，进一步加强对基本法的研究，认真总结几次释法的经验，及时解决基本法实施中遇到的问题，不断丰富基本法的实践，把基本法贯彻好实施好"。按照邦国同志的要求，基本法研究工作有两个基本任务，一是，要把过去丰富的实践经验上升为有关基本法的法律理论，巩固和促进"一国两制"方针和基本法的正确实施。只有把丰富的实践经验上升为基本法的法律理论，才能增强基本法的稳定性，对基本法进一步贯彻实施提供指导作用。二是，要及时研究处理基本法实施中的新情况、新问题，为解决问题的办法提供理论支撑，不断地把"一国两制"的伟大实践推向前进。这两项基本任务，实际上就是我们这个小组从成立开始所确定的基本法的理论性研究和对策性研究相结合的指导思想的具体体现（这里的对策性研究，主要是决策定下来后如何提供理论支撑），这是我们的职责所在。今后一段时间内，我们要继续在这两个方面推进基本法的研究工作。

今年是我国改革开放 30 周年，在 30 年中，我国的面貌发生了翻天覆地的巨大变化，香港和澳门也发生了很大的变化，要坚持"一国两制"方针政策和基本法长期不变，就要面对这两个方面的变化，实事求是、与时俱进地研究基本法实施中遇到的重大问题，并及时地加以解决。按照中央的要求，我们这个小组承担着整合内地基本法研究力量、深入地开展基本法研究工作的重任，我们要增强做好这项工作的责任感和信心。

二、今后一段时间内基本法研究工作的重点

目前，澳门特区正在进行基本法 23 条的立法工作，明年澳门特区要进行行政长官和立法会换届选举，还要举办澳门回归祖国十周年的庆祝活动；香港方面，去年 12 月 29 日全国人大常委会对 2012 年两个产生办法和有关普选问题作出决定后，香港特区政府已经表示，将要在明年上半年就 2012 年两个产生办法修改问题进行公众咨询。香港的政制发展问题绝不仅仅是 2012 年两个产生办法修改问题，而是和 2016 年立法会产生办法修改、2017 年行政长官普选和 2020 年立法会普选连在一起的系统工程。因此，今后一段时间内，除了继续研究各位手上原有的课题外，从我们小组的角度，更为关注以下基本法研究重点：

1. 关注并及时研究澳门基本法 23 条立法中提出的问题。10 月 22 日，澳门特区政府发表澳门基本法 23 条立法的咨询文件，咨询期要到 11 月底结束。在根据咨询情况对立法草案作出修改后，正式向立法会提交立法草案，估计明年 3 月立法会可以通

过立法。澳门特区政府提出的基本法 23 条立法草案，严格对应基本法 23 条规定的七项禁止，各方面的问题考虑得比较全面，是一份比较成熟和完善的立法草案。但基本法 23 条立法不是单纯的法律问题，其背后是我们与澳门和香港反对派以及西方反华势力之间的政治斗争。由于西方反华势力利用港澳地区对我进行颠覆、渗透的图谋不会改变，这就决定了他们势必要反对基本法 23 条立法。澳门特区政府公布咨询文件后，香港和澳门反对派的举动就说明了这一点。由于按照基本法 23 条的规定，特区是"自行立法"，我们内地的专家学者一般不要参与有关立法的讨论，但如果港澳反对派连同西方反华势力掀起反对立法的风浪，我们就要组织一些内地专家学者批驳他们的言论，引导澳门和香港的社会舆论。因此，我们要关注并及时研究澳门特区基本法 23 条立法中提出的问题，必要时能够发表一些有分量的文章，以配合特区立法顺利进行。

2. 全面地回顾和总结澳门基本法实施以来的经验，为纪念澳门基本法实施十周年做好准备。明年是澳门回归祖国十周年，澳门要举办一系列的庆祝活动，会邀请一些内地的专家学者出席。参照香港回归祖国十周年的做法，在内地也要举办一场澳门基本法实施十周年的纪念活动。今年我们确定的基本法研究课题中，黄来纪教授承担的一个课题是《澳门基本法实施八年的回顾与展望》，要把这个课题做好，同时还要再发动一些专家学者对澳门基本法实施问题开展研究。尽管澳门基本法和香港基本法的内容大体相同，但在实施过程中，遇到的问题有共性，也有特殊性。我们的研究工作要能够对这种现象进行深入的分析，找出造成这种现象的复杂社会背景和各种因素，这样，才能提出中肯而又切合实际的观点和看法，对基本法正确实施起到参考作用。内地学术界从事香港基本法研究的人不多，从事澳门基本法研究的人就更少，因此，对澳门基本法实施情况的研究工作希望各研究区要早启动、早布置，这样才能够组织起一批高质量的纪念澳门基本法实施十周年的论文。

3. 高度关注并继续研究香港政制发展问题。去年 12 月 29 日全国人大常委会就 2012 年香港行政长官和立法会产生办法及有关普选问题作出决定。决定规定，2012 年行政长官不实行普选产生的办法，2012 年立法会不实行全部议员普选产生的办法，功能团体和分区直选产生的议席各占半数的比例维持不变，立法会对法案、议案的表决程序维持不变。在此前提下，2012 年行政长官和立法会产生办法可以按照基本法的规定作出符合循序渐进原则的适当修改。这一决定内容和 2004 年 4 月全国人大常委会作出的 07/08 年两个产生办法修改决定的内容是一样的。也就是说，按照这一决定，2012 年两个产生办法修改的空间并不大，何况已有被立法会否决的特区政府 2005 年年底关于 07/08 年两个产生办法的循序渐进方案，这个方案得到 60% 以上市民支持，问题在于人大常委会决定中把普选的时间表一并确定下来，使得 2012 年两个产生办法的修改就复杂了。

从今年上半年策发会的讨论和社会舆论看，现在香港社会的主要关注点不在 2012 年两个产生办法的修改问题，而在行政长官和立法会普选办法。特别是反对派，要求挂钩，不交代双普选的终极方案，就不让 2012 方案轻易过关。所谓终极方案，集中在两个问题上，一是普选时的行政长官提名委员会的提名机制，是门槛式还是选举式；一是 2020 年立法会普选时功能组别是留还是废。反对派的基本法立场是，行政长官普选时的提名委员会提名如果是门槛式，立法会普选时如果不保留功能组别，2012 年怎么修改好商量；但如果是选举式提名，还要保留功能组别，2012 年怎么改就不好商量。从基本法研究的角度来讲，有关香港政制发展问题，要从两个大的方面开展研究工作，一个是两个产生办法的修改问题，包括 2012 年两个产生办法的修改方案、2016 年立法会产生办法是否作出修改以及如何修改、2017 年行政长官和 2020 年立法会全部议员的普选办法，研究的着重点在于深入地分析香港社会的政治力量对比情况，通过规定适合香港实际情况的两个产生办法，确保香港特区的管治权牢牢掌握在爱国者手中；另一个是普选对香港社会、政治、经济等各方面的影响问题，尤其是实行普选后对中央与特区关系会有什么影响，这方面研究对于确定 2012 年双修改方案，明确普选办法、防范普选的负面效应都是至关重要的，把这方面的问题研究清楚，就能够采取必要的措施，趋利除弊，确保行政主导的政治体制能够得到贯彻落实，确保香港的长期繁荣和稳定。

4. 继续开展基本法的基础理论研究。去年吴邦国委员长在纪念香港基本法实施十周年座谈会上的重要讲话，对基本法的理论研究具有十分重要的指导意义。吴邦国委员长特别指出，"香港特别行政区基本法为我国的第一个特别行政区设计了一套崭新的制度和体制"，强调了"授权"和"行政主导"这两个基本观念，强调要从维护国家主权、实行高度自治、保障繁荣稳定三个方面来把握基本法的精神实质，我们从事基本法理论研究工作，就是要用学术的语言，严谨的论证，把上述基本观念、精神实质充分地阐述出来，形成一套理论，从而对基本法在香港的正确实施发挥影响。去年我们确定的研究课题中，已经有不少涉及授权理论、行政主导等基本理论问题。明年还可以在这些课题研究成果的基础上，再组织力量作进一步深化研究。此外，中国法学会法律信息部正在组织力量摘译香港法院涉及基本法的判例，这也是一项十分重要的基础工作。因为我们提出的理论要能够为香港社会所接纳，并用于指导基本法的实施，不仅要十分注重结合香港的实际情况，还要充分了解香港的法律观点，把那些能够为我所用的观点吸纳进来，对那些不正确的观点进行剖析，以充分的道理指出其错误的地方，这样才能有针对性、有说服力，才能发挥理论应有的作用。

三、进一步推动基本法研究工作的几个措施

刚才大家的发言中，对进一步推动基本法研究工作提出了很多很好的建议。我们初步考虑，可以采取以下几个方面的措施，来进一步推动基本法的研究工作：

第一，确定一些研究课题供专家学者申请研究。实践证明，确定一些研究课题供专家学者申请研究，对于推动基本法研究工作的作用显著，要坚持做下去。今年我们批准的研究课题还没有结项的，要继续做好研究工作，争取尽快结项。从现在开始，我前面提到的一些重点研究课题，就可以接受申请，专家

学者们如果认为有什么课题需要深入研究，也可以提出申请。基本法研究工作领导小组明年初准备开一次会，研究批准立项。去年凡是提出申请的，都给予立项，经过这一批课题的摸底，我们对各地的研究力量已经有了一定的了解，明年的课题，还是要采用比较宽松立项标准，但对课题负责人要开始有所选择，逐步形成竞争，促使大家多投入研究时间和力量，提高研究水平和研究成果的质量。

第二，进一步加强专家学者与职能部门的沟通和配合。我们要在比较短时间内，使基本法研究工作上一个台阶，很重要的就是加强港澳工作的职能部门与专家学者的沟通和配合。各位专家学者除了与我委研究室建立联系外，也可以与国务院港澳办法律司、香港中联办法律部、澳门中联办研究室建立联系。在基本法研究过程中，专家学者与职能部门的同志相互之间应当及时进行沟通、交流，使基本法研究工作具有更强的针对性，更切合实际工作的需要。港澳基本法委研究室将继续做好基本法研究的后勤支持工作。

第三，创造机会使内地的专家学者有机会深入港澳社会了解实际情况。从这次提交的论文情况看，要使内地的专家学者研究基本法工作能够深入下去，提出比较符合香港和澳门社会实际情况的意见和建议，需要解决内地的专家学者深入香港和澳门社会了解情况的问题。去年，我们协助安排了一些专家学者到港澳调研、出席研讨会，这是一种渠道。从根本上讲，要安排内地的一些准备长期从事基本法研究的年轻学者到香港和澳门的大学进修，明年要把这项工作抓起来，争取明年 9 月份就可以派出一些学者到港澳的大学进修。

最后讲一下关于基本法研究课题的结项工作。关于基本法研究课题的结项问题，实际上就一个问题，怎么评定研究成果。我认为比较好的方法是专家和职能部门相结合的办法，也就是把有关研究成果分别送一个职能部门、一位专家写出评定意见。如果认为有关研究课题符合立项要求，由我们来办理批准结项手续，拨付余下的课题经费。请国务院港澳办、香港中联办、澳门中联办和在座的各位专家支持我们的工作，帮助我们对研究报告进行审评，撰写评论意见。

从现在到明年2月底前，全国人大机关正在进行深入学习实践科学发展观活动。我们港澳基本法委员会机关正在围绕"服务科学发展，提高从国家发展大局把握港澳工作的能力，做好基本法研究工作，为中央和全国人大常委会依法处理港澳事务当好参谋助手"这个课题做调研工作，希望在座各位不吝赐教，在以科学发展观为指导，探索深入开展基本法研究工作的新思路、新办法方面，多提宝贵意见和建议。谢谢大家。

在香港基本法和澳门基本法
研讨会开幕式上的讲话 *

各位委员，各位专家，各位来宾：

首先，我想讲一下这次研讨会的由来。这次研讨会是由香港基本法委员会和澳门基本法委员会联合召开的，这两个基本法委员会是全国人大常委会下设的工作机构，根据基本法的规定，分别从香港基本法和澳门基本法实施之日起成立并开始工作。按照香港基本法和澳门基本法以及全国人大有关决定的规定，两个基本法委员会都有四项法定职责，具体是就特区立法机关制定的法律是否符合基本法关于中央管理的事务及中央与特区关系的条款、基本法附件三所列的全国性法律是否需要增减、基本法的解释或修改等问题向全国人大常委会提供意见和建议，是全国人大常委会行使权力做出有关决定的一道必经的法律程序。为了履行好基本法委员会的职责，就需要对两部基本法的实施情况进行全面的跟踪研究，在平时就要广泛地收集和听取基本法实施中香港、澳门各界人士和内地人士发表的意见和观点，以利于在全国人大常委会就上述四个方面的问题征

* 2008 年 11 月 4 日上午于上海。

询基本法委员会的意见时，能够及时地提供全面的研究意见。这些年来，两个基本法委员会除了召开履行法定职责的会议外，比如几次释法、几次增加附件三的全国性法律等，每年都召开两至三次内部会议，就基本法实施情况交换意见，委员们提出了许多基本法实施中遇到的问题，例如，全国人大常委会解释基本法问题，两个特区的政制发展、普选的定义、行政主导、法院的违宪审查权问题，香港的政党政治问题，澳门的行政法规问题等。

全国人大常委会香港基本法委员会和澳门基本法委员会在开展工作中感到，对基本法实施过程中遇到的问题，不仅委员会内部要进行研究，也需要推动学术界进行研究。通过推动基本法研究，不仅有利于集思广益，解决好基本法实施中遇到的问题，而且也有利于推广和宣传基本法。从 2007 年开始，全国人大常委会香港基本法委员会、澳门基本法委员会的办事机构开始有系统地推动内地学术界开展基本法的研究工作，提出了一些研究课题，请内地学术界进行深入研究。我们打算每年都举办两部基本法实施的座谈会或研讨会，交流研究成果，深入探讨问题。去年 6 月 6 日，根据中央纪念香港回归祖国十周年的工作部署，香港基本法委员会举办了纪念香港基本法实施十周年座谈会。吴邦国委员长、曾庆红副主席等党和国家领导人、中央有关部门的主要负责同志、部分基本法起草委员、部分香港地区全国人大代表、政协委员、香港特区行政长官和部分主要官员以及内地的一些专家学者出席了座谈会，吴邦国委员长发表了题为《深入实施香港特别行政区基本法，把"一国两制"

伟大实践推向前进》的重要讲话。紧接着我们举办了一场纪念香港基本法实施十周年研讨会，香港和内地的专家学者会聚一堂，就基本法实施中大家关心的问题各抒己见，深入探讨，效果很好。明年澳门回归祖国十周年，澳门基本法委员会也将举办类似的座谈会和研讨会。我们两个基本法委员会在上海联合举办这场研讨会，是我们系列研讨会中的一场。希望通过这次研讨会，达到两个目的。一是，为中央从事港澳工作的有关部门、内地学术界提供一个沟通与交流的平台，共同探讨一些基本法实施过程中遇到的问题。二是，使香港委员、澳门委员能够比较集中地了解内地学术界有关基本法研究的情况，尤其是内地专家学者对基本法实施中一些问题的观点与看法。同时，也希望通过请香港委员、澳门委员对内地专家学者的观点作出点评、评论，为内地学术界研究基本法提供帮助，推动基本法研究水平的不断提高。

下面，我想从加强基本法研究的角度，谈几点对邦国委员长去年6月6日在纪念香港基本法实施十周年座谈会上发表的重要讲话的学习体会。去年6月6日邦国委员长的重要讲话，全面阐述了香港基本法的重大意义、基本内容、精神实质和实施要求。邦国委员长指出，"香港特别行政区基本法为我国设立的第一个特别行政区设计了一套崭新的制度和体制"，他进一步把基本法的主要内容概括为五个方面，并强调了"授权"和"行政主导"这两个基本概念。他讲到，基本法"涉及方方面面，内容相当丰富，但贯彻其中的灵魂就是'一国两制'。准确把握基本法的精神实质，最核心的是要全面正确地理解'一国两制'方针，坚定不移地贯彻落实'一国两制'方针，严格按照基本法办事"。为此，要牢牢把握三点：一是维护国家主权，二是实行高度自治，三是保障繁荣稳定。邦国委员长把基本法称为"依法治港的法律基石""香港法治的法律基石"，明确提出了加强基本法研究的要求。他说，"香港回归十年来取得的有目共睹的成就，充分说明基本法是符合中国国情和香港实际的。基本法的稳定为香港的繁荣稳定提供了强有力的法律保障，实现香港的长期繁荣稳定更需要基本法的稳定作前提。同时也要看到，随着香港经济社会的发展，基本法在实施过程中难免会遇到一些新情况新问题。我们在贯彻落实'一国两制'方针和深入实施基本法的同时，需要本着实事求是、与时俱进的精神，进一步加强基本法的研究，认真总结几次释法的经验，及时解决基本法实施中遇到的问题，不断丰富基本法的实践，把基本法贯彻好实施好。"这篇重要讲话是围绕香港基本法讲的，但同样适用于澳门基本法，对于两部基本法的研究工作具有重要的指导意义。

按照邦国委员长的重要讲话精神，我体会，加强基本法研究工作，第一是维护基本法稳定的需要。邦国委员长讲话指出："基本法的稳定为香港的繁荣稳定提供了强有力的法律保障，实现香港的长期繁荣稳定更需要基本法的稳定作前提。"他特别强调了基本法稳定的重要性。怎样才能保持基本法的稳定？马克思主义的认识论告诉我们，理论对实践有巨大的指导作用。对社会实践的正确认识而形成的理论，是对实践的理性肯定，同时也可以从规律上预见实践发展的过程和结果，从而可以使有关实践稳定、有序地向前发展。法律是一种重要的社会现象，法律实施是一种重要的社会实践。为了使法律成为人们自觉遵守的行为规范，一是要求法律能够反映人民的共同意志，二是要求法律能够使人们预见到行为的结果。正因为对法律实践正确认识而形成的法律理论，在正确地肯定过去实践的同时，能够增强法律的可预见性，因此，它对维护法律的稳定性具有巨大的作用。用普通法作为例子，普通法是不成文法，为什么能够长期保持稳定？一个原因是它符合有关国家的具体情况，另一个原因就是经过长时间的实践，形成了一套普通法的法律理论，大家都信守不渝。我和香港法律界打交道有很深体会。比如解释法律的机关方面，普通法下是法院解释法律，由全国人大常委会解释基本法，他们很难理解怎么能由政治机关解释法律，他们不了解我国的人民代表大会制度不是三权分立，观念扭不过来。再比如 2005 年发生的补选的行政长官的任期问题，到底是一个新的 5 年任期，还是原行政长官的 2 年剩余任期。"二五之争"，学普通法的几乎一致认为是 5 年，因为香港基本法明文提到行政长官任期的就是一条，第 46 条，"香港特别行政区行政长官任期五年，可连任一次"。就这个基本法观点来说，没有什么建制派、反对派之分。所以我去与香港法律界对话，讲八个字，"就法论法，以法会友"，避开政治。可有反对派说你们是不信任曾荫权，让他做两年看看，所以有剩余任期，我说不要政治化，不要简单化，不要情绪化。"二五之争"是一次重要的基本法实践。现在十分迫切的是对过去基本法的实践进行总结，形成一套基本法的法律理论。基本法能够有效地维护国家的根本利益，维护香港和澳门的根本利益，切实地保障港澳居民的根本利益，这一点已经为实践所证明，为香港和澳门社会绝大多数人所认同。但迄今为止，还没有完全形成一套在内地、香港和澳门都认同的有关基本法的法律理论。大家都认同基本法的规定，但对基本法各项规定背后的道理，在一定程度上还各说各话。过去若干年在香港基本法实施过程中发生的重大争议，如居港权问题、政制发展问题、"二五之争"等等，包括去年吴邦国委员长发表重要讲话后，香港社会有些人对"授权"问题的挑战，今年习近平副主席在香港发表有关行政、立法和司法之间关系的讲话后，香港社会也有人提出挑战，就说明了这一点。如果没有一套得到普遍认同的基本法的法律理论，即使最简单的道理，在有人出于各种目的挑起争议的时候，都可能引起公众的疑虑，甚至恐慌，从而影响到正确理解和实施基本法，进而影响到特区的社会稳定。我们都清楚，每一部法律里面都有法理问题，法律的一个条文或者法官的一个判决，都有背后的法理，否则无法解释它成立和存在的根据和理由。加强基本法研究的一个重要目的，就是发动学术界通过严谨的学术研究，逐步形成一套大家能够认同的基本法的法律理论，从特别行政区制度设计的原理，到基本法各项规定及其内在联系，再到具体条文中一些核心概念的含义，都能够深入阐明其含义，讲出其道理，并使之深入人心，使内地、香港和澳门社会有着共同的理念来理解和执行基本法。有了大家都认同的基本法的法律理论，就可以发挥理论指导法律实施的作用，为基本法的稳定提供保障，而基本法的稳定又为特别行政区的长期繁荣稳定提供法律保障，可见基本法稳定的意义是很重大的。

第二是有效解决实际问题的需要。任何法律的生命力，在于它能够有效地规范社会行为，解决现实生活中遇到的问题，维护社会的繁荣稳定、发展进步。香港和澳门回归祖国后，尽管遇到不少困难和风险，但始终能够保持社会稳定，经济发展，民生改善，这些都是按照香港基本法和澳门基本法的规定，在中央政府和特区政府、祖国内地和香港、澳门社会各界人士共同努力下取得的。在基本法实施过程中已经遇到的问题，有的解决了，有的还没有完全解决；将来也一定会不断提出新问题需要我们去解决。通过加强基本法研究，解决基本法实施中遇到的新情况新问题，是邦国委员长讲话中强调的另一个重点。例如，邦国委员长专门指出释法问题，要求认真总结几次释法的经验。由于基本法规定的解释体制十分特殊，尽管全国人大常委会进行过三次释法，取得了一些经验，怎么进一步理顺释法机制，是一个需要从理论到实践进行深入研究的问题。从澳门来说，当前正在进行基本法 23 条立法，明年将进行行政长官和立法会换届选举，明年还是澳门回归祖国暨澳门基本法实施十周年，需要对澳门基本法实施十年来的经验进行全面的总结；在香港，去年 12 月 29 日全国人大常委会作出关于 2012 年两个产生办法修改及普选问题的决定后，怎么贯彻落实这个决定，使香港的两个产生办法循序渐进地发展，按照全国人大常委会定下的时间表实现普选，也是一个迫切需要研究的问题。

上述这两个方面的需要，使我们充分认识到加强基本法研究工作是一项长期而又迫切的工作。说这项工作具有长期性，这是因为基本法研究工作要伴随基本法实施的始终，不是一朝一夕的事情；说这项工作具有紧迫性，这是因为现在无论是香港还是澳门，在基本法实施过程中，都提出了许多重大问题需要我们去研究、去处理。因此，基本法研究工作有两个基本任务，一是，要把过去丰富的实践经验上升为有关基本法的法律理论，巩固和促进"一国两制"方针和基本法的正确实施。从1982年初中央对香港的基本方针政策基本制定完成到现在，已经有26年的时间，从1990年香港基本法颁布到现在，也有18年的时间，从1993年澳门基本法颁布到现在，也有15年的时间，具体实施两部基本法也分别有11年和9年时间，可以说，在贯彻落实"一国两制"方针政策和基本法方面，我们已经有了比较丰富的实践经验。只有很好地把这些实践经验上升为基本法的法律理论，才能维护基本法的稳定性，对基本法进一步贯彻实施提供指导作用。二是，要与时俱进地研究处理新情况、新问题，不断地把"一国两制"的伟大实践推向前进。今年是我国改革开放30周年，在30年中，我国的面貌发生了翻天覆地的巨大变化，香港和澳门也发生了很大的变化，要坚持"一国两制"方针政策和基本法长期不变，就要面对这两个方面的变化，不断地研究基本法实施中遇到的重大问题，并及时地加以解决。

除了以上维护基本法稳定和有效解决实际问题两个需要外，加强基本法研究工作也是宣传和推广基本法的需要。推动内地学术界开展基本法研究，不仅是推广和宣传基本法的基础，也是一种重要工作方式。按照邦国委员长的要求，推广和宣传基本法的根本目的是巩固和发展基本法贯彻实施的社会基础和舆论氛围，要通过广泛宣传基本法的知识，提高社会的基本法意识和法制观念，使基本法知识家喻户晓、深入人心；使年青一代了解基本法的历史和内涵；使公务员熟悉基本法，忠于基本法，遵守基本法，自觉维护基本法；使基本法成为广大香港和澳门市民自觉遵守的行为规范。要做到这一点，要求大家死记硬背基本法的条文是不行的，而是要把硬邦邦的法律条文变为通俗易懂的道理，使这些道理深入课堂，深入各种媒体，深入社会的各个方面，并获得大家的理解、认同与支持。这就有赖于基本法的研究。所以说，基本法的研究是推广和宣传基本法的基础。今天出席研讨会的有 50 多位内地的专家学者，在你们的带动下，全国各地有上百位专家学者、研究生不同程度地参与了基本法的研究工作。他们大多数是从事教学工作的，一方面通过研究工作加深对基本法的认识和了解，发表专著、论文，向社会传播；另一方面通过教学工作，把基本法的规定及其法律理论，传授给更多的青年学生。希望我们的专家学者在推广和宣传基本法方面，继续努力，坚持不懈，取得更大成绩。

最后，我还想强调一点，就是要用科学发展观来指导基本法研究工作。最近，内地正在深入开展学习实践科学发展观的活动，科学发展观的第一要义是发展，核心是以人为本，基本要求是全面协调可持续，根本方法是统筹兼顾。胡锦涛总书记在今年"两会"期间会见港澳全国人大代表、全国政协委员时，对港澳工作提出了四句话："集中精力发展经济，切实有效改善民生，循序渐进推进民主，和衷共济促进和谐"，这四句话不仅精辟概括了港澳回归以来实践"一国两制"方针的成功经验，而且体现了科学发展观的内在要求，也是我们在港澳工作中贯彻落实科学发展观的出发点和落脚点。科学发展观应当成为我们基本法研究工作的重要指导思想。贯彻落实科学发展观有一项基本要求，就是要解放思想，要有创新精神。香港基本法和澳门基本法是全国人大制定的法律文件，规定保留香港和澳门原有的法律制度。这本身就是一种制度创新，因为两部基本法既要在内地的法律制度下实施，又分别要在香港的普通法制度下实施和澳门的大陆法制度下实施。这就是为什么经常出现同一项法律条文，在内地有内地的解读，在香港有香港的解读，在澳门有澳门的解读的原因。在基本法的实施初期，这种情况出现比较多，应当说是正常的，而且从长远来说，也不可能完全避免。但从维护基本法的权威、维护基本法的稳定来说，在一些关键的问题上，这种状况不能长期发展下去，用内地正在深入学习的科学发展观来说，这种状况是不利于"一国两制"伟大事业的"全面协调可持续"发展的。怎么样来解决这个问题？两部基本法的法律理论，全部采用内地的法律观念不行，全部采用香港、澳门的法律观点也不行，我看只有加强基本法研究工作，在三地法律制度的基础上，逐步形成大家都能认同的基本法的法律理论。从这个角度来讲，基本法的法律理论研究是一门新的学科，做这门学问研究需要有创新精神。

基本法是规定特区制度的法律文件，本身就是对我国地方管理制度的一种创新。从基本法的规定及其起草过程可以看出，特别行政区制度的设计，遵循了两项原则，一是要符合国家宪法规定的国家体制，二是要符合中央对香港和澳门的基本方针政策。在此前提下，尽可能吸纳香港和澳门社会各界人士的意见。这种指导思想，对于我们研究基本法、创造性地提出一些有关基本法的法律理论具有重要的参考意义。归根结底，香港和澳门都是国家的一个组成部分，是直辖于中央政府的特别行政区，基本法的研究工作，要服从于国家发展大局，有利于香港和澳门的全面协调可持续发展，在一些重要的法律问题上，要采用统筹兼顾不同法律观念的方法。邓小平同志曾经指出，"一国两制"就是要做到各方面都能接受，我看，在有关基本法的法律理论方面，也应当努力做到这一点。去年底，全国人大常委会就香港政制发展问题作出决定，决定能够受到香港社会普遍欢迎，重要原因之一，就是决定以香港社会各种意见的最大公约数为依据。

我们希望大家畅所欲言，把研讨会开得热烈一些，也希望来自香港和澳门的委员对论文中不符合香港或澳门情况的地方，直率地提出意见，我相信各位专家学者都希望听到你们的意见和看法，以促进研究水平的不断提高。

深刻理解"一国两制"的伟大意义[*]

　　"一国两制"是我们党和国家为解决台湾问题而提出的基本方针，首先在解决香港、澳门问题中得到运用。现在，香港已回归12年，澳门已回归10年。十多年来，中央始终坚定不移地贯彻"一国两制"、"港人治港"、"澳人治澳"、高度自治的方针，严格按照香港基本法、澳门基本法办事，全力支持香港、澳门特别行政区行政长官和政府依法施政，坚决维护香港、澳门的繁荣稳定。在中央政府和祖国内地的大力支持下，在香港、澳门特别行政区行政长官和政府的有力领导下，广大香港、澳门同胞团结奋进，克服了种种困难和挑战，维护了大局稳定，各项事业取得长足进步。目前，香港、澳门社会保持稳定，经济更加繁荣，民主有序发展，民众安居乐业，展现出一派欣欣向荣的景象。香港、澳门的成功实践，已经充分证明，"一国两制"不仅是一个充满智慧的伟大构想，而且具有极强的实践性和强大的生命力。

　　邓小平在评价作为"一国两制"法律化文件的香港基本法时指出："你们经过将近五年的辛勤劳动，写出了一部具有历史

---

　　* 2009年3月，为"一国两制"丛书作序。

意义和国际意义的法律。说它具有历史意义，不只对过去、现在，而且包括将来；说国际意义，不只对第三世界，而且对全人类都具有长远意义。这是一个具有创造性的杰作。"邓小平的这段话十分精辟地指出了"一国两制"及基本法的伟大意义。

首先，从历史看，"一国两制"不仅是史无前例的崭新事业，而且必将对未来产生深远影响。可以说，这种影响决不只是可以预见的几十年，而必将是十分长远的。

其次，从国际看，"一国两制"的意义远远超出国界，不仅影响发展中的第三世界，而且也影响发达国家，影响全人类，是全人类的共同财富。可以说，"一国两制"是中华民族对世界和人类文明的众多贡献中的又一项伟大贡献，为世界解决这类问题提供了新的思维和典型范例。

第三，从影响的领域看，"一国两制"的意义不仅在政治、法律方面，而且在经济、哲学、文化等各个方面，都具有极其深刻的影响。可以说，"一国两制"不仅是对人类政治制度和政治理论、法律制度和法学理论（不仅是宪法学、行政法学，而且是法理学等各个法学领域）提出了重大挑战，而且也是对经济制度和经济学理论、哲学思想和人的思维方式等都提出了重大挑战。"一国两制"是解放思想、实事求是的典范，是原则性与灵活性高度统一的典范，充分体现了求同存异、开放包容精神，充分体现了和平和谐、合作共赢的思想。因此，"一国两制"不仅是一个极其丰富的政治学、法学理论宝库，也是一个极其丰富的经济学、哲学、文化等理论宝库，值得我们认真挖掘。

　　多年来，内地、香港和澳门各界在"一国两制"的宣传、研究方面做了大量工作，取得了可喜成绩，特别是在一些重大理论研究方面有了一些突破，拓展和深化了对"一国两制"深刻内涵和伟大意义的认识，为全面、准确贯彻"一国两制"提供了有力的理论支撑。但总体看，还存在着不够全面、不够系统、不够深入的问题。面对这种状况，许崇德等一批内地、香港和澳门的学者要撰写一套"一国两制"知识系列丛书，我认为这是一件功德无量的好事。我本人近十几年也一直在从事"一国两制"和基本法的研究工作，从"三地"学者那里受到很多启发，学到很多知识。因此，在许教授邀请为这套丛书作序时，我欣然应允，并写下了以上这些话，是为序，也为贺。

在深圳大学港澳基本法研究中心
学术委员会第一次全体会议上的讲话[*]

今天出席会议的同志，有些已经加入到我委组织的基本法研究工作中，有些是新成员，不太了解情况。我今天想谈四个问题，主要是讲给新成员听的。

首先讲一下来龙去脉，就是把我们与广东省港澳办、深圳大学共建基本法研究基地，成立"深圳大学港澳基本法研究中心"的来龙去脉，作一个介绍。可以说建立港澳基本法研究基地，是贯彻落实中央指示精神，推动基本法研究工作的一项重大举措。

大家都知道，从 1999 年香港终审法院对居港权案件的判决到 2003 年、2004 年的政制检讨，实践证明香港发生的大事或重大争议最后都归结到基本法，加强基本法研究被迅速提到议事日程。2007 年初，我们在广泛听取各有关部门和一些专家学者意见的基础上，成立了包括中央有关部门负责人和专家学者在内的基本法研究工作领导小组。

基本法研究工作领导小组自组建以来，积极贯彻中央的指

---

* 2009 年 7 月 11 日。

示精神，开展了一系列卓有成效的工作。一是建立了北京、上海、广州、深圳四个基本法研究区，通过研究区召集人传达分配研究任务。二是举办各类基本法研讨会，2007 年 6 月，承办了纪念香港基本法实施十周年座谈会和研讨会。2008 年 11 月，又在上海举办了香港、澳门基本法研讨会。同时，支持各个研究区举办各种规模的基本法研讨会，带动了一批专家学者特别是一批青年学者投入港澳法律、政治、经济、社会问题的研究。三是根据部分专家学者的要求，与教育部协商，将有关院校承担的我委基本法研究课题列为教育部特别委托项目，推动课题研究成果成为高校的一项重要考核指标，极大地激发了学者们参与港澳基本法研究的热情。四是分赴各个研究区开展调研，与有关单位负责人及专家学者座谈，探讨推动基本法研究的具体措施。此外，还配合中央对港澳的中心工作，多次组织专家学者撰写基本法文章，引导香港、澳门的社会舆论。经过两年的工作，目前，已在全国范围内建立了一支由 60 余位专家学者为骨干的基本法研究队伍，初步形成了职能部门和学术界相互配合，加强港澳基本法研究的良好局面。

随着基本法研究工作的深入展开，我们也在积极寻找推动基本法研究工作再上一个台阶的新路子。去年 5 月，李飞同志带队赴广州主持召开广东部分专家学者座谈会，广泛听取各有关部门和专家学者就进一步落实中央指示精神，深入开展基本法研究的意见和建议。当时，就有专家学者提出了由我委依托高等院校建立基本法研究基地的设想。我委办公室、研究室的同志又相继走访了教育部、广东省港澳办等相关部门，并多次与深圳大学协商建立基本法研究基地的可行性。经过大家的共同努力，最终形成了依托深圳大学建立港澳基本法研究基地的初步方案，并报经全国人大常委会领导和中央港澳工作协调小组办公室同意。今天，由我委主管、广东省港澳办协管、深圳大学具体承办的港澳基本法研究深圳基地，对外称"深圳大学港澳基本法研究中心"正式挂牌投入运作。

为什么依托深圳大学开展基本法研究基地试点工作？选择深圳大学建立基地，第一，主要考虑到它具备建立基本法研究基地比较成熟的条件。一是深圳大学在广东地区具有较强的综合实力。深圳大学始建于改革开放初期的 1983 年，经过二十五六年发展，已颇具规模，学科门类齐全，老师队伍强大，在人文社会科学方面具备较为雄厚的综合实力。二是有地缘优势。深圳大学毗邻香港、澳门特区，人员往来、学术交流与合作都有着比其他高校更加便利的条件。三是对香港、澳门法律具有较深的研究传统。深圳大学法学院创始于 80 年代初，很早就开始进行香港、澳门法律问题的研究，多年来形成了一批重要的研究成果，港澳基本法是深圳大学重点扶持的特色学科，并列入硕士生培养方案。四是有实际要求，省市和学校高度重视，有较强的政策支持。粤港澳合作日益紧密，有深港合作、深澳合作，还有泛珠三角合作、9＋2、CEPA 等，这里面都涉及基本法的问题。深圳大学是深圳市属高校。近年来，深圳与港澳两地在经济、科技领域的合作取得很大进展，但在人文社科领域的合作还远不足够。在深圳大学设立基本法研究基地，开展与港澳学术界的法律交流，有利于进一步促进三地合作。深圳大学党政领导及各有关部门对基地建设高度重视，大力支持，要钱给钱，要人给人。深圳市有关主管部门也明确表示给予政策扶持。此外，广东省有关领导相继作出批示，同意对深圳大学基本法研究基地"给予大力支持"。这是选择深圳大学的一些主要考虑。

第二，我们希望深圳大学港澳基本法研究中心在推动港澳基本法研究方面发挥什么作用。初步考虑这么几点。

一、搭建内地与港澳法律界开展交流的一个新的重要平台。整合社会力量开展基本法研究工作，不能只是内地的专家学者参与，必须促进内地与港澳两地专家学者，特别是法律界的专家学者之间的学术交流，把他们请进来，这样才能提高基本法研究工作的影响和水平。这就需要一个平台。深圳大学港澳基本法研究中心，作为一个学术机构，就可以搭建这样一个平台。中心可以通过每年举办三地学者都参加的基本法研讨会，开展内地学者与港澳学者之间的互相访学，组织三地法律学生之间的联谊活动等多种形式，实现内地与港澳法律界之间更深层次、更广范围的学术交流。

二、建成内地较大规模的港澳基本法研究资料库，为基本法研究提供便利条件。一直以来，内地学者开展基本法研究，普遍感到第一手资料匮乏，以致研究的力度、深度以及成果的针对性大受影响。深圳大学港澳基本法研究中心的建设，包括图书资料室的建设。深圳大学现在已经提供了校图书馆一间200平方米的图书室作为基本法资料室，并每年拨款。我们考虑，将来建成一个较大规模的港澳基本法研究资料库，囊括种类齐全的法律法规文件、专业书刊资料，特别是港澳地区出版的图书、外文图书资料以及重要文献资料，对内地包括港澳所有研究基本法问题或者港澳问题的专家学者都开放，方便他们查阅资料，了解一手信息，为更深入地开展港澳基本法研究提供权威的信息支持。

三、实现基本法教学、科研和人才培养的有机结合。目前，深圳大学已经有一批中青年老师参与我委的基本法研究课题。中心成立以后，我委会继续给中心下达基本法研究课题，广东省港澳办也会给中心下达有关的研究任务，中心自身也会组织力量开展基本法研究，这样，就可以吸收深圳、广东地区，乃至全国范围内更多的中青年老师及研究生参与基本法研究。据了解，深圳大学会继续支持中心设立基本法研究生招生方向，独立培养硕士、博士研究生。同时，中心还可以把有关研究成果向教学层面转化，在学校和法学院开设基本法的各类课程和讲座，面向深圳社会各界提供以宣传、推广基本法为主要内容的短期培训。这些举措，从长远来看，都有助于培养基本法领域更多的中青年法律人才，使港澳基本法研究工作后有来人。

四、对其他研究区开展基本法研究工作起到示范作用。依托深圳大学开展基本法研究基地试点工作，主要目的是整合广东地区现有的研究力量，发挥广东的地域优势，推动港澳基本法的研究。现有的北京、上海、广州、深圳四个研究区基本工作格局仍然不变。等试点工作取得一定经验，深圳大学形成了一整套基本法研究基地的管理制度，在资金、人力、物力等资源投入上及研究成果上形成一个鲜明的样板后，我们再研究在其他三个研究区建立港澳基本法研究基地的可行性。

第三，关于开展基本法研究的指导思想和要求。

基本法研究工作必须要有正确的指导思想，这就是以邓小平理论和"三个代表"重要思想为指导，以科学发展观和中央对港澳的基本方针政策为准则，从维护国家体制出发，结合港澳的实际情况，全面阐释基本法有关法理和正确含义。根据上述指导思想，遵照中央对港澳工作的方针政策，结合我们近些年的实践和思考，建议在开展基本法研究过程中注意把握以下几点要求。我在2007年基本法研究工作领导小组成立的第一次会上也是讲这几点，今天是重申性的。

一、开展基本法的研究工作一定要坚持正确的政治方向。在进行基本法研究过程中坚持正确的政治方向，就是要维护"一国两制"方针和基本法，维护国家体制，维护特区政权掌握在爱国爱港、爱国爱澳人士手中的立场，维护中央对港澳问题的重要决策。香港回归后发生的涉及基本法的重大争议，背后都是关系到特区管治权问题，也就是说我们要依照基本法的规定对特区实施管治，但港澳内外的敌对势力总是千方百计地要限制这种管治权，甚至企图直接把管治权夺过去。比如，我们说管治香港主要靠两条，一靠行政长官，二靠基本法的解释权，他们恰恰就在这两条上做文章。例如，在基本法解释问题上，他们把全国人大常委会的解释权限制在最小范围内，158条有四款，他们只讲后三款，说是只有当终审法院提请解释时人大才能解释，而且只能解释中央管理的条款，其他都授权香港法院解释了。我们通过1999年第一次"释法"明确了全国人大常委会对基本法有全面和最终的解释权；又例如，特区政制发展问题，他们提出两个产生办法的修改权在特区，没有中央什么事，迫使中央和特区政府接受立即"双普选"，图谋使西方势力支持的反对中央政府的人夺得特区管治权，成为行政长官，在这种情况下，2004 年全国人大常委会通过第二次"释法"，明确基本法附件一和附件二规定的行政长官和立法会产生办法是否需要修改，要由全国人大常委会决定，把政制发展问题的主导权牢牢掌握在中央手中，确保香港管治权不落入反对派手中。

讲港澳问题政治性、政策性很强，十分敏感，主要是针对这种争夺特区管治权的斗争来讲的。为了使大家对港澳社会发生的许多问题有更深刻的了解，今后会举办一些座谈会，集中向大家介绍这方面的情况，还会与大家建立日常的工作联系，大家在研究过程中有什么疑问的地方，有什么需要进一步了解的情况，我们都会尽力提供协助。

二、开展基本法的研究工作一定要牢牢把握基本法的精神实质。把握好基本法的实质，是关系到基本法研究方向的重大问题。1982 年 9 月邓小平同志在会见撒切尔夫人时开宗明义指出，我们对香港问题的基本立场是明确的，这里主要有三个问题。其中一个问题就是 1997 年后中国采取什么方式来管理香港，继续保持香港繁荣。"一国两制"伟大构想和根据这个伟大构想制定的中央对香港、澳门实行的方针政策，就是对"1997年后中国采取什么方式来管理香港"这个问题的回答。香港和澳门两部基本法是"一国两制"方针政策的法律化、制度化，确立了按照"一国两制"方针政策对香港、澳门实施管治的法律框架，进一步回答了怎样落实"一国两制"方针政策，怎么对香港和澳门实施管理的问题。这里既有中央的管理，负起宪制责任，也有特区自治范围内的管理。因此，基本法的实施过程，既是中央政府对港澳两个特区实施管理，也是行政长官为首长的特区自我管理的过程。基本法的实质就是以法律形式来实现这种管理。因此，中央领导同志一再强调港澳事务要严格按照基本法的规定办事，"依法治港"、"依法治澳"。香港和澳门的各种政治力量也极力争夺基本法话语权，试图按照他们的意图来主导基本法实施。我们开展基本法的研究，根本目的就是要把握基本法实施的主导权、话语权，这是研究工作的大方向。

三、开展基本法的研究工作一定要掌握港澳社会的实际情况。基本法是规定特别行政区实行的制度的法律文件，基本法的每一项规定都有其历史沿革，都有基本法制定当时的现实依据，凡是在实施过程中提出的新问题，都在一定程度上反映了香港和澳门社会的发展和变化。因此，在开展基本法研究过程中，要做到结合港澳的实际情况，有创新思维，首先，要在深入地了解港澳社会各方面情况的基础上很好地把握所要研究的问题的历史沿革、发展变化过程，抓住问题根源和实质。在基本法规定的轨道上以新的思维方式来寻找解决办法。其次，要学会换位思考的方法，要努力地了解港澳人士对有关问题的想法，而不只是仅从内地的办事传统和思维习惯去考虑问题。如由全国人大常委会释法而不是由法院释法、解释法律和修改法律的概念、法律解释的方法等，普通法是如何认知这些问题的。

第三，要勇于探索解决问题的新思路、新办法。只有这样，形成的研究意见和提出的建议才能够为港澳社会所认同和接受。

四、开展基本法的研究工作一定要立足于争取人心。港澳工作的一个基本立足点是争取人心，开展基本法研究工作也要立足于争取人心。我们开展基本法的研究工作，是要为全面准确地理解和贯彻落实"一国两制"和基本法服务的，是要面对香港和澳门公众的，这就要求我们提出的研究意见和建议不仅能够讲出一套道理，而且还能够让人信服，真正做到以理服人。要做到这一点，就必须树立严谨的学术作风，所引用的资料都有来源，所说的每一句话都有根据，所提出的每一种观点都经过仔细的论证。在进行基本法研究过程中，一定会对港澳社会的一些观点有所批评，这种批评更需要建立在理性和充分讲道理的基础之上。对基本法的解释工作，胡锦涛同志特别指出，"道理要讲透彻，程序要走充分"，在一定程度上也是从争取人心的角度讲的。由于历史原因，港澳社会的价值观念、法律制度、法治传统甚至语言习惯都与内地存在着差异，要向广大港澳居民讲清楚基本法规定的含义及其道理，还需要用他们所能理解的方式和语言。这对于我们内地法律工作者来说也是一项挑战。

五、开展基本法的研究工作一定要结合学习和研究宪法。宪法是国家的根本大法，规定了国家的政治体制和基本制度，基本法是根据宪法制定的，规定了在特别行政区实行的制度。基本法的许多规定，只有放在宪法规定的国家体制下才能得出正确的理解。我国宪法规定的国家体制从根本上决定了特区的法律地位是直辖于中央政府的享有高度自治权的地方行政区域；特区的高度自治权来源于全国人大的授权；特区实行的制度必须由全国人大以法律加以规定；特区实行的制度和政策，必须以基本法为依据；一些全国性法律必须在特区实施，全国人大常委会有权对这些全国性法律作出增减；特区的立法必须报全国人大常委会备案，如违反基本法的规定，全国人大常委会有权将该法发回，发回的法律立即失效；特区行政长官和主要官员必须由中央政府任命；行政长官必须对中央政府负责；基本法的解释权属于全国人大常委会；基本法的修改权属于全国人大；等等。这些都说明了基本法的规定与宪法规定的国家体制的密切关系。我们从事基本法的研究工作，一定要从宪法规定的国家体制出发、从有中国特色的社会主义法学理论出发，才能正确地阐述基本法的含义，才能真正地把基本法的法理讲深、讲透。把基本法的规定放在宪法规定的国家体制下来理解，在基本法实施过程中具有十分重要的现实意义。可以说，宪法和基本法共同构成特别行政区的宪制基础。

最后，我们建议需要研究的重要课题。

从更好地贯彻落实"一国两制"和基本法的目的出发，基本法的研究工作应当从两个方面展开，一是对基本法实施过程中遇到的问题进行研究，提出解决方法和建议（应用研究）；二是对基本法理论进行研究，也就是对基本法的规定进行理论说明（基础研究）。现在遇到的基本法实施过程中的重大法律问题，主要是第一方面的问题，应用研究都是迫切需要解决的重要课题。同时也要研究，在基本法实施过程中为什么会出现这些问题，这些问题之间有什么共同的地方，怎么从更高的层面来认识并解决这些问题，这就把基本法研究上升到更高理论层面，所以基础研究同样具有迫切性和重要意义。应用研究与基础研究是密不可分、相辅相成的。中心作为一个学术机构，重点还应当是基础研究。

根据基本法的实施情况，我们两个基本法委员会近期讨论提出了以下一些问题需要重点研究：

第一，关于宪法适用于特别行政区的问题。

第二，关于单一制原则与特别行政区制度的关系问题。

第三，关于授权特别行政区高度自治的授权理论问题。

第四，关于国家政体与特别行政区政治体制的关系问题。

第五，关于以行政为主导的政治体制的特点及其运作要求问题。

第六，关于立法会的权力范围问题。

第七，关于法院的违宪审查权问题。

第八，关于行政长官和立法会产生办法的修改问题。

第九，关于特别行政区保护居民基本权利和自由的理论问题。

第十，关于两个国际人权公约适用于特别行政区的规定继续有效问题。

第十一，关于特别行政区经济、教育、文化等方面的制度的继承与发展问题。

第十二，关于特别行政区参与国际组织和参加国际公约的理论与实践问题。

第十三，关于基本法的解释制度问题。

以上 13 个问题对港澳都适用，同时根据澳门特点，还提出两个问题，一是关于澳门特区政府公务员制度问题，二是关于过渡期三大问题（即公务员法本地化、法律本地化和中文官方地位）对基本法实施的影响问题。加在一起一共 15 个问题，今天提出来可以作为中心今后研究的一个指引。

除了以上 15 个问题外，还有两个特别重大的问题，今天也一并提出来，一是"一国两制"能不能作为国家的基本政治制度？人民代表大会制度是国家的根本政治制度，民族区域自治制度是国家的基本政治制度，"一国两制"50 年不变，50 年后更没有必要变，为什么不提它是国家的基本政治制度，这个问题我已出给上海社科院，请他们研究。建议深圳中心也研究研究。二是有没有可能形成一套内地、香港、澳门三地都认同的基本法法律理论？这是我去年 11 月份在上海的基本法研讨会上首次提出的问题。今年 3 月"两会"期间，就此问题征求了港澳地区全国人大代表、政协委员中法律界人士的意见，3 月 23日，在基本法研究工作领导小组开会时，又向小组成员推介了这一设想，5 月份在汕头召开的香港基本法委员会、澳门基本法委员会会议上，内地、香港、澳门三地的委员又专门讨论了这一问题。

为什么会有这个想法？主要是这几年在研究和实践基本法过程中，我们对内地专家学者有关基本法的观点，对香港和澳门法律界、司法界和专家学者有关基本法的观点有了更多的了解，深深感到两部基本法的特殊性不仅体现在它们的内容上，即规定了史无前例的"一国两制"，而且更重要地体现在它们的实施环境上，即两部基本法不仅要在内地的法律制度下实施，还要分别在香港的普通法制度、澳门的大陆法制度下实施，这还不包括三地不同的政治社会制度、不同的意识形态等。这是基本法实施的一个最显著特点，也是对基本法条文经常出现许多不同理解，而且很难取得一致看法的症结之一。总的来说，无论是内地、香港，还是澳门，大家都赞同基本法，拥护基本法，但对基本法各项规定的含义，尤其是背后的道理，在一定程度上还是各说各话。过去若干年在香港基本法实施中发生的重大争议，如居港权问题、政制发展问题、"二五"之争等，在澳门基本法实施过程中发生的有关行政法规问题的争议，还有2007年6月6日吴邦国委员长发表重要讲话后，香港社会有些人对"授权"问题的挑战，2008年习近平副主席在香港发表有关行政、立法和司法应当互相支持、相互配合的讲话后，香港社会也有人提出挑战，都反映了这样的问题。

由于两个基本法既要在内地法律制度下实施，又要分别在香港和澳门法律制度下实施，在实施的初期，出现同一条文含义上内地有内地的解读，香港有香港的解读，澳门有澳门的解读，还算是正常的。从长远来说，虽然也不可能完全避免，但总是如此，长此以往，基本法的权威、基本法的稳定就成了问题。我相信大家都能同意，为了维护基本法的权威，为了维护基本法的稳定，同时也为了更准确地实施基本法，更好地宣传和推介基本法，我们应该采取一些措施尽量使基本法的各项规定在三地有共同的理解，至少在出现争论时，有一个比较好的基础促使大家取得一致意见。这个措施除了三地之间要加强沟通、交流外，有无可能推动形成一套三地都认同的基本法法律理论。以这套理论来指导基本法实践，大家在理解和贯彻执行基本法过程中就有了共同的语言、共同的方法，就可以把争议降到最低限度。实际上，无论在内地、香港还是澳门，对当地的法律条文为什么大家比较容易取得一致理解，关键的一点在于对法律条文进行解读时，大家都遵循同样的理论、同样的规则。

我认为现在有条件来推动做这件事。一是我前面讲过的大家都赞同基本法，拥护基本法，都不希望由于基本法实施过程中经常出现争议，从而影响到港澳社会的稳定；二是香港基本法、澳门基本法分别实施12年和10年的时间，已经积累了较为丰富的经验，使我们可以比较清楚地看出容易出现争议的问题所在，可以比较清楚地看出为确保基本法正确贯彻实施，我们应当遵循什么原则来理解基本法，遵循什么原则来解决有关基本法的争议。

要推动形成一套三地都认同的基本法的法律理论，我看全部采用内地的法律观念不行，全部采用香港、澳门的法律观点也不行，需要在三地法律制度的基础上，多倾听各方的意见和建议，展开深入的研究讨论，在一些关键问题上逐步达成共识。邓小平同志曾经指出，"一国两制"就是要做到各方面都能接受。根据小平同志的思想，基本法起草过程，对特别行政区制度的设计遵循了两条原则，一是要符合宪法规定的国家体制，二是要符合中央对香港和澳门的基本方针政策，在此前提下，尽可能吸纳香港和澳门各界人士的意见。这种取得最大公约数的指导思想，对于研究基本法，推动形成一套基本法的法律理论，具有重要参考意义。

深圳大学港澳基本法研究中心，作为开展内地与港澳三地的基本法研究平台，是否可以通过三地法律界之间的全面交流，有意识地向这个方向引导，为最终形成内地、香港、澳门三地都接受的基本法的法律理论奠定基础。这当然是个长远目标，但是现在就要开始把基本法研究工作朝着这个目标努力。

就香港特区政府 2012 年政改方案
对香港媒体发表谈话 *

今年 3 月"两会"期间，大会新闻中心向我转达了十多家香港媒体的采访要求，内容集中在香港政制发展问题上。我当时同你们讲，香港特区政府正在根据咨询意见准备修订方案，等过一段时间，在适当时候我会与大家交流看法。今天（4 月 14 日），香港特区政府公布了咨询总结报告，其中包括 2012 年行政长官和立法会产生办法修订方案，现在我可以谈谈看法了。

对于香港社会所进行的 2012 年两个产生办法的讨论，我一直十分关注，也仔细地阅读了特区政府公布的咨询总结报告。在咨询期间，香港社会各界人士积极参与 2012 年两个产生办法的讨论，充分表达意见，努力凝聚共识。特区政府共收到了 47200 份意见书和超过 160 万签名表达意见，各种民意调查显示，大多数香港市民支持特区政府在咨询文件中提出的建议。这么多人出来表达意见，充分说明推动政制向前走，已经成为香港社会各界的强烈愿望，这一点给我留下的印象非常深刻。

香港特区政府今天上午公布的 2012 年两个产生办法修订方

＊ 2010 年 4 月 14 日下午在北京人民大会堂。

案，我认为是符合香港基本法和全国人大常委会的有关决定的，也充分体现了根据香港实际情况和循序渐进发展民主的原则。这个方案的核心内容是行政长官选举委员会从 800 人增加到 1200 人，四个界别同比例增加。立法会从 60 席增加到 70 席，地区直选和功能组别选举各增加 5 席。特区政府在咨询总结报告中还进而承诺，可在未来本地立法时，明确将行政长官选举委员会第四界别新增的 100 席中的 75 席分配给区议员，由民选区议员互选产生；立法会功能界别新增的 5 席连同原来区议会组别的 1 席共 6 席由民选区议员以比例代表制互选产生。应当实事求是地说，特区政府提出的修订方案已经朝着扩大民主成分的方向迈出了一大步。我始终认为，在两个产生办法修改问题上，难的不是提出一个方案，难的是在香港这样一个多元社会里，提出一个既能够符合基本法和人大常委会的有关决定，又尽可能照顾到各阶层、各界别利益和诉求，各方面虽不完全满意但又都能接受的方案，这是很不容易的。我认为，特区政府的修订方案已经比较好地做到了这一点。这个方案是来之不易的，值得香港社会共同珍惜。香港特区立法会很快将审议这个方案，真诚地希望香港社会各界人士和立法会议员本着包容、理性和务实的态度，顺应广大香港市民的热切期望，支持特区政府提出的 2012 年两个产生办法修订方案，积极推动香港政制的民主发展，并进而为按照全国人大常委会决定的时间表实现普选创造条件。

讲到普选时间表，我知道香港社会有一种意见，希望我能够在人大常委会有关香港未来普选"决定"的基础上，进一步明确届时不仅仅是"可以"实行普选，而且也是"必定"实行普选。对此，我想指出，人大常委会2007年以"决定"的形式明确了香港特区行政长官和立法会普选的时间表，其权威性和法律效力毋庸置疑。但人大常委会在明确普选时间表的同时也明确规定了在未来实行普选前的适当时候所必经的五个步骤。这五个步骤是法定的程序性规定，也是必须遵从的。打个比方说，明确时间表就像打开了普选的大门，但怎么进入这个大门，要一步一步走，五步走完才能进入这个大门。我们可以回顾一下，2004年4月26日全国人大常委会决定07/08年两个产生办法时，也是讲"可"作适当修改，而不是讲"必定"作适当修改，其道理也在于此。最后实践的结果是第三步也就是立法会那一步没有走下去，因此07/08年没有作出修改。2007年全国人大常委会有关2012年两个产生办法的决定也是讲"可以"作适当修改。全国人大常委会对普选时间表用"可以"而不用"必定"，所强调的就是必须依照法定程序办事。香港是个法治社会，香港社会最注重依照法律和法定程序办事，内地各有关方面也必须依照法律和法定程序办事。对此，我相信香港社会是能够理解和认同的。2007年全国人大常委会在"决定"中订出普选时间表是十分严肃的，是深思熟虑的，包括行政长官普选先行，立法会普选随后，都是综合考虑了各种因素，相信经过10年到2017年，香港回归祖国20年，已经处于"50年不变"的中期，随着香港民主政制发展的经验进一步积累，社会共识进一步凝聚，届时先后实行行政长官普选和立法会全部议员普选是具备条件的。在全国人大常委会确定的普选时间实现普选，是我们共同努力的目标。

　　最后，我还想谈到的一点是，我注意到在这次咨询中，香港的许多社会团体和人士对于未来的普选办法提出了不少的意见和建议。特区政府在咨询总结报告中已将这些意见整理归纳，我认为这一做法是恰当的，对于下一届特区政府研究制定普选办法具有积极意义。我相信大家都同意，未来的两个普选办法涉及问题十分复杂，大家可以继续发表意见，也还有充分的时间深入讨论，加强沟通，努力寻求共识。这一次立法会如能通过 2012 年两个产生办法修订方案，不仅可以使得香港的政制民主向前迈进一步，也可以为下一步实现普选创造有利条件，我相信这是大家都希望看到的结果，希望香港社会各界为此共同作出努力。

就香港政改和未来普选问题
对香港媒体发表谈话*

　　今天上午（6月7日），香港特区政府向立法会提交了有关2012年行政长官和立法会产生办法修改方案的议案。这个方案是经过三个月的公众咨询，在广泛听取社会各界意见的基础上形成的。4月14日特区政府正式公布这个方案后我曾说过，这个方案符合基本法和全国人大常委会的有关决定，充分体现了根据香港实际情况循序渐进发展民主的原则，朝着扩大民主成分的方向迈出了一大步。

　　近两个月来，香港特区政府为推介这个方案做了大量的工作，深入解释提出这个方案的理据。中央政府驻港联络办李刚副主任与"政制向前走大联盟"、香港工商界、民主党、"普选联"、民协等团体的代表见了面，就政制发展问题进行沟通和交流。对各种意见，都认真地听取，并认真作出回应。香港社会对会面整体反应正面、积极。从会面的情况看，香港社会在政制发展问题上有一些重要的共识，比如，大家都认同必须在基本法和全国人大常委会决定的基础上来讨论政制发展问题，都希望2012

---

　　*　2010 年 6 月 7 日下午在北京人民大会堂。

年政制发展能够向前走，都认为2012年两个产生办法修改方案被否决有损香港的整体利益，认同沟通、协商是解决香港政制发展问题的有效方法。这些共识反映出在政制发展问题上理性务实的声音是主流，这既有利于当前处理2012年两个产生办法的修改问题，也有助于未来在普选问题上逐步凝聚共识。

当然，各方面还存在一些比较大的分歧，这也是正常的。比如，对于特区政府提出的2012年两个产生办法修改方案，有团体建议区议会功能界别的6个议席由区议会民选议员提名，交全港没有功能界别选举权的选民选出。我从香港报纸上看到，对这个建议香港社会存在有明显不同的看法。不少团体和人士认为这是变相直选，质疑这一做法有违基本法和全国人大常委会的决定。我想，区议会作为一个功能界别，一直是由区议员互选产生立法会议员。这种选举办法在香港已经实行多年，社会早已广泛认同，对其符合基本法没有疑义。2012年政改方案只不过把新增加的5个功能界别议席连同原来的1个议席仍然交由区议员互选产生，保持了大家熟悉的区议会功能界别选举模式，我看这样做是恰当的。

香港的政制发展已经到了一个重要时刻。特区政府和社会主流民意都希望2012年政改方案能够获得通过，使香港的民主政制向前迈进。我真诚希望立法会议员和香港各政团能够顺应民意，从维护香港整体利益和促进香港民主发展的大局出发，求同存异，支持通过2012年两个产生办法修改方案，从而为按照全国人大常委会决定的时间表实现行政长官和立法会普选创造条件。

最近一段时间，不少政团和人士在关注2012年政改方案的同时，也就未来普选的问题提出了不少意见和建议。我非常理解香港社会对于未来普选的关注。我注意到，在这些意见和建议中，比较集中的是要求中央明确未来普选的定义。我想借此机会就这个问题谈谈个人的理解和看法，与大家研究探讨。

首先要明确的是，在香港实行行政长官和立法会全体议员由普选产生的依据是香港基本法，这是我们讨论未来两个普选办法的基础。关于这个问题，北京大学国际法研究所所长饶戈平教授有专著论述，讲得十分清楚。由于时间关系，在此就不展开了。我很高兴地看到，李刚副主任与香港各政团的交流过程中，大家都同意讨论香港未来的普选问题，要以香港基本法和全国人大常委会有关决定为基础。这是一个很重要的共识，只有这样，我们对这个问题的讨论才有共同的基础、共同的语言。

行政长官和立法会全部议员最终要达至普选，这是基本法明确规定的。但对于什么是普选，基本法没有作出定义。我理解，"普选"的核心内容是保障人人享有平等的选举权。从历史上来看，"普选"概念所强调的是不因财产、性别和种族等的差异而导致选举权的不平等。因此，通常所说的"普选"，是指选举权的普及而平等。不过，一如国际上的一般理解，有关选举的权利是允许法律作出合理限制的。各国根据自己的实际情况采用不同的选举制度来实现普及而平等的选举权，这是当今国际社会的现实。

按照基本法的规定和全国人大常委会的有关决定，2017 年行政长官可以由普选产生，在此之后，立法会全部议员可以由普选产生。我在 4 月 14 日的谈话中，重申了全国人大常委会决定的权威性和法律效力，强调按照全国人大常委会决定的时间表实现普选，是我们的共同目标。按照基本法的规定，从香港的实际情况出发，我认为，未来两个普选办法既要体现选举的普及和平等，也要充分考虑符合香港特别行政区的法律地位，与香港特区行政主导的政治体制相适应，兼顾香港社会各阶层利益，以及有利于香港资本主义经济的发展，只有这样，才符合基本法的规定，也才有可能在香港社会达成最广泛的共识。

还有一些团体和人士提出未来普选时行政长官候选人的提名门槛高低和功能界别选举方式问题。我的看法是，讨论这些问题都不能离开基本法的规定。基本法第 45 条明确规定，行政长官的产生办法最终要"达至由一个有广泛代表性的提名委员会按民主程序提名后普选产生的目标"。这表明，未来行政长官提名委员会按"民主程序"提名候选人与现行的行政长官选举委员会由 100 名委员个人联合提名候选人，完全是两种不同的提名方式，没有什么可比性。普选时提名的民主程序如何设计，需要根据基本法的规定深入研究。至于功能界别，自从香港引入选举制度以来，就一直存在，要客观评价。我注意到香港社会对未来立法会普选时的具体制度安排还有许多不同意见，这完全可以通过理性讨论去凝聚共识，不应该成为通过 2012 年政改方案的障碍。

依法治港，严格按照基本法规定办事是中央处理香港事务的重要工作方针。我相信香港社会各界人士一定能够理解和支持中央的立场，坚定地维护基本法的规定，在基本法和全国人大常委会规定的轨道上讨论香港政制发展问题，推进香港民主不断向前发展。

深入学习研讨基本法　努力提高公务员素质[*]

　　首先，请允许我代表全国人大常委会澳门基本法委员会对澳门特区政府和研讨班的主办机构高度重视基本法的学习表示敬意，向各位学员积极参与、认真学习基本法表示敬意，对"澳门基本法研讨班"第一期的成功举办表示祝贺，对各位学员学习结业表示祝贺，同时对第二期开班表示祝贺！

　　去年 12 月 4 日北京举行纪念澳门基本法实施 10 周年座谈会，吴邦国委员长出席会议并发表重要讲话，全面阐述"一国两制"方针和澳门基本法的精神实质，精辟总结澳门基本法实施的三条成功经验，对进一步贯彻落实好澳门基本法提出了三点希望。吴邦国委员长强调指出，澳门特别行政区要着力加强公务员队伍建设，提高公务员素质，使他们熟悉基本法，忠于基本法，遵守基本法，自觉维护基本法，全心全意为国家、为澳门贡献自己的聪明才智。委员长去年 12 月发表讲话，今年 1 月澳门特区政府行政暨公职局、澳门理工学院"一国两制"研究中心、澳门基本法推广协会就举办澳门基本法高级研讨班，组织中高层公务员学习基本法，第一期就安排了 15 个班，共

---

　　* 2010 年 7 月 13 日，在澳门基本法高级研讨班第一阶段结业典礼暨第二阶段开班仪式上的讲话。此件已在《澳门日报》上全文发表。

131 名特区政府中高层公务员参加了学习。据了解，以前各级公务员是以不同的形式学习基本法，在各种培训班中也开过基本法课程，但这样全面系统地学习研讨基本法还是第一次。这次研讨班采取教授讲课和学员研讨相结合、系统学习和重点讨论相结合的方式，不同政府部门的公务员把工作中遇到的基本法问题带到课堂上来，共同探讨，相互借鉴，这种学习方式也是一种创新，参加研讨班的公务员都反映有很大收获。

在这个研讨班上，杨允中、赵国强、骆伟健、王禹等教授分别讲授了"一国两制"理论体系探讨、中央与澳门特别行政区的关系、民权保障与公民社会建设、澳门政治体制、"一国两制"的优势与澳门特区的发展进步等五个专题，比较系统地介绍了基本法的内容。那么，我今天再讲些什么呢？我想，公务员学习基本法，与其他人学习基本法的要求应有所不同。我也可以算作公务员，同大家一样也在不断地学习基本法，我有一个体会是，基本法的内容十分丰富，可以说是"横看成岭侧成峰，远近高低各不同"，而我们作为公务员，学习基本法要避免"不识庐山真面目，只缘身在此山中"。怎么做到这一点？这就不仅要熟悉基本法的规定，还要研究了解为什么这样规定，背后的法理是什么，要站在更高的层面上领会基本法的精神实质。"要识庐山真面目，还须身在此山外"，我今天想从澳门公务员学习基本法的角度，提出三条建议，与大家交流探讨。

一、要通过学习基本法，加深对澳门历史性转变的认识

大家听到这句话，可能会想，以前讲"一国两制"方针和基本法时，不是都在讲"不变"吗，为什么今天讲起"转变"来了？确实，"一国两制"方针和基本法规定了许多"不变"，例如，保持澳门原有的资本主义制度不变，社会经济制度不变，生活方式不变，法律基本不变，等等，过去我们也经常讲"不变"，这都没有错，还要继续讲，但我们要深刻认识到基本法规定的各种"不变"和我们常讲的"不变"，是以中国政府对澳门恢复行使主权为前提的，澳门回归祖国就是一个重大的历史转变。

这种历史转变，从大的方面来讲，我认为有三点是带有根本性的：首先是澳门回归祖国，结束了长达400多年外国殖民统治历史，成为国家的一个特别行政区，澳门的法律地位发生了根本性的变化；其次是国家在澳门实施"一国两制"的方针政策，授予特区高度自治权，澳门人不仅是国家的主人，而且担负起依照基本法管理好澳门的重大责任，澳门人的身份地位发生了根本性的变化；第三是依据我国宪法制定的澳门基本法正式实施，原来葡萄牙管治澳门的宪制性法律文件不再有效，澳门特区的宪制基础发生了根本性的变化。与这三个根本性变化相适应，基本法规定的中央和特区关系的性质与以前葡萄牙和澳门的关系是完全不同的，特区政治体制与原来澳葡的政治体制也有根本性的区别，就是在社会经济制度方面，在保持澳门原有的资本主义制度和生活方式不变的原则指导下，基本法的规定对以前的制度既有承继，也有发展，换个说法，就是也有所"变化"。举一个具体的例子，"一国两制"方针和基本法的一个重要内容就是保持澳门居民的生活方式不变，其主要含义就是保障澳门居民享有的基本权利和自由，基本法第三章对此作了全面系统的规定，澳门历史上第一次有完整的人权保护规定，这就是一个重要的发展。再举一个更具体的例子，基本法第 118 条规定，"澳门特别行政区根据本地整体利益自行制定旅游娱乐业的政策。"按照这条规定，澳门可以发展博彩业，这一点属于"不变"，但澳门发展博彩业要符合澳门本地整体利益，这个要求是以前所没有的，也是一种变化。

中央一直高度重视并且十分强调澳门回归祖国的历史性转变。大家可能还记得，江泽民主席在澳门回归时的题词是"开创澳门新纪元"，他还说过，澳门回归祖国，开辟了澳门历史的新纪元，澳门同胞从此真正成为这块土地的主人，澳门的发展从此进入一个崭新的时代。江主席使用"新纪元"、"崭新的时代"，这两个概念有什么深刻含义呢？他在香港讲的一段话可以作为这个问题的解答。他说，香港的回归是香港历史的一个重大转折，只有顺应这一历史转折，真正认识当家作主的责任，才能以主人翁的姿态去认真谋划香港的发展和未来。这段讲话精辟地阐述了认识时代变化与建立施政理念的关系。我们大家都知道，时代的变化，必然带来观念、理念的变化。一个政府的施政，要走在时代的前沿，引领社会不断地发展进步，这就要求作为政府组成人员的公务员敏锐地洞察时代的变化，自觉地改变观念、理念，树立与时代相适应的施政理念。具体就澳门来讲，就是要加深对澳门历史性转变的认识，树立主人翁意识和历史责任感，真正建立与"一国两制"、"澳人治澳"、高度自治相适应的施政理念。

澳门特区政府成立以来，在树立与"一国两制"相适应的施政理念方面做得比较好。这次来澳门之前，我特意翻阅了何厚铧行政长官的十份施政报告和崔世安行政长官的第一份施政报告，这些施政报告从标题到内容，都反映出特区政府很好地顺应了澳门的历史转变，已经建立起一套适应这一历史转变的施政理念。正是有正确的施政理念的指引，在中央和内地各地方的支持下，澳门特别行政区行政长官及其政府带领澳门各界人士和广大市民努力建设澳门、发展澳门，无论是澳门市政建设、经济活动，还是居民的工作生活、精神面貌，都发生了很大的变化，澳门的经济地位和影响力也完全不同于过去，取得了巨大的成就。因此，也可以说，澳门回归11年来的发展，就是澳门回归祖国这一伟大历史转变的组成部分。

我同时也注意到，随着澳门社会、政治、经济不断向前发展，澳门居民对政府的施政能力和水平提出了更高的要求，过去几年澳门特区政府为回应这种诉求，提出要进行法律改革，公共行政改革，要建立和完善处理澳门特区高度自治范围内事务的各项制度，这些都是富有挑战性的工作，因为任何改革都涉及"变"与"不变"的问题，涉及各方面的利益。我想只有深入认识并且向社会阐明澳门已经发生的历史性变化，深入分析原有的法律和制度有哪些不适应这一历史性变化的地方，才能形成一种有利于改革的社会氛围，才能把这几项改革工作做好。

二、要通过学习基本法，加深对澳门特别行政区制度的认识

为什么提出要加深认识澳门特别行政区制度这个问题，我想引用一下基本法序言第三段大家就会明白。这一段是这样规定的："根据中华人民共和国宪法，全国人民代表大会特制定中华人民共和国澳门特别行政区基本法，规定澳门特别行政区实行的制度，以保障国家对澳门的基本方针政策的实施。"这一段话明白无误地表明，依据宪法制定的基本法，其核心内容是规定澳门特区实行的制度，规定这一制度的目的是保障国家对澳门的基本方针政策的实施。我们对澳门特别行政区制度要提高到这个层面上来认识。

国家对澳门的基本方针政策是什么？就是实行"一国两制"、"澳人治澳"、高度自治，我相信大家已经很熟悉，这里我想着重谈一下这些方针政策与国家管理制度的关系问题。我们要深刻认识到，实行"一国两制"、"澳人治澳"、高度自治，实质上是中央对澳门的一种管理方式，国家主体实行社会主义制度，澳门保持原有的资本主义制度和生活方式不变，是国家管理中的整体与局部的关系，一般与特殊的关系。加深对澳门特区制度的认识，就是要了解澳门特别行政区制度是国家管理制度的一个组成部分，它既有自己的特殊性，又要符合国家管理制度中具有普遍性意义的原则。

大家知道，我国的国家管理制度是由宪法规定的；国家在必要时可以设立特别行政区，实行特殊的制度，也是宪法规定的。那么怎么根据宪法来规定特别行政区制度呢？从基本法规定的内容看，是不是可以概括为以下三个方面：第一，特别行政区制度要符合单一制原则，这是我国国家管理制度的普遍性原则。全国人大决定设立澳门特别行政区，制定基本法规定特别行政区实行的制度，这本身就是单一制原则的重要体现。具体到基本法条文，也全面地体现了单一制原则，例如，基本法第 1 条规定澳门特区是我国的一个不可分离的部分，第 2 条规定澳门特区的高度自治权是全国人大授予的，第 12 条规定澳门特区是直辖于中央政府的享有高度自治权的地方行政区，第 45 条规定行政长官对中央政府负责，等等，这些规定背后的法理依据都是单一制原则。第二，根据宪法第 31 条，由全国人大以法律规定在特区实行资本主义制度，这是我国国家管理制度所允许的特殊性。基本法全面地规定了澳门特区实行的资本主义社会、经济、文化等方面的制度，其中第 11 条规定，根据宪法第 31 条，澳门特区实行的制度和政策，包括社会、经济制度，有关保障居民的基本权利和自由的制度，行政管理、立法和司法方面的制度，以及有关政策，均以基本法为依据。第三，特别行政区管理体制方面，基本法的有关规定既有国家管理的共性，也有特殊性。国家对澳门特区的管理体制，通俗来说，就是澳门回归祖国后，全国人大及其常委会和中央人民政府保留一些体现国家主权必不可少的权力，同时授予澳门特别行政区处理内部事务的高度自治权，实行"澳人治澳"。在"一国两制"下，中央行使对特别行政区权力的体制是宪法和国家法律规定的国家政治体制，这是国家管理共性，基本法为澳门特别行政区行使高度自治权专门设计了一套特区政治体制，这是特殊性。还需要特别指出的是，国家政治体制与特区政治体制不是截然分开的，而是有内在的联系。这不仅体现在特别行政区的设立及其制度是由全国人大决定的，中央人民政府负责管理与特别行政区有关的国防、外交等事务，而且体现在基本法有关全国人大及其常委会、中央人民政府与特别行政区政权机关权力关系之中。例如，澳门特别行政区立法会制定的法律要报全国人大常委会备案，澳门特别行政区法院审理案件中如果涉及基本法关于中央管理的事务或中央与特别行政区关系的条款，终审法院必须依法提交全国人大常委会解释；行政长官要对中央人民政府负责，执行中央人民政府依据基本法发出的指令等。就是内地司法机关与特别行政区司法机关之间也可通过协商依法相互提供司法方面的协助。因此，讲特别行政区的管理，既要讲特别行政区高度自治权，也要讲中央的权力；既要讲澳门特别行政区的政治体制，也要讲国家政治体制，这两方面构成有机整体，只有中央和特别行政区政权机构在宪法和基本法规定的框架下依法履行职责，才能把基本法的各项规定落到实处，把澳门的事情办好，从而实现澳门的长期繁荣稳定和发展。

概括起来讲，国家对澳门特区的基本方针政策全部体现在基本法规定的澳门特别行政区制度中，国家对澳门特区虽然采用特殊的方式实施管理，但澳门发展与国家的发展是一体的，认识到这一点，无论在制定政策还是落实政策时，视野就会更加广阔，为澳门谋划发展和未来时，办法也就会更多。

三、要通过学习基本法，加深对澳门特区行政主导政治体制的认识

澳门特区政治体制是澳门特别行政区制度的重要组成部分，

我们讲依法施政，很重要的一个方面就是要在这个制度规范下施政。对于这套政治体制，我相信在研讨班的课程中已经详细介绍了。为什么今天我还要讲？因为就公务员而言，对这个问题的认识格外要紧，要反复讲，即使我讲的有重复，也可以加深一点印象。我只谈三点，不展开，供大家参考。

第一，"行政主导"这个概念，可以作为我们对澳门特区政治体制的称呼。这种称呼就像我们称美国的政治体制叫总统制，英国的政治体制叫议会内阁制，法国的政治体制叫半总统制一样。我们之所以称澳门特区的政治体制是以行政为主导的政治体制，是因为澳门特别行政区政治体制的最大特点是行政主导，或者用基本法政治体制一章主要起草者肖蔚云教授的话来说，"行政主导是基本法政治体制的主要立法原意"。基本法从澳门特别行政区的法律地位和实际情况出发，确立了以行政为主导的政治体制，其中最重要的就是权力向行政长官倾斜，行政长官在特别行政区政权机构的设置和运作中处于主导地位。"行政主导"这四个字集中反映了澳门特区政治体制的特点。肖蔚云教授甚至称这套政治体制为"行政长官制"，所以，我们可以用行政主导的政治体制作为澳门特区政治体制的称呼。

第二，澳门特区实行行政主导的政治体制，是由澳门特区的法律地位和实际情况决定的。澳门特区的法律地位是直辖于中央人民政府的一个享有高度自治权的地方行政区域，它存在一个与中央政府的关系问题。由于澳门的高度自治权是中央授予的，特区政治体制中必须有一个机构能够就执行基本法、行使高度自治权对中央负责。司法机关实行司法独立，没办法对中央负责；立法机关由来自不同阶层和界别的议员组成，代表不同的利益，也没有办法对中央负责，因此，能够向中央负责的机构只能是行政长官。既然要行政长官对中央负责，就必须赋予其实权，这主要体现在基本法关于行政长官职权的规定。在澳门特区实行行政主导的政治体制，除了因为澳门特区的法律地位外，也是澳门社会各界人士的共识。在基本法起草过程中，澳门社会各界人士都希望能够把原政治体制中行之有效的部分保留下来，因为大家熟悉这套制度。澳门原来的政治体制的特点是什么？就是总督拥有比较大的权力，行政主导的政治体制保留了这方面的特点，符合澳门的实际情况。

第三，在行政主导的政治体制下，正确处理行政、立法和司法之间的关系，就是要求依照基本法来办事。基本法第四章政治体制第一节是行政长官，第二节是行政机关，第三节是立法机关，第四节是司法机关，特区的行政权、立法权和司法权是分别由这几个机关行使的，因此可以说，行政主导的政治体制也是有分权的。有分权，就有一个怎么处理各政权机关之间关系的问题。澳门基本法起草委员会主任委员姬鹏飞在草案说明中指出，行政长官、行政机关、立法机关和司法机关之间要遵循既相互配合又相互制衡的原则，从这一原则出发，基本法规定了行政长官、行政机关、立法机关和司法机关的职权。因此，基本法规定的行政、立法和司法机关的关系是既相互配合又相互制衡的关系，体现了"分权与制衡"。有一种观点认为，澳门特区政治体制是三权分立，然后就从"三权分立"的概念出发来理解基本法的规定，这是不正确的，正确的方法应当是从澳门基本法的规定出发来理解行政、立法和司法之间的关系，而不是简单从"三权分立"的概念出发来理解这三者之间的关系。

澳门回归以来，行政、立法、司法机关之间无论是配合还是制衡都处理得比较好，这是澳门这些年发展比较好的一个重要原因。从中我们可以总结一条经验，这就是各政权机关之间既相互配合又相互制衡是澳门特区实现良好管治的一个重要因素，只有这样，才能把基本法赋予特区的高度自治权用于为澳门谋发展，为居民谋福祉。这里需要说清楚的是，讲配合不是否定司法独立，司法独立是法治的重要标志，澳门基本法规定，法院独立进行审判，只服从法律，不受任何干涉，检察院独立行使法律赋予的检察职能，不受任何干涉，是必须坚持的，但绝不意味着不能配合，我们在讲配合的同时，也必须讲制衡，按照基本法规定进行权力制衡。配合是落实基本法，制衡也是落实基本法，两者是同样重要的。如澳门回归后，由于历史的惯性，行政机关制定行政法规的权力比较大，去年，澳门特区立法会制定了《关于订定内部规范的法律制度》，比较好地处理了这方面的问题。再如，最近终审法院在几个案件中判政府败诉，这些都是正常的，是行政权受立法、司法制约的一种体现。总之，在行政主导的政治体制下，行政机关具有比较大的权力，与此相应，也意味着承担更大的责任。

胡锦涛主席在庆祝澳门回归10周年大会上提出要求，"进一步健全澳门特别行政区各项法律法规，加强制度建设，特别是要按照以人为本、勤政、廉洁、高效的要求，完善政府行政规章制度，促进澳门特别行政区政府管治水平不断提高"。行政能否主导起来，管治水平能否提高，很大程度上，取决于公务员队伍的素质能力建设。澳门特区政府成立后，历史上第一次有一支完全由澳门永久性居民组成的公务员队伍，我们这支公务员队伍很年轻，很有朝气，经过澳门回归后 11 年施政的历练，实践证明我们这支公务员队伍总体上是合格的。今天看到这么多公务员参加这个研讨班，深入研讨基本法，交流工作经验，我完全相信，我们这支队伍，一定能够按照胡主席的要求，加强素质能力建设，不断提高管治水平，勇敢应对澳门前进道路上的各种困难和挑战，把澳门建设得更加美好。

中央对香港具有的宪制权力及其实践[*]

中央对香港的宪制权力，从大的方面来讲，可以分为三个层面：一是恢复对香港行使主权，制定对香港的基本方针政策；二是决定设立香港特别行政区，制定香港基本法，规定在香港特别行政区实行的制度；三是按照基本法的规定，依法行使一些具体的属于中央的权力，处理涉及香港特区的事务。中央行使这三个方面的权力都可以称为对香港行使宪制权力。我们现在通常所讲的中央对香港的宪制权力，主要是指第三个层面的权力，也就是依照基本法的规定，中央对香港特区具有的权力及其运作。围绕这个问题，我今天主要讲三点：第一，特别行政区制度是国家管理制度的组成部分；第二，中央依照基本法的规定对香港特区具有的宪制权力；第三，结合我的工作，谈一谈全国人大常委会依法行使对香港宪制权力的实践。

一、特别行政区制度是国家管理制度的组成部分

大家对这个提法可能有些生疏，有些疑问，特别行政区制

　＊ 2010 年 9 月 13 日印发"香港特区政府常任秘书长研修及访问团"，最后的版本是 2012 年 4 月 23 日为香港特区政府高层首长级公务员专设国家事务研修班授课稿。

度怎么成了国家管理制度的组成部分。大家知道，香港基本法有 1 个序言、160 个条文、3 个附件和区旗区徽图案，它们之间是一个什么关系？打个比喻来说，这些内容不是一个一个苹果，装到一个叫基本法的筐子里，而是一串葡萄，虽然有很多葡萄粒，但串在一起，是有机的整体。一串葡萄有一根藤，把所有的葡萄粒串在一起，那么，是什么把基本法所有内容串在一起，从而形成一个有机整体？我们研究认为，这就是特别行政区制度。这个说法有没有依据？我们认为是有充分依据的。

首先是宪法依据。宪法第 31 条规定，"国家在必要时得设立特别行政区。在特别行政区内实行的制度按照具体情况由全国人民代表大会以法律规定。"第 62 条规定全国人大的职权之一是"决定特别行政区的设立及其制度"。按照这两条规定，以法律规定或由全国人大决定的是特别行政区内实行的制度或特别行政区制度。其次是基本法依据。基本法序言第三段规定，根据宪法，全国人大制定基本法，规定特别行政区实行的制度，以保障国家基本方针政策的实施，由此可以看出，基本法核心内容就是规定特别行政区制度。第三是立法法依据。立法法第 8 条第三项规定，"民族区域自治制度、特别行政区制度、基层群众自治制度"只能以法律规定。从以上依据可以得出这样的结论，从"一国两制"方针政策到基本法，实现了从政策到法律的转变，这个转变是通过创设一套特别行政区制度来实现的，特别行政区制度是"一国两制"方针政策的法律表现形式。宪法和基本法规定的特别行政区制度，不仅包括特别行政区内部的制度，例如社会经济制度、法律制度等，还包括国家管理体制和管理制度。我在香港回归前夕发表过一篇文章，论述基本法的核心内容，我说基本法的全部内容可以概括为三句话：坚持一个国家，保障国家主权；坚持两种制度，保障高度自治；坚持基本不变，保障稳定繁荣。这三句话既有中央对香港的管治，也有香港自身实行的制度，就是"一国两制"，就是基本法序言第三段规定的特别行政区制度。香港特区享有的高度自治权是香港特别行政区制度的组成部分，中央对香港的宪制权力也是香港特别行政区制度的组成部分。只有把中央对香港的宪制权力放在香港特别行政区制度的框架内来理解，才可能全面准确地理解这种权力。从特别行政区制度这个视角来读基本法，基本法的各项规定都是这套制度的有机组成部分，还可以把特别行政区制度细分为各种具体制度，如授权制度、中央的事权制度、中央与特别行政区关系制度、驻军制度、行政长官制度、法律制度、司法制度、经济制度等，它们之间紧密地联系在一起。因此，以论述特别行政区制度为核心，我们就不能讲基本法只讲高度自治权、不讲中央的权力，甚至把两者对立起来。以特别行政区制度为核心阐述基本法，可以把中央和特区的权力统一到一套制度之中，把特别行政区管理体制纳入国家管理体制之中。

从更大的层面来讲，香港特别行政区制度是国家管理制度的组成部分，我国的国家管理制度是由宪法规定的；国家在必要时可以设立特别行政区，实行特殊的制度，也是宪法规定的。那么怎么根据宪法来规定特别行政区制度呢？从基本法规定的内容看，大致可以概括为以下三个方面，这也体现了中央与特区的权力关系：

第一，特别行政区制度要符合单一制原则，这是我国国家管理制度的普遍性原则。全国人大决定设立香港特别行政区，制定基本法规定特别行政区实行的制度，这就是单一制原则的重要体现。具体到基本法条文，也全面地体现了单一制原则，例如，基本法第 1 条规定香港特区是我国的一个不可分离的部分，第 2 条规定香港特区的高度自治权是全国人大授予的，第 12 条规定香港特区是直辖于中央政府的享有高度自治权的地方行政区，第 43 条规定行政长官对中央政府负责，等等，这些规定背后的法理依据都是单一制原则。在单一制国家里，地方没有固有权力，地方权力来源于中央授予。这是单一制国家的特点，中央与地方是授权关系。在授权下，授权者拥有完整的管治权是授权的前提，而且作出授权后，授权者对被授权者具有监督权。中央和香港之间的关系是授权和被授权的关系，从这个角度讲，基本法是一部授权法律。在基本法的规定中，凡是涉及国家管理制度的普遍性原则，均体现为中央的权力。

第二，根据宪法第 31 条，由全国人大以法律规定在特区实行资本主义制度，这是我国国家管理制度所允许的特殊性。基本法全面规定了香港特区实行的资本主义社会、经济、文化等方面的制度，其中第 11 条规定，根据宪法第 31 条，香港特区实行的制度和政策，包括社会、经济制度，有关保障居民的基本权利和自由的制度，行政管理、立法和司法方面的制度，以及有关政策，均以基本法为依据。在基本法规定中，凡是涉及国家对香港实施管理的特殊性的内容，均体现为特区的高度自治权。

第三，特别行政区管理体制方面，基本法的有关规定既有国家管理的共性，也有特殊性。国家对香港特区的管理体制，通俗来说，就是香港回归祖国后，全国人大及其常委会和中央人民政府保留一些体现国家主权必不可少的权力，同时授予香港特别行政区处理内部事务的高度自治权，实行"港人治港"。在"一国两制"下，中央行使对特别行政区权力的体制是宪法和国家法律规定的国家政治体制，这是国家管理共性，基本法为香港特别行政区行使高度自治权专门设计了一套特区政治体制，这是特殊性。需要特别指出的是，国家政治体制与特区政治体制不是截然分开的，而是有内在的联系。这不仅体现在特别行政区的设立及其制度是由全国人大决定的，中央人民政府负责管理与特别行政区有关的国防、外交等事务，而且体现在基本法有关全国人大及其常委会、中央人民政府与特别行政区政权机关权力关系之中。因此，讲特别行政区的管理，既要讲特别行政区高度自治权，也要讲中央的权力，既要讲香港特别行政区的政治体制，也要讲国家政治体制，这两方面构成有机整体，只有中央和特别行政区政权机构在宪法和基本法规定的框架下依法履行职责，才能把基本法的各项规定落到实处，把香港的事情办好，从而实现香港的长期繁荣稳定和发展。

二、香港基本法规定的中央宪制权力

胡锦涛主席 2007 年 7 月 1 日在香港特别行政区成立十周年大会暨香港特别行政区第三届政府就职典礼上的讲话指出，"一国两制"，"一国"是前提，"一国"就是要维护中央依法享有的权力，维护国家主权、统一、安全。按照基本法的规定，中央对香港的宪制权力有一些是具体列明的，有一些是在条文中蕴含的，这两者同样重要。具体来讲，中央对香港的宪制权力有以下十个方面：

1. 中央对香港具有全面的管治权

基本法序言第一段开宗明义指出，香港自古以来就是中国领土，中国政府于1997年7月1日恢复对香港行使主权。"恢复行使主权"主要就是恢复对香港行使管治权。我们大家都经历了中英谈判中的主权与治权之争，都明白个中的因由。中央对香港恢复行使的是包括管治权在内的完整主权，这是基本法第2条规定的基础。这一条是关于香港特区实行高度自治权的权力来源的规定："全国人民代表大会授权香港特别行政区依照本法的规定实行高度自治，享有行政管理权、立法权、独立的司法权和终审权。"大家都知道，任何机构或个人，要作出授权，前提是他必须具有有关权力。全国人民代表大会是我国的最高国家权力机关，它授予香港特区行政管理权、立法权、独立司法权和终审权，前提就是中央对香港具有完全的管治权。这本来就是单一制国家中央与地方关系的应有之义。香港特区终审法院在解释基本法时对此也是接受的，例如，1999年12月的刘港榕案，终审法院判决认为，基本法第158条第一款规定的全国人大常委会解释基本法的权力是全面、不受限制的，基本法第158条第二款、第三款授权特区法院解释基本法，也表明全国人大常委会的这种权力是全面和不受限制的。只有这样，全国人大常委会才能够授权特区法院解释基本法。

2. 作为中央政府的一般性权力

按照我国宪法的规定，中央政府即国务院的职权之一是统一领导全国地方各级国家行政机关的工作。基本法没有明确规定中央政府领导香港特区行政机关的工作，澳门特区政府经常讲在中央政府的领导下，也就是承认中央对澳门有一般的领导权，但在香港，还没有这种提法。我想是否称之为领导权，是一个可以讨论的问题，但作为中央政府对香港特区，除了基本法明确规定的权力外，还存在着一般性的权力，这种权力是蕴含于基本法有关规定之中的。如基本法第12条规定，香港特区是直辖于中央政府的地方行政区域，这里的"直辖"就是直接管辖的含义，不说"领导"而是"直接管辖"，这就是中央政府的一般性权力。基本法第43条规定，行政长官依照基本法的规定对中央政府负责，要求行政长官向中央政府负责，这也是中央政府的一般性权力。这里的"负责"主要是什么内容呢？基本法第48条第二项规定行政长官"负责执行"基本法，这是负责的主要内容。因为基本法是一部授权法，接受授权的香港特区要向授权者负责，行政长官要向中央政府承担起在香港特区全面贯彻落实基本法的责任。此外，基本法还具体规定了一些具体负责的内容，例如，报请中央政府任免主要官员，执行中央政府就基本法规定的有关事务发出的指令，处理中央授权的对外事务和其他事项等。香港回归祖国后，行政长官每年都要到中央述职，这也表明了中央政府对特区政府有这种一般性的权力。大家可能在想，不是一直在讲中央政府不干预香港特区高度自治范围内的事务吗，这里讲中央政府对香港特区的一般性权力，是不是一种干预？在这里我想指出，中央政府对香港特区的一般性权力和中央政府不干预香港高度自治权范围内的事务，实质上强调的都是依照基本法规定办事。大家如果看基本法，就会发现，基本法的任何地方都没有写中央政府不干预香港特区自治范围内的事务，为什么不这样写？因为前面讲到，香港特区是直辖于中央人民政府的地方行政区域，不能既"不干预"又要"直接管辖"。但中央政府不干预香港特区自行管理的事务，也是正确的，因为这实际上强调的是严格按照基本法规定办事，基本法已经授予特区的高度自治权，中央政府不能越俎代庖，只能由特区依照基本法规定行使。基本法第22条第1款规定中央政府所属各部门、各省、自治区、直辖市均不得干预香港特区根据本法自行管理的事务。但这里的表述是中央政府所属各部门、各省、自治区、直辖市均不得干预香港特区根据本法自行管理的事务，而不是笼统讲中央政府不干预香港特区自行管理的事务。中央政府一直十分严格按照基本法规定办事。这里我讲一个具体的例子。为什么国务院设立的是港澳事务办公室而不是港澳工作部？这就涉及是否符合基本法第22条规定的问题。按照我国宪法和法律的规定，国务院各部、委是有行政权的，而办公室是办事机构，没有单独的行政权。宪法第86条的规定，国务院实行总理负责制，由于国务院所属各部门不能干预特区自行管理的事务，那么，处理港澳事务的权力属于国务院总理，因此，大家熟悉的国务院港澳事务办公室的定位是"国务院总理处理港澳事务的办事机构"，也就是说，国务院港澳办没有单独的权力，处理港澳事务的权力在国务院，完全遵照执行了基本法第 22 条第 1 款的规定。

3. 中央政府对行政长官和主要官员的任命权

基本法第 45 条规定，"香港特别行政区行政长官在当地通过选举或协商产生，由中央人民政府任命。"附件一具体规定了行政长官的产生办法，其中第一条规定，"行政长官由一个具有广泛代表性的选举委员会根据本法选出，由中央人民政府任命。"基本法第 48 条第（五）项规定，行政长官"提名并报请中央人民政府任命下列主要官员：各司司长、副司长，各局局长，廉政专员，审计署署长，警务处处长，入境事务处处长，海关关长；建议中央人民政府免除上述官员职务"。对这两条提出的问题是，中央的任命权是程序性的还是实质性的？一些港人在起草基本法时提出，既然是"港人自治"，香港人选出的行政长官，中央都必须任命，中央的任命权是程序性的。经过深入的讨论，基本法起草委员会达成了以下一致的看法：在单一制国家中，中央对地方政权领导人的任命权是维护国家统一的重要手段，是体现国家主权的行为，决不能流于形式。行政长官的地位十分重要，按照香港基本法的规定行政长官是双首长（特别行政区政府首长、特别行政区首长）、双负责（对特别行政区负责、对中央负责），中央必须拥有实质性任命行政长官的权力。同样，中央政府对主要官员的任免权也是实质性的。因此，基本法规定的任命权不是程序性的而是实质性的，即中央可以任命也可以不任命。

4. 基本法的解释权

基本法第 158 条规定有关基本法解释权的规定是体现"一

国两制"的典型条款。它首先规定"本法的解释权属于全国人民代表大会常务委员会",体现"一国",体现了我国的宪政制度,而后考虑到"两制",考虑到香港法院审理案件的需要,授权香港法院在审理案件时,对香港自治范围内的条款自行解释。而后进一步授权,香港法院在审理案件时对基本法的其他条款也可解释,但是如果需要对中央管理的事务或中央与特区关系的条款进行解释,而对该条款的解释又影响到案件的判决,在对该案件作出不可上诉的终局判决前,应由香港终审法院请全国人大常委会对有关条款作出解释,这又体现了"一国"。

怎么理解基本法关于解释权的规定?我想从特别行政区制度出发,是不是可以把握以下几点:第一,基本法是一部授权法,理解这一性质,就可以很好地理解基本法的解释权一定要掌握在授权者手中,而不会全部交给被授权者来解释,也就是说,中央作为授权者,一定要掌握基本法的解释权,而且是全面和最终解释权,这是一般的道理。第二,中央哪个机构来行使基本法的解释权,这是由宪法规定所决定的。按照我国宪法第 67 条的规定,我国的宪法和法律的解释权属于全国人大常委会,基本法作为一项全国性法律,其解释权也必然属于全国人大常委会。第三,在全国人大常委会掌握基本法的全面和最终解释权的前提下,授权香港特区法院在审理案件时对基本法进行解释是完全必要的。基本法第 84 条规定,香港特区法院要依照本法第 18 条所规定的适用于香港特区的法律审判案件,而第 18 条规定适用于香港特区的法律包括基本法、香港原有法律和特区立法机关制定的法律,以及列入基本法附件三的极少数全国性法律，既然要求法院依照基本法审判案件，就必须赋予其解释基本法的权力。第四，特区法院的解释针对具体案件，而全国人大常委会只对基本法有关条文作立法解释，不涉及具体案件。第五，特区法院解释基本法的权力不同于全国人大常委会的解释权，是有限制的，这种限制也是对司法独立和终审权的一种保障措施。基本法第 158 条对法院解释权的限制是：特区法院在审理案件时如需对基本法关于中央管理的事务或中央与特区关系的条款作出解释，终审法院要提请全国人大常委会作出解释。为什么要有这样的规定？我想可以这样理解，香港特区享有终审权意味着其终审判决不被推翻，而且是能够得到执行的。如果特区的终审判决对基本法的有关规定作出错误解释，从而严重侵犯了中央的权力或严重影响到中央与特区的关系，能够要求中央执行这样的判决吗？肯定不行，那么终审判决就不可能真正具有终审效力。另外，香港基本法是全国性法律，不仅香港要遵守，在内地中央和地方均要遵守，如果涉及中央管理的事务或中央与特区关系的条款，只由香港终审法院进行解释，要求全国一体遵行也是不可能的，只有全国人大常委会的解释才能达到全国一体遵行的效果。这样讲可能比较抽象，我举一个现实发生的例子。1999 年的"1·29"判决大家都十分熟悉，其中终审法院对基本法第 22 条第 4 款作出了错误解释，这个条款涉及内地居民到香港定居的批准手续问题，终审法院认为，只要是具有香港永久性居民身份的人，无需内地有关部门批准就可以进入香港。这与中央有关内地居民进入香港的法律规定发生了严重的冲突，侵犯了中央依照基本法享有的权力。其结果怎么样呢？大家知道，后来全国人大常委会对该条作出了正确的解释，但终审法院此前的判决不受影响，有几千名违反内地居民进入香港法律规定的人获得了香港居留权。这些人就到中旅办理回乡证，结果他们拿不到回乡证。因为这些人没有按照内地的法律规定办理到香港定居的手续，在中旅的电脑显示他们还是内地居民，当然不能给内地居民回乡证。这就出现这样一种情况：按照香港法院的判决，他们已经是香港永久性居民，可以领取回乡证，但按照内地法律规定，他们还是内地居民，中旅发回乡证依据的是内地法律，而不是香港法院判决，所以不能发给他们回乡证。后来是采取了一些特殊的措施，才解决这个问题。

5. 基本法的修改权

基本法是全国人大制定的，基本法第 159 条规定，其修改权属于全国人大，这也是中央的一项重要的宪制权力，这种权力不仅反映了法律的制定和修改应当属于同一机构的法理，而且也与基本法的授权法性质相适应。基本法关于修改权的规定有两个特殊的地方：第一是关于修改提案权的规定。基本法的修改提案权分别是全国人大常委会、国务院和香港特别行政区。这个规定有什么特殊呢？按照我国宪法和法律规定，全国人大常委会、全国人大专门委员会、国务院、出席全国人大会议的各代表团、全国人大代表 30 名联名均有法律修改议案的提案权，内地各省一级的地方都没有法律修改提案权。基本法 159 条规定只有全国人大常委会和国务院才能提出基本法修改议案，可以看出减少了修改议案的提案机构，同时规定香港特区具有基本法修改议案的提案权，这都是十分特殊的安排。第二是关于基本法附件修改的规定。全国人大关于基本法的决定和公布基本法的国家主席令都明确规定，基本法包括三个附件和区旗、区徽图案。对于三个附件的主要内容的修改，基本法都作了特殊的规定。其中附件一和附件二的修改，要经香港立法会全体议员三分之二多数通过，行政长官同意，并报全国人大常委会批准和备案；附件三所列全国性法律，全国人大常委会可以在征询其所属的基本法委员会意见后，作出增减决定。

　　6. 对行政长官产生办法和立法会产生办法修改的决定权

　　我国是单一制国家，香港是中央下辖的地方行政区域，地方行政区域的政治体制是不能自行决定的，而是由中央通过基本法决定的，因此政治体制如果要改变，也要由中央来决定，这是顺理成章的。而两个产生办法就属于政治体制的重要组成部分，因此两个产生办法是否需要修改应由中央来决定。2004年4月全国人大常委会的解释规定，两个产生办法"是否需要进行修改，香港特别行政区行政长官应向全国人民代表大会常务委员会提出报告，由全国人民代表大会常务委员会依照《中华人民共和国香港特别行政区基本法》第四十五条和第六十八条规定，根据香港特别行政区的实际情况和循序渐进的原则确定"。两个产生办法的修改在特区完成法定程序后，要报全国人大常委会批准或备案。

　　7. 对特区立法机关制定的法律的监督权

　　基本法第17条规定，"香港特别行政区的立法机关制定的法律须报全国人民代表大会常务委员会备案。备案不影响该法律的生效。全国人民代表大会常务委员会在征询其所属的香港特别行政区基本法委员会后，如认为香港特别行政区立法机关制定的任何法律不符合本法关于中央管理的事务及中央和香港特别行政区的关系的条款，可将有关法律发回，但不作修改。经全国人民代表大会常务委员会发回的法律立即失效。该法律的失效，除香港特别行政区的法律另有规定外，无溯及力。"这就是前面讲到的，全国人大授予香港特区立法权，但并不因授权而丧失对被授权人的监督权。实际上，该规定与内地类似，所有的省级地方性法规都要报全国人大常委会备案。所不同的是，对于内地的地方性法规，全国人大常委会如果认为抵触宪法或法律，有权撤销，而对特区立法机关制定的法律，全国人大常委会如果认为有关法律不符合基本法关于中央管理的事务或中央与特区关系的条款，有权发回。

8. 防务和外交事务的管理权

基本法第 13 条规定，中央政府负责管理与香港特区有关的外交事务。外交部在香港特区设立机构处理外交事务。中央政府授权香港特区依照本法自行处理有关的对外事务。外交事务由中央统一管理，这是体现国家主权、统一和领土完整的一个重要标志，基本法第七章及其他一些条文具体规定的香港特区的对外事务，都必须在外交权属于中央这个原则下来理解和执行。

基本法第 14 条规定，中央政府负责管理香港特区的防务。香港特区政府负责维持香港特区的社会治安。中央政府派驻香港特区负责防务的军队不干预香港特区的地方事务。驻军人员除遵守全国性法律外，还须遵守香港特区法律。驻军费用由中央政府负担。国防统一同样是国家主权、统一和领土完整的重要标志，必须由中央政府负责管理。为此，全国人大常委会还专门制定了香港驻军法，对香港驻军履行防务职责的有关事宜作出全面的规定。

9. 向特区作出新授权的权力

基本法第 2 条规定，全国人大授权香港特区"依照本法的规定"实行高度自治，"依照本法的规定"即表明特区享有的高度自治权以基本法规定为限，也就是中央授予多少权，就有多少权。这就遇到一个问题，如果特区需要一些基本法没有规定的权力怎么办？所以，基本法第 20 条规定，香港特区还可享有全国人大及其常务委员会和中央政府授予的其他权力。在基本法规定的授权框架下，中央向特区作出新授权是一项重要的宪制权力。香港回归前后，中央向香港特区作过三次授权，按时间顺序分别是：1995 年 6 月 22 日《中央人民政府处理"九七"后香港涉台问题的基本原则和政策》对香港特区与台湾的民间往来作出授权，同时规定"香港特别行政区与台湾地区之间以各种名义进行的官方接触往来、商谈、签署协议和设立机构，须报请中央人民政府批准，或经中央人民政府具体授权，由特别行政区行政长官批准"。1996 年 5 月 15 日全国人大常委会关于国籍法在香港特区实施的几个问题的解释第六条规定，"授权香港特别行政区政府指定其入境事务处为香港特别行政区受理国籍申请的机关，香港特别行政区入境事务处根据《中华人民共和国国籍法》和以上规定对所有国籍申请事宜作出处理。"

2006 年 10 月 31 日全国人大常委会关于授权香港特区对深圳湾口岸港方口岸区实施管辖的决定规定，"授权香港特别行政区自深圳湾口岸港方口岸区启动之日起，对该口岸所设港方口岸区依照香港特别行政区法律实施管辖。"

10. 香港特区进入紧急状态的决定权

基本法第 18 条规定，"全国人民代表大会常务委员会决定宣布战争状态或因香港特别行政区内发生香港特别行政区政府不能控制的危及国家统一或安全的动乱而决定香港特别行政区进入紧急状态，中央人民政府可发布命令将有关全国性法律在香港特别行政区实施。"战争状态比较好理解，这就是整个国家进入战争状态，值得注意的是，这个条文讲的"进入紧急状态"，除了因战争状态外，还包括发生不是一般骚乱而是危及国家统一和安全的动乱，而且是香港特区政府不能控制的，此处的全国性法律是指附件三所列法律以外的法律，例如戒严法。

除以上十个方面外，基本法还规定了中央具有的其他一些权力，这些权力基本能够纳入以上十个方面。还需要提出的是，基本法在规定中央的宪制权力时，通常都表述为最终权力，比如说，行政长官在当地选举产生后，报中央政府任命；特区制定的法律报全国人大常委会备案后，全国人大常委会可以依法发回；行政长官和立法会产生办法要报全国人大常委会批准或备案。那么，中央是不是要在香港走完所有法律程序后才能介入、才能行使权力呢？我认为不能这样理解。凡是基本法规定中央具有宪制权力的地方，在实际执行中，中央从一开始就应当有权介入，这是避免产生重大宪制危机的必由之路。

三、全国人大常委会依法行使宪制权力的实践

回归以来，全国人大常委会依据基本法行使宪制权力的实践，主要有对基本法的解释，就香港特区两个产生办法的修改作出决定，以及批准和备案两个产生办法修改法案。

（一）全国人大常委会解释基本法的实践

全国人大常委会有四次解释香港基本法的实践。一是 1999 年 6 月 26 日第一次释法，解释了基本法第 22 条第 4 款和第 24 条第 2 款第（三）项，涉及港人在内地所生子女的居港权问题；二是 2004 年 4 月 6 日第二次释法，解释了基本法附件一第七条和附件二第三条，涉及政制发展问题；三是 2005 年 4 月 27 日第三次释法，解释了基本法第 53 条第 2 款，涉及补选的行政长官的任期问题；四是 2011 年 8 月 26 日第四次释法，解释了基本法第 13 条第 1 款和第 19 条第 3 款，涉及刚果（金）案的判决。

1. 关于第一次释法

香港终审法院 1999 年 1 月 29 日对几起涉及居港权的上诉案件作出判决，该判决存在四大问题：

（1）宣称香港终审法院有权审查全国人大及其常委会的立法行为，如果认为全国人大及其常委会的立法行为不符合香港基本法，终审法院有权宣布其无效，还强调"我们就要利用这个机会明白无误地说出这一点"。

（2）对第 24 条第 2 款第（三）项的解释与立法原意相悖。第 24 条第 2 款规定，香港特别行政区永久性居民为：（一）在香港特别行政区成立以前或以后在香港出生的中国公民；（二）

在香港特别行政区成立以前或以后在香港通常居住连续 7 年以上的中国公民；（三）第（一）、（二）项所列居民在香港以外所生的中国籍子女。终审法院将第（三）项解释为不论在成为香港永久性居民之前还是之后，在内地所生子女都是香港永久性居民。本条的立法原意是，内地到香港定居的居民，只有在成为香港永久性居民以后在内地所生的子女才是永久性居民。该立法原意体现在 1984 年中英联合声明附件中，"在香港出生的人和在香港居住满 7 年的人及其在内地所生的子女"，"其"是指在成为永久性居民以后的人，后来的中英联络小组的文件、全国人大香港筹委会的文件，都阐明了这一原意。虽然从香港基本法的字面来看，也可以作出终审法院的解读，但这种解读违背了有大量立法资料证明的立法原意。

（3）对第 22 条第 4 款作出错误解释。终审法院认为该款不适用于港人在内地所生子女。第 22 条第 4 款规定"中国其他地区的人进入香港特别行政区须办理批准手续，其中进入香港特别行政区定居的人数由中央人民政府主管部门征求香港特别行政区政府的意见后确定"。这一规定承继了香港回归前内地居民进入香港的管理制度，也就是说，所有内地居民赴港都要由内地主管机关审批。终审法院认为港人在内地所生子女是香港永久性居民，他们不需要内地主管部门批准就可以到香港定居。

（4）解释程序不符合基本法的规定。第 158 条规定，涉及中央管理的事务或中央与特区关系的条款，终审法院应请人大常委会解释。基本法第 22 条第 4 款明显属于中央管理的事务和中央与特区关系的条款，但终审法院拒绝提交全国人大常委会解释。

该判决一出来，在香港引起极大震动，作为地方法院的香港终审法院挑战最高国家权力机关，爱国爱港人士纷纷提出批评，但是香港法律界尤其是反对派、"民主派"却一片喝彩，这又反映了这些人试图把香港变成独立的政治实体、与中央对等的心态。

中央对这一判决高度重视，但考虑到当时香港回归仅两年，为使情况不升级，中央决定，人大常委会不出面，请四位资深的香港基本法草委，北京大学的肖蔚云教授、社科院法学所的吴建璠教授、人民大学的许崇德教授、外交部的法律顾问邵天任同志，发表谈话，通过新华社播发。该谈话指出：

（1）全国人民代表大会及其常务委员会是最高国家权力机关，是监督其他机关的，其他机关决不能质疑和挑战全国人大的立法行为。香港终审法院作为地方法院挑战最高国家权力机关违反了国家宪法和基本法。

（2）香港终审法院的审判权来源于全国人民代表大会的授权，作为被授权者反过来审查授权者的行为是本末倒置，也违反了香港基本法。

（3）香港基本法规定香港法院对国家行为无管辖权，全国人大及其常委会的立法行为是国家行为，香港法院无权管辖，更无权审查。

上述谈话在香港产生了非常大的影响，他们4人被香港媒体称为"四大护法"。香港特别行政区政府律政司向终审法院提出申请，请求终审法院就1月29日的判决中有关审查全国人大及其常委会立法行为的内容作出澄清。1999年2月26日香港终审法院作出澄清：1999 年 1 月 29 日所作判词，并未质疑人大常委会根据第 158 条享有的基本法解释权，如果人大常委会对基本法作出解释，特区法院必须以此为依归，并接受这个解释权是不能质疑的。随后，全国人大常委会法工委发言人发表谈话说，注意到了终审法院作出的澄清，认为作出该等澄清是必要的。至此，通过法律专家和法工委发言人谈话成功地化解了一场宪制危机。

但是，这一澄清并没有解决终审法院对基本法的错误解释将会引发的严重问题。特区政府的调查统计表明，根据终审法院的判决，新增加的符合香港居留权资格的内地人士至少 167 万，这将给香港带来巨大人口压力，严重影响香港的稳定和繁荣。而在香港，终审法院的判决至高无上，是终局判决，没有任何机制改正终审法院的判决，除非终审法院自己在类似的案件中改判。香港特别行政区行政长官根据基本法第 43 条有关行政长官向中央政府负责的规定以及基本法第 48 条有关行政长官负责执行基本法的规定，向国务院提交报告，反映该判决作出后面临的巨大人口压力，请求国务院提请全国人大常委会对基本法相关条文作出解释。由此，国务院向全国人大常委会提出释法议案，全国人大常委会于 1999 年 6 月 26 日作出解释。解释首先指出，终审法院对基本法的有关解释，实体上违反了立法原意，程序上违反了基本法有关需要提请全国人大常委会解释的规定。接着，对基本法第 22 条第 4 款作出了以下解释："《中华人民共和国香港特别行政区基本法》第二十二条第四款关于'中国其他地区的人进入香港特别行政区须办理批准手续'的规定，是指各省、自治区、直辖市的人，包括香港永久性居民在内地所生的中国籍子女，不论以何种事由进入香港特别行政区，均需按照国家有关法律、行政法规的规定，向其所在地区的有关机关申请办理批准手续，并须持有有关机关制发的有效证件方能进入香港特别行政区。各省、自治区、直辖市的人，包括香港永久性居民在内地所生的中国籍子女，进入香港特别行政区，如未按国家有关法律、行政法规的规定办理相应的批准手续，是不合法的。"对基本法第 24 条第 2 款第 3 项作出了如下解释："《中华人民共和国香港特别行政区基本法》第二十四条第二款前三项规定'香港特别行政区永久性居民为：（一）在香港特别行政区成立以前或以后在香港出生的中国公民；（二）在香港特别行政区成立以前或以后在香港通常居住满七年以上的中国公民；（三）第（一）、（二）两项所列居民在香港以外所生的中国籍子女'。其中第（三）项关于'第（一）、（二）两项所列居民在香港以外所生的中国籍子女'的规定，是指无论本人是在香港特别行政区成立以前或以后出生，其在出生时，其父母双方或一方须是符合《中华人民共和国香港特别行政区基本法》第二十四条第二款第（一）项或第（二）项规定条件的人。"

这次释法之后，尽管香港大律师公会部分人士在释法第二日上街游行，身着出庭所穿黑袍，称象征"香港法治已死"，认为人大常委会释法破坏了香港法治，但该释法阻止了大批港人内地所生子女涌入香港，受到了特区政府的欢迎、香港广大市民的拥护，确保了基本法的正确实施，维护了香港的繁荣和稳定。

2. 关于第二次释法

2003 年 7 月 1 日下午，香港爆发号称 50 万人的大游行。游行过程中及其后，一些港人根据基本法附件一和附件二的有关规定，提出要求 2007 年和 2008 年实行行政长官和立法会"双普选"，并且提出两个产生办法改不改，怎么改，完全是香港自治范围内的事，中央最后才有份参与，从而引发了对基本法有关规定理解的争议，严重影响了香港经济发展和社会稳定。2004 年 3 月两会期间，港区人大代表要求全国人大常委会对基本法有关规定作出解释，他们指出，全国人大常委会既有宪制上解释基本法的权力，也有履行解释基本法的责任。

委员长会议根据香港人大代表的建议，向全国人大常委会提出解释上述两个条款的议案，全国人大常委会于 2004 年 4 月 6 日作出解释。"解释"的核心内容是基本法附件一和附件二两处的"如需修改"，解释为修改的决定权在中央，即"是否需要修改"，行政长官要向全国人大常委会提交报告，由全国人大常委会根据香港实际情况和循序渐进的原则，确定两个产生办法是否需要作出修改，中央同意修改后才能启动修改两个产生办法的程序，即进入经立法会议员 2/3 多数通过，行政长官同意，报全国人大常委会批准或备案。这就是现在大家已经熟悉的政改"五步曲"。此次释法既澄清了对基本法附件一和附件二有关规定的理解，同时对稳定香港局势发挥了重大作用。可以说，CEPA 能够发挥作用，香港能够在回归十周年时经济发展达到历史最好水平，同这次释法创造出有利于经济发展的环境有密切的关系，更重要的是，这次释法保障了香港政制发展能够在基本法规定的轨道上有序地进行。

3. 关于第三次释法

2005 年 3 月 12 日，香港特首董建华因身体原因提出辞职，当日当选为全国政协副主席。根据香港基本法的规定，行政长官辞职意味着行政长官缺位，要在 6 个月内选举产生新的行政长官，争议在于新的行政长官的任期是新的五年还是原来行政长官的剩余任期（两年），在香港社会称为"二五之争"。香港法律界多认为是 5 年，因为香港实行普通法，只看法律字面，基本法对行政长官任期的规定只有一条即第 46 条，"行政长官任期五年，可连任一次"。因此，他们认为根据基本法的白纸黑字规定，只要是行政长官，任期就应当为 5 年。法工委发言人在董建华辞职当夜通过新华社发表谈话认为，补选的行政长官的任期不是 5 年，而是剩余任期。补选的行政长官任期不在第 46 条，而在第 53 条。基本法第 53 条第 2 款规定，行政长官缺位后，6 个月内按照第 45 条的规定产生新的行政长官，第 45 条规定具体产生办法由附件一规定，这就引出了附件一，附件一规定由 800 人组成的选举委员会选举行政长官，同时规定 800 人的选举委员会的任期是 5 年。基本法的设计者考虑到，任期 5 年可以确保在行政长官缺位的情况下随时补选新的行政长官。由于补选的行政长官仍由原选举委员会选出，那么原选委会选出的行政长官的任期只能是剩余任期。选举委员会不可能选出超出其本身任期的新行政长官，否则不合常理。我国内地地方政府领导人通过人民代表大会补选、美国总统缺位后副总统代理总统都是剩余任期，都是与其选举机构的任期相一致的。除非是普选的总统缺位，又不设副总统，缺位后重新普选产生的总统的任期才是全部而非剩余任期，因为民意基础改变了。另外，基本法第53条制定过程中的历史资料显示，将行政长官缺位后要在6个月内产生"新的一届"行政长官改为"新的"行政长官，这也是立法原意的体现。该谈话的目的就是引起香港方面的注意，减少争议。特区政府根据法工委发言人谈话向立法会提交行政长官选举条例修正案，把新的行政长官的任期是剩余任期写入法律之中。立法会中反对派议员阻挠前述修正案的通过，其中一位议员还向香港法院提出司法复核。由此，遭遇三个刚性时间和两个弹性时间不可调和的矛盾：三个刚性的时间是：（1）香港基本法规定6个月内即9月12日前必须选出行政长官；（2）特区行政长官选举条例规定4个月内即7月12日前必须选出行政长官；（3）选委会7月13日任期届满，若要重新选举选委会，则9月12日前不可能补选产生新的行政长官。两个弹性的时间是：（1）由于反对派议员不赞成，立法会审议行政长官选举条例修正案的时间可能很长，这是立法程序上的弹性；（2）如果法院受理反对派议员提出的司法复核，审理时间也可能拖得很长，这是司法程序上的弹性。这两个弹性时间是不受6个月或4个月限制的。如果香港因此不能如期补选产生新的行政长官，将是一场严重的宪制危机。在这种情况下，代理特首曾荫权向国务院提交报告，要求国务院提请全国人大常委会释法。全国人大常委会于2005年4月27日对基本法第53条第2款作出解释。全国人大常委会释法一锤定音，立法会顺利通过修正条例，新的行政长官如期选出，避免了宪制危机。

4. 关于第四次释法

2011 年 6 月 8 日，香港终审法院就刚果（金）案作出临时判决，提请全国人大常委会对香港基本法第十三条第一款和第十九条作出解释。7 月 5 日，全国人大常委会办公厅收到了香港终审法院提请释法的来文。香港终审法院主动提请全国人大常委会释法，是香港基本法实施十四年来的第一次。

（香港终审法院提请释法的背景情况）

2008 年 5 月，一家在美国注册的公司（FG）向香港特别行政区高等法院原讼法庭起诉，以刚果民主共和国为被告及中国中铁股份有限公司及其三家子公司为连带被告，要求冻结并执行中国中铁股份有限公司及其子公司向刚果民主共和国支付的采矿权费，约 1.04 亿美元，以实现 FG 公司的刚果民主共和国未偿还的债权。此案把一个主权国家作为被告，这在法律上涉及国家豁免问题。我国坚持奉行的国家豁免政策是"绝对豁免"。香港终审法院提请释法要解决的核心问题是，香港特区是否必须遵循中央决定的国家豁免规则或政策。香港终审法院关于刚果（金）案的临时判决中，围绕这个问题出现了两种观点：少数法官认为，国家豁免是一个法律问题，香港特区法院有权确定在香港特区适用的国家豁免规则。按照香港基本法的有关规定，香港特区保留了原有法律。香港原有法律中的普通法法律采用国家的商业行为不享受国家豁免的规则，而且全国人大及其常委会没有制定国家豁免法并列入香港基本法附件三在香港特区实施，因此，香港法院可以按照香港原有法律中这种国家豁免规则来确定对有关案件的管辖权。多数法官认为，按照香港基本法第十三条第一款的规定，外交权属于中央，国家豁免规则或政策属于外交事务范畴，中央人民政府有权决定国家豁免规则或政策。一个国家只能有一种统一的国家豁免规则或政策，香港特区作为中央直辖的一个地方区域，包括其各级法院都不具有确定国家豁免规则或政策的权力，香港特区法院必须遵循中央政府确定的国家豁免规则或政策。确定国家豁免规则或政策行为属于国家行为，按照香港基本法第十九条的规定，香港特区法院不具有管辖权。至于香港原有法律中有关国家豁免规则，按照 1997 年 2 月全国人大常委会有关处理香港原有法律的决定，从 1997 年 7 月 1 日起，在适用时，应作出必要的变更、适应、限制或例外，以符合中央人民政府决定采用的国家豁免规则或政策。香港终审法院提请全国人大常委会解释的四个问题，就是在上述争议背景下提出的，具有很强的针对性。因此，释法作出了四条规定，与香港终审法院提出的四个问题一一对应。

一是国家豁免规则或政策属于国家对外事务中的外交事务范畴，中央人民政府有权决定中华人民共和国的国家豁免规则或政策，在中华人民共和国领域内统一实施。

二是中央人民政府有权决定在香港特别行政区适用的国家豁免规则或政策，香港特别行政区法院对中央人民政府决定国家豁免规则或政策的行为无管辖权。香港特别行政区，包括香港特别行政区法院，有责任适用或实施中央人民政府决定采取的国家豁免规则或政策，不得偏离上述规则或政策，也不得采取与上述规则或政策不一致的规则。

三是决定国家豁免规则或政策是一种涉及外交的国家行为。

四是采用为香港特别行政区法律的香港原有法律，自1997年7月1日起，在适用时，应作出必要的变更、适应、限制或例外，以符合中华人民共和国对香港恢复行使主权后香港的地位和基本法的有关规定。凡不符合中央人民政府决定采用的国家豁免规则或政策的香港原有法律中的有关国家豁免规则，不得继续适用。

从以上四次全国人大常委会行使基本法解释权的情况可以看出，全国人大常委会释法，主要发挥的一个重要作用就是避免香港特区出现宪制危机。尽管香港社会对全国人大常委会释法还有争议，但认识已经逐渐趋于一致。其中最具代表性的是香港终审法院在刘港榕案的判决中提出的三个观点，一是全国人大常委会对基本法的所有条文均有全面、最终的解释权；二是全国人大常委会依法就基本法有关条文作出的解释，香港特区法院必须遵从；三是全国人大常委会解释基本法是立法解释，而且是按照国家法律制度进行解释，这是"一国两制"下香港特区法治的一个组成部分。我认为这些观点是完全正确的，从这三个观点出发，我想在未来的实践中香港社会一定会就全国人大常委会释法问题达成越来越多的共识。

（二）全国人大常委会处理香港政制发展问题的实践

全国人大常委会就香港政制发展问题作过两次决定，第一次是2004年4月26日关于2007年行政长官和2008年立法会产生办法的决定，第二次是 2007 年 12 月 29 日关于 2012 年行政长官和立法会产生办法及普选问题的决定。

全国人大常委会 2004 年的 "4·6" 释法，最终确立修改两个产生办法的 "五步曲" 程序。行政长官董建华于 2004 年 4 月 15 日向全国人大常委会提出了是否修改 2007/2008 年两个产生办法的报告。根据香港的实际情况和循序渐进的原则，全国人大常委会 2004 年 4 月 26 日作出决定，明确 2007 年/2008 年不实行双普选，在此前提下两个产生办法可作出循序渐进的适当修改。此举使香港的政制发展进入基本法规定的轨道，循序渐进地前进。后来大家知道，特区政府提出了 2005 年政改方案，并获得香港社会多数市民的支持，但被反对派议员捆绑否决。

行政长官曾荫权 2007 年 12 月 12 日向全国人大常委会提交了是否修改 2012 年两个产生办法的报告，全国人大常委会于 2007 年 12 月 29 日作出决定，2012 年不实行双普选，在此前提下两个产生办法可作出循序渐进的适当修改，同时决定，2017 年行政长官可实行普选产生的办法，行政长官普选产生后，立法会全体议员可由普选产生。按照这个决定，在特区政府努力和民意推动下，2012 年两个产生办法获得立法会通过，行政长官同意，并报全国人大常委会批准和备案。

（三）全国人大常委会批准和备案两个产生办法修正案的实践

2010 年 7 月 28 日，香港特区行政长官报请全国人大常委会批准《中华人民共和国香港特别行政区基本法附件一香港特别行政区行政长官的产生办法修正案（草案）》，报请全国人大常委会备案《中华人民共和国香港特别行政区基本法附件二香港特别行政区立法会的产生办法和表决程序修正案（草案）》（以下简称两个产生办法修正案草案）。这是香港回归以来，香港特区行政长官第一次报请全国人大常委会批准和备案两个产生办法修正案草案。

香港特区行政长官和立法会产生办法由基本法附件一和附件二加以规定，是基本法的组成部分。尽管基本法附件一和附件二对两个产生办法的修改规定了特殊程序，但实质上仍然是对基本法规定的修改。基于这一点，香港特区政府以修正案的方式来处理两个产生办法修改问题，并且提交全国人大常委会审议的修正案仍然标明是"草案"，意即有关修正案要经全国人大常委会依法批准或备案后才生效，与此相衔接，全国人大常委会采用了审议法律案的程序来行使批准和备案的权力。

行政长官的产生办法修正案草案需经全国人大常委会批准，全国人大常委会以作出决定的方式行使批准权：在常委会分组审议的基础上，由法律委员会审议并提出对行政长官的产生办法修正案草案审议结果的报告和批准决定（草案），由全国人大常委会全体会议表决通过，有关修正案自批准之日起生效。立法会的产生办法和表决程序修正案草案需由全国人大常委会予以备案，按照基本法附件二的规定和全国人大常委会有关解释，全国人大常委会对该修正案草案依法审查并予以备案是一项实质性的权力，只有经全国人大常委会依法备案后才能生效，据此，全国人大常委会采用以下方式行使备案权：在常委会分组审议的基础上，由法律委员会审议并提出对立法会的产生办法和表决程序修正案草案审查意见的报告，由全国人大常委会全体会议对该报告进行表决。表决通过后，以全国人大常委会公告的方式公布该修正案，并宣布已依法予以备案并生效。这两个修正案最后都得到高票通过。

编写好基本法教材
是一项十分艰巨的任务 *

——基本法教材编写委员会第一次会议开幕时的讲话

从今天开始，我们组成了一个集体。这个集体由 29 人构成，其中 21 位是来自高校及科研机构的学者。在今后两到三年时间内，我们将一起工作，共同完成好基本法教材的编写任务。今天这次会议，算是教材编写工作的正式启动，我的讲话也带有动员的性质。怎么开始我们的工作？我想讲三点，一是介绍一下基本法教材编写工作的来龙去脉，传达、学习、领会中央领导同志的指示精神；二是认识编写基本法教材的必要性和紧迫性；三是要看到完成这项任务的艰巨性，增强我们的使命感和责任感，把思想统一到中央有关编写基本法教材的决策上来，为完成好中央交给的这项任务打下思想基础。

---

* 全国人大常委会港澳基本法委和教育部共同牵头组织基本法教材编写工作，为此，成立了由中央有关部门负责同志和专家学者共 29 人组成的编写委员会。基本法教材编写委员会于 2011 年 1 月 17 日至 22 日在北京召开第一次会议。

一、基本法教材编写工作的由来和中央领导同志的重要指示

香港、澳门回归祖国后，中央领导同志历次有关港澳问题的讲话中，都提到加强基本法的宣传和教育问题。其中，比较系统地论述这个问题的是吴邦国委员长的两次重要讲话，已经印发给大家了。第一次是 2007 年 6 月 6 日，吴邦国委员长在纪念香港基本法实施 10 周年座谈会上的讲话，他指出，"深入实施基本法，必须加强基本法的宣传教育，准确把握基本法的精神实质，提高全社会特别是公务员的基本法意识和法制观念。要通过各种形式，广泛宣传基本法知识，做到家喻户晓、深入人心，使基本法成为广大香港市民自觉遵守的行为规范，不断巩固和发展基本法贯彻实施的社会基础和舆论氛围。要把基本法教育作为公务员教育的重要内容，使他们熟悉基本法，忠于基本法，遵守基本法，自觉维护基本法。要大力加强对青少年的宣传教育，使年青一代了解基本法的历史和内涵，成为基本法的坚定实践者和维护者。""香港回归十年来取得的有目共睹的成就，充分说明基本法是符合中国国情和香港实际的。基本法的稳定为香港的繁荣稳定提供了强有力的法律保障，实现香港的长期繁荣稳定更需要基本法的稳定作前提。同时也要看到，随着香港经济社会的发展，基本法在实施过程中难免会遇到一些新情况新问题。我们在贯彻落实'一国两制'方针和深入实施基本法的同时，需要本着实事求是、与时俱进的精神，进一步加强对基本法的研究，认真总结几次释法的经验，及时解决基本法实施中遇到的问题，不断丰富基本法的实践，把基本法

贯彻好实施好。"

第二次是 2009 年 12 月 4 日，吴邦国委员长在纪念澳门基本法实施 10 周年座谈会上的讲话，他再次强调，"基本法是'一国两制'方针的法律体现，是澳门长期繁荣稳定的法律保障，是实施依法治澳的法律基石。贯彻实施基本法是一项长期的任务。要进一步加强基本法的宣传推介工作，通过多种形式，全面准确地阐述'一国两制'方针和基本法的精神实质，广泛深入地宣传'一国两制'方针和基本法的深刻内涵与生动实践，深入浅出地解读基本法的有关规定，使'一国两制'方针和基本法更加深入人心，在全社会牢固树立基本法意识和法制观念，不断巩固和发展贯彻实施基本法的社会基础。澳门的未来寄托在年轻人身上，必须十分注重对澳门年青一代的教育，特别是国家、民族观念教育和基本法理论实践教育，推动基本法课程进学校、进课堂，把年青一代培养成'一国两制'方针和基本法的忠实维护者与积极践行者，使爱国爱澳传统薪火相传。基本法的稳定是实现澳门长期繁荣稳定的前提，同时也要看到，随着澳门社会的发展，基本法实施中会遇到这样或那样的情况。我们在贯彻实施'一国两制'方针和基本法的同时，要加强对基本法的研究，认真总结基本法实施中的好经验好做法，研究解决基本法实施中的新情况新问题，不断丰富基本法的理论和实践，把基本法贯彻好实施好。"吴邦国委员长在纪念香港基本法实施 10 周年座谈会上和纪念澳门基本法实施 10 周年座谈会上发表的两篇讲话具有上下篇、姊妹篇的意思，大家可以结合起来学习和领会。

　　为贯彻落实吴邦国委员长关于加强基本法宣传教育、推动基本法课程进学校、进课堂的指示，这就提出了编写基本法教材的任务。为开展这项工作，2009 年 5 月上旬，全国人大常委会香港基本法委员会和澳门基本法委员会在汕头开会，就加强基本法理论研究进行了讨论，提出创设基本法理论及其需要着重阐述的问题，在此基础上，2009 年 12 月 5 日，基本法研究工作领导小组在北京开会时，提出要把编写基本法教材工作提上议程。我在这次会议上初步提出了编写教材需要回答的 20 个问题。这 20 个问题是：1. 特别行政区制度可不可以称为我国的基本政治制度；2. 规定特别行政区制度的宪制法律；3. 特别行政区制度的特征及其实行条件；4. 特别行政区法律地位及其权力来源；5. 中央与特别行政区的权力运作关系；6. 特别行政区的政治体制及行政管理权；7. 特别行政区的立法机关及其立法权；8. 特别行政区的民主发展；9. 特别行政区的司法机关及其司法权和终审权；10. 特别行政区的公务员制度；11. 特别行政区的区域组织或市政机构及其制度；12. 特别行政区维护国家安全的制度；13. 特别行政区处理对外事务的制度；14. 特别行政区保护居民基本权利和自由的制度；15. 特别行政区的出入境管制制度；16. 特别行政区的经济、教育、文化、宗教、社会服务和劳工制度；17. 特别行政区与全国其他地方司法机关的司法互助制度；18. 特别行政区与全国其他地方的协作关系；19. 基本法的解释制度；20. 基本法的修改制度。刘延东国务委员看了这次会议的纪要，作出重要批示，她指出，会议讨论的问题十分重要，具有前瞻性和紧迫性。请有关单位积极支持小组工作，根据统一部署做好相关工作。

2010 年 4 月 22 日，基本法研究工作领导小组召开会议，在研究讨论基本法研究项目的同时，再次讨论了编写基本法教材问题。2010 年 5 月 9 日，习近平副主席在这次会议的纪要上作了重要批示，要求我们不断提高基本法研究水平，编好香港基本法教材，做好香港基本法的宣传教育工作。

为贯彻落实习近平副主席的重要批示，2010 年 9 月 8 日，全国人大常委会港澳基本法委向中央港澳工作协调小组办公室报送了编写基本法教材的请示。有关请示经批准后，全国人大常委会港澳基本法委与教育部一起，在有关院校和研究机构推荐的专家学者基础上，共同研究确定了基本法教材编写委员会名单，也就是我们现在这个集体。按照上述请示，我们这个委员会的任务十分明确，这就是要编写出香港基本法教材和澳门基本法教材。由于两部基本法的内容大体相同，需要解决的重大理论问题是相通的，因此，我们初步考虑，先编写出香港基本法教材，在此基础上，再着手编写澳门基本法教材。

二、编写基本法教材的必要性和迫切性

编写基本法教材的必要性、迫切性，中央领导同志的上述讲话和批示中已经说得很清楚了，我们还要不断领会、消化，加深认识。香港、澳门回归祖国后，尤其是近几年港澳工作中，从不同的角度都提出了编写基本法教材的要求。从最直接的要求谈起，大致可以概括为以下几个方面：

第一，开展基本法教育提出的要求。在"一国两制"下，

爱国爱港、爱国爱澳力量是中央依法对两个特别行政区实施管治的基础。为了加强港澳人士的国家、民族观念，不断发展壮大爱国爱港、爱国爱澳力量，从去年开始按照中央的统一部署，开展了规模庞大的港澳人士国情教育工程。其中一个重要安排就是举办国情研习班，组织港澳人士到内地有关院校进行短时间的学习。国家行政学院、三所干部学院以及清华、北大、中大等院校都承担了这方面的任务，2010 年，仅国家行政学院就安排了 100 多个研习班。这些研习班大多开办了基本法课程，这两年国家行政学院领导就向我们提出，现在迫切需要一本基本法教材。研习班的时间很短，要向港澳人士全面介绍我国的建设和发展情况，课程高度密集，最多也就安排一节"一国两制"和基本法的课程，要使参加研习班的港澳人士能够比较全面地理解基本法，除了课堂讲解以外，提供一本比较权威的基本法教材，是必不可少的。同时，香港特区政府和澳门特区政府也主要围绕基本法来开展国民教育，怎么向港澳年轻的一代讲解基本法？香港和澳门的不少民间团体都在编写各种版本的基本法讲解材料，他们遇到的最大问题也是缺乏一本基本法的权威著作作为参考。例如，最近澳门基本法推广协会在编写中小学生的基本法教材时，就向我们提出，是否可以提供一本比较全面、通俗的基本法著作供他们参考，香港一些社会团体在推广基本法过程中，也提出了类似的要求。我们向他们推荐什么呢？前几年我们组织力量对王叔文主编的《香港特别行政区基本法导论》作了增订，香港基本法委员会港方委员谭惠珠自己出钱组织人员翻译成英文，在香港出版，但我们觉得仍不能完全解决问题。因此，从开展基本法教育的角度来讲，编写基本法教材具有必要性和迫切性。

第二，全面实施基本法提出的要求。这次会议发给大家的学习材料中，有一本是中央领导人关于"一国两制"的重要论述，大家在学习中可以看到，港澳回归后，中央领导人发表的重要讲话都强调要全面准确地理解基本法。这个要求是有很强针对性的，因为全面准确地理解基本法是全面实施基本法的前提，而基本法实施中遇到的一个很大问题就是有许多人对基本法缺乏全面理解，各取所需，各讲各的，就是一些重大问题也存在认识上的不一致。这种情况不仅港澳社会存在，内地也存在。例如，一个很大的问题就是，基本法的许多规定是建立在我国是一个单一制国家的基础之上的，但对于什么是单一制，港澳人士有不同的看法可以理解，但我们内地的法学界也有人认为，"一国两制"的基础不是单一制，而是所谓的"新联邦主义"。对港澳的"一国两制"就是建基于单一制，这个根基动摇了，建立在此基础上的一切重大问题，如中央与特区的关系问题等就都乱套了。要全面准确地理解基本法，就需要把这些重大的问题明确下来，在此基础上，系统地阐述基本法各项规定的内涵、它们之间相互关系，体现的精神实质，使大家对基本法有比较一致的理解。怎么做到这一点？有人提出需要编写基本法教材。进一步讲，"一国两制"方针政策是我国的一项基本国策，基本法是全面体现"一国两制"的法律文件，要长期实施，用邓小平同志的话来说，不仅五十年不变，五十年后也不能变。大家知道，中央对香港、澳门的基本方针政策是上个世纪八十年代制定的，两部基本法是上个世纪九十年代起草完成的，怎么能够五十年、上百年长期实施？这里面，我想有两个因素起根本作用，一个因素是"一国两制"方针和基本法的规定是科学的，具有前瞻性，能够经得起时代变化的检验，这一点经过香港、澳门回归十几年的实践，我们有充分的信心；另一个因素就是要把"一国两制"方针和基本法理论化，通过理论的引导作用，使年轻的一代能够全面准确地理解"一国两制"方针和基本法，并始终不渝地加以贯彻和执行。我们现在比较缺的就是这样一套理论，"一国两制"不是干巴巴的规定，而是要形成一套理论体系，这也是需要编写基本法教材的一个重要原因。

第三，贯彻落实中央重大决策提出的要求。香港、澳门回归后，基本法实施中遇到了不少问题和挑战，中央依法进行了妥善的处理。尽管也有一些争论，但总体上来讲获得了港澳社会各界的普遍认同和接受，实践也证明，中央的举措对确保全面准确地贯彻实施基本法，确保港澳地区的长期繁荣稳定发挥了重要的作用。中央在依法处理这些问题时，不是局限于一时一地，而是充分考虑到建立管长远的机制，也就是说，中央的决策是具有长远的意义的。由于港澳回归后遇到的许多新情况、新问题是基本法起草者当年所没有想到的，当然不可能在以前的论著中加以阐述；还有的问题是当年起草时内地草委与港方草委争执不下，统一不了意见的。只能采取双方都能接受的模糊写法，求得通过。如香港基本法附件一第七条和附件二第三条关于行政长官和立法会产生办法修改的规定，"如需修改"是谁认为需要修改，这句话没有主语，就是当年争论不下，所以最后作了模糊处理。2004 年，在关于 2007/2008 年两个产生办法是否修改的讨论中，对这句话的理解引发一场大争论，最后全国人大常委会通过释法，确定了政制发展的"五步曲"，也就确立了一个管长远的机制。因此，从维护中央的决策，固化中央决策建立的管长远机制出发，也有必要通过编写基本法教材，对"一国两制"和基本法的崭新实践加以总结，不仅维护中央对具体问题的决策，而且把中央通过处理具体问题所建立的管长远的机制揭示出来，从理论高度加以阐述，从而巩固和强化中央依法处理港澳事务的成果。

第四，牢牢掌握基本法话语权提出的要求。香港回归以来，全国人大常委会进行了三次释法、两次就政制发展问题作出决定，在参与有关工作中，我们发现一个矛盾的现象，一方面香港社会普遍认同、拥护基本法的规定，就是反对派也不敢公开反对基本法，例如 23 条立法，香港大律师公会也没有说反对，他们只是说反对立法的具体内容。另一方面，香港社会也较普遍存在对中央依据基本法行使权力的忧虑，就是爱国爱港阵营的人有时也感到不能理解。为什么会出现这种情况？分析其原因，固然有两地法律文化的不同，但更重要的是我们在香港一定程度上没有把握住基本法的话语权。由此给我们的一个重要启示是，贯彻落实两部基本法也有一个两手抓、两手都要硬的问题，即要一手抓基本法的话语权，一手抓基本法各项规定的实施。抓基本法的话语权实际上就是创造基本法实施的软环境，只有让港澳社会真正了解基本法规定，尤其这些规定的道理所在，落实基本法规定的权力才能水到渠成，才不会引起震动，充分发挥以法律手段处理问题的优势。怎么抓住基本法的话语权？这要做许多工作，其中一项工作就是要编写出权威的基本法教材。以此为基础，不断在港澳社会释放我们的声音，树立正确的基本法观念。

以上四个方面的要求，充分说明了编写基本法教材的必要性和迫切性。我们还要看到，香港、澳门回归时，当年参与"一国两制"方针政策制定和基本法起草的人都还在，他们通过亲身经历，进行了大量的基本法宣传教育工作，但到了今天，这些人有的已经故去，在世的大部分人也年事已高，起草基本法的几位专家，王叔文同志已经故去了，1999 年人大释法中被香港社会称为四大护法的肖蔚云、吴建璠、许崇德、邵天任四位老人家，前两位已经故去，邵老九十多岁了，身体不好，许老还经常出来讲话，但也八十多岁高龄了。我们要靠什么来宣传基本法？要靠权威的基本法教材。因此，现在编写基本法教材，已经到了和时间赛跑的时候，刻不容缓。

三、编写好基本法教材是一项十分艰巨的任务

编写基本法教材的艰巨性是由两个因素决定的：一是港澳工作政治性、政策性很强，在涉及基本法的许多争论背后，不是什么学术问题，而是重大的政治问题，甚至是十分敏感的政治问题，我们在编写教材过程中，要牢牢把握正确的政治方向，很好地体现中央的方针政策，把讲政治寓于讲理论、讲道理之中，这是一个很高的要求；二是在我国的法律体系中，香港基

本法和澳门基本法是两部十分特殊的法律。这种特殊性主要表现在两部基本法同时要在内地、香港和澳门三种不同政治制度和法律制度下实施，尤其是香港基本法，香港和内地的许多法律传统、理念很难讲到一起去。例如释法，在普通法下，认为立法者是最糟糕的释法者，对政治机关释法更不认同，而我们的人大常委会既立法又释法，双方从一开始就有碰撞。这种法律实施环境在世界各国法制史上恐怕也是前所未有的。两部基本法的这种特殊性，也决定了基本教材编写工作的艰巨性。

具体讲，有这么几个难点：

第一，基本法教材需要一个新的理论框架。当年参与基本法起草的一些专家学者曾经写过一些基本法的权威论著，这些著作有一个特点，就是通过介绍基本法的起草过程来论述基本法的各项规定。他们是亲身参与者，有这个资格。我们今天要编写基本法教材，不可能走同样的路子，因为这里有一个时间和作者身份问题，只有在基本法起草刚完成时参与起草的人这样论述才具有权威性和公信力。香港基本法已经颁布了20年，澳门基本法也颁布了17年，现在要编写基本法教材，需要一个新的角度，新的理论框架。提出这样一个新的理论框架，是一项创新的工作，任务十分艰巨。

第二，基本法教材需要对实践进行系统的梳理。香港基本法已经实施了13年，澳门基本法也实施了11年，这期间遇到了许多重大理论和实践问题，发生了许多争论，也积累了丰富的实践经验。在编写基本法教材过程中，既要对中央依法处理港澳事务的经验进行归纳和总结，也要对两个特区政府依法施政的经验进行归纳和总结，还要对特区法院涉及基本法的判决进行归纳和总结。这方面的任务是十分艰巨的。举一个例子来说，香港法院作出的有关基本法的判决就有几百个，对基本法的半数以上的条文作过解释，每个判决短的有 40 多页，长的有 200 多页，要全面地梳理这些判决，深入地加以研究和分析，工作量是巨大的。这个工作已有一定基础，中国法学会、香港中联办和我们都做过一些翻译。

第三，基本法教材需要对一些重大问题作出回答。在对基本法实施情况进行全面归纳和总结的基础上，我们还要对一些重大问题作出回答，进行理论创新。例如，吴邦国委员长提出基本法是一部授权法，怎么阐述授权理论，这就是一个重大课题。我曾经提出，特别行政区制度是不是能够称为我国的一项基本政治制度？应当怎样认识宪法在特别行政区的效力？怎么阐述基本法的解释制度和机制？这些都是重大的理论问题，在编写基本法教材中，不仅不能回避，而且还要作出令人信服的阐述。总的来说，基本法教材会涉及许多重大的理论问题，而对这些问题的回答，都需要有所创新，在一部教材中遇到这么多的创新点，大家都是做学术研究工作的，其难度可想而知。

第四，基本法教材需要能够获得港澳社会的认可。虽然我们现在的任务是编写一本面向内地院校供教学使用的基本法统编教材，将来还要进行面向香港、澳门两个特区的基本法教材的编写工作，但两个不是截然分开的。由于这部教材是教育部的统编教材，具有官方地位，对港澳社会的影响力是不可小视的。因此，我们在编写教材过程中，就要充分考虑到港澳社会的观点和立场，既坚持原则，又能够把道理讲透彻，努力做到能够为港澳社会所接受。要做到这一点，也是十分不容易的。

正因为编写基本法教材是一项政治、政策与法律、理论紧密结合的工作，而且老实地讲，内地在这方面进行长时间研究的专家学者还不多，因此，我们这个编委会开第一次会议就安排了一个星期时间的系统学习，我想这是教育部组织的其他教材编写工作时所没有的安排。希望大家把精力、脑力都用在基本法上，要下功夫。前面讲了这么多艰巨性，也要讲讲我们从事这项工作的有利条件，以增强我们的信心。这些有利条件就是，现在对编写基本法教材有很高的呼声，有这个需求，中央高度重视，这是我们做好这项工作的动力基础；基本法实施已经有十几年的时间，积累了丰富的实践经验，这为我们编写基本法教材提供了很好的素材，这是我们做好这项工作的实践基础，要把这些素材梳理清楚，一个个拎起来，做进一步的理论升华；过去几年，内地一些专家学者撰写了不少有关基本法的专著和论文，取得了一些成果，提出了一些富有创新意义的观点，这是我们做好这项工作的理论基础。我想，有动力、实践和理论这三个基础，再加上我们大家的使命感和责任心，我们就一定能够把基本法教材编写好，交出一份满意的答卷。

谢谢大家！

基本法教材的指导思想、基本思路和
需要回答的若干重要问题[*]

——基本法教材编写委员会第一次会议的总结讲话

我们这次会议开了六天，系统地学习了中央对香港和澳门的基本方针政策和两部基本法，认真地研读了邓小平、江泽民、胡锦涛、吴邦国等党和国家领导人关于港澳问题的重要讲话和论述，比较深刻地领会了港澳回归以来中央涉港澳重大决策。王凤超、徐泽、张荣顺等同志给大家作了很好的专题报告，较为全面地介绍了港澳形势和中央港澳工作，深入分析了基本法实施当中遇到的主要问题及其实质，对把我们的思想统一到中央的决策上来，在今后工作中把握正确政治方向有着重要的指导作用。在这些学习和报告的基础上，大家围绕"一国两制"方针政策和基本法实施情况、教材编写的指导思想、基本思路和框架结构等问题进行了初步的讨论。从昨天下午大家的发言可以看出，我们这几天的学习和研讨是富有成效的，为开展下一步工作打下了良好的基础。这次会议的第一天我讲了三个问

* 2011 年 1 月 22 日上午。

题，一是编写基本法教材的由来，二是编写基本法教材的必要性和迫切性，三是编写基本法教材的艰巨性。今天会议就要结束了，我想结合大家在讨论中提出的观点和建议，再讲三个问题：一是编写基本法教材的指导思想，二是编写基本法教材的基本思路，三是编写基本法教材需要回答的主要问题。最后，对大家昨天下午讨论中提出的建议作一个总体回应。第一天讲的三个问题和今天要讲的三个问题实际上是上下篇，合起来是完整的一篇。

一、基本法教材的指导思想

在这次会议开始时，我明确提出了基本法教材编写要坚持以邓小平理论、"三个代表"重要思想和科学发展观为指导，用一句话来说，就是要以马克思主义中国化的最新理论为指导思想，也就是中国特色社会主义理论。怎么把这一指导思想贯穿于基本法教材之中？我们认为首要的还是要提高对"一国两制"在我们党领导的事业中的地位的认识。怎么从宏观上提高这个认识？我看是不是可以从三个"重要组成部分"来把握"一国两制"在党领导的事业中的地位。

第一，"一国两制"是中国特色社会主义理论体系的重要组成部分。1987年4月16日，邓小平同志会见香港基本法起草委员会委员，他是这样讲的，"我们坚持社会主义制度，坚持四项基本原则，是老早就确定了的，写在宪法上的。我们对香港、澳门、台湾的政策，也是在国家主体坚持四项基本原则的基础上制定的"，"我们的社会主义制度是有中国特色的社会主义制度，这个特色，很重要的一个内容就是对香港、澳门、台湾问题的处理，就是'一国两制'。"党的十七大报告提出，"中国特色社会主义理论体系，就是包括邓小平理论、'三个代表'重要思想以及科学发展观等重大战略思想在内的科学理论体系。"这些年，国内不少专家学者对中国特色社会主义理论体系的基本问题进行归纳和探讨时，都把"一国两制"作为其中的重要组成部分。具体来讲，在中国特色社会主义理论体系中，"一国两制"既是实现祖国统一大业的战略构想，在香港、澳门回归后，又成为对这两个特别行政区实施管治的方式。保持香港、澳门原有的资本主义制度不变的方针政策，为什么能够构成中国特色社会主义理论体系的组成部分？其中有两点在我们编写基本法教材中尤其重要：

第一点是，"一国两制"是以马克思主义哲学思想作为理论基础。邓小平同志1984年12月19日会见撒切尔夫人时讲过，"如果'一国两制'的构想是一个对国际上有意义的想法的话，那要归功于马克思主义的辩证唯物主义和历史唯物主义，用毛泽东主席的话来讲就是实事求是。"我们在编写教材中同样要以马克思主义哲学思想作为理论基础，坚持实事求是，解放思想，与时俱进，这是确保教材能够正确反映"一国两制"方针政策丰富内涵和精神实质的灵魂。

第二点是，"一国两制"强调国家主权与领土完整，强调国家主体必须实行社会主义，在小范围内实行资本主义，有利于社会主义的建设和发展。同样是在会见撒切尔夫人时，邓小平同志还讲过，"我想请首相告诉国际上和香港的人士，'一国两制'除了资本主义，还有社会主义，就是中国的主体，十亿人口的地区坚定不移地实行社会主义。主体地区是十亿人口，台湾是近两千万，香港是五百五十万，这就有个十亿同两千万和五百五十万的关系问题。主体是一个很大的主体，社会主义是在十亿人口地区的社会主义，这是个前提，没有这个前提不行。在这个前提下，可以容许在自己的身边，在小地区和小范围内实行资本主义。我们相信，在小范围内容许资本主义的存在，更有利于社会主义。"我们在编写教材时，不能不讲中国特色社会主义，要把"一国两制"与中国特色社会主义的基本路线、发展道路、发展阶段、根本任务、发展动力、外部条件、政治保证、战略步骤、领导力量和依靠力量等问题联系起来，作为一个整体来考虑。这是教材能够具有生命力，能够发挥作用的根本要求。

第二，保持港澳地区长期繁荣稳定是我国发展战略的重要组成部分。1988 年 6 月邓小平同志在谈到五十年不变问题时曾经明确指出，"为什么说五十年不变？这是有根据的，不只是为了安定人心，而是考虑到香港的繁荣和稳定同中国的发展战略有着密切的关联。中国的发展战略需要时间，除了这个世纪的十二年以外，下个世纪还要五十年，那么，五十年怎么能变呢？现在有一个香港，我们在内地还要造几个'香港'，就是说，为了实现我们的发展战略目标，要更加开放。既然这样，怎么会改变对香港的政策呢？实际上，五十年只是个形象的讲法，五十年后也不会变。前五十年是不能变，五十年之后是不需要变。"从这一段话可以看出，邓小平同志领导制定的"一国两制"方针政策，是放在我国国家发展战略的大框架中加以考虑的。通过学习邓小平同志的重要论述，我们可以体会到，不仅是五十年不变问题与实现国家发展战略联系在一起，而且保持港澳地区长期繁荣稳定本身，就是国家发展战略的一个重要组成部分。在这里，让我们一同回顾一下历史，从中可以看出，香港、澳门地方虽小，但中央一直就把港澳问题作为一个战略问题来考虑。

首先，新中国成立时，中央决定暂不收回香港、澳门，在上个世纪六十年代，中央把对港澳方针政策概括为八个字，即"长期打算，充分利用"。为什么有这样的决策？主要是考虑到国家的生存与发展的需要。大家回顾一下，新中国成立以后，我国建设和发展的外部环境是什么？这就是西方国家不承认中华人民共和国，对我国进行了长期的封锁，这种状况直到中美建交后才从根本上打破。在很长时间内，我国开展国际交往只有三个通道，即经过苏联、巴基斯坦和香港。所以，新中国成立时决定不收回香港，从战略上来讲，最重要的是保持一条我国与国际社会进行接触的战略通道，同时也保持一个我国可以与世界各国开展国际贸易的主要场所。今年 1 月 14 日《人民日报》报道了李克强副总理会见英国 48 家集团俱乐部，在座许多同志可能不了解这个俱乐部的背景，实际上这个俱乐部同香港也有关系。这个俱乐部的前身是成立于 1954 年的英中贸易 48 家集团，由一批打破西方国家对华禁运，被誉为"破冰者"的英国工商界人士组成。为什么他们敢于打破西方国家对华封锁？这是因为英国为了保持对香港的管治，在西方主要国家中，第一个承认中华人民共和国，并且一定程度上默许英国工商界人士开展对华贸易。因此，中央在香港问题上的决策，不仅对于打开新中国外交局面具有重大意义，对于打破西方国家对我进行封锁，也具有重大意义，是建基于我国生存和发展需要的战略决策。

其次，"一国两制"方针政策兼顾到我国新时期的三大历史任务，同样是战略决策。在上个世纪八十年代初解决香港问题提上议事日程的时候，中央最早确定的解决香港问题的基本方针只有两条，第一条是一定要在1997年收回香港，恢复行使主权，不能再晚；第二条是在恢复行使主权的前提下，保持香港的繁荣和稳定。"一国两制"方针政策就是为了实现这两条重大决策而制定的。这同样是基于国家发展战略的考虑。大家知道，党的十一届三中全会后，中央提出了以经济建设为中心的新时期三大历史任务，即加紧社会主义现代化建设，争取实现祖国和平统一和反对霸权主义、维护世界和平。解决历史遗留下来的香港问题，是实现祖国统一这一历史任务的重要内容，同时，在"长期打算，充分利用"的方针政策下，我国政府采取了一系列措施支持香港，从上个世纪六十年代开始，香港经济起飞，出现了繁荣发展的局面，这对我国现代化建设很重要，而且香港问题涉及到英国，采取什么方式解决，直接影响到我国建设与发展所需要的外部环境。怎么既能够收回香港，朝实现祖国和平统一迈出重要一步，又能够使之对我国的现代化建设继续发挥特殊作用，还能够有利于维护世界和平？也就是说，在解决香港问题上，同时涉及了三大历史任务，怎么同时实现，用邓小平同志的话来说，这就只有实行"一国两制"，从这个角度来看，"一国两制"是一项纲举目张的政策，在我国发展战略中具有重大意义。

第三，保持港澳地区长期繁荣稳定本身是我国发展战略的应有之义。"一国两制"方针政策和"长期打算，充分利用"的方针政策，尽管都是战略决策，但它们之间有一个根本不同，这就是"长期打算，充分利用"更多地是把保持港澳地区的特殊地位作为一种手段，而"一国两制"方针政策则把保持港澳地区的繁荣稳定作为国家的目的，作为国家发展战略的组成部分。我们建设有中国特色社会主义的根本目的是实现国家的繁荣富强，人民的共同富裕，实现中华民族的伟大复兴，港澳和内地是一个整体，内地全力支持港澳发展经济、改善民生，港澳充分发挥在国家整体发展战略中的独特作用。因此，保持港澳地区繁荣稳定，与国家改革开放政策是完全一致的，与中央的强国、富民治国目标是完全一致的，是国家发展战略的一个重要组成部分。理解这一点，就能理解为什么香港、澳门回归后，在受到国际金融危机的冲击下，中央采取一切必要的措施帮助两个特区渡过难关，保持繁荣稳定。现在国家制定国民经济和社会发展五年规划，都把香港、澳门纳入其中，这也说明保持港澳地区长期繁荣稳定是整个国家发展战略的一部分。

第四，对香港和澳门实施有效管治是我们党治国理政的重要组成部分。我们党是国家执政党，国家的内政外交事务，都是党的执政事务。在处理港澳问题上，从来都是遵循由党中央制定政策，然后上升为国家政策，在必要时转化为国家法律这一路径。新中国成立后，虽然决定暂时不收回香港、澳门，但始终坚持香港、澳门是中国的领土，不承认西方帝国主义强加给中国人民的不平等条约的立场，在我国恢复联合国席位后，立即采取措施促使联合国通过决议，把香港、澳门从殖民地名单中删除，这些措施为收回香港、澳门奠定了基础，充分体现了党的治国理政的智慧和能力。在解决香港、澳门问题提上议事日程后，中央提出了"一国两制"的伟大构想，回答了采用什么方式收回香港和澳门，在对香港和澳门恢复行使主权后，采用什么样的方式实施管理，保持港澳地区繁荣稳定等重大问题，这些同样是党治国理政高度智慧和能力的重要体现。香港、澳门回归祖国后，我们党不仅领导着内地23个省、5个自治区和4个直辖市，而且还领导着香港和澳门两个特别行政区。面对"一国两制"和基本法实施中遇到的新情况、新问题，2004年党的十六届四中全会作出的《中共中央关于加强党的执政能力建设的决定》第一次提出，"保持香港、澳门长期繁荣稳定是党在新形势下治国理政面临的崭新课题"。为什么是"崭新课题"？这是因为香港和澳门是享有高度自治权的特别行政区，保留了原有的资本主义制度，如何管理好这两个地方，在我们党领导革命、建设、改革的历史上是从所未有的。党的十七大报告在此基础上进一步提出，"保持香港、澳门长期繁荣稳定是党在新形势下治国理政面临的重大课题"，强调保持香港、澳门长期繁荣稳定的重要性和长期性，同时也提出了不断探索前进的任务。所以，实行"一国两制"、"港人治港"、"澳人治澳"、高度自治，不是中央不管，而是以一种新的形式对两个特别行政区实施管治，把香港和澳门管理好、建设好，始终是党治国理政的重要内容，始终是党治国理政的重要组成部分。

二、基本法教材的基本思路

基本法教材是一部法学教材，是教育部的统编教材，这个性质决定了这部教材在内容上要采用"通说"，全面准确地阐述基本法的规定，在语言体系上要采用法学语言，把"一国两制"的政治理论转化为法学理论。怎么建立基本法的法学理论框架，既能够把整部基本法的规定贯穿起来，又能够做到政治性、思想性和学术性的统一？这就提出了编写基本法教材的基本思路问题。结合这些年的工作体会，我们建议编写基本法教材的基本思路是不是围绕三个问题展开，这就是：以论述特别行政区制度为核心，以基本法的各项规定及其实践为基础，以基本法研究成果和中外法治文明成果为借鉴，全面系统地阐述基本法的规定，创建基本法的法学理论体系。用形象的话来讲，我们要通过编写教材，形成有说服力的基本法法学理论，前面讲的"核心"、"基础"和"借鉴"就是支撑这套理论的三根支柱。

（一）基本法教材要以论述香港和澳门特别行政区制度为核心

香港基本法和澳门基本法分别有 1 个序言、香港基本法 160 个条文（澳门是 145 个条文）、3 个附件和区旗区徽图案，它们之间是一个什么关系？打个比喻来说，这些内容不是一个一个苹果，装到一个叫基本法的筐子里，而是一串葡萄，虽然有很多葡萄粒，但串在一起，是有机的整体。一串葡萄有一根藤，把所有的葡萄粒串在一起，那么，是什么把基本法所有内容串在一起，从而形成一个有机整体？我们研究认为，这就是特别行政区制度。这个说法有没有依据？我们认为是有充分依据的。

首先是宪法依据。宪法第 31 条规定，"国家在必要时得设立特别行政区。在特别行政区内实行的制度按照具体情况由全国人民代表大会以法律规定。"第 62 条规定全国人大的职权之一是"决定特别行政区的设立及其制度"。按照这两条规定，以法律规定或由全国人大决定的是特别行政区内实行的制度或特别行政区制度。其次是基本法依据。两部基本法序言第三段规定，根据宪法，全国人大制定基本法，规定特别行政区实行的制度，以保障国家基本方针政策的实施，由此可以看出，基本法核心内容就是规定特别行政区制度。第三是立法法依据。立法法第 8 条第三项规定，"民族区域自治制度、特别行政区制度、基层群众自治制度"只能以法律规定。从以上依据可以得出这样的结论，从"一国两制"方针政策到基本法，实现了从政策到法律的转变，这个转变是通过创设一套特别行政区制度来实现的，特别行政区制度是"一国两制"方针政策的法律表现形式。宪法和基本法规定的特别行政区制度，不仅包括特别行政区内部的制度，例如社会经济制度、法律制度等，还包括国家管理体制和管理制度。我在香港回归前的 1996 年发表过一篇文章，论述基本法的核心内容，我说基本法的全部内容可以概括为三句话：坚持一个国家，保障国家主权；坚持两种制度，保障高度自治；坚持基本不变，保障稳定繁荣。这三句话既有中央对香港的管治，也有香港自身实行的制度，就是"一国两制", 就是基本法序言第三段规定的特别行政区制度。

只有用特别行政区制度这个概念, 才能把整部基本法贯穿起来, 从而形成一套基本法理论。我们前面讲到"一国两制"方针时, 讲了"三个重要组成部分", 当我们讲基本法时, 还可以相应地讲另外"两个重要组成部分", 即基本法是中国特色社会主义法律体系的重要组成部分, 基本法规定的特别行政区制度是我国国家管理体制的重要组成部分。后面"两个重要组成部分"与前面"三个重要组成部分"是相适应的。前面讲的"三个重要组成部分", 是从政治角度论述的, 后面讲的"两个重要组成部分", 是从法制角度展开的。这就顺利地把政治语言转化为法律语言, 为展开基本法理论阐述提供了逻辑起点。从特别行政区制度这个视角来读基本法, 基本法的各项规定都是这套制度的有机组成部分, 还可以把特别行政区制度细分为各种具体制度, 如授权制度、中央的事权制度、中央与特别行政区关系制度、驻军制度、行政长官制度、法律制度、司法制度、经济制度等, 它们之间紧密地联系在一起。此外, 以论述特别行政区制度为核心, 对香港尤其有现实需要, 因为从回归前直到今天, 香港有些人始终存在一种把香港作为独立或半独立政治实体的倾向, 在法律上主要体现为只讲基本法、不讲宪法, 讲基本法只讲高度自治权、不讲中央的权力, 甚至把两者对立起来。例如, 回归以前, 有香港人提出设立一个国际仲裁法庭, 法官由香港、内地和外国人组成, 仲裁中央与特区的纠纷, 这就是要和中央平起平坐。回归以后, 1999 年的"居港权"案中, 特区法院宣布有权审查全国人大的立法行为, 并有权宣布全国人大的立法无效，这就把香港的司法权凌驾于全国人大之上。2004 年 4 月 6 日，全国人大常委会释法以前，一些港人认为香港政制发展的启动权和决定权在香港，中央只负责最后的批准和备案，企图迫使中央接受他们在香港造成的既成事实。2007 年，一位反对派人士竞选特首时，政纲中的一条就是当选后要取消中央对特首的任命权。最近"次主权"的争论，提出香港拥有"次主权"，是一个"次主权实体"，可以进行"次主权外交"。这里无一不是把香港作为独立或半独立的政治实体这种心态的反映。因此，以特别行政区制度为核心阐述基本法，可以把中央和特区的权力统一到一套制度之中，把特别行政区管理体制纳入国家管理体制之中，可以有效纠正香港社会存在的不正确倾向，具有比较强的针对性。

（二）基本法教材要以基本法的各项规定及其丰富实践为基础

我们编写的教材要全面地阐述两部基本法，必须以基本法的各项规定为基础，这一点是毫无疑义的。两部基本法实施十几年来，积累了丰富的实践经验。理论来源于实践，把这一马克思主义的基本原理运用到基本法教材编写工作中，就是要在阐述基本法的各项规定时，把法律条文放在生动的实践中加以理解和把握，从而使有关基本法的理论牢固地建基于实践的基础之上，从而推进"一国两制"伟大事业的不断前进。如果说基本法要以论述特别行政区制度为核心，强调的是理论性，强调把讲政治寓于讲理论之中，那么，基本法教材要以基本法的各项规定及其丰富实践为基础，强调的就是实践性，强调理论要以实践为基础。

在基本法教材编写过程中，怎么突出实践性？首先就是要把"一国两制"方针政策和基本法的各项规定放在建设中国特色社会主义伟大实践中来考察，这一点是宏观的，讲的是国情问题，我们在明确指导思想时已经讨论过，我就不再重复了。我下面着重讲一下怎么把"一国两制"方针政策和基本法放在港澳社会政治环境下来研究的问题。

第一，要深入地了解"一国两制"方针政策和基本法的各项规定的历史。吴邦国委员长在纪念澳门基本法实施10周年座谈会上明确要求，要使年轻的一代知道基本法的历史和内涵。所以，我们这部教材要能够清晰地阐述基本法有关条文的历史。怎么做到这一点？首先，要深刻地阐述基本法制定时的宏观历史背景和现实情况，也就是我国的国情是什么，香港、澳门的历史和现实情况是什么，从而为基本法涉及的重大理论命题提供理论基础；其次，要深入地阐述基本法的制定过程及其讨论情况，也就是特别行政区制度设计时港澳社会原有制度是什么，当时各界人士的所思所想、所忧所虑是什么，从而为基本法的各项具体规定提供理论依据。出于这个目的，在这次会议上我们印发了两个基本法起草委员会的文件汇编和王叔文、肖蔚云主编的两本专著，大家可以从中得到许多需要的历史资料。

第二，要深入地了解"一国两制"方针政策和基本法的实施情况。以"一国两制"方针政策为基础，我国政府通过外交谈判，签署了中英关于香港问题的联合声明和中葡关于澳门问题的联合声明，解决了历史遗留的香港、澳门问题，实现了这两个地方和平回归祖国；制定了两部基本法，并以基本法为指导，妥善处理香港、澳门过渡时期的事务，实现了平稳过渡和政权的顺利交接；香港、澳门回归后，按照基本法的规定对香港、澳门实施有效管理，保持了港澳地区的繁荣和稳定。这些都说明，"一国两制"方针政策一旦登上历史舞台，就具有强大的生命力，并不断取得成功。基本法教材要对"一国两制"方针政策和基本法作出正确的评价，就需要深入地了解其实施的情况，了解其实施的历史。不仅知道其成功，而且还要深入地总结其为什么能够取得成功，知其然，还要知其所以然。出于这个目的，在这次会议上印发了香港特区筹委会预委会文件汇编、两个特区筹委会文件汇编以及党和国家领导人关于港澳问题的重要讲话。需要特别指出的是，港澳回归后，党和国家领导人的重要讲话具有很强的针对性，虽然采用正面的表述方式，但其内容都是有所指的，都是有具体的历史背景的，都针对着基本法实施中的情况。这些重要讲话实际上也是中央对"一国两制"方针政策和基本法实施情况的评价，具有重要指导意义，希望大家认真地加以学习和领会，并作为教材编写工作的重要指导思想。

第三，要深入地了解基本法实施过程中遇到的各种问题及其处理经过。香港、澳门回归祖国后，基本法实施情况总体是好的，但也遇到了不少新情况、新问题，其中有些问题，中央和特区政府依照基本法的规定妥善进行了处理，有些问题由于各种原因，还没有完全解决。比如，全国人大常委会三次解释香港基本法，两次就香港政制发展问题作出决定，中央政府也依照基本法处理了大量的涉港澳事务。在编写基本法教材过程中，要对这些问题进行深入的分析，尤其要研究总结中央依法处理港澳事务的经验，并从理论的高度对中央行使权力进行系统全面的阐述，巩固中央通过处理具体问题建立起来的管长远机制的成果。这是编写教材的重要任务。对特区实施基本法过程中遇到的问题也要进行深入的分析，结合实际情况对基本法的规定进行正确的阐释。为了使大家了解情况，我们专门印发了中央有关部门发言人及负责人关于基本法问题的谈话和演讲。我还有一个建议，就是从现在起，要在原有基础上，更加广泛地收集基本法实施中出现的各种争议，广泛收集特区法院涉及基本法的判决，每一个问题都要作为一个专题写出小资料，将来撰写教材时，可以从中进行归纳取舍，使我们的教材的论述建立在扎实的资料之上，做到言之有据，言之有理，言之有物，使每句话都经得起推敲和考察。

（三）基本法教材要以过去基本法研究成果和中外法治文明成果为借鉴

我在第一天会议上讲过，我们编写的基本法教材，不仅要获得中央的认可，内地学术界的认可，也要获得港澳社会的认可。怎么做到这一点？最重要的是要把基本法规定背后的道理讲透彻，基本法为什么是这样规定，而不是那样规定，在实践中为什么要这样理解，而不是那样理解，都分析得清清楚楚，讲得明明白白。这里强调三点：

第一，要借鉴基本法研究已经取得的成果。我们编写基本法教材，要获得各方面认可，就不能是立一家之说，而应当统百家之言，这就要求我们站在更高的角度来审视过去的基本法研究成果，借鉴这些研究成果。怎么借鉴？就是去伪存真，提炼升华。我们编写的是教材，要树立正确的基本法观点，因此，对于以往研究成果中正确、精彩的论述，都可以加以采纳。对于错误的观点，也有很重要的参考意义。我们不要在教材中对这些观点进行简单的批判，而要深入地研究这些观点，要知道它错在什么地方，通过针对性地提出正确的观点，来纠正其错误。两部基本法颁布后，内地和港澳学者写过不少专著和文章，王叔文、肖蔚云教授主编的基本法专著以及各种基本法文章要借鉴，香港佳日思教授撰写的《香港的新宪制秩序》及其他学者撰写的文章也要借鉴。向立场、观点与我们相同的人学习并不难，难的是向与我们立场、观点不同的人学习，这是使自己变得更加强大的不二法门。编写教材的包容度要大，我想在基本法教材编写过程中，要十分强调这一点。

第二，要借鉴港澳社会尊崇法治的观念。维护法治是港澳社会的核心价值观，长期以来形成了比较牢固的法治观念。特别是在香港，2004 年，我和徐泽、李飞去香港与港人对话，我讲香港最崇尚法治，把法治看得至高无上，过去，香港人从不公开质疑《英皇制诰》、《王室训令》，不是香港人接受殖民统治，而是明白其宪制地位至高无上，那么基本法作为香港宪制地位的法律，为什么得不到同样的待遇呢？香港崇尚法治的传统到哪里去了呢？两部基本法是香港、澳门法治的基石，从维护法治出发，深入地阐述基本法的规定，符合中央依法治港、依法治澳的基本方针，符合基本法的法律地位，也符合港澳居民的心理习惯，也只有这样，才能真正使我们编写的教材获得港澳社会的广泛认同，使正确的基本法的观念深入人心。要做到这个程度，就需要很好归纳和总结港澳社会的法治观念。在我看来，讲法治，就是要讲法律的确定性、稳定性，讲权力配置的规范性、程序性，还要讲权力行使的合法性、合理性，我们要充分借鉴这种观念，把它很好地运用到基本法教材的编写之中，把抽象枯燥的法律条文，转变为生动活泼的道理，通过讲道理，使基本法规定深入人心。

第三，要借鉴西方国家宣传宪法的方式。当今的西方国家，在宣传其宪法制度方面不遗余力，出版了大量的教材和著作，对于巩固西方国家资本主义政权发挥了重大的作用。在座的各位大多数是宪法专家，这方面的情况比我了解得更多。我们编写基本法教材，目的是维护国家管理体制和特别行政区制度，也要找几部西方国家宣传其宪法的著作，很好地研究和参考，借鉴其成功之处，并结合我们的实际情况，编写出有影响力的基本法教材。

三、基本法教材需要回答的若干重大问题

前面讲编写基本法教材的指导思想、基本思路，昨天下午我们初步讨论了基本法教材的基本框架、章节结构。17 日上午的会议上向大家介绍了我提出的 20 个重大问题，当时提出这 20 个重大问题，最初是为创设一套三地都认同的基本法理论，我想无论教材的框架怎么样，这些问题都是必须回答的。因此，这次会议之后，大家在深入思考教材大纲的同时，也要着手对

这 20 个问题进行研究，为下一步进入教材撰写阶段打好基础。下面我想讲一下为什么要提出这 20 个主要问题，以及这 20 个问题要研究些什么。当然，随着教材编写工作的深入，绝不仅仅就这 20 个，还可以提出新的问题。

1. 特别行政区制度是我国的基本政治制度。我提出这个命题，是受几次修宪的启发。1993 年、1999 年和 2004 年的三次修宪中，都有宪法专家提出，要在宪法国家机构一章第六节"民族自治地方"后增加一节，规定"特别行政区"。我个人认同这个观点，特别行政区制度和民族区域自治制度应当是平行的关系。我们提出教材要以论述特别行政区制度为核心，那么，特别行政区制度在我国管理体制中的地位是什么？这就是第一个必须回答的问题。最近出版的一些有关民族区域自治制度的著作，虽然没有把特别行政区制度作为基本政治制度，但都把民族区域自治制度与特别行政区制度作比较。还有一些介绍我国政治制度的书籍，专门介绍了"一国两制"。可以看出，学术界认为特别行政区制度应当是与民族区域自治制度平行的基本政治制度。当然，由于这个问题以前没有人公开讲过，又是涉及我国基本政治制度问题，需要很好地论述清楚，并获得中央的认可，这是一个需要研究的问题。

2. 宪法和基本法是规定特别行政区制度的宪制法律。香港回归后，法院判决及学术文章普遍把基本法称为"宪法"，这个说法排斥了国家宪法在香港特区的适用，实质是把香港作为独立或半独立的政治实体。因此，我们要讲特别行政区宪制性法律文件是指宪法和基本法。这就涉及宪法与基本法的关系，宪法对特别行政区具有什么效力，效力体现在哪里等问题。这个问题现在很多人研究，不少人觉得不难讲清楚，但迄今我还没有看到把这个问题讲得很清楚，连反对的人也挑不出毛病的文章，因此，也是一个需要深入研究的问题。

3. 特别行政区制度的特征及实行条件。特别行政区制度是我国对香港、澳门实施管理的制度，其基本特征就是在特别行政区保持原有的资本主义制度，实行"港人治港"、"澳人治澳"、高度自治。对个别地方采用特别行政区制度实施管理，是有前提和条件的，除了考虑到历史和现实的因素外，必须十分强调坚持"一个中国"是实行"两种制度"的前提、坚持国家主体实行社会主义制度是香港、澳门保持资本主义制度的前提。这方面邓小平同志有许多精辟的论述，在编写基本法教材时，怎么把这些论述转变为理论，仍需要深入地思考。

4. 特别行政区法律地位及其权力来源。这个就是授权理论，也是编教材的重要内容。基本法实施十多年来，现在大家普遍接受中央对特别行政区具有完整管治权力，特别行政区是根据国家管理需要设立的，是直辖于中央人民政府的地方行政区域；中央在保留必不可少权力的同时，授权特别行政区实行高度自治；基本法是一部授权法。尽管如此，香港仍有不少人认为中央与特别行政区之间是分权关系，用分权理论来解释中央与特别行政区的权力关系，还有极少数人把特别行政区的高度自治权与中央的管治权对立起来。因此，需要深入地阐述授权理论，以适应进一步实施基本法的需要。

5. 中央与特别行政区的权力运作关系。在特别行政区制度下，对特别行政区实施管理，既有中央的权力，也有特别行政区的权力，中央的权力是通过国家政治体制来行使的，特别行政区的权力是通过特别行政区政治体制来行使的，这决定了中央国家机关与特区政权机关存在着联系，基本法的许多规定都体现了这一点。因此，需要结合基本法实践，深入地阐述中央与特别行政区的权力运作关系，使中央与特别行政区政权机关密切地合作，以确保特别行政区实现良好管治。去年7月，我在澳门发表的一篇讲话在这方面进行了一些探讨，已经印发给大家，供研究参考。

6. 特别行政区的政治体制及行政管理权。最重要的就是行政主导问题。基本法为特别行政区设计了一套以行政为主导的政治体制。这套政治体制在实际运作中提出了一些新问题。在深入地阐述这套政治体制的同时，也要深入地分析这套政治体制在实际运作中遇到的新情况新问题，提出正确贯彻落实基本法规定的政治体制的措施。

7. 特别行政区的立法机关及其立法权。基本法实施以来，香港和澳门立法机关的权力行使出现不同的现象。需要针对特别行政区立法会具体运作情况，通过阐述基本法规定的方式，建议其运作改进的方向。

8. 特别行政区的民主发展。这是一个与特区政治体制密切相关的问题。从广义上讲，它不仅包括两个产生办法修改问题，而且包括特别行政区居民中的中国公民参与国家管理的民主权利、香港和澳门居民对特别行政区实行民主管理的各种制度。从狭义上讲，特别行政区的民主发展问题，特指行政长官和立法会产生办法的修改问题。按照全国人大常委会有关决定，2017 年香港特区行政长官可以采用普选产生的办法，在行政长官由普选产生后，立法会全部议员可以采用由普选产生的办法。我们编写教材时，需要着手研究未来两个产生办法的修改问题。此外，在香港，随着民主的发展，还出现了政党并在一定程度上存在政党政治的现象，也是研究香港民主发展时必须着重研究的一个课题。当然政党的问题在教材中可暂时不涉及。

9. 特别行政区的司法机关及其司法权和终审权。最重要的是特区法院的司法审查权问题。此外，还有如何使用司法复核权的问题，需要深入地研究并提出正确的观点。

10. 特别行政区的公务员制度。香港和澳门基本法实施后，香港曾推行公务员减薪、澳门推行公务员纳税，两地的公务员团体都以其待遇不如回归前为由告特区政府违反基本法。香港方面，在公务员制度上还有一个新发展，这是从 2002 年开始推行政治委任制度，形成政治委任官员与长俸制公务员并行的情况，如何处理好两者之间的关系，迄今仍然是一个重大问题。澳门方面，主要存在如何进一步规范公务员制度的问题。

11. 特别行政区的区域组织或市政机构及其制度。香港基本法规定，香港特别行政区可以设立非政权性区域组织，澳门基本法规定澳门特别行政区可以设立非政权性的市政机构。两个特别行政区成立后，都进行了"杀局"，香港是撤销了两个市政局，澳门是撤销了两个市政厅，把市政局或市政厅负责提供的民政服务收归政府。现在香港一直在争议扩大区议会的权力，澳门则有人主张恢复两个市政厅。这方面的问题也需要深入地加以研究，并提出正确的观点。

12. 特别行政区维护国家安全的制度。根据两部基本法第23条的规定，特别行政区应自行立法维护国家安全。现在澳门已经通过了维护国家安全法，香港还没有进行这方面的立法。这本身就是一个重要的研究课题。现在看来，建立特别行政区维护国家安全制度是十分重大的研究课题，它不仅涉及基本法23条立法，还需要进行各方面的制度建设，这方面需要深入地加以研究。23条立法不完成，就不能说基本法得到了完全执行和落实。

13. 特别行政区处理对外事务的制度。香港和澳门回归祖国后，在外交权属于中央的原则下，按照基本法的规定和中央政府的授权和安排，广泛地参与国际组织的活动，参加了许多国际公约。在单一制国家中，地方行政区域享有这么广泛地处理对外事务的权力，是史无前例的。要对这方面的实践进行深入的总结，并在理论上进行探讨。

14. 特别行政区保护居民基本权利和自由的制度。由于历史的原因，香港和澳门保护居民基本权利和自由的理论和法律制度，与内地的法律制度有比较大的差别。要通过深入研究香港有关保护人权方面的案例，总结香港回归后保护人权制度的发展和变化，尤其是对维护国家安全的影响，阐述正确的基本法保护人权观念。这里，我还要讲一讲基本法第40条的问题，即"'新界'原居民的合法传统权益受香港特别行政区的保护"。新界是传统爱国爱港力量占据多数的地方，他们非常看重传统合法权益的保护问题。传统合法权益怎么界定，现在并不明确，大家可以研究筹委会当年的文件，进一步深入思考。

15. 特别行政区的出入境管制制度。基本法授权特别行政区对世界各国、各地区进入香港、澳门的人进行出入境管制。对内地进入特别行政区的人，要经中央政府批准，同时特别行政区也有管制措施。这方面规定的执行情况总体上是好的，主要问题出在香港对基本法居留权条文的理解。香港法院把基本法第 24 条视为人权条款，因此，作出最宽松的解释。但基本法第 24 条到底是人权条款还是移民管制条款，是一个有争议的问题。这个问题要从理论上加以探讨，并深入地加以阐述。

16. 特别行政区的经济、教育、文化、宗教、社会服务和劳工制度。这些都是自治范围内的事项，不做重点，但要涉及，以体现高度自治。这方面实际上可以细分为若干具体的制度。基本法有关特别行政区经济、教育、文化、宗教、社会服务和劳工方面的规定有一个特点，这就是在保留原有制度的同时，授权特别行政区自行制定有关法律和政策，同时可以因应时代的发展而发展。这些规定实施情况总体是好的，但在某些领域也出现一些问题，通常表现为港澳居民对某些方面制度和政策出现不满，但当政府提出改革时，又遇到很大阻力，最终演变为"双输"局面。因此，需要根据不断发展变化的形势，对基本法关于特别行政区经济、教育、文化、宗教、社会服务和劳工等方面的制度和政策进行研究，为特别行政区施政开拓空间。这个问题主要是为帮助提高特区政府施政能力出发的，教材中不是重点，但要涉及这些具体制度，这是高度自治的内容。

17. 特别行政区与全国其他地方司法机关的司法互助制度。两部基本法都规定，特别行政区可与全国其他地方的司法机关通过协商依法建立司法联系和相互提供协助。目前，在民商事方面，内地司法机关与两个特别行政区的司法机关达成几项司法协助安排，在刑事方面，内地执法部门与港澳地区的执法机关也建立一些协作关系，但还没有达成具有法律约束力的司法协助安排。这方面内地专家学者进行过一些研究，但总体上看，创新比较少，对实际工作部门帮助不大。因此，这方面还需要进行深入的研究。

18. 特别行政区与全国各地方的协作关系。17、18 不是重点，但都需要研究。两部基本法只规定，中央有关部门和各地方不得干预特别行政区的事务，对于特别行政区与全国各地方的协作关系，没有作出专门的规定。2004 年 6 月，内地九个省和香港、澳门特别行政区签署了《泛珠三角区域合作框架协议》（即"9＋2"），随着国务院批准《粤港合作框架协议》、《前海深港现代服务业合作区总体发展规划》、《横琴总体发展规划》等，两个特别行政区与内地各地方尤其是与广东省、深圳市、珠海市的合作关系有了很大的发展。怎么从基本法规定出发，为这种发展提供更强有力的法律支持，是摆在我们面前的一个现实法律问题，需要做出回答。总的来讲，就是要体现出祖国是香港、澳门繁荣稳定的坚强后盾。

19. 基本法的解释制度。香港回归后，全国人大常委会已经三次解释基本法的有关规定，香港法院在审理案件中经常对基本法进行解释。在澳门，也出现了法院解释基本法案件。需要根据这种情况，对基本法解释制度进行深入研究，在理论上阐述基本法的解释制度和机制，这是一个重点问题。

20. 基本法的修改制度。现在是有修改基本法的呼声，但没有迫切性。尽管目前没有修改基本法的需要，但对基本法修改制度问题也要进行必要的研究，如启动的程序等。

最后，我对大家在这几天讨论中提出的意见、建议作一个总体回应。首先，关于教材定位和对象问题。要编写的是一本面向内地院校供教学使用的基本法统编教材，对象主要是大学本科生，不是党政干部读本。但同时我们也要兼顾几个方面的需要，一是作为教育部的统编教材，要体现出官方的权威性，要考虑到对港澳的影响。二是港澳人士和公务员来内地培训，使用的应该也是这本教材。三是我们内地从事港澳工作和港澳研究的同志，也要使用这本教材。因此，这本教材在定位上要把这几个方面都考虑进去。

其次，关于教材的结构问题，是采用学科式、学理式，还是法典或法条注释式？我们要把学科式和法条注释等结合起来，偏重于形成基本法理论。法条注释也要纳入基本法理论体系内来注释。因此，教材不能编成通俗读本，必须有很强的学理性。我们解释基本法，胡锦涛同志提出两条要求，"程序走充分，道理说透彻"，法条注释也要有理论支撑，但又不是说教。总的要求应当是通过编写这本教材，准确阐述基本法观点，基本法的原理，最终形成基本法理论体系。

第三，关于教材的体例结构。这个问题等会儿李飞副主任还要讲，大家回去思考。我想，教材的开篇，总要交代一下历史，香港问题的由来，历史上怎么回事，中英谈判到"一国两制"提出等。二是要有个总论性的东西，把基本法重大理论问题说透，包括主权理论、"单一制"理论、"单一制"下的"一国两制"理论等，这就是教材的纲，纲举才能目张。三是要有分论，分论就是分专题，在教材里就是"章"，讲具体制度。大家的意见是这部分不要面面俱到，要有重点。特别要有问题意识，但不要写成论战式。

编这部教材，我很赞成胡锦光教授讲的："既要有学者独立研究，又要统一到一种指导思想。独立研究为基础，又要服从于总体指导思想。我们落脚点是统编教材，因此要采用通说。"我再说得更直接一些，我们接受的是政治任务，尽管是政治任务，我也非常赞成大家讲的政治性语言要尽量淡化，要转化为法律语言。法律语言也可以是通俗易懂的法言法语，要有可读性。我也赞成恰到好处地引用领导人的原话，主要是邓小平同志的讲话，一定要引用，但不是铺天盖地。

香港发展与国家发展战略的关系
以及中央对香港的宪制权力*

　　几天前我看到香港的一家报纸报道，"乔老爷南下晤港区人大"，说我这次可能是来谈"立法会功能组别去向"、"2017 年普选特首门槛"等问题。其实都猜得不准。今天的会议是每年"两会"前的例会，是为"两会"做准备的，我今天讲的内容也应当围绕"两会"的主题。今年人大会议的一个重要议题就是审查通过"十二五"规划，香港社会高度关注国家"十二五"规划，特别关注并且希望国家发展规划中能够给香港特区一个明确的定位，使香港能够随着国家的不断发展而发展，同时香港也为国家的发展作出更大的贡献。这是一个非常好的现象。好在什么地方？我们可以回顾一下回归初期是什么情况。我首先回想起 1998 年"两会"期间，徐四民老先生在政协会议上讲香港问题，引起了一场大的风波，香港的事只能在香港讲，到北京讲似乎大逆不道；又回想起香港有些人对董建华先生所讲的"国家好，香港就好；香港好，国家更好"的冷嘲热讽，

　　* 2011 年 2 月 17 日，在香港中联办举行的港区全国人大代表、全国政协委员报告会上的讲话。讲话印发《动态与研究》2011 年第 7 期。

不以为然；还回想起香港受到亚洲金融危机的冲击后，1998 年中央推动成立了粤港高层联席会议，期望通过加强粤港合作，促进香港经济尽快复苏，但特区政府个别主管官员抱着"紧守罗湖桥界线"的心态，致使这个联席会议没有取得应有的成效，在其他国家和地区已经开始从经济危机中复苏的 2003 年，香港却陷入最困难的时候，导致数十万人上街游行，而最终还是通过 CEPA 和个人行，推动香港经济好转。我今天重提这些往事，只想说明，香港社会认识到香港的发展离不开内地，有一个痛苦的历程，甚至付出了代价，而这个认识其实是一个常识。这个常识是什么？这就是无论是过去、现在还是将来，香港的发展都离不开内地。从历史上来讲，英国占领香港后的一个世纪里香港并没有发展起来，而上个世纪 60 年代开始经济起飞，为什么？这与新中国成立时大量的资本、人才涌入香港有关，与中央当时对香港的政策有关；上个世纪 80 年代中后期，所谓 97 大限，香港过渡时期出现了公司迁册潮、移民潮，而依然保持经济增长，为什么？其中的关键因素就是内地改革开放给香港带来无限的商机；香港回归后经历几次大的国际经济危机的冲击，依然保持繁荣稳定，又是为什么？关键还是有祖国作为强大的后盾。所以，我说香港的发展离不开内地，其实是一个常识问题。回归常识，正确地认识香港与内地唇齿相依的关系，认识香港的发展与国家整体发展战略的关系，就能够正确认识香港的地位和作用，从而使香港的发展少走弯路，更加平稳。经济问题是这样，其他问题上也是同一个道理。

今天我想以此作为切入点，结合"一国两制"和基本法，从国家整体发展战略的层面来谈与香港的关系、香港的发展。大家知道，我国的国民经济和社会发展五年规划是围绕国家发展战略目标制定的，要讨论香港发展纳入国家发展规划问题，必须理解"一国两制"方针政策在国家发展战略中的地位，它同国家发展战略是一种什么样的关系。对这个问题我想展开来谈一谈，这样既围绕大会的主题，又不离开"一国两制"和基本法。我下面所讲的内容，如果要安一个标题的话，可以叫作"香港发展与国家发展战略的关系"，都属于个人学习体会，个人的思考，和大家交流。

1981 年中央决定在 1997 年收回香港，并着手制定对香港的基本方针政策，1982 年初，这些基本方针政策初步确定下来，开始广泛听取香港各界人士的意见。如果从这个时候算起，"一国两制"的实践已走过了 30 年的时间。在这 30 年间，发生了什么重大事情呢？在座的各位都是这段历史的亲历者、参与者，我看是不是可以用这样三句话来概括：一是以"一国两制"方针政策为基础，我国政府通过外交谈判，签署了中英联合声明，实现了香港回归祖国；二是制定了香港基本法，规定了香港特别行政区实行的制度，并以"一国两制"方针和基本法为指导，妥善处理香港过渡时期的事务，实现了香港的平稳过渡和政权的顺利交接；三是设立香港特别行政区，按照基本法的规定对香港实施有效管理，保持了香港的繁荣和稳定。通过这一简要的回顾，我们可以得出这样的结论，"一国两制"方针政策自从登上历史舞台，就显示出强大的生命力，并不断取得成功。为什么"一国两制"方针政策能够取得成功？这当中有中央和香港特区政府的努力，有全国人民的支持和包括在座各位在内的香港各界人士的贡献，但最根本的是这些方针政策站得高，看得远，立足于我国国情，并充分照顾到香港的历史和现实情况，与国家发展战略紧密联系在一起。这个说法的依据在哪里？我看至少有三个主要依据。

第一，从历史上看，中央一直把香港问题作为一个战略问题来处理。新中国成立时，中央决定暂不收回香港，并逐步形成了"长期打算，充分利用"的对港工作方针。为什么有这样的决策？背后就是战略考虑。大家回顾一下，新中国成立以后，我国建设和发展的外部环境是什么？这就是西方国家不承认中华人民共和国，对我国进行了长期的封锁，这种状况直到1979年1月中美建交后才从根本上打破。曾经在很长时间内，我国开展国际交往只有三个通道，即经过苏联、巴基斯坦和香港。所以，新中国成立时中央决定暂时不收回香港，从战略上来讲，最重要的是保持一条我国与国际社会进行接触的战略通道，同时也保持一个我国可以与世界各国开展国际贸易的主要场所。今年1月14日《人民日报》报道了李克强副总理访问英国时会见了英国48家集团俱乐部，克强副总理访英的日程这么繁忙，为什么还专门安排会见这个俱乐部？了解这个俱乐部背景的，都知道这个俱乐部同香港是有特殊关系的。这个俱乐部的前身是成立于1954年的英中贸易48家集团，由一批打破西方国家对华禁运，被誉为"破冰者"的英国工商界人士组成。为什么他们敢于打破西方国家对华封锁？这是因为英国为了保持对香港的管治，在西方主要国家中，第一个承认中华人民共和国，这就为英国工商界人士打破封锁、开展对华贸易提供了条件。克强副总理这次会见的已经是 48 家集团的继承人了，一代一代传下来了。从这件事也可以看出，中央当年在香港问题上的决策，不仅对于打开新中国外交局面具有重大意义，对于打破西方国家对我进行封锁，也具有重大意义，是建基于我国生存和发展需要的战略决策。理解了这一点，才能理解为什么 1962 年国家经济最困难的时候还开通三趟快车，向香港输送副食品；才能理解 1965 年香港缺水的时候，中央决定建设东江工程，向香港供水，这不仅是食品和水的问题，更重要的是战略问题。

第二，在制定对香港基本方针政策过程中，中央同样把香港问题作为一个战略问题来考虑。这个提法不是我今天发明的，而是在邓小平同志关于香港问题的重要论述中找到的答案。1988 年 6 月邓小平同志在谈到五十年不变问题时曾经明确指出，"为什么说五十年不变？这是有根据的，不只是为了安定人心，而是考虑到香港的繁荣和稳定同中国的发展战略有着密切的关联。中国的发展战略需要时间，除了这个世纪的十二年以外，下个世纪还要五十年，那么，五十年怎么能变呢？现在有一个香港，我们在内地还要造几个'香港'，就是说，为了实现我们的发展战略目标，要更加开放。既然这样，怎么会改变对香港的政策呢？实际上，五十年只是个形象的讲法，五十年后也不会变。前五十年是不能变，五十年之后是不需要变。"从这一段话可以看出，邓小平同志领导制定的"一国两制"方针政策，是放在我国国家发展战略的大框架中加以考虑的。通过学习邓小平同志的重要论述，我们可以体会到，不仅是五十年不变问题与实现国家发展战略联系在一起，而且在香港实行"一国两制"，也是充分考虑到实现国家发展战略的需要。要说明这一点，就需要回到 1979 年中央在十一届三中全会后提出的新时期三大历史任务，即加紧社会主义现代化建设，争取实现祖国和平统一和反对霸权主义、维护世界和平。有关香港问题的处理，同时涉及上述三大历史任务，具体来说，解决历史遗留下来的香港问题，是实现祖国统一这一历史任务的重要内容；同时，在"长期打算，充分利用"的方针政策下，我国政府采取了一系列措施支持香港，从上个世纪六十年代开始，香港经济起飞，出现了繁荣发展的局面，这对我国现代化建设很重要；而香港问题又涉及到英国，涉及到我国与西方阵营的关系，采取什么方式解决，直接影响到我国建设与发展所需要的外部环境。怎么既能够收回香港，朝实现祖国和平统一迈出重要一步，又能够使之对我国的现代化建设继续发挥特殊作用，还能够有利于维护世界和平？用邓小平同志的话来说，这就只有实行"一国两制"。从这个角度来看，"一国两制"是一项纲举目张的政策，在国家发展战略中具有重大意义。

第三，坚定不移地贯彻落实"一国两制"方针政策，保持香港长期繁荣稳定本身是国家发展战略的应有之义。"一国两制"方针政策和"长期打算，充分利用"的方针政策，尽管都是战略决策，但它们之间有一个根本不同，这就是"长期打算，充分利用"更多地把保持香港的特殊地位作为一种手段，而"一国两制"方针政策则把保持香港长期繁荣稳定作为国家的目的，作为国家发展战略的组成部分。这个说法的道理在哪里？

只要看一看改革开放 30 多年来内地的发展就能明白。拿香港与深圳比较，上个世纪八十年代初，香港已经是一个国际大都会，深圳还只是一个小渔村，中央决定在深圳设立经济特区，要把深圳建设成像香港一样繁荣的城市，当然没有任何理由不采取措施保持香港的繁荣稳定。发展深圳是国家发展战略的组成部分，保持香港的繁荣稳定也是国家发展战略的组成部分。从更宏观的角度来讲，我们建设中国特色社会主义，根本目的是实现国家的繁荣富强，人民的共同富裕，实现中华民族的伟大复兴，香港回归祖国后，保持社会稳定，经济繁荣，人民安居乐业，与国家改革开放政策是完全一致的，与中央的强国、富民治国目标是完全一致的，也是建设中国特色社会主义的本质要求。因此，邓小平同志说，"我们的社会主义制度是有中国特色的社会主义制度，这个特色，很重要的一个内容就是对香港、澳门、台湾问题的处理，就是'一国两制'。""'一国两制'除了资本主义，还有社会主义，就是中国的主体，十亿人口的地区坚定不移地实行社会主义。主体地区是十亿人口，台湾是近两千万，香港是五百五十万，这就有个十亿同两千万和五百五十万的关系问题。主体是一个很大的主体，社会主义是在十亿人口地区的社会主义，这是个前提，没有这个前提不行。在这个前提下，可以容许在自己的身边，在小地区和小范围内实行资本主义。我们相信，在小范围内容许资本主义的存在，更有利于社会主义。"需要特别指出的是，改革开放以来逐步形成的中国特色社会主义理论体系，是指导我国建设与发展的理论，"一国两制"在这个理论体系中具有十分重要的地位，它既是实现国家统一的战略构想，也是国家对香港、澳门实施管理的方式。

　　由于保持香港繁荣稳定是国家发展战略的一个组成部分，针对香港回归后遇到的新情况、新问题，2004 年中国共产党十六届四中全会作出的《中共中央关于加强党的执政能力建设的决定》第一次提出，"保持香港、澳门长期繁荣稳定是党在新形势下治国理政面临的崭新课题"。为什么是"崭新课题"？这是因为香港和澳门是享有高度自治权的特别行政区，保留了原有的资本主义制度，如何管理好这两个地方，在中国共产党领导革命、建设、改革的历史上是从未有过的。2007 年党的十七大报告在此基础上进一步提出，"保持香港、澳门长期繁荣稳定是党在新形势下治国理政面临的重大课题"，强调保持香港、澳门长期繁荣稳定的重要性和长期性，同时也提出了不断探索前进的任务。理解了这一点，就能够比较好地理解香港回归后中央在一些重大问题上的决策，包括全国人大常委会的三次释法、两次有关政制发展的决定（第一次释法阻止了大批港人在内地的子女涌入香港，第二次释法确立管长远的政制发展"五步曲"机制，第三次释法解决了补选的行政长官的任期这一宪制危机，三次释法都是为了维护香港的繁荣稳定。对政制发展两次作出决定的出发点和三次释法的目的是完全一样的。政制发展问题直接关系到香港特区的政权归属，保住政权不落入反对派手中，这是维护香港繁荣稳定的前提）；也就能够理解在香港受到国际金融危机冲击时，中央采取一切必要的措施帮助香港特区渡过难关，并大力推动粤港合作，把香港的发展纳入国家的五年发展规划，为保持香港繁荣稳定建立更加坚实的基础。中央的这些决策和上个世纪六十年代向香港供水、供食品一样，不是一个简单的帮助或照顾香港的问题，而是涉及国家整体发展战略的问题。

讲到在香港实行"一国两制"是国家发展战略的组成部分，可能有的人心里已经在问，怎么解释"井水不犯河水"的说法？"组成部分"就是你中有我，我中有你，井水河水合在一起。在这里，我顺便谈点看法。首先，我想指出的是，"井水不犯河水"最早是江泽民主席讲的，针对的是香港极少数人和一些组织企图颠覆中央政府，改变国家实行的社会主义制度的情况，强调的是在"一国两制"下，国家主体实行的社会主义制度和香港实行的资本主义制度可以也应当和谐共处、互相尊重，不应当也不允许以一种制度去改变另一种制度，这与邓小平同志关于采用"一国两制"方式，我不吃掉你，你不吃掉我的说法一样，都是一种形象的说法，异曲同工。所以，"井水不犯河水"，主要是讲"两制"之间的和谐共处，"两制"要共存，互不改变对方，而讲到内地与香港这两地，"两地"要融合，两制共存、两地融合，这两者之间不仅没有矛盾，而且相辅相成，是"一国两制"生命力之所在。其次，香港是国家不可分离的部分，国家对香港拥有完整的主权，中央对香港依法享有全面的管治权，同时，基本法第21条也明确规定，香港居民中的中国公民享有依法参与国家事务管理的权力，有权依法选出全国人大代表，参与最高国家权力机关的工作，这是"一国两制"的重要内涵。前面我已经讲过，在香港实行"一国两制"是国家发展战略的组成部分，这意味着广大香港同胞都是国家建设与发展的参与者，而不是旁观者。因此，正如 1 月 14 日李建国副委员长对你们所讲的，"广大港澳同胞关心国家的事情，关心内地的事情，无论关心的是积极的、正面的事情，还是消极的、负面的事情，都是心系祖国的表现，大家的爱国感情和热忱值得充分肯定。大家对港澳、对内地发生的一些问题有时表示特别关注，并提出监督意见和批评，也是正当的。"在我看来，我们国家建设和发展所取得的成就，包含着广大香港同胞的心血和贡献，我说的贡献，不单指向内地输入资本和技术，也指对国家建设和发展的建言献策，包括对内地存在的各种问题提出的批评和改进意见。第三，我们始终欢迎香港社会各界人士对国家建设和发展中存在的问题提出意见，甚至批评，但正如李建国副委员长所要求的，大家作为爱国爱港的代表人物，在对内地一些问题和事件公开发表不同意见时，希望多了解各方面的情况和背景，具体问题具体分析，注意方式方法和与有关方面沟通。提出这个要求，我理解，主要是考虑到香港复杂的社会政治生态，是对大家的关心和爱护，同时也是对中央有关工作机构要尽快建立沟通机制的要求。

回到正题，贯彻落实"一国两制"方针，严格按照基本法规定办事，保持香港长期繁荣稳定是国家发展战略的组成部分，中央在制定国民经济和社会发展五年规划时，把香港、澳门纳入其中，就是题中应有之义，十分自然的事情。对国家的"十二五"规划，香港社会的期望值很高，这说明什么问题呢？说明香港社会普遍希望有明确的发展方向，通过发展来保持香港的繁荣稳定。怎么明确香港的发展方向？这就需要在国家整体发展战略的框架内，制定香港自身的发展战略。1998 年江泽民主席就明确提出，香港要很好地谋划未来的发展。去年曾荫权特首到北京述职时，温家宝总理向他提出了三点希望，其中一条也是希望香港特区抓紧谋划未来的发展，为长期繁荣稳定打下基础。因此，制定香港本身的发展战略，既是香港社会的期望，也是中央的一贯要求。从基本法的角度来讲，香港未来的发展，既需要中央从国家整体发展战略的高度给香港一个定位，给香港各种必要的支持，但主要决定权在特区手中。这一点，只要我们翻看一下基本法规定，就能明白。比如说，基本法第109 条规定，"香港特别行政区政府提供适当的经济和法律环境，以保持香港的国际金融中心地位。"第 115 条规定，"香港特别行政区实行自由贸易政策，保障货物、无形财产和资本的流动自由。"基本法第五章第三节"航运"、第四节"民用航空"对香港特区的航运体制和民用航空地位作了明确的规定。再比如，基本法第 118 条规定，"香港特别行政区政府提供经济和法律环境，鼓励各项投资、技术进步并开发新兴产业。"第 119 条规定，"香港特别行政区政府制定适当政策，促进和协调制造业、商业、旅游业、房地产业、运输业、公共事业、服务性行业、渔农业等各行业的发展，并注意环境保护。"这里我只能举几个条文作例子，通过这些条文，我们可以看出，无论是保持香港的国际金融中心地位等还是增强产业创新能力，开发新兴产业，推动社会经济协调发展，权力在特区。因此，我们要以这次"两会"审议通过国家"十二五"规划为契机，大力推动制定香港自身的发展战略。我相信，只要有了这样的发展战略，就可以把香港的民心、民智集中到发展经济、改善民生上，从而带动香港深层次问题的解决。

讲到香港的发展，既要中央在国家发展规划中对香港作出定位，也要特区制定自身的发展战略，这就涉及基本法关于中央与特区权力的规定，涉及中央对香港的宪制权力。现在我回过头来讲一讲中央对香港的宪制权力。这是我今天想讲的第二个问题。也是向大家汇报个人学习体会，和大家交流。我想作为全国人大代表、全国政协委员，对这个问题应当了解得更多一些、理解得更深一些、把握得更准一些。

中央对香港的宪制权力，从大的方面来讲，可以分为三个层面：一是恢复对香港行使主权，制定对香港的基本方针政策；二是决定设立香港特别行政区，制定香港基本法，规定在香港特别行政区实行的制度；三是按照基本法的规定，依法行使一些具体的属于中央的权力，处理涉及香港特区的事务。中央行使这三个方面的权力都可以称为对香港行使宪制权力。我们现在通常所讲的中央对香港的宪制权力，主要是指第三个层面的权力，也就是依照基本法的规定中央对香港特区具有的权力及其运作。对这个问题一般的讲法，我也常这么讲，就是把基本法具体写明的中央权力一一列举出来，如中央政府对行政长官和主要官员的任命权、基本法的解释权、基本法的修改权、对行政长官产生办法和立法会产生办法修改的决定权、对特区立法机关制定的法律的监督权、防务和外交事务的管理权、向特区作出新授权的权力、香港特区进入紧急状态的决定权等。除了基本法明确规定的权力外，中央政府还有一些权力是蕴含于基本法有关规定之中的。比如说，基本法第 12 条规定，香港特区是直辖于中央政府的地方行政区域，这里的"直辖"就是直接管辖的意思。基本法第 43 条规定，行政长官依照基本法的规定对中央政府负责，要求行政长官向中央政府负责，这里的"负责"主要是什么内容呢？基本法第 48 条第二项规定行政长官"负责执行"基本法，这是负责的主要内容。此外，基本法还规定了一些具体负责的内容，例如，报请中央政府任免主要官员，执行中央政府就基本法规定的有关事务发出的指令，处理中央授权的对外事务和其他事项等。香港回归祖国后，行政长官每年都要到中央述职，这也是负责的一种形式。按照宪法的规定，中央政府即国务院的职权之一是统一领导全国地方各级国家行政机关的工作。基本法没有明确规定中央政府领导香港特区行政机关的工作，而是规定香港特区"直辖"于中央人民政府，行政长官须对中央人民政府"负责"，与宪法规定的原则精神是完全一致的，"直辖"和"负责"这两个概念，就蕴含了中央对香港特区的一般性权力。需要特别说明的是，无论是列举的权力还是蕴含的权力，基本法一旦作出规定，全国人大及其常委会和中央政府就要严格按照基本法规定办事，不能超越基本法规定行使权力，这是法治的一般要求，香港回归前后，中央领导人一再讲中央不干预香港高度自治权范围内的事务，也是从这个角度来讲的。同时，香港特区也要严格按照基本法规定行使高度自治权，这同样是法治的要求。前面讲到的特区自身发展战略决定权在特区，中央主要是支持、配合，不能干预，更不能决定，就是这个意思。

以上是对中央宪制权力一般的讲法，就是把基本法的规定一一列举出来，很具体、很清楚，我今天想换个讲法，从宏观的角度讲这个问题，提出一个概念，即中央依法行使宪制权力是特别行政区制度的重要内涵。大家对这个提法可能有些生疏，有些疑问，中央对香港行使宪制权力，怎么成了香港特区制度的内涵。大家知道，香港基本法有 1 个序言、160 个条文、3 个附件和区旗区徽图案，它们之间是一个什么关系？打个比喻来说，这些内容不是一个一个苹果，装到一个叫基本法的筐子里，而是一串葡萄，虽然有很多葡萄粒，但串在一起，是有机的整体。一串葡萄有一根藤，把所有的葡萄粒串在一起，那么，是什么把基本法所有内容串在一起，从而形成一个有机整体？我们研究认为，这就是特别行政区制度。这个说法有没有依据？我们认为是有充分依据的。

首先是宪法依据。宪法第 31 条规定，"国家在必要时得设立特别行政区。在特别行政区内实行的制度按照具体情况由全国人民代表大会以法律规定。"第 62 条规定全国人大的职权之一是"决定特别行政区的设立及其制度"。按照这两条规定，以法律规定或由全国人大决定的是特别行政区内实行的制度或特别行政区制度。其次是基本法依据。基本法序言第三段规定，根据宪法，全国人大制定基本法，规定特别行政区实行的制度，以保障国家基本方针政策的实施，由此可以看出，基本法核心内容就是规定特别行政区制度。第三是立法法依据。立法法第 8 条第三项规定，"民族区域自治制度、特别行政区制度、基层群众自治制度"只能以法律规定。从以上依据可以得出这样的结论，从"一国两制"方针政策到基本法，实现了从政策到法律的转变，这个转变是通过创设一套特别行政区制度来实现的，特别行政区制度是"一国两制"方针政策的法律表现形式。宪法和基本法规定的特别行政区制度，不仅包括特别行政区内部的制度，例如社会经济制度、法律制度等，还包括国家管理体制和管理制度。我在香港回归前的 1996 年发表过一篇文章，论述基本法的核心内容，我说基本法的全部内容可以概括为三句话：坚持一个国家，保障国家主权；坚持两种制度，保障高度自治；坚持基本不变，保持稳定繁荣。这三句话既有中央对香港的管治，也有香港自身实行的制度，就是"一国两制"，就是基本法序言第三段规定的特别行政区制度。香港特区享有的高度自治权是香港特别行政区制度的组成部分，中央对香港的宪制权力也是香港特别行政区制度的组成部分。只有把中央对香港的宪制权力放在香港特别行政区制度的框架内来理解，才可能全面准确地理解这种权力。从特别行政区制度这个视角来读基本法，基本法的各项规定都是这套制度的有机组成部分，还可以把特别行政区制度细分为各种具体制度，如授权制度、中央的事权制度、中央与特别行政区关系制度、驻军制度、行政长官制度、法律制度、司法制度、经济制度等，它们之间紧密地联系在一起。此外，以论述特别行政区制度为核心，对香港尤其有现实需要，因为从回归前直到今天，香港社会始终存在一种把香港作为独立或半独立政治实体的倾向，在法律上主要体现为只讲基本法、不讲宪法，讲基本法只讲高度自治权、不讲中央的权力，甚至把两者对立起来。例如，回归以前，有香港人提出设立一个国际仲裁法庭，法官由香港、内地和外国人组成，仲裁中央与特区的纠纷，这就是要和中央平起平坐。回归以后，1999年的"居港权"案中，特区法院宣布有权审查全国人大的立法行为，并有权宣布全国人大的立法无效，把香港的司法权凌驾于全国人大之上。2004年4月6日，全国人大常委会释法以前，一些港人认为香港政制发展的启动权和决定权在香港，中央只负责最后的批准和备案，企图迫使中央接受他们在香港造成的既成事实。2007年，一位反对派人士竞选特首时，政纲中的一条就是当选后要取消中央对特首的任命权。最近"次主权"的争论，提出香港拥有"次主权"，是一个"次主权实体"，可以进行"次主权外交"。这里无一不是把香港作为独立或半独立的政治实体这种心态的反映。因此，以特别行政区制度为核心阐述基本法，可以把中央和特区的权力统一到一套制度之中，把特别行政区管理体制纳入国家管理体制之中，可以有效纠正香港社会存在的不正确倾向，具有比较强的针对性。

从更大的层面来讲，香港特别行政区制度是国家管理制度的组成部分，我国的国家管理制度是由宪法规定的；国家在必要时可以设立特别行政区，实行特殊的制度，也是宪法规定的。那么怎么根据宪法来规定特别行政区制度呢？从基本法规定的内容看，大致可以概括为以下三个方面，这也体现了中央与特区的权力关系：

第一，特别行政区制度要符合单一制原则，这是我国国家管理制度的普遍性原则。全国人大决定设立香港特别行政区，制定基本法规定特别行政区实行的制度，这就是单一制原则的重要体现。具体到基本法条文，也全面地体现了单一制原则，例如，基本法第 1 条规定香港特区是我国的一个不可分离的部分，第 2 条规定香港特区的高度自治权是全国人大授予的，第 12 条规定香港特区是直辖于中央政府的享有高度自治权的地方行政区域，第 45 条规定行政长官对中央政府负责，等等，这些规定背后的法理依据都是单一制原则。在单一制国家里，地方没有固有权力，地方权力来源于中央授予。这是单一制国家的特点，中央与地方是授权关系。在授权下，授权者拥有完整的管治权是授权的前提，而且作出授权后，授权者对被授权者具有监督权。大家都知道，任何机构或个人，要作出授权，前提是他必须具有有关权力。全国人民代表大会是我国的最高国家权力机关，它授予香港特区行政管理权、立法权、独立司法权和终审权，前提就是中央对香港具有完全的管治权。这本来就是单一制国家中央与地方关系的应有之义。香港特区终审法院在人大第一次释法后对 1999 年 12 月的刘港榕案，终审法院判决认为，基本法第 158 条第一款规定的全国人大常委会解释基本法的权力是全面、不受限制的，基本法第 158 条第二款、第三款授权特区法院解释基本法，也表明全国人大常委会的这种权力是全面和不受限制的。只有这样，全国人大常委会才能够授权特区法院解释基本法。中央和香港之间的关系是授权和被授权的关系，从这个角度讲，基本法是一部授权法律。在基本法的规定中，凡是涉及国家管理制度的普遍性原则，均体现为中央的权力。

第二，根据宪法第31条，由全国人大以法律规定在特区实行资本主义制度，这是我国国家管理制度所允许的特殊性。基本法全面地规定了香港特区实行的资本主义社会、经济、文化等方面的制度，其中第11条规定，根据宪法第31条，香港特区实行的制度和政策，包括社会、经济制度，有关保障居民的基本权利和自由的制度，行政管理、立法和司法方面的制度，以及有关政策，均以基本法为依据。在基本法规定中，凡是涉及国家对香港实施管理的特殊性的内容，均体现为特区的高度自治权。

第三，特别行政区管理体制方面，基本法的有关规定既有国家管理的共性，也有特殊性。国家对香港特区的管理体制，通俗来说，就是香港回归祖国后，全国人大及其常委会和中央人民政府保留一些体现国家主权必不可少的权力，同时授予香港特别行政区处理内部事务的高度自治权，实行"港人治港"。在"一国两制"下，中央行使对特别行政区权力的体制是宪法和国家法律规定的国家政治体制，这是国家管理共性，基本法为香港特别行政区行使高度自治权专门设计了一套特区政治体制，这是特殊性。需要特别指出的是，国家政治体制与特区政治体制不是截然分开的，而是有内在的联系。这不仅体现在特别行政区的设立及其制度是由全国人大决定的，中央人民政府负责管理与特别行政区有关的国防、外交等事务，而且体现在基本法有关全国人大及其常委会、中央人民政府与特别行政区政权机关权力关系之中。因此，讲特别行政区的管理，既要讲特别行政区高度自治权，也要讲中央的权力；既要讲香港特别行政区的政治体制，也要讲国家政治体制，这两方面构成有机整体，只有中央和特别行政区政权机构在宪法和基本法规定的框架下依法履行职责，才能把基本法的各项规定落到实处，把香港的事情办好，从而实现香港的长期繁荣稳定和发展。

我想，从宏观的角度来理解和把握中央与特区的权力关系，对于我们理解"十二五"规划，谋划香港未来发展问题，也会有所帮助。

以上所讲的我再重复一遍，都是个人学习心得，有些思考还不深入、不全面、不成熟，尽管如此，我还是愿意讲出来与大家交流。欢迎批评指正。

基本法教材撰写工作的具体要求 *

——基本法教材编写委员会第二次会议的总结讲话

我们召开了两次基本法教材编写委员会会议，在第一次会议上，我们一起分析了编写基本法教材的必要性、迫切性和艰巨性，讨论了基本法教材的指导思想、基本思路和需要回答的若干重要问题，这次会议又比较深入地讨论了基本法教材大纲和编写规范，大家进一步统一了思想，明确了思路，下一步将按照分工，用大约半年的时间，起草出香港基本法教材的初稿。根据这次会议的情况，我讲两个问题，然后宣布一下教材各章节撰写分工。

一、关于基本法教材编写的下一步工作

按照原定计划，我们要在年底前拿出基本法教材初稿，从

---

* 根据基本法教材编写工作计划，基本法教材编写委员会于 2011 年 5 月 31 日至 6 月 2 日在北京召开了第二次会议。会议的中心任务是审议香港基本法教材编写大纲（讨论稿）和基本法教材编写规范（讨论稿），并确定香港基本法教材编写任务分工。会议原则通过了香港基本法教材编写大纲（讨论稿）和基本法教材编写规范（讨论稿），确定香港基本法教材编写大纲分为 14 章，21 位专家学者根据研究专长，优化组合，分头负责撰写各章初稿。会议结束时，乔晓阳同志作了总结讲话，对基本法教材编写的下一步工作进行了部署，并对基本法教材撰写工作提出了具体要求。

现在算起，只有 7 个月时间，而且经过这两天讨论，我们都看到有一些问题还需要花大力气研究，可以用"时间紧，任务重"概括我们今后一段时间的工作。因此，各位不能等到教材编写大纲出来以后才开始各章节的起草工作，有关工作要交叉进行。今后一段时间要做好以下四方面工作：

1. 抓紧确定基本法教材大纲，并报请批准。这次会议对基本法教材编写大纲进行了较为深入的讨论，由于时间的关系，来不及在会上把大纲稿修改出来。会后，港澳基本法委研究室要根据会议的要求，充分吸纳大家的意见和建议，尽快改出一份大纲稿。按照许崇德教授的建议，大纲稿要列出三级标题，在每一级标题下，简要地说明该标题准备阐述的主要内容，让人可以清楚地看出基本法教材的骨架。我们这个编委会就不再召开全体会议对大纲稿进行讨论了，6 月 14 日左右要请几位在北京的专家，把这个大纲骨架稿再过一遍，做得更稳妥一些。6月 17 日我们将召开基本法研究工作领导小组会议，大纲稿要再次提交讨论，并根据领导小组成员的意见作进一步修改。6 月下旬，我们将大纲及时印发各位。

2. 按照撰写工作分工，抓紧开始起草工作。前面我讲了有关工作要交叉进行。这次会议各位专家学者认领了教材各章节的撰写任务，希望大家不要等教材编写大纲出来才开始工作，而是按照分工，立即开始进行资料收集，主要问题的研究，对其中重点、难点问题开展攻关。昨天下午，胡锦光同志介绍了"马工程"宪法学教科书的编写经验，看来下一步统稿是一个难关。鉴于教材各章节初稿分别由 21 位同志起草，我们的统稿工作难度会更大。根据他们的经验，整章节推倒重写是常有的事，为了便于统稿，从语言风格到论述角度，都要在开始阶段就尽可能统一。为做到这一点，我建议大家对自己负责起草的部分，先思考具体内容及其编排，待教材编写大纲出来后，在大纲内容的基础上作进一步细化，先写出一个细目和撰写思路。最好在 7 月中旬完成这项工作，届时港澳基本法委机关会派人到各地，了解有关工作的进展情况，并与大家进行交流和讨论。事先做好这方面的功夫，努力使撰写思路和风格尽可能一致，教材各章节前后能够相互衔接、呼应，这对于下一步工作的顺利进行是十分必要的。

3. 签署课题委托协议，做好后勤保障工作。在各章节撰写工作负责人提出内容细目和撰写思路后，港澳基本法委办公室将与各位专家学者签署基本法课题研究委托协议，并以教育部特别委托课题的形式下达所在的院校。两个人合写一章的，可以变为两个课题，你们自己商量处理。昨天下午大家希望提高课题的级别，这个问题我们会与教育部进一步商量，尽量满足大家的要求。至于中央党校、中国社科院、国家行政学院、上海社科院，我们准备以我委名义下达课题。采用这种方式的目的，一是引起各位所在学校、单位的重视，二是便于向大家支付适当的研究经费。5 月 31 日上午的会议上，教育部社科司副司长张东刚同志提出可以邀请各院校的主管校长和各研究机构主要负责人出席我们的有关会议，我想这是一个机会，本来签署课题委托协议不需要召开专门的会议，但如果要请主管校长和各研究机构主要负责人来开会，可以考虑在北京召开一次签署委托协议的会议，这个问题我们将与教育部商量确定。需要说明的是，我希望在座的各位专家学者能够亲自动笔撰写教材初稿，当然大家也可以在学校组织课题组或请一些研究助手，这些问题请各自根据自己的工作情况自行确定。届时是以你们个人还是课题组的名义与港澳基本法委办公室签订协议，都可以。

4. 教材初稿起草期间，要加强沟通和交流。由于负责初稿起草工作的人员比较多，也比较分散，为了在初稿出来以后顺利进行统稿，除了要求大家先写出细目和撰写思路外，在撰写初稿过程中，港澳基本法委机关要与大家加强沟通与交流，各专题负责人之间也要加强沟通与交流，及时协调处理撰写过程中遇到的问题。尽管我们要求在年底前拿出初稿，但我希望能够在保证质量的基础上，尽可能早地完成初稿的起草工作，也不一定整装式提交给我们，也可以起草出来一个专题，就提交一个专题，以便我们安排时间进行审阅，这样，即使需要作一些修改，也有比较充裕的时间，确保工作任务的完成。

二、基本法教材撰写工作的具体要求

我们这次会议确定了基本法教材编写规范，这主要是技术性要求，大家一定要严格按照这个要求来做。除此之外，在具体撰写教材工作中，希望大家注意把握以下四点。

1. 要牢牢把握正确的政治方向。要编写出一本好的基本法教材，必须坚持政治性和学术性的有机结合。如果把教材比做一个人，政治性就是这个人的精气神，学术性是这个人的躯体。用句学术界比较喜欢的话来讲，政治性就是价值取向，一篇文章、一部著作可以写得很美，但文以载道，决定其格调和影响力的，始终是价值取向。在第一次会议上，我提出的基本法教材的指导思想，讲的就是正确政治方向问题，是教材撰写过程中必须始终坚持的价值取向，在这里我就不再重复了。按照这个指导思想，把政治性和学术性很好地结合起来，就要求很好地把中央对港澳的重大决策、党和国家领导人有关的重要讲话的实质吃透，在我们的教材中用法律的语言和理论，把这些决策和讲话精神很好地体现出来。在这个过程中，是不是要把握好这样三层关系：一是政治理论与法律理论的关系。党和国家领导人关于"一国两制"和基本法的重要论述，更多是从政治的角度来讲的，我们要牢牢把握其精神实质，然后转化为法律语言或理论，体现在我们的教材之中。比如说，邓小平同志曾经再三强调，"一国两制"要讲两个都不变，香港的资本主义制度保持不变，国家主体的社会主义制度也要保持不变，我们怎么把这一思想转化为法律理论呢？这就要讲宪法，讲维护宪法的义务，这就涉及宪法理论问题。二是特殊与一般的关系。中央关于香港问题的许多重大决策，都有特定的历史背景，就是领导人的讲话，也有特定的对象和场合，我们要深刻地领会和把握这种背景、对象和场合，在撰写教材中，从这些决策和讲话中提炼出具有一般指导意义的理论。基本法的某些规定也是如此。比如说，基本法中出现若干"备案"，一般"备案"是不影响生效的，像第 17 条规定的特区立法机关制定的法律报全国人大常委会"备案"，是不影响生效的；而基本法附件二规定的立法会产生办法的修改，要经立法会三分之二多数通过、行政长官同意，报全国人大常委会"备案"，这个"备案"就要由全国人大常委会以适当形式表决接受并颁布后，才能生效。那么，怎么从理论来加以说明？我们现在的说法是，第 17 条的备案是香港本地立法的备案，和内地地方性法规报备案不影响生效一样，而基本法附件二的修改是对基本法的修改，属于宪制层面的修改，所以，要全国人大常委会接受"备案"后才能生效，这里用备案的一般理论来阐述这个问题就说不清楚。三是坚持与发展的关系。中央对香港的基本方针政策，包括一些具体的说法，来源于当时社会政治情况的现实需要，我们在进行理论阐述时，需要加以完善和发展。比如说，很多人在许多场合都讲中央不干预特区高度自治范围内的事务，但我们看基本法，讲"不干预"只有一条，就是第 22 条，规定的是中央各部门、各省、自治区、直辖市均不得干预香港特区高度自治范围的事务，没有讲中央"不干预"。再看基本法第 12 条，明确规定香港特区"直辖"于中央政府，"直辖"就是直接管辖的意思，因此，从法律的严谨性来讲，对中央"不干预"的讲法，要从理论上加以阐述，恐怕要从中央依法办事的角度来讲，也就是说，由于基本法已经授予特区高度自治权，中央要按照基本法规定办事，尊重特区的高度自治权，不能越俎代庖，替特区政府作出决定。总之，我们要用学术的语言把基本法的许多规定阐述清楚，又要牢牢把握正确政治方向。

2. 要系统地梳理基本法的实践。我在上次会议上讲过，编这本基本法教材要靠三大支柱，其中之一就是基本法的各项规定及其丰富实践。我们这部教材，能不能站得住，能不能在前人教材基础上有所发展，很关键的一条就是能否对"一国两制"和基本法的丰富实践进行科学的总结，从中提炼出具有普遍指导意义的理论。我们要求教材第一稿可以用比较多的字数，主要就是考虑到要对每一个条文的起草历史、实施情况、遇到的主要问题进行梳理，从中提炼出我们的观点和看法，没有一定的篇幅不行。将来正式定稿时，可以在这个基础上进行压缩，以确保我们的每一项立论都建立在坚实研究基础上。怎么对基本法的实施情况进行全面的梳理？昨天上午我们讲到，香港特区行政长官和立法会产生办法修改有一个"五步曲"，我看基本法教材每一章节、每一个问题撰写是不是也需要一个"五步曲"，即第一步，要研究清楚基本法有关规定的基础，也就是说，在基本法起草时，当时香港这方面的制度怎么样，基本法有关规定是考虑了哪些方面的问题后作出的；第二步，要研究清楚目前香港有关方面的制度是什么，在基本法颁布之后，这方面的制度是怎么演变而来的，与基本法有关规定的设想是否存在距离，如果有，其原因是什么；第三步，要研究清楚基本法有关规定在实施中遇到什么问题，出现过什么争议，中央或特区有关部门是如何运用基本法有关规定处理这些具体个案的；第四步，要研究清楚全国人大常委会或特区法院对基本法有关规定是否进行过解释，如果有解释，其内容和理据是什么；第五步，内地和香港学术界对基本法有关规定的研究现状，提出过什么观点，并对这些观点进行深入的研究分析。以上要求可能过严了一些，但非如此不能产生一本对历史负责的精品。年底各个专题交稿时，我们要用这"五步曲"来衡量每一个章节的起草质量。走了这"五步曲",基本法每一个条文的实施中遇到的问题就不会有遗漏,教材内容就会更有针对性,有坚实的基础,而且更重要的是,通过这样一个研究过程,可以清楚看出香港特区有关制度的发展趋势,可以比较好把握我们需要提出的观点和看法。我相信,只要我们做好这些功夫,将来教材的读者就一定会感到,我们的每一项论述都是有历史和现实依据的,而且有很强的前瞻性,具有重要的实践指导意义。

3. 要创新性地回答一些重大问题。这次讨论的教材编写大纲,已经尽量把我们以前提出的 20 个重大问题融入其中。这些重大问题看起来简单,但深入下去,从理论上讲清楚,不是一件容易的事情,需要有所创新,有所发展。最近,上海社科院法学所主办的《政治与法律》连续两期刊登了论证特别行政区制度是我国基本政治制度的文章,提出一些有益的观点和论据,从中也可以看出,要把这个问题阐述清楚,还需要花很大的力气。再比如,焦洪昌教授讲他们正在写一篇关于宪法在香港特区适用的文章,写了 2 万多字,而且讨论了几次。要讲清楚一个问题,作出令人信服的回答,必须深入地考虑各方面的情况,否则,让人家抓住一个破绽,所有立论就都被推翻。从这两天我们讨论的情况看,要回答一些重大问题,仍需要付出很大努力。有些连我们内部都认识不一致的重大问题,要组织专题攻关小组。各位在编写过程中遇到需要攻关才能解决的重大问题,请主动向我们提出来。由于我们是要在一部教材里来论述这些重大问题,而教材的具体章节要由不同的人来起草,这里还提出一个要求,这就是尽管每一个人只研究和回答其中的一个到两个问题，但要求整部教材中这些重大问题的论述角度要相一致，论述内容要相配合，这进一步加大了回答这些问题的难度。因此，对基本法实施中的重大问题的研究和回答，要有宏观的思维，严谨的态度，开拓创新的精神，还要加强沟通和协调，做到各种观点相互呼应、相互印证，使整部教材的主要观点和思想一以贯之。

4. 要较高地展现学术理论水平。我在会议第一天讲过，现在各有关方面对我们编写的这部基本法教材寄予很高的期望，怎么回应这种期望？我们必须加倍努力写出一部展现内地宪法学界学术理论水平的、高水准的基本法教材。在座的专家学者在宪法学研究领域都很有成就，怎么展现教材的学术理论水平，大家比我有发言权。你们是法学论著的作者，我是读者，我想从读者的角度谈点对学术理论水平的认识。在我看来，一部好的著作，首先要体现一种战略思维，站得高，看得远，把主题内容放在一个宏观背景下来阐述。就基本法教材而言，就是要放在建设中国特色社会主义的国家发展战略中来阐述，用学术语言来讲，就是要很好地把握理论学说的主体性。"一国两制"和基本法是我们中国人创造出来的，它不是西方理论的注脚，而是我们自己的理论。这种理论的正确性来源于我们秉持的世界观、选择的国家发展道路以及采取的国家管理模式，西方国家的理论和实践可以参考，但不能刻意迎合，更不能用西方的理论对我们实践的正确与否进行评判。这就是我前面讲到的要有精气神、自信心。只有做到这一点，我们提出的理论才能有说服力、生命力和影响力。其次，一部好的著作，要有一种明快的理论框架，把要阐述的问题放在这个框架下有序地展开，逐层深入，前后呼应，一气呵成。大家都怕读长文章，其实不是怕文章长，而是怕长而无味。文章写得可读性强，再长也不怕。最近我读了张维为写的《中国震撼》一书，虽然有249页，18.5万字，但一口气就读完了，为什么呢？因为它引人入胜，它把大家思考又不解的问题一一用通俗易懂的道理、事实解开了。这本书就有一个很好的理论框架，一层一层地把读者引入其中。我们这两天的讨论，已经初步提出了一个围绕特别行政区制度为核心的理论框架，下一步还要根据大家提出的意见，进一步修改完善，我看按照这个理论框架，是可以把教材写好的。再次，一部好著作，还要十分注重细节的严谨，特别是事实要准确，不能有硬伤。编这本教材可以套用"细节决定成败"这句话强调我们编写的教材要注重细节的严谨。总之，我们一定要通过教材的编写工作，很好地展示内地宪法学界的学术理论水平。以上这三点，既是我作为读者的体会，也是对各位作为作者的期望。

三、基本法教材各章节的撰写分工

下面，我宣布以下基本法各章节撰写分工：

第一章　绪论

负责人：强世功教授

第二章　香港特别行政区制度

负责人：邹平学教授

第三章　中央对香港特别行政区的宪制权力

负责人：陈端洪教授

第四章　香港特别行政区的高度自治权

负责人：陈欣新教授、王振民教授

第五章　香港特别行政区的法律体系

负责人：焦洪昌教授

第六章　香港居民的基本权利和自由

负责人：黄志勇副教授、田雷副教授（田雷副教授负责撰写香港居民的定义）

第七章　香港特别行政区行政主导政治体制

负责人：徐静琳教授、傅思明教授（傅思明教授负责撰写两个产生办法）

第八章　香港特别行政区的行政制度

负责人：任进教授

第九章　香港特别行政区的立法制度

负责人：朱孔武教授、夏正林副教授

第十章　香港特别行政区的司法制度

负责人：董茂云教授、吴天昊副研究员

第十一章　香港特别行政区的经济制度

负责人：郭天武副教授

第十二章　香港特别行政区的社会文化制度

负责人：魏健馨教授

第十三章　香港特别行政区的对外事务权

负责人：饶戈平教授、曾华群教授

第十四章　香港基本法的解释和修改

负责人：胡锦光教授、郑磊副教授

在基本法教材编写签约仪式上的讲话*

　　首先，我要代表全国人大常委会港澳基本法委员会和教育部向大家百忙之中出席今天的仪式表示衷心的感谢，对各单位支持基本法教材编写工作表示衷心的感谢。刚才，郝平同志和张晓明同志分别作了讲话，讲得很好，我都赞成。吴志攀同志代表 19 所高等院校和科研院所，表达了对基本法教材编写工作的重视和支持，焦洪昌教授代表参加基本法教材编写的 21 位专家学者，谈了参加编写基本法教材工作的体会，对完成好教材编写任务代表大家表了决心。这些讲话和发言表明，我们对编写基本法教材工作已经有了共同的认识，实际上就是一句话，把思想统一到中央的决策上来，这是我们编好教材的最重要的保障。

　　今天在这里举行基本法教材重大课题研究委托协议的签订仪式，这个活动是教育部建议的。我们非常赞成。为什么编写

---

* 2011 年 7 月 25 日上午，在北京人民大会堂举行了基本法教材重大课题研究委托协议签订仪式，全国人大常委会港澳基本法委员会、教育部、国务院港澳办、香港中联办、澳门中联办有关负责人和编委会 21 位专家学者及所在的 19 家高等院校和科研院所主管教学科研的负责人出席。乔晓阳同志在仪式上发表了讲话。

一部教材要专门在人民大会堂举行签约仪式，为什么邀请这么多有关部门的负责同志和高等院校、科研机构的领导出席？这里面有几层意思，一是表示感谢；二是向大家求援，通过这样一个场合，向各院校和科研机构的领导介绍一下编写基本法教材的由来、面临的艰巨任务和下一步工作安排，目的还是请各位领导全力支持基本法研究工作和教材编写工作；三是激励参与教材编写工作的各位专家学者增强使命感和责任意识，在今后一段时间内全力投入，按时高质量地完成教材编写任务。为此，下面我向大家介绍三个方面的情况。

一、基本法教材编写的由来和中央领导同志的指示精神

香港、澳门回归祖国后，中央领导同志历次有关港澳问题的讲话中，都提到加强基本法的宣传和教育问题。其中，比较系统地论述这个问题的是吴邦国委员长的两次重要讲话。第一次是 2007 年 6 月 6 日，吴邦国委员长在纪念香港基本法实施 10 周年座谈会上的讲话，他指出，要通过各种形式，广泛宣传基本法知识，做到家喻户晓、深入人心；要把基本法教育作为公务员教育的重要内容，使他们熟悉基本法，忠于基本法，遵守基本法，自觉维护基本法；要大力加强对青少年的宣传教育，使年青一代了解基本法的历史和内涵，成为基本法的坚定实践者和维护者；要本着实事求是、与时俱进的精神，进一步加强对基本法的研究，认真总结几次释法的经验，及时解决基本法实施中遇到的问题，不断丰富基本法的实践，把基本法贯彻好实施好。

第二次是 2009 年 12 月 4 日，吴邦国委员长在纪念澳门基本法实施 10 周年座谈会上的讲话，他再次强调，要进一步加强基本法的宣传推介工作，通过多种形式，全面准确地阐述"一国两制"方针和基本法的精神实质，广泛深入地宣传"一国两制"方针和基本法的深刻内涵与生动实践，深入浅出地解读基本法的有关规定。必须十分注重对澳门年青一代的教育，特别是国家、民族观念教育和基本法理论实践教育，推动基本法课程进学校、进课堂，把年青一代培养成"一国两制"方针和基本法的忠实维护者与积极践行者，使爱国爱澳传统薪火相传。

为贯彻落实吴邦国委员长关于加强基本法宣传教育、推动基本法课程进学校、进课堂的指示，这就提出了编写基本法教材的任务。所以，在 2010 年 4 月 22 日，基本法研究工作领导小组召开会议，在研究讨论基本法研究项目的同时，特别讨论了编写基本法教材问题。2010 年 5 月 9 日，习近平副主席在这次会议的纪要上作了重要批示，要求我们不断提高基本法研究水平，同时明确指示，要编好香港基本法教材，做好香港基本法的宣传教育工作。

为贯彻落实吴邦国委员长、习近平副主席的重要指示要求，2010 年 9 月 8 日，全国人大常委会港澳基本法委员会向中央港澳工作协调小组办公室报送了编写基本法教材的请示。有关请示获批准后，全国人大常委会港澳基本法委与教育部一起，在有关院校和研究机构推荐的专家学者基础上，共同研究确定了基本法教材编写委员会名单，启动了基本法教材的编写工作。

现在这个编委会一共 29 人，其中 21 位专家学者，分别来自

19 所高等院校和科研机构，还有 8 位同志分别来自全国人大常委会港澳基本法委员会、教育部、国务院港澳办、香港中联办、澳门中联办。可以说，教材编写采取专家学者和实务部门同志相结合的方式。如果纯粹从教材编写角度来讲，为了方便工作，参加编写工作的人数应当少一点，但大家可能注意到，邀请参加这部教材编写工作的专家学者比较多，而且所在院校和科研机构分布比较广，为什么要作这样的安排？这主要是因为目前内地学术界的基本法研究人才不多，有青黄不接的情况，我们希望在编写教材的同时，能够进一步推动基本法研究工作，产生一批基本法研究的专家，在各院校和科研机构中形成几个基本法研究中心，为中央的港澳工作提供坚强的理论支撑。因此，编写基本法教材不是一件单纯的任务，还有推动基本法研究的目的，请各院校和科研机构负责人来出席这次会议，也是为了让大家了解这方面的考虑，推动所在单位开展基本法研究工作。

二、基本法教材编写的必要性、紧迫性和艰巨性

编写基本法教材的必要性、迫切性，中央领导同志的上述讲话和批示中已经说得很清楚了。从近几年港澳工作来看，编写基本法教材对于做好港澳工作具有非常重要的意义，同时也是为了回应以下几方面的迫切要求：

第一，开展基本法教育提出的要求。在"一国两制"下，爱国爱港、爱国爱澳力量是中央依法对两个特别行政区实施管治的基础。为了加强港澳人士的国家、民族观念，不断发展壮大爱国爱港、爱国爱澳力量，从去年开始按照中央的统一部署，

开展了规模庞大的港澳人士国情教育工程。其中一个重要安排就是举办国情研习班，组织港澳人士到内地有关院校进行短时间的培训。国家行政学院、三所干部学院以及清华、北大、中大等院校都承担了这方面的任务。由于研习班的时间很短，要向港澳人士全面介绍我国的建设和发展情况，课程高度密集，"一国两制"和基本法的课程往往是挤进去安排一节课，要使参加研习班的港澳人士能够比较全面地理解基本法，除了课堂讲解以外，提供一本比较权威的基本法教材，是必不可少的。同时，香港特区政府和澳门特区政府也主要围绕基本法来开展国民教育，怎么向港澳年轻的一代讲解基本法？香港和澳门的不少民间团体都在编写各种版本的基本法讲解材料，他们也很希望有一本基本法的权威著作作为参考。

第二，全面实施基本法提出的要求。港澳回归后，中央领导人发表的重要讲话都强调要全面准确地理解基本法。这个要求是有很强的针对性，因为全面准确地理解基本法是全面实施基本法的前提，而基本法实施中遇到的一个很大问题就是有许多人对基本法缺乏全面理解，各取所需，各讲各的，就是一些重大问题也存在认识上的不一致。这种情况不仅港澳社会存在，内地也存在。"一国两制"方针政策是我国的一项基本国策，基本法是全面体现"一国两制"的法律文件，要长期实施，用小平同志的话来说，不仅五十年不变，五十年后也不能变。中央对香港、澳门的基本方针政策是上个世纪八十年代制定的，两部基本法是上个世纪九十年代起草完成的，怎么能够五十年、上百年长期实施？这里面，我想有两个因素起根本作用，一个因素是"一国两制"方针和基本法的规定是科学的，具有前瞻性，是能够经得起时代变化的检验，这一点经过香港、澳门回归十几年的实践，我们可以说有充分的信心；另一个因素就是要把"一国两制"方针和基本法理论化，通过理论的引导作用，使年轻的一代能够全面准确地理解"一国两制"方针和基本法，并始终不渝地加以贯彻和执行。我们现在比较缺的就是这样一套理论，"一国两制"不是干巴巴的规定，而是要形成一套理论体系，这也是需要编写基本法教材的一个重要原因。理论之树常青嘛。

第三，贯彻落实中央重大决策提出的要求。香港、澳门回归后，基本法实施中遇到了不少问题和挑战，中央依法进行了妥善的处理。尽管也有一些争论，但总体上获得了港澳社会各界的普遍认同和接受，实践也证明，中央的举措对确保全面准确地贯彻实施基本法，确保港澳地区的长期繁荣稳定发挥了重要的作用。中央在依法处理这些问题时，不是局限于一时一地，而是充分考虑到建立管长远的机制。由于港澳回归后遇到的许多新情况、新问题是基本法起草者当年所没有想到的，要在基本法规定的原则精神下根据实际情况加以处理，还有的问题是当年起草时内地草委与港方草委争执不下，统一不了意见的，只能采取双方都能接受的模糊写法，求得通过，在基本法实施过程中这些问题又冒出来了，而且必须加以解决。中央涉港澳重大决策，实际上是在实践中不断丰富和发展"一国两制"和基本法理论。从维护中央的决策，固化中央决策建立的管长远机制出发，有必要通过编写基本法教材，对"一国两制"和基本法的崭新实践加以总结，不仅维护中央对具体问题的决策，而且把中央通过处理具体问题所建立的管长远的机制揭示出来，从理论高度加以阐述，从而巩固和强化中央依法处理港澳事务的成果。

第四，牢牢掌握基本法话语权提出的要求。香港回归以来，全国人大常委会进行了三次释法、两次就政制发展问题作出决定。在参与有关工作中，我们发现香港社会虽然普遍认同、拥护基本法的规定，包括反对派也不敢公开反对基本法，像23条立法，他们不敢反对立法，而是反对立法内容，但也较普遍存在对中央依据基本法行使权力的忧虑，就是爱国爱港阵营的人有时也感到不能理解。为什么会出现这种情况？分析其原因，固然有两地法律文化的不同，但更重要的是香港社会有些人把香港反对派所说的那一套当作基本法的规定，视为"真经"。由此给我们的一个重要启示是，贯彻落实两部基本法也有一个两手抓、两手都要硬的问题，即要一手抓基本法的话语权，一手抓基本法各项规定的实施。抓基本法的话语权实际上就是创造基本法实施的软环境，只有让港澳社会真正了解基本法规定，尤其了解这些规定的道理所在，落实基本法规定的权力才能水到渠成，才不会在香港和澳门引起社会震动，才能够充分发挥以法律手段处理问题的优势。怎么抓住基本法的话语权？这要做许多工作，其中一项工作就是要编写出权威的基本法教材。以此为基础，不断在港澳社会释放我们的声音，树立正确的基本法观念。

总而言之，基本法教材编写工作对贯彻落实"一国两制"

和基本法具有深远的意义，可以说是一件抓龙头的工作。同时，编写基本法教材又是一件十分艰巨的任务。这种艰巨性主要是由以下三个因素决定的：一是港澳工作政治性、政策性很强，在涉及基本法的许多争论背后，不是什么学术问题，而是重大的政治问题，甚至是十分敏感的政治问题，在编写教材过程中，要牢牢把握正确的政治方向，很好地体现中央的方针政策，把讲政治寓于讲理论、讲道理之中，这是一个很高的要求。刚才焦洪昌讲四个原则，第一个也是讲政治方向问题。二是在我国的法律体系中，香港基本法和澳门基本法是两部十分特殊的法律。这种特殊性主要表现在两部基本法同时要在内地、香港和澳门三种不同政治制度和法律制度下实施，尤其是香港基本法，香港和内地的许多法律传统、理念很不相同。这种法律实施环境在世界各国法制史上恐怕也是前所未有的。两部基本法的这种特殊性，也决定了基本教材编写工作的艰巨性。三是内地法学界目前专门从事基本法研究的人才不多，我们在编写其他教材时，都有现成的理论，有大批的专门研究人才，而基本法教材编写工作，要在学习中编写教材，在编写教材中培养研究队伍，这本身也决定了教材编写工作的艰巨性。具体到教材的内容，也有许多需要花大力气进行研究的难点，比如，基本法教材需要一个新的理论框架，需要对基本法的实践进行系统的梳理，需要对基本法实施中遇到的重大问题作出理论回答，而且这本教材还需要能够获得港澳社会的认同。

在座的都是从事理论研究工作的领导、专家、学者，基本法教材要符合这些要求，大家都能够明白其中的难度，正因为如此，才需要请各院校和研究机构的领导百忙之中到北京来，再次呼吁，希望大家重视这项工作，请大家多给予支持和帮助。

三、基本法教材编写工作的进展及下一步工作计划

基本法教材编写委员会成立以来，我们已经召开了 2 次编委会会议、1 次内部研讨会，经过多次讨论，反复修改，最终形成了香港基本法教材编写大纲，并进行了初稿撰写任务分工，今天还将签订各课题研究委托协议。根据基本法教材编写工作计划和中央港澳工作协调小组办公室的批复，下一步工作大体这样安排：

今天上午，进行签字仪式。

今天下午，我们要召开基本法教材编委会第三次会议，请大家讲讲目前的工作进展情况，对下一步工作提出建议。

2011 年 12 月之前，各章节撰写的负责人需提交香港基本法教材各章节初稿，汇总到港澳基本法委员会办公室。

2012 年 1 月，将召开基本法教材编委会第四次会议，对教材初稿汇编稿进行讨论和修改。4 月将召开编委会第五次会议，对基本法教材修改稿进行通篇讨论，在此基础上，专门组织专家学者对教材修改稿进行研究，形成征求意见稿。

2012 年 7 月至 10 月，将基本法教材征求意见稿送中央有关部门和专家学者征求意见，并根据反馈意见再来修改。这个时候要启动澳门基本法教材编写工作，草拟澳门基本法教材编写大纲。

2012 年 10 月，我们将香港基本法教材定稿报送中央港澳工

作协调小组办公室审阅。

按照这个工作计划，我们下一阶段的工作是相当繁重的，时间是相当紧迫的。因此，希望各院校和科研机构能够确实保障参与编写教材专家学者的时间，并在物质、精神方面给予充分的支持和帮助，确保能如期完成基本法教材编写任务，同时也希望各院校和科研机构大力推动基本法研究工作，为"一国两制"和基本法的全面实施，作出理论界应有的贡献。

基本法教材编写是一项重要而艰巨的任务。虽然时间紧，任务重，但我们相信，有中央的高度重视，有同志们的大力支持，加上编委会全体成员的共同努力，就一定能把基本法教材编好，交出一份满意的答卷。

谢谢大家！

辛亥革命与民族复兴[*]

这次活动的主办方给我出了道命题作文，题目是"辛亥革命与民族复兴"，要我给大家讲一讲这个问题。我当学生的时候，就不大喜欢命题作文，不知道各位同学喜不喜欢？但是不管你喜欢不喜欢，今天的事实是，不论你走出校门多少年，都免不了还要做命题作文。看来你们有作业，我也有作业，只要是作业，都要写，都要交卷，不然就得零分。为了不得零分，我很认真地翻阅了一些资料，还和我的同事进行了讨论。

做这篇命题作文从何处入手呢？我想，讲辛亥革命，必然首先要提到一个人，你们说是谁？（学生答：孙中山）对，就是孙中山先生。在内地，我们称中山先生为伟大的民主主义革命先行者。我们这一代人，上小学的时候就能背"时代潮流浩浩荡荡，顺之者昌，逆之者亡"、"革命尚未成功，同志仍须努力"等中山先生的名言。大家刚才从天安门广场经过，从1949年新中国成立开始，每逢国家重大节日和庆典，都要在天安门广场树立大幅中山先生的画像，和对面天安门城楼上的毛泽东主席的巨幅画像遥遥相对。为什么？因为我们今天从事的事业，是

* 2011年8月5日在北京人民大会堂会见两岸四地800名青少年组成的"辛亥革命百周年"体验考察团时的讲话。

从中山先生那里继承下来的，我们永远不能忘记这位为国家和民族奉献毕生精力，作过杰出贡献的伟人。在台湾，称孙中山先生为"国父"，有"国父纪念馆"。在香港，去年拍了一部电影，片名叫《十月围城》，不知道你们看过没有，故事当然是虚构的，但中山先生在香港读过书，从事过革命活动，这是历史事实，拍摄这部电影实际上也是为了纪念中山先生在香港的革命活动。1895 年 2 月 20 日，孙中山在香港大学发表公开演讲时提到，他的革命思想源于香港。中山先生的家乡在广东香山县，今改名中山县，就在澳门旁边，中山先生第一次走出国门就是通过澳门，在香港医学院毕业后，曾经以孙逸仙的名字在澳门行医和从事革命活动。在澳门，现在澳门半岛不到八平方公里土地上，有三座中山先生全身铜像，有一座"国父纪念馆"和一条"逸仙大马路"，这表明澳门居民也同样以各种方式来纪念这位伟人。如果有一道考题问大家，在中国近代以来，到目前为止，有哪一位政治家为两岸四地人民共同熟悉、最受两岸四地人民共同崇敬、景仰？不知道你们的历史老师是否还有其他答案，但如果回答是孙中山先生，我想肯定会得满分。

为什么历经百年，中山先生在中国人生活的地方还这么受到爱戴？或用你们年轻人流行的语言，还有这么多"粉丝"？我想，中山先生有很强的人格魅力，这是一个原因，但最根本的是我们同属中华民族，同属一个国家，有着一个共同的理想，就是实现中华民族的伟大复兴。中山先生领导的辛亥革命，结束了统治中国几千年的君主专制制度，是实现中华民族伟大复兴的重要转折点，具有深远的历史意义。

实现中华民族伟大复兴的理想，可以概括为二十个字，这就是"争取民族独立、人民解放，实现国家富强、人民富裕。"近代以来，在我们国家 960 万平方公里的土地上，中国人民进行的波澜壮阔的革命和建设，包括辛亥革命，也包括今天的改革开放，都是紧紧围绕着这二十个字的主题。这二十个字是近代以来中华民族和中国人民所承担的历史使命，是一百多年来一代又一代人为之不懈奋斗的理想、奋斗的目标。

为什么可以把实现中华民族伟大复兴的理想概括为"争取民族独立、人民解放，实现国家富强、人民富裕"这二十个字？这就要讲一点历史。我不是历史老师，但愿意与同学们一起回顾中国近代史，让我们回到中山先生所处的年代，以增强对辛亥革命重要意义的认识。中国自古以来就是一个统一的多民族国家，我们的先人在这片土地上创造了辉煌的文明。在十七、十八世纪，清王朝还自诩为"天朝上国"，但实际上，自从西方国家工业革命后，我们国家已经逐步落后了。十九世纪中叶鸦片战争以后，西方列强开始侵略中国，瓜分中国。我想各位同学脑海中一定有一幅中国地图，而且也都读过中国近代史，现在我们做一个练习，设想我们回到中山先生从事革命活动的年代，那时的中国地图是什么样子？从你们生活的地方说起，香港被英国占领，澳门被葡萄牙占领，台湾被日本占领，青岛被德国占领，在上海、天津、广州、厦门、九江、汉口、苏州、杭州、重庆等大城市，有西方国家的 24 处租界。大连旅顺港先被俄国占领，后来又被日本占领，日俄为了争夺东北地区，在我们中国的领土上打了一场日俄战争。从更大的范围讲，西方列强还在我国领土上划分了势力范围。祖国山河破碎，亡国危险迫在眉睫。面对这样一张张历史地图，我们可以设身处地想一下，如果是你，能够无动于衷吗？凡是中华热血好儿郎都会奋起抗争。如是，我们就可以理解为什么争取民族独立，救亡图存，维护国家统一，成为那一代人的一项重要历史使命。一个几千年绵延不断的文明古国、大国、强国，进入即将亡国的境地，真是是可忍，孰不可忍！从我们国家自己内部找原因，最主要的是封建君主专制制度的恶果。封建专制加上外来侵略，战乱不已，我们的人民受到了前所未有的双重奴役，饥寒交迫。要实现民族独立，就要实现人民解放，把人民从封建统治和外国殖民统治双重压迫下解放出来，使人民真正成为国家的主人，建立人民的政权，主宰自己的命运，彻底地摆脱封建专制统治。因此，争取人民解放，是一项与争取民族独立相辅相成的历史任务。争取民族独立、人民解放的根本目的，就是为了"实现国家富强、人民富裕"，用通俗的话来讲，就是要使我们的人民能够在自己的土地上过上好日子，有尊严地生活。

1840年鸦片战争之后，面对中国积贫积弱，任人宰割，人民困苦不堪，生灵涂炭的局面，"为了改变中华民族的命运，中国人民和无数仁人志士进行千辛万苦的探索和不屈不挠的斗争。太平天国运动，戊戌变法，义和团运动，不甘屈服的中国人民一次次抗争，但又一次次失败。"中山先生就是在这种历史背景下投身革命的。他最早认识到，要改变中国的命运，首先必须推翻封建君主专制制度，建立共和国。1894年，中山先生在檀香山创立第一个革命组织"兴中会"，就以"振兴中华"为目标，提出了"驱除鞑虏，恢复中国，创立合众政府"的口号。这个口号虽然有排满思想，但本质上是要推翻君主专制统治，建立共和国。1905年，中山先生在东京成立"中国同盟会"，提出了"驱除鞑虏，恢复中华，建立民国，平均地权"的革命纲领，紧接着提出了"民族、民权、民生"的三民主义学说，正式宣示进行国民革命，创立"中华民国"。从中山先生提出的这些革命纲领和口号可以看出，他的理想就是实现中华民族的伟大复兴，把"争取民族独立、人民解放，实现国家富强、人民富裕"作为毕生追求的事业。他是这项伟大事业的开拓者。据统计，自1894年到1911年发动的起义有29次之多，1911年10月10日武昌起义爆发，也就是我们现在纪念的辛亥革命，才取得成功，1911年12月29日，孙中山在南京被公推为中华民国临时大总统，1912年1月1日，清帝退位，2000多年的封建帝制宣告结束。孙中山先生是中国历史上"起共和而终帝制"第一人。

辛亥革命是中国历史的一个分水岭，它结束了中国的传统社会，开辟了中国历史的新纪元。参加过辛亥革命的中国共产党老一代领导人林伯渠曾经说过，"对于许多未经过帝王之治的青年，辛亥革命的政治意义是常被低估的。这并不奇怪，因为他们体会不到推翻几千年因袭下来的专制政体是多么不容易的事。"辛亥革命给中国带来什么变化呢？我认为最重要的变化是人们思想的大解放。过去神圣不可侵犯的皇帝可以被推翻，而且中国再也不会有皇帝，就像梁启超所说的，"任凭你像尧舜那样贤圣，像秦始皇、明太祖那样强暴，像曹操、司马懿那样狡猾，再要想做中国皇帝，乃永远没有人答应。"人民的主人翁意识的觉醒，这个变化对中国社会和人们思想的震动是巨大的，极大地推动了二十世纪的社会变迁和民族发展进步。今天在座的各位同学可以毫无顾忌地畅谈国家政治，针砭时弊，追根溯源，就是从辛亥革命开始的。辛亥革命虽然未能改变中国半殖民地半封建的社会性质和中国人民的悲惨命运，但在当时的历史条件下，成功推翻了2000多年的封建帝制，不愧为一场伟大的民主革命；辛亥革命后虽然未能建立起人民当家作主的新社会，但进行了民主试验，为后来建立国家一切权力属于人民的政治体制积累了经验；辛亥革命后中国人民虽然还经历了军阀统治等黑暗时期，但毕竟迎来了新中国的一缕曙光，成为迈向民族独立、人民解放的新起点。

辛亥革命后过了三十八年，新中国成立。中国共产党紧紧依靠人民，完成了辛亥革命未竟的事业。在天安门广场有一座1949年开国庆典前夕奠基的人民英雄纪念碑，它的碑文是这样写的："三年以来在人民解放战争和人民革命中牺牲的人民英雄们永垂不朽！三十年以来在人民解放战争和人民革命中牺牲的人民英雄们永垂不朽！由此上溯到一千八百四十年从那时起为了反对内外敌人争取民族独立和人民自由幸福在历次斗争中牺牲的人民英雄们永垂不朽！"这表明，新中国的成立，是1840年鸦片战争以来全体中国人民共同奋斗、不怕牺牲的成果，其中也包括了辛亥革命作出的历史贡献。

前面讲了我们国家实现民族独立、人民解放的历程，讲了辛亥革命在这一历史进程中的作用，这只讲了我们从事的事业从何处来，要问我们事业向何处去，答案就是实现国家富强、人民富裕。可以说，实现民族独立、人民解放后，实现国家富强、人民富裕就有了基本的条件，有了可靠的前提。因此，新中国成立后，中国人民的主要任务就是建设一个繁荣富强的国家，实现人民共同富裕。你们这次在内地体验考察回去后，如果有人问你，十三亿中国人都在做些什么事？这个问题很大，似乎很难回答。但我告诉大家一个简单的办法，用四个字就可以回答，就是"强国富民"。这就是十三亿人正在从事的事业。从1949年算起，我们已经为这项历史任务奋斗了62年，取得了举世瞩目的成就。大家这次到内地来，相信已经亲身感受到。但要实现中华民族伟大复兴这一宏伟目标，还需要包括在座各位同学在内的一代代人的努力。从这一点上来讲，我们尽管有年龄的差距，但都是实现国家富强、人民富裕这一历史使命的承担者。

实现国家富强、人民富裕是一个什么概念呢？我想还是用一个简单的方法来理解这个问题。西方发达国家的人口大约占世界人口的五分之一，这些国家实现现代化大约用了300年的时间，我们国家人口也占世界人口大约五分之一，从1949年算起，我们要用100年的时间，也就是到本世纪中叶，把我们国家从一穷二白建设成为一个现代化国家，实现人民的共同富裕。要完成这个历史任务，就决定了我们国家的建设和发展，必须走自己的路，西方国家的发展经验可以参考，但他们的发展模式无法解决我们国家的建设和发展问题，无法实现我们的奋斗目标。经过长时间的艰苦探索，我们开辟了适合我国国情的现代化建设道路，概括来讲，就是选择了一条有中国特色社会主义的道路，建立了以人民代表大会为核心的人民当家作主的根本政治制度，发展出一套国家的基本经济制度，并建立了独立的比较完整的工业体系和国民经济体系，形成了有中国特色的社会主义法律体系，实现了中国社会的深刻变革，使我们这个古老的国家重新焕发出青春的活力。为什么说我们今天选择的这条道路是正确的？我讲一个例子，我看过一个比较权威的研究材料，里面说，1750 年中国的国民生产总值占世界份额的32%，但到了 1945 年抗日战争结束时，中国的国民生产总值占世界的份额不到 4%，这两百年间我们国家一落千丈，从世界领先国家沦落为赤贫国家。我们国家的建设和发展就是在这个基础上开始的。经过 60 年奋斗，2010 年，我们国家的国民生产总值居世界第二位，国际贸易总额居世界第一位；我们从自行车也生产不了的国家，发展为世界工厂，年轻人喜欢的 iPhone、iPad，有许多都是在内地生产的；从科学技术十分落后，发展到可以发射宇宙飞船；新中国成立初期我国人口是 5.5 亿，文盲率高达 80%，2010 年我国人口 13 亿多，文盲率下降到 8.72%。虽然我国人口多，人均国民生产总值还远远低于发达国家的水平，仍然处于发展中国家行列，但我们的人民生活水平有了很大的提升，精神面貌发生了深刻的变化。还有一个例子是，在我国加速融入世界经济体系的同时，由于我们自力更生发展出自己的经济体系，具有很强的抵御风险的能力，在过去几年世界金融危机中，我国经济社会继续保持稳定发展。所有这一切，都证明了我们国家选择的发展道路是完全正确的，是能够完成实现国家富强、人民富裕这个历史使命的。

　　孙中山先生领导的辛亥革命，就是要彻底改变中国贫穷落后的面貌，实现中华民族的伟大复兴，使我们的人民过上富足安康的生活，新中国成立 62 年来所取得的成就，已经初步实现了中山先生的理想。"争取民族独立、人民解放，实现国家富强、人民富裕"就像一把火炬，要一代一代地传递下去。从中山先生手中传到了建立新中国的一代人手中，他们完成了实现民族独立、人民解放的使命；从他们手中又传到了新中国成立后成长的几代人，他们正在完成把中国建设成为一个小康社会，为国家现代化奠定基础的历史使命；现在，这把火炬很快就要传到在座的各位同学手中，要通过大家的努力奋斗，实现国家的现代化，将来还要通过你们的手，将这把火炬继续传下去。我们纪念辛亥革命 100 周年，就是要建立这样的历史观，树立这样的使命感，为实现中华民族的伟大复兴而努力奋斗。我想这也是组织这次两岸四地青少年"辛亥革命百周年"体验考察团的意义所在。

　　最后，我想用胡锦涛主席今年七月一日发表的一段讲话来作为结束语。他这一段话是专门对青年人讲的。他说，"青年是祖国的未来、民族的希望"，"全国广大青年一定要深刻了解近代以来中国人民和中华民族不懈奋斗的光荣历史和伟大历程，永远热爱我们伟大的祖国，永远热爱我们伟大的人民，永远热爱我们伟大的中华民族，坚定理想信念，增长知识本领，锤炼品德意志，矢志奋斗拼搏，在人生的广阔舞台上充分发挥聪明才智、尽情展现人生价值"，让青春在为人民建功立业中焕发出绚丽光彩。

"一国两制"与祖国和平统一[*]

女士们、先生们、朋友们、两岸四地的同胞们:

大家好!

今天,我们聚集一堂,怀着推进祖国和平统一、实现中华民族伟大复兴的共同愿景,深入探讨"一国两制"的理论与实践,我有机会出席这次研讨会,感到十分荣幸。首先请允许我对"'一国两制'理论与实践"研讨会的顺利召开表示热烈的祝贺,向中国和平统一促进会和澳门中国和平统一促进会盛情邀请表示衷心的感谢。

大会主办方要我在开幕式上作主旨演讲,本想推辞,但考虑到既然已经来了,而我又是从事香港、澳门两部基本法研究及"一国两制"在港澳实践的工作,恭敬不如从命,就谈一些学习、实践、工作中的个人体会,与大家共同探讨。

---

[*] 2011 年 11 月 22 日上午,由中国和平统一促进会、澳门地区中国和平统一促进会共同举办的"'一国两制'理论与实践研讨会"在澳门召开,全国人大常委会副秘书长、港澳基本法委员会主任乔晓阳同志应邀出席会议,并作主旨演讲。其中,"一国两制"两种形态的提法,与会人士普遍认为有新意,而又符合实际情况。

一、"一国两制"目前的形态及其成功实践

"和平统一、一国两制",是中央为了完成祖国统一大业而制定的一项基本国策。众所周知,"一国两制"最早是针对台湾问题提出来的,而当解决历史遗留的香港、澳门问题提上议程后,"一国两制"首先运用到香港、澳门问题的处理,从构想变为现实。因此,我们今天谈"一国两制",由于在不同地方的实践仍然处于不同的发展阶段,实际上表现为两种不同的形态:一种是政策主张形态,是推进祖国统一的基本国策,也是 30 多年来解决台湾问题的大政方针和追求的目标;一种是法律制度形态,它已经跨越了构想和制定政策阶段,通过两部基本法的制定,上升到国家对香港、澳门实施管理的法律制度,在香港已经实施了 14 年、在澳门已经实施了 12 年的时间。

"一国两制"在香港、澳门的实践,取得了举世公认的成功,就是曾发表过悲观言论的人也承认了这种成功。在座的各位中可能有人记得,1995 年 6 月 22 日出版的《财富》杂志封面文章的标题是"香港之死",这篇文章断言香港回归后将丧失国际商贸和金融中心地位,把香港未来发展归结为两个字"完蛋"。过了 6 年,2001 年《财富》杂志选择香港作为第七届财富全球论坛举办地,实际上就有承认错误的意思,当时有记者问这篇文章的作者,香港是否已经"死去"? 他说,到目前为止,还算不错(So far so good)。再过 6 年,2007 年 6 月 28 日出版的《财富》杂志的封面文章的标题是"哎哟,香港根本死不了"(Oops,Hong Kong Is Hardly Dead),文章开头第一句是,

"啊，我们错了！"对澳门的发展有没有这样从悲观到客观再到乐观的人，一定也会有。

在台湾问题上，我知道长期以来讨论比较多的是"一国两制"是否适用于台湾的问题。我们坚信"一国两制"是实现祖国和平统一的最好方式，是经得起各种质疑和讨论的。实际上，在运用"一国两制"解决香港问题的过程中，也一直存在这种讨论。正因为如此，1984 年 12 月 19 日，邓小平先生会见来北京签署中英联合声明的英国首相撒切尔夫人时讲过这样一段话："我们提出这个构想时，人们觉得这是个新语言，是前人未曾说过的。也有人怀疑这个主张能否行得通，这就要拿事实来回答。现在看来是行得通的，至少中国人坚信是行得通的，因为这两年的谈判已经证明这一点。""再过十三年，再过五十年，会更加证明'一国两制'是行得通的。"这是邓小平先生 27 年前的预言，已经被事实所证明。同对待任何新生事物一样，一时人们有怀疑，是可以理解的，关键是我们要尽一切努力，用时间和实践来回答这种疑虑。我想，只要秉承客观的态度，考察邓小平先生作出和平统一的战略决策、争取用"一国两制"的方式解决台湾问题以来两岸关系的发展历程，就可以得到前瞻性、方向性的启迪。我们可以回顾一下，在上个世纪七十年代末之前，两岸关系是一种什么样的状态？是不是可以用八个字来概括，就是"剑拔弩张，相互隔绝"。从 1979 年元旦全国人大常委会发表《告台湾同胞书》，郑重宣示争取祖国和平统一的大政方针开始，我们可以看到，台海紧张局势迅速缓和下来，到 1987 年底，两岸同胞隔绝状态被打破，从此两岸居民往来越来越多，经贸关系越来越密切，各种层面的交流越来越深入。这当中两岸关系虽然历经波折，但前进趋势是不可阻挡的，终于在 2008 年 5 月以后实现了历史性转折，开创出和平发展的新局面，取得一系列突破性进展和丰硕成果。目前两岸关系的这种良好局面是各种因素综合作用、各方面人士共同努力的结果，但毫无疑问，起主导作用的是 1979 年以来始终坚持的争取祖国和平统一的大政方针。这 30 多年来，我们坚持"和平统一、一国两制"的基本方针，不断与时俱进、丰富完善有关政策主张，立足于祖国大陆的发展，紧紧团结广大台湾同胞，不断促进两岸交流合作、协商谈判，坚决反对"台湾独立"等分裂活动，推动了两岸关系发展取得历史性成就，决定了两岸关系的基本格局和发展方向。同样毫无疑问的是，我们要坚持和贯彻已被实践证明是正确的对台工作大政方针和有关政策主张。

说了这么多，主要是要表达这样一种看法，即研究"一国两制"的理论和实践，有必要区分"一国两制"实践过程中的两种形态，"一国两制"在香港、澳门的实践，已经形成法律制度形态，表明它已经完全确定下来，现在的任务是如何更好地加以实施，保持这种法律制度长期不变；而在台湾问题上，"一国两制"还处于政策主张形态，当然也要强调其稳定性，但毕竟其具体内容，包括未来两岸和平统一后的制度设计，港澳的实践可以参考，但更主要的应当结合台湾的实际情况深入加以研究讨论，我们在座的每一位，都可以为之添砖加瓦，为其实现贡献力量。

二、"一国两制"获得成功的基本要素

"一国两制"为什么能够取得成功？这里面有哪些基本要素？深入研究和讨论这个问题，不仅对推进"一国两制"在港澳地区的实践具有重要的意义，对于采用"一国两制"方式，最终实现祖国的和平统一也具有重要的指导意义。我想，"一国两制"取得成功，是不是有以下三个基本要素。

第一，"一国两制"能够取得成功，在于把握住历史的大势，顺应了时代的潮流。这种历史大势和时代潮流是什么？我认为，概括起来就是两点，一个是国家统一是大势所趋，一个是和平发展是时代主题。从历史大势来说，我国是一个统一的多民族国家，各族人民具有维护国家统一、领土完整的思想传统。近代以来，我国各族人民为实现民族独立、人民解放和国家富强、人民富裕，进行了血与火的革命斗争和史诗般的社会变革，在辛亥革命100周年后的今天，正如胡锦涛主席所说的，"孙中山先生振兴中华的深切夙愿，辛亥革命先驱的美好憧憬，今天已经或正在成为现实，中华民族伟大复兴展现出前所未有的光明前景。"中国必将实现完全统一这种历史大趋势，我相信不会有多少人有疑问。从时代潮流来说，在我们所处的时代，无论是我国还是世界范围内，和平与发展都是时代主题，求安定，谋发展，使我国各族人民过上幸福尊严的生活，这是我们人民的心声。顺应这种时代潮流，就要努力争取通过和平方式来实现祖国的统一。这是时代的要求和选择，是人民的要求和选择。怎么通过和平方式实现国家统一？用邓小平先生的

话来说，就要做到各个方面都能接受，这就只有"一国两制"。因此，我们可以说，"一国两制"方针顺应了和平与发展的时代潮流，开辟了以和平方式实现国家统一的现实可行道路，这是"一国两制"能够取得成功，并且具有强大生命力的关键所在。

第二，"一国两制"能够取得成功，在于顺应民心，兼容并蓄，做到原则性与灵活性高度统一。邓小平先生曾经说过，"实现国家的统一是民族的愿望，一百年不统一，一千年也要统一的。"港澳同胞希望在回归祖国后，台湾同胞希望在实现两岸和平统一后，不仅不影响他们熟悉和习惯的社会经济制度和生活方式，而且能够过上更好的生活。"一国两制"方针的提出，充分体察到这种民情，顺应了这种民心，在上个世纪七十年代末八十年代初，当世界还处于冷战的年代，邓小平先生摆脱了意识形态争论，破天荒地提出了社会主义和资本主义不仅可以在世界范围内和平共处，也可以在一个国家内和平共处的思想，真正把民族和人民的利益置于至高的位置，从而领导制定对香港、澳门的方针政策，得到港澳居民的拥护和支持，具有广泛的社会基础。在两岸关系问题上也一样，以"和平统一、一国两制"基本方针为指导，中央采取的政策都以维护台湾同胞的根本利益为宗旨，尽最大努力满足台湾同胞的意愿和诉求。去年 6 月签署的《海峡两岸经济合作框架协议》（ECFA），就是一个很好的例证。按照"一国两制"方针，在坚持国家主权、统一和领土完整的原则上，立场坚定，绝不含糊，在此前提下，小到居民的生活方式，大到社会政治经济制度，都可以灵活处理，真正做到了原则性和灵活性的高度统一。正确反映人民的心声，兼容并蓄，这是"一国两制"能够获得成功，具有强大生命力的源泉所在。

第三，"一国两制"能够取得成功，还在于精心进行制度设计，并遵循法治原则，一切依法办事，忠实地贯彻和落实基本法。在香港和澳门两个已经实行"一国两制"的地方，"一国两制"的实践，大体上经过了一个从构想到政策，再从政策到制度的过程。全国人大制定的香港基本法和澳门基本法，实现了"一国两制"从政策到法律的转变，而这个转变是通过设计出特别行政区制度来实现的。我曾经打过比喻，香港基本法有 1 个序言、160 个条文、3 个附件和区旗区徽图案，它们之间的关系不是一个一个苹果，装到一个叫基本法的筐子里，而是一串葡萄，虽然有很多葡萄粒，但串在一起，是有机的整体。一串葡萄有一根藤，把所有的葡萄粒串在一起，那么，是什么把基本法所有内容串在一起，从而形成一个有机整体？这就是特别行政区制度。澳门基本法同样如此。特别行政区制度是我国对特殊地方行使主权、实施管理的重要制度，在这一制度下，中央除保留体现国家主权、统一和领土完整的必要权力外，授予特别行政区高度自治权，由当地人依法自行管理。特别行政区享有高度自治权是特别行政区制度的组成部分，中央对特别行政区行使宪制权力也是特别行政区制度的组成部分，把特别行政区的高度自治权与中央的宪制权力统一到一套制度中。需要特别指出的是，特别行政区制度是通过基本法加以规定的，而基本法是在港澳居民广泛参与、深入讨论后制定的。在基本法颁布后，中央和特别行政区都严格按照基本法规定办事。这就把特别行政区制度建立在牢固的法治基础之上，把特别行政区的管理完全纳入法治的轨道，保证了这套制度能够长期稳定地执行。坚持法治，依靠制度，已经成为特别行政区制度的重要内涵，这是"一国两制"能够取得成功，具有强大生命力的保障所在。

我上面所讲的"一国两制"取得成功的三个方面要素，概括得不一定全面，目的是利用在这个研讨会上演讲的机会，抛砖引玉，引起大家的讨论和研究。

三、"一国两制"要在实践中不断丰富与发展

同任何先进理论一样，"一国两制"是一个开放的体系，它来源于实践，指导着实践，要通过实践不断丰富与发展。由于在对港澳问题和台湾问题上，"一国两制"的实践处于不同发展阶段，因此丰富与发展"一国两制"，面临着不同的任务，在港澳是全面贯彻实施"一国两制"，在台湾问题上是坚持"和平统一、一国两制"的基本方针。

就香港和澳门而言，全面贯彻落实"一国两制"，就是全面贯彻落实香港基本法和澳门基本法，主要包括两个方面的内容，一是加强基本法研究，从理论上对基本法规定的特别行政区制度进行深入的阐述，从而进一步发挥制度理性对维护社会发展进步的重要作用。在内地有一句话，叫做政治的坚定来源于理论的清醒。要保持"一国两制"、"港人治港"、"澳人治澳"、高度自治长期稳定不变，同样需要有强有力的理论支持。二是

严格按照基本法的规定办事，在基本法规定的轨道上处理好香港和澳门社会、政治、经济发展中遇到的问题和挑战，依法处理好各种问题，维护香港、澳门的长期繁荣和稳定。我们现在身在澳门，我看了11月15日行政长官崔世安先生发表的施政报告，其中提出了切合澳门发展实际的施政方针和计划，这是运用澳门基本法赋予澳门特区高度自治权管理好澳门的很好例子。在这里，我想特别提一下施政报告中讲到的政制发展问题，这是一个涉及贯彻落实澳门基本法的重大课题，不仅涉及特区的权力，也涉及全国人大常委会的权力。我相信澳门社会一定能够在基本法规定的框架下，从澳门的实际出发，以促进经济发展、民生改善、民主进步和社会稳定为宗旨，对政制发展问题进行理性讨论，凝聚共识。

就台湾问题而言，中央坚持"和平统一、一国两制"的基本方针是坚定不移的，同时要求我们要首先确保两岸关系的和平发展。胡锦涛总书记2008年12月在《告台湾同胞书》发表30周年座谈会上的重要讲话，在中央对台工作大政方针的基础上，全面阐述了两岸关系和平发展的重要思想和政策主张，其中提出了实现和平统一首先要确保两岸关系和平发展的论断。推动两岸关系和平发展，就是为实现和平统一创造条件的过程。在这个过程中，我们不断巩固大陆和台湾同属一个中国的政治基础，促进两岸交流合作，推进两岸协商谈判，扩大共同利益，强化精神纽带，密切同胞感情，并且逐步破解两岸政治难题，就是在为和平统一创造条件。在这个过程中，我们不断加深对"一国两制"的认识，并且结合台湾的实际情况加以丰富和发展，就是为未来某一天两岸双方协商和平统一做好准备。我们希望有一天能够按照"一国两制"解决台湾问题、实现两岸和平统一，造福两岸同胞，造福我们的祖国，造福我们的民族。

完成祖国统一大业、实现中华民族的伟大复兴是我们共同的理想，"一国两制"是我们共同的事业。中国和平统一促进会和澳门中国和平统一促进会举办这次"一国两制"理论与实践研讨会，为两岸四地的专家学者讨论这方面问题架设了一个平台，对于按照"一国两制"方针，以和平方式实现祖国的完全统一，必将产生积极的影响。

我就讲这些，不当之处，请大家批评指正。谢谢各位。

如何正确认识澳门基本法的解释权 *

　　我想先简单讲一下这次座谈会的由来。2011 年 11 月 17 日，澳门特别行政区行政长官崔世安致函全国人大常委会吴邦国委员长提出，"基于澳门特别行政区 2013 年第五届立法会选举、2014 年第四任行政长官选举的日渐临近，11 月 15 日本人在施政报告中表示，把处理澳门基本法附件一（澳门特别行政区行政长官的产生办法）和附件二（澳门特别行政区立法会的产生办法）规定的行政长官和立法会产生办法是否修改问题，作为明年施政的一项重要内容。澳门基本法附件一第七条和附件二第三条就两个产生办法的修改作出了规定。考虑到澳门基本法附件一和附件二有关修改两个产生办法的规定与香港基本法的有关规定大体相同，而全国人大常委会曾经对香港基本法附件一第七条和附件二第三条作出解释，明确修改两个产生办法的程序，因此，对澳门基本法附件一第七条和附件二第三条的规定是否需要作出解释，谨请全国人大常委会酌定。"行政长官的函件很敏锐地抓到法律实施中的一个重要问题，即香港基本法和澳门基本法有关修改两个产生办法的规定大致相同，是否应当

＊ 2011 年 12 月 21 日在澳门社会各界人士座谈会开始时的讲话。

采取相同的方式加以实施。按照澳门基本法第 50 条第（二）项
的规定，行政长官负有执行基本法的职责，而基本法解释权属
于全国人大常委会，两个产生办法的修改要报全国人大常委会
批准或备案，因此，行政长官希望全国人大常委会明确基本法
实施中遇到的问题，是十分恰当的，既履行了行政长官的宪制
责任，也充分体现了澳门社会和特区政府严格按照基本法规定
办事的精神。

　　全国人大常委会领导高度重视行政长官的来函，责成全国
人大常委会有关工作机构进行研究，提出意见和建议。全国人
大常委会有关工作机构进行了深入的研究，认为从法律实施的
角度来讲，香港基本法和澳门基本法都是全国人大制定的，相
同的法律规定应当作相同的理解，以同样的方式执行，这是一
项基本的法理，也是维护两部基本法权威地位的要求。从法律
解释的效力来讲，香港基本法和澳门基本法是两部不同的法律，
香港基本法的有关解释不能直接适用于对澳门基本法有关规定
的理解，因此，要保持两部基本法附件一和附件二有关修改两
个产生办法的规定以同样的方式加以实施，需要专门对澳门基
本法附件一和附件二的有关规定作出解释。2011 年 12 月 16 日
召开的委员长会议上，听取了全国人大常委会有关工作机构的
汇报，认为有需要对澳门基本法附件一第七条和附件二第三条
作出解释，以明确修改澳门特别行政区两个产生办法的程序，
因此，建议将审议澳门基本法附件一第七条和附件二第三条的
解释作为议案列入即将召开的十一届全国人大常委会第二十四
次会议议程。委员长会议还要求全国人大常委会办公厅以适当

形式就释法事宜与澳门社会各界人士进行沟通和交流，听取意见和建议。因此，今天座谈会的主题是，就澳门基本法附件一和附件二有关规定的解释问题，进行沟通和交流，听取大家的意见和建议。

由于这次是全国人大常委会第一次行使澳门基本法解释权，具有建立先例的作用，同时澳门基本法的解释将具有与基本法条文同等的法律效力，必将对澳门基本法的实施产生深远的影响，因此，在听取大家意见之前，我想先讲一讲基本法的解释权问题。

澳门基本法第 143 条规定了基本法的解释权，这一条共有四款，第一款规定，澳门基本法解释权属于全国人大常委会。第二款规定，全国人大常委会授权澳门特区法院在审理案件时对基本法关于澳门特区自治范围内的条款自行解释。第三款规定，澳门特区法院在审理案件时对基本法的其他条款也可解释。但如需对关于中央人民政府管理的事务或中央与特区关系的条款进行解释，而该条款的解释又影响到案件的判决，在对该案件作出不可上诉的终局判决前，应由澳门特区终审法院提请全国人大常委会对有关条款作出解释。如全国人大常委会作出解释，澳门特区法院在引用该条款时，应以全国人大常委会的解释为准。第四款规定，全国人大常委会在对基本法进行解释前，要征询其所属的澳门基本法委员会的意见。我曾经说过，这个条文是典型体现"一国两制"的条文，第一款规定基本法的解释权属于全国人大常委会，体现"一国"，第二款授权澳门特区法院对自治范围内条款自行解释，体现了"两制"，高度自治，第三款进一步授权澳门特区法院对其他条款也可解释，又体现了"两制"，高度自治，同时规定涉及中央管理的事务或中央与特区关系的条款，要提请全国人大常委会解释，又体现了"一国"。

澳门基本法第 143 条关于解释权的规定，是实施"一国两制"的需要，具有深刻的法理基础，从第 143 条各款规定之间的逻辑关系可以看出，它确立的基本法解释制度独具匠心，考虑得十分周密。在基本法解释权问题上，首先提出的一个问题是，基本法解释权应当属于谁？澳门基本法规定的澳门特别行政区制度有一个核心概念，这就是"授权"，即澳门特区的高度自治权是中央通过澳门基本法授予的。从这个角度来说，澳门基本法是一部授权法。按照授权理论，授权要行得通，授权者必须掌握授权文件的解释权，在公法领域，这是一个基本原理。由于澳门基本法是一部授权法律文件，中央作为授权者，一定要掌握基本法的解释权，而且是全面和最终的解释权，不能把授权文件的解释权全部交给被授权者来解释，就是这个道理。不仅如此，作为授权者，中央既可以接受提请要求释法，也可以根据需要主动释法。接下来的问题是，中央哪个机构行使基本法解释权？这取决于我国宪法的规定。我国宪法第 67 条规定，宪法和法律的解释权属于全国人大常委会，澳门基本法是全国人大制定的全国性法律，其解释权当然属于全国人大常委会。至于为什么宪法赋予全国人大常委会解释宪法和法律的权力，这涉及人民代表大会制度的理论，今天由于时间关系，就不展开讲了。因此，澳门基本法第 143 条第一款规定，澳门基本法的解释权属于全国人大常委会。

那么，为什么要授权澳门特区法院解释基本法？按照"一国两制"方针和澳门基本法的规定，澳门特区享有独立的司法权和终审权，法院要依法审判案件，这个"法"包括澳门基本法。大家知道，法院审理案件中适用法律是与解释法律相伴而行的，如果只规定基本法解释权属于全国人大常委会，而没有赋予法院在审判案件中解释基本法的权力，法院在审判案件时，如果遇到基本法解释问题，就要事事都提请全国人大常委会释法，这样澳门特区法院就难以正常审理案件了，因此，澳门基本法第143条第二款规定，全国人大常委会授权澳门特区法院在审理案件时可以对基本法关于特区自治范围内的条款自行解释，第三款进一步授权澳门特区法院对基本法的其他条款也可解释，这就确保了法院可以顺利地履行司法职能。

授权澳门特区法院解释基本法的同时必须考虑到一个问题，即由于澳门特区享有终审权，如果法院基于对基本法关于中央管理的事务或中央与特区关系条款的错误解释而作出终审判决，从而损害中央的权力和中央与特区的关系，就可能产生严重的宪制危机。作为一套完善的制度设计，当然必须防止这种情况的发生。怎么办？答案就是澳门基本法第143条第三款规定的提请释法机制，即法院在审理案件时，如需对基本法关于中央管理的事务或中央与特区关系的条款作出解释，而该条款的解释又影响到案件的判决，在作出终局判决前，应由终审法院提请全国人大常委会对有关条款作出解释。如果全国人大常委会作出解释，法院在引用有关条款时要以全国人大常委会的解释为准。这就确保了澳门特区法院作出的终审判决在任何情况下，都不会损害中央的权力和中央与特区的关系，从而使澳门特区享有终审权成为一种可行的制度安排。澳门基本法关于中央管理的事务和中央与特区关系的条款只能由全国人大常委会进行解释，还有一个重要考虑，这就是澳门基本法是一部全国性法律，不仅澳门特区要遵守，中央和内地各地方也要遵守。对澳门基本法关于中央管理事务和中央与特区关系条款的解释，必然涉及中央和内地各地方的权力行使，只有全国人大常委会作出的解释，才能在全国范围内一体遵行，以保障国家法制的统一。澳门基本法第 143 条就是通过以上几个层次的规定，全面恰当地解决了基本法的解释问题。

澳门基本法实施十二年来，澳门特区法院在审理案件中对澳门基本法有关条款进行过解释，而全国人大常委会行使澳门基本法解释权，这还是第一次。这一方面说明，澳门基本法实施过程比较顺利，在此之前，还没有出现需要全国人大常委会行使解释权的情况，另一方面也说明，全国人大常委会行使基本法解释权是十分慎重、非常严肃的，不轻易行使。从大的方面来讲，全国人大常委会行使基本法解释权的出发点和目的，就是为了保证"一国两制"方针和基本法的贯彻实施，为了保持澳门的长期繁荣稳定和发展，也就是说，只有基本法实施过程中，遇到重大的现实问题，需要进一步明确基本法规定内涵的情况下，才会进行释法。

还有一点需要说明的是，全国人大常委会行使基本法解释权，要符合我国立法法的规定，是有规范的，绝不能任意释法。

首先，从解释对象看，按照立法法的规定，法律解释适用于两种情况，一是法律的规定需要进一步明确含义的，二是法律制定后出现新的情况，需要明确适用法律依据的。比如说，1998年12月全国人大常委会关于国籍法在澳门特别行政区实施的解释，就属于后一种情况。这次全国人大常委会就澳门基本法附件一和附件二有关规定进行解释，属于前一种情况。其次，从解释程序看，全国人大常委会释法有严格的程序，提出议案要征求各方面意见，委员长会议建议列入常委会议程后，要征询澳门基本法委员会的意见，常委会全体会议要听取提议案人对法律解释草案的说明，然后分组审议，法律委员会要根据分组审议意见进行统一的审议，提出修改后的表决稿，由委员长会议审议决定交付表决、公布。第三，从解释方法看，法律解释不是创制新的规则，只是对原有含义的明确，要忠实于立法原意。在确定法律规定的具体含义时，既要看法律条文的字面含义，也要看有关立法的主旨、上下文的关系，从法律规定的制度整体进行综合分析，以寻求最能体现立法原意的含义。

做好澳门政制发展工作有待
社会各界共同努力*

　　澳门特区成立十二年来，发生了翻天覆地的变化。1999 年
12 月 19 日澳门回归祖国时，我第一次到澳门。在我印象里，澳
门市区虽然商铺很多，比较大的只有八佰伴。澳门半岛南边的
地标建筑只有老葡京酒店，"洋观音"远远地矗立在水中央。对
面的氹仔，靠澳门半岛一面有一些建筑，往南走，氹仔和路环
之间还是杂草丛生的平地和水塘。此后我又数次来过澳门，每
次看到的景象都不一样。现在，澳门半岛南端的现代化建筑已
经连成一片，"洋观音"也快要上岸了。在氹仔，一座新城已拔
地而起，尤其到了晚上，灯火辉煌。澳门涌现了一批现代化的
大商场，世界各种名牌产品琳琅满目，成为购物天堂。更重要
的是，澳门居民的精神面貌焕然一新，在爱国爱澳、勤劳敬业
精神的基础上，展现出当家作主的主人翁姿态，积极投身澳门
的建设与发展，对澳门的前景充满了信心和决心。我赞同这样
的说法，澳门这十二年来的发展变化，是数百年来未有之大变
局。这是"一国两制"方针和澳门基本法正确指引的结果，是

---

　　* 2011 年 12 月 21 日在澳门社会各界人士座谈会结束时的讲话。

中央政府和内地各地方大力支持的结果，更是首任行政长官何厚铧先生和现任行政长官崔世安先生以及特区政府带领澳门社会各界人士团结奋斗，求安定，谋发展的结果。在座的每一位都是这段历史的亲历者、创造者，都为澳门十二年来的辉煌发展作出了杰出的贡献。

　　无论在澳门回归前还是回归后，中央领导人发表有关澳门历次重要讲话中，都十分强调澳门人可以管理好澳门，全体澳门人，包括在座的各位，以实际行动证明了这一论断。澳门人怎么管理好澳门？很重要的一点，就是通过澳门基本法规定的澳门特区政治体制行使管理澳门的民主权力。因此，我们在高度评价澳门所取得的发展成就的时候，应当充分肯定澳门基本法规定的政治体制，用邓小平先生提出的标准来评价，就是这套政治体制有利于维护澳门社会的长期繁荣稳定。澳门特区政治体制的一个重要内容就是如何产生行政长官、如何产生立法会。按照澳门基本法附件一和附件二的规定，这两个产生办法如有需要，可以进行修改，这就是我们通常所说澳门政制发展问题。由于澳门特区政治体制关系到"一国两制"在澳门的成功实践，关系到中央与特区的关系，关系到澳门的长期繁荣稳定与发展，而且两个产生办法的修改还涉及全国人大常委会的权力，中央高度重视。11 月 17 日行政长官崔世安致函吴邦国委员长后，全国人大常委会有关工作机构及时地进行研究，12 月 16 日召开的委员长会议建议将审议澳门基本法附件一第七条和附件二第三条的解释议案列入即将召开的常委会议程，时间抓得很紧，说明了中央的重视程度。

这次释法的主要目的就是按照澳门基本法的规定，确定一种有效的机制，从启动工作开始，就有明确的程序加以规范，确保澳门政制发展工作有序进行，增强公开性和透明度，使得中央和特区的权力都能够落到实处。我要重申的是，释法只是明确处理两个产生办法的程序，还不是确定两个产生办法是否需要修改以及如何修改。我11月下旬到澳门出席一个研讨会时，澳门记者问我有关两个产生办法如何修改问题，我回答说，这要留待澳门社会进行深入的讨论，凝聚共识。因此，这次释法是处理澳门政制发展问题的开始，更多的工作还在后头。

要把这次澳门政制发展工作做好，建议把握好这样几条：一是要以澳门基本法及其有关解释为依据。澳门基本法规定的澳门特别行政区制度是一个有机整体，各种规定之间有着紧密的内在联系。任何部分的发展和改变，都要从制度整体出发加以权衡，从而促进整个制度更加有效地运行。二是要充分考虑到澳门的实际情况。世界上没有一种选举制度是十全十美的，关键是要切合有关国家或地区的实际情况，因此，坚持从澳门实际情况出发，是处理好澳门政制发展问题的基本要求。三是要着力维护澳门特区基本政治制度的稳定。社会稳定是经济发展、民生改善的前提，这是一个最朴实的道理，而要维护社会稳定，最根本的一条，就是要维护基本政治制度的稳定。两个产生办法在需要作出修改时，同样也要以维护这套政治制度稳定为根本的目的和出发点。四是要兼顾到澳门社会各阶层、各界别的利益诉求。两个产生办法涉及社会各阶层、各界别的利益，每个人从自身的利益出发，提出自己的政治诉求，这是一个民主社会正常的现象，但最终确定的制度只能有一个，这就要求有关制度要兼顾到各方面的诉求，找到最大的公约数，达成最广泛的共识。五是要本着理性的态度讨论政制发展问题。澳门社会有着协商办事的良好传统，这不仅对于维护社群和谐至关重要，对于处理好政制发展问题也是至关重要的。

全国人大常委会作出澳门特别行政区政制发展问题的决定所遵循的原则 *

在座谈会开始时，李飞副主任已经通报我们这次是受委员长会议的委托来的，目的是就全国人大常委会的决定向澳门各界人士作进一步说明，同时也听取你们的意见，交流我们的看法。李飞副主任介绍了这次全国人大常委会作决定的程序和决定的主要内容，阐述了决定的法律效力，张晓明副主任就如何贯彻落实决定作了简明扼要的讲话。刚才又听了各界人士的发言。近两个月来，我几乎每天都看澳门报纸，阅读有关澳门政制发展问题的各种报道和文章，关注不同的意见和看法。我了解的情况与刚才发言的情况是一致的。这个情况是什么呢？概括起来就是：澳门社会普遍认同处理特区政制发展的决定权在中央，同时普遍希望能够对2013年立法会产生办法和2014年行政长官产生办法作适当修改，这是共识，有不同看法的是要不要规定两个"维持不变"，社会主流意见认为应保持两个不变，但也有人希望对两个产生办法作根本性的改变。今天座谈会上就听到这方面代表性的意见，这说明我们这个座谈会是开放的、

＊ 2012年3月1日在澳门社会各界人士座谈会上的讲话。

可以包容各种不同意见的、能让我们这些从北京来的人直接听到不同意见的座谈会。现在的问题是全国人大常委会的决定已经规定了两个"维持不变",那么,这个决定的理据是什么?少数人的不同意见是否得到考虑?我想这是大家关心的一个问题。关于这个问题,全国人大常委会决定有一段很重要的话,我在这里读一下:"会议认为,《中华人民共和国澳门特别行政区基本法》(以下简称澳门基本法)第四十七条已明确规定,澳门特别行政区行政长官在当地通过选举或协商产生,由中央人民政府任命。澳门基本法第六十八条已明确规定,立法会多数议员由选举产生。有关澳门特别行政区行政长官产生办法和立法会产生办法的任何修改,都应当符合澳门基本法的上述规定,并遵循从澳门的实际情况出发,有利于保持澳门特别行政区基本政治制度的稳定,有利于行政主导政治体制的有效运作,有利于兼顾澳门社会各阶层各界别的利益,有利于保持澳门的长期繁荣稳定和发展等原则。"这段话为什么重要?因为它表明了全国人大常委会作出有关决定所遵循的原则,同时,决定规定两个"维持不变"的理据,也体现在这段话之中。下面,我想着重围绕这次决定所遵循的原则及理据作进一步说明,同时结合澳门社会关注的一些问题,谈谈个人的看法,与大家交流。

一、决定符合澳门基本法及其有关解释的规定,即遵循合法性原则

澳门特别行政区两个产生办法修改,必须符合基本法及其有关解释的规定，也就是必须遵循合法性原则，这应当是大家的共识。那么，在处理澳门政制发展问题上，怎么做到符合基本法及其有关解释的规定？这包括程序和实体两个方面。程序方面比较简单，即两个产生办法的修改要符合澳门基本法附件一和附件二及其有关解释确立的"五步曲"程序。关键是实体方面，要符合基本法的规定，就要深入研究和分析基本法关于两个产生办法的规定，不仅要看具体条文，而且要把基本法作为一个整体来理解。从整部基本法来看，它规定了澳门特别行政区制度，而政治体制是这套制度的一个组成部分，两个产生办法是政治体制的一项重要内容。从具体条文来看，除了决定引用的第47条和第68条外，基本法附件一规定，行政长官由一个具有广泛代表性的选举委员会依照本法选出，报中央人民政府任命。从第二任行政长官开始，行政长官选举委员会由四个界别人士共300人组成。基本法附件二规定第二届立法会由27人组成，然后规定"第三届及以后各届立法会由29人组成"，无论是第二届还是第三届及以后，立法会均由直接选举的议员、间接选举的议员和委任的议员三部分组成。需要特别注意的是，基本法附件一和附件二的上述规定，同基本法其他条文一样，是一种常态规定，当然可以修改，但从立法原意来讲，是希望能够长期实行的。这一点如果与香港基本法的有关规定进行比较，就更加清楚。香港基本法关于行政长官产生办法和立法会产生办法都规定了一个普选目标，而且香港基本法附件二只规定到第三届立法会产生办法，这说明香港基本法倾向于在回归10年之后可以对两个产生办法进行修改，以循序渐进地达至普选。澳门基本法对两个产生办法作出常态性规定，对立法会的规定是"第三届及以后各届"，与香港基本法的规定明显不同，说明澳门基本法倾向于保持两个产生办法的稳定，因此，全国人大常委会决定规定的两个"维持不变"，符合澳门基本法有关规定的立法原意。

讲到这里，我想顺便讲一讲澳门社会十分关注的两个问题。

一个是澳门是不是可以实行普选。对于这个问题，两个产生办法要分开来讲。关于行政长官产生办法的规定，在澳门基本法起草时有一个共同的理解，体现在澳门基本法起草委员会政治体制专题小组最后一次会议的工作报告中，原文是这样说的："有意见认为应把普选行政长官作为目标加以规定。委员们认为，普选应从澳门实际出发，草案目前规定行政长官通过'选举或协商产生'并未排除将来澳门选择普选行政长官的制度，因此，草案的写法是可行的。"澳门回归后，何厚铧先生和其他基本法起草委员也都讲过类似的话，澳门报刊也有许多文章反映这种共识。可以说，这个问题是明确的。关于立法会产生办法的规定，中葡联合声明规定，"澳门特别行政区立法机关由当地人组成，多数成员通过选举产生"，众所周知，这里的"多数成员通过选举产生"，指的是将有部分委任议员。我看澳门报纸有许多文章指出，这个规定是应葡萄牙政府的要求写上的，也是中葡双方的共同理解。因此，在基本法起草过程中，从来没有把立法会全体议员由普选产生作为一个选择方案，因为这不符合中葡联合声明。基本法第68条第二款规定，"立法会多数议员由选举产生"，应当作同样的理解，因此，可以说基本法已经排除了立法会全体议员由普选产生的办法。我看到澳门报刊的文章，大多数的意见也认为，无论怎样修改立法会产生办法，都要受到基本法第 68 条第二款规定的限制，即都不能规定立法会全体议员由普选产生，说明澳门社会对基本法规定的立法原意是十分清楚的，因此，立法会能否实行全体议员普选，答案也是明确的。

　　另一个问题是能不能提出一个普选时间表。澳门基本法是在香港基本法之后制定的，澳门基本法没有规定普选目标，正如何厚铧先生曾经指出的，这绝不是疏忽，而是反映了当时基本法起草委员会以及澳门社会的共识。我前面引用的基本法起草委员会文件，也说明了这一点。这不仅印证了基本法的立法原意是希望两个产生办法能够长期实行，而且由于没有规定一个普选目标，这就决定了澳门特别行政区两个产生办法的修改，同基本法其他条文修改一样，只能立足于特定时期澳门的实际情况作出适当的修改，以后有需要再作修改，而不能在基本法之外设定一个目标，然后提出所谓时间表。正确贯彻落实基本法规定，对两个产生办法的修改，应当有什么需要修改的地方，就修改什么，如果一定要设定一个目标，目标应当是任何修改都必须符合澳门的实际，我认为这才是正确态度。

　　二、决定符合澳门特别行政区的实际情况，即遵循适当性原则

　　澳门回归祖国后，中央决定在澳门实行"一国两制"、"澳人治澳"、高度自治，一个重要原因就是要照顾到澳门的历史和现实，基本法规定的澳门特别行政区制度之所以行得通，就是这套制度切合我国国情，切合澳门的实际情况。就两个产生办法来说，从基本法起草时或者是澳门回归时的情况看，也是符合澳门实际情况的，这已经通过十二年来的实践得到证明。如果要加以理论概括，符合实际情况体现的就是适当性原则。选举制度要适当，切合一个社会的实际情况，否则就会事与愿违。西方有一些机构每年对不同的国家和地区进行评分，有些国家采用西方的选举制度，所以，民主发展得到高分，但这些国家的治理又存在很大问题，所以，国家治理得到低分。为什么民主得高分、国家治理得低分？依我看来，就是这种所谓的民主制度不适合有关国家的情况，甚至在对抗性选举政治的催化下，激化了社会种族、宗教、社团等各种矛盾，使国家陷入分裂和动荡。我看过一个国际权威机构 2011 年评分指数，比如印度，民主指数世界第 39 位，很靠前，而国家治理指数世界第 152 位，很靠后；又如新加坡，民主指数第 81 位，不算高，而国家治理指数第 28 位，相当高。这种例子不胜枚举。选举制度适合一个社会的实际情况是一个动态的过程。社会的不断发展进步，决定了实际情况也是一个动态的过程，因此，适当性也是一个变化的过程。由法律规定的任何制度要保持符合实际情况，就需要在必要时进行修改，与时俱进，但这种修改一定要根据社会发展进步程度而定，虽然要有一定前瞻性，但不能超越发展阶段，搞大跃进。我国有一个成语，叫"过犹不及"，讲的就是这个道理。

我们讲，基本法规定的两个产生办法是切合澳门特别行政区成立时的实际情况的，那么，十二年来这种实际情况发生了什么变化？深入分析这个问题很有必要，因为这是修改两个产生办法的基本依据。行政长官的报告提到，"澳门市民普遍认为，基于近年来澳门经济快速发展，中产阶层日益扩大；人口数量和选民人数有较大的增加，广大市民尤其是青年人参政意识明显提高，社会不同阶层的利益诉求日趋多元；因此，为了适应澳门社会的发展需要，应在坚持前述制度安排的前提下，对 2013 年立法会产生办法和 2014 年行政长官产生办法作适当修改。"同时行政长官报告也强调，澳门的社会发展进步都是在基本法规定的框架下取得的，要保持基本法规定的基本制度的稳定。常委会组成人员在审议行政长官报告时赞同上述判断，认为这个看法实事求是，也就是说，根据澳门社会发展情况，需要对两个产生办法作适当修改，但这种发展程度还没有导致基本法附件一和附件二的核心规定变得不可行，因此，行政长官由一个有广泛代表性的选举委员会选举产生的规定要维持不变，立法会由直接选举的议员、间接选举的议员和委任的议员三部分组成的规定要维持不变。我很高兴地看到，澳门社会的主流意见也是这样，这说明只要我们本着实事求是的精神，不难取得一致的意见。我注意到，在今年 1 月特区政府就两个产生办法听取社会意见过程中，有不少意见认为，澳门政制发展要走有澳门特色的道路，我很赞同这种观点，澳门特区两个产生办法怎么规定才适当，其标准只能产生于澳门，就像我们每个人衣服怎么穿才合身，只能以自己的身体为标准一样。这也是切合澳门实际情况题中应有之义。

三、决定强调保持澳门特别行政区基本政治制度的稳定，即遵循稳定性原则

吴邦国委员长在纪念澳门基本法实施十周年座谈会上发表的重要讲话中，十分强调基本法的稳定，认为这是实现澳门长期繁荣稳定的前提。我理解，强调基本法的稳定，一是讲基本法不能轻言修改，二是讲要维护好基本法规定的各项制度。澳门回归以来的实践证明，基本法规定的澳门特别行政区基本政治制度切合澳门实际，作为这套政治制度组成部分的两个产生办法，与时俱进地适时作出修改，也要以维护这套基本政治制度稳定为出发点。澳门特别行政区的基本政治制度有十分丰富的内容，其中包括行政主导的政治体制和行政长官及立法会产生办法，而这两者又存在着密切的联系。常委会组成人员在审议行政长官报告和决定草案时，也十分关注这一点。他们认为，澳门回归祖国12年来，澳门基本法规定的澳门特别行政区政治体制，发挥了保持澳门长期繁荣稳定和发展的重要作用。在这一政治体制下，澳门居民享有前所未有的民主权利，有效地行使了澳门基本法赋予澳门特别行政区的高度自治权，澳门社会稳定、经济发展、民生改善，各项社会事业全面进步。行政长官产生办法和立法会产生办法是澳门特别行政区政治体制的重要组成部分，对两个产生办法的修改，直接关系到广大澳门同胞的切身利益和澳门社会的长期繁荣稳定，必须综合考虑各个方面的情况加以处理，不能为了修改而修改，任何修改都要以维护澳门特别行政区基本政治制度稳定为前提，这次决定充分

体现了这个精神。

我很认真地看了澳门社会的一些不同意见和看法，比如有人看到了澳门选举制度中存在的一些问题，从而提出大幅度修改两个产生办法的主张；有人指出了间接选举制度存在的一些问题，因此，要求取消这种选举制度等。但也有人指出应当改进和完善间接选举制度，而不是简单地取消，等等。我想在这里指出的是，这种讨论很好，各种意见都可以表达，都应当得到尊重。上面提到的两种观点，好像针尖对麦芒，但却说明了一个问题，这就是世界上没有一种选举制度是十全十美的，任何制度在实施中都会遇到这样那样的问题，要正视这些问题，要在坚持基本制度稳定的基础上逐步解决这些问题。

四、决定强调兼顾澳门社会各阶层各界别的利益，即遵循包容性原则

姬鹏飞关于澳门基本法草案及有关文件的说明中讲到，在政治体制方面，从有利于特别行政区的稳定发展，兼顾社会各阶层的利益，循序渐进发展民主制度的原则出发，基本法对特区政治体制作出了规定。这说明兼顾社会各阶层各界别的利益，也就是包容性原则，是基本法有关政治体制的规定，包括两个产生办法的规定的一个重要指导原则。我看到澳门一家报纸上有一篇文章，引用了邓小平关于香港人推选出来管理香港的人，左翼要有，也要有点右的人，最好是多选些中间的人的讲话，实际上这一讲话，体现的就是包容性的原则。在澳门这样一个多元社会中怎么做到兼顾各阶层各界别的利益？在澳门基本法关于两个产生办法的规定中，有一个重要的概念，这就是"广泛代表性"。基本法附件一规定，行政长官由一个有广泛代表性的选举委员会选出，直接用了"广泛代表性"这个概念，附件二规定的立法会组成，虽然没有用这个概念，但也同样体现了立法会要有广泛代表性的精神。基本法为什么提出"广泛代表性"的概念？我看这是因为：第一，与澳门特别行政区的法律地位相适应。澳门是我国的一个特别行政区，实际上就是一个城市，一个城市的管理与一个国家的管理有着根本的区别，一个城市的管理，更要强调市民的广泛参与，体现均衡参与。第二，与澳门的多元化资本主义社会相适应。一个多元化社会要能够存在，就需要有包容精神，要能够确保社会各阶层各界别在立法机构中有其代表，有正式的渠道来表达他们的利益和诉求。第三，与澳门的政治文化特点相适应。澳门地方很小，社群和谐相处，不宜搞对抗性选举政治，适宜通过制度安排使行政长官选举委员会和立法会有广泛代表性，做到各方面都心情舒畅，实现社会和谐。怎么做到有广泛代表性？在行政长官选举委员会方面，基本法具体规定为由四个界别组成，在立法会方面，基本法具体规定为由直接选举、间接选举和委任的议员三部分组成。澳门回归后已经进行了两次行政长官选举和三次立法会选举，实践证明基本法的规定是能够做到有广泛代表性的，随着澳门社会的发展进步，两个产生办法的修改方向应当是使之能够保持有广泛代表性，而不是改弦更张，另起炉灶。

现在澳门社会有人把行政长官选举委员会说成"小圈子选举"，我认为这是不恰当的。基本法规定的行政长官产生办法是基本法起草过程中澳门社会达成的广泛共识，经全国人大审议通过后，成为澳门特别行政区的重要宪制安排，从尊重历史、尊重基本法的角度来讲，不能贴这样的标签，而且选举委员会目前的人数虽然只有 300 人，但由于它具有广泛代表性，这绝不是所谓的"小圈子选举"。我知道讲这个话的人当中，也有选举委员会成员，说明选委会内各种政见的人都有，很有包容性的。但我想提出一点，我们尊重各种观点和意见，但同时也希望各种观点和意见都不要去损害基本法的权威地位，因为基本法是澳门居民享有各种权利和自由的保障，就像这个会场的屋顶为我们遮风挡雨，可以让我们在这里畅所欲言，行使各种权利和自由，但我们不能利用这种自由把屋顶掀掉。此外，我也看到了一些人对立法会的间接选举制度有意见。全国人大常委会决定已经明确，这次修改两个产生办法不改变立法会由三部分议员组成。如果是对间选制度中某些具体选举办法有意见，特区政府还要就修改进行公开咨询，凝聚社会共识。我希望澳门社会能够理性地探讨间接选举制度的完善问题，这当中，是不是有这样三点需要加以考虑：第一，尊重历史。澳门的间接选举制度有特殊的历史背景，这个大家比我清楚。简单来说，就是澳门的社团在历史上曾经是澳门居民自强、自立、互助的纽带，寄托着历代澳门中国居民的感情，因此，澳门基本法没有像香港基本法一样规定功能团体选举，而是规定了以社团为基础的间接选举。第二，着眼未来。正如行政长官报告所提出的，随着澳门的发展进步，社会越来越多元化，怎么能够适应这种发展，不同阶层、不同界别在立法会中都有他们的代表，这需要有一种适当的制度，这种制度也就是间接选举制度。第三，与时俱进。要保持间接选举制度，就要发扬其长处，改进其不足，使这种制度不断完善。改善具体的选举制度，主要是澳门本地立法所要处理的问题。

五、决定强调有利于维护澳门长期繁荣稳定与发展，即遵循目的性原则

中央对澳门的基本方针政策和澳门基本法规定内容十分丰富，其根本出发点和目的可以归结为两条，一是维护国家的主权、统一与领土完整，二是保持澳门的长期繁荣稳定与发展。2009年胡锦涛主席在庆祝澳门回归祖国10周年时发表的重要讲话强调指出，中央政府对澳门采取的任何方针政策措施，都始终坚持有利于保持澳门长期繁荣稳定，有利于增进澳门全体市民的福祉，有利于推动澳门和国家共同发展的原则。全国人大常委会决定遵循的上述四条原则，归结到最后，就是对澳门特别行政区两个产生办法的任何修改，要有利于保持澳门的长期繁荣稳定与发展，即目的性原则。两个产生办法要不要修改，怎么修改，不是目的，而是手段；从更大方面来讲，基本法规定的澳门特别行政区制度，也不是目的，而是手段，目的只有一个，就是维护国家主权，保持澳门的长期繁荣稳定与发展。全国人大常委会的这次决定，是综合考虑到澳门社会的各种情况，并且在深入研究和分析澳门社会各种意见的基础上作出的，是最有利于保持澳门长期繁荣稳定与发展的安排。

以上对全国人大常委会决定遵循的原则的进一步说明，和行政长官报告中阐述的澳门社会关于政制发展必须遵循的指导原则是一致的。这次决定实际上是对澳门回归以来政治体制运作经验全面的总结，同时指明未来发展方向。最后，我还要重申，全国人大常委会的决定具有法律效力，为下一步讨论研究澳门特别行政区两个产生办法修改方案提供了基础。两个产生办法涉及社会各阶层、各界别的利益，每个人从自身的利益出发，提出自己的政治诉求，这是一个民主社会正常的现象，但最终确定的制度只能有一个，这就要求有关制度要兼顾到各方面的诉求，找到最大的公约数，达成最广泛的共识。希望澳门社会各界人士在决定的基础上，共同努力，求同存异，形成一个有广泛民意支持的两个产生办法修改法案，推进澳门民主政治制度向前发展。

澳门特别行政区制度 [*]

一、特别行政区制度是"一国两制"方针政策的制度载体

澳门基本法有 1 个序言、145 个条文、3 个附件和区旗区徽图案，它们之间是一个什么关系？打个比喻来说，这些内容不是一个一个苹果，装到一个叫基本法的筐子里，而是一串葡萄，虽然有很多葡萄粒，但串在一起，是有机的整体。一串葡萄有一根藤，把所有的葡萄粒串在一起，那么，是什么把基本法所有内容串在一起，从而形成一个有机整体？这就是特别行政区制度。

这个提法的依据是什么？首先是宪法依据。宪法第 31 条规定，"国家在必要时得设立特别行政区。在特别行政区内实行的制度按照具体情况由全国人民代表大会以法律规定。"第 62 条规定全国人大的职权之一是"决定特别行政区的设立及其制度"。按照这两条规定，以法律规定或由全国人大决定的是特别行政区内实行的制度或特别行政区制度。宪法这两条规定有什么特殊之处呢？这要从宪法完整内容来看。我国是一个单一制

---

　　* 2012 年 4 月 22 日，在澳门特区政府和中联办举办的形势报告会上的演讲。

国家，国家管理制度，包括各地方行政区域的管理制度，都是由宪法作出规定的。以宪法第三章"国家机构"的各节标题为例，第一节是"全国人民代表大会"，第二节是"中华人民共和国主席"，第三节是"国务院"，第四节是"中央军事委员会"，第五节是"地方各级人民代表大会和地方各级人民政府"，第六节是"民族自治地方的自治机关"。按照这个逻辑顺序，第七节应该规定特别行政区的政治体制了吧？但宪法第三章没有这样规定，第七节的内容是"人民法院和人民检察院"。这个例子说明什么呢？说明特别行政区制度本来是应由宪法作出规定的，但如果我们通读宪法就会发现，除了宪法第 31 条和第 62 条提到特别行政区的设立及其制度外，宪法对特别行政区制度的具体内容没有作出规定，留待全国人大决定并以法律规定。为什么宪法没有就特别行政区制度的内容作出具体规定呢，这是特殊历史背景下所作出的特殊宪法安排。这个特殊历史背景就是我国现行宪法在 1982 年通过时，中央已经宣布了新时期对台基本方针政策，中央对香港基本方针政策也已经制定出来，这些方针政策将作为对台谈判和中英谈判的基础，因此，不宜在宪法中加以明确规定。亲历了 1982 年宪法修改过程的王汉斌同志，对此有过精彩的描述，他说，"写了给处理台湾问题有法律上的依据，而又不必修改宪法，同时又有利于对台谈判，宪法第 31 条规定，'国家在必要时得设立特别行政区。在特别行政区内实行的制度按照具体情况由全国人民代表大会以法律规定。'并相应地在第 62 条关于全国人大的职权中规定'决定特别行政区的设立及其制度。'这是根据小平同志提出的'一国两制'的伟大构想，为解决台湾问题所提供的宪法依据。"他还指出，"当时中英关于香港问题谈判刚刚开始，中葡关于澳门问题的谈判还没有开始，因此，彭真同志关于宪法修改草案的报告中只能提台湾，没有提香港、澳门，但又说'这是我们处理这类问题的基本立场'，这就明显地把香港、澳门包括在内了。"因此，我们可以说，由全国人大制定专门的法律规定特别行政区制度，是一项特殊的宪法安排。

其次是基本法依据。基于宪法的规定，基本法的任务就是规定特别行政区制度。宪法规定的特别行政区制度是什么，这就要看基本法。基本法就是循这个思路制定的，基本法序言第三段就说明这一点。该段规定，根据宪法，全国人大制定基本法，规定特别行政区实行的制度，以保障国家基本方针政策的实施，由此可以看出，基本法核心内容就是规定特别行政区制度。这里我想顺便讲一下"基本法"这个名称的由来。全国人大制定的规定特别行政区制度的这部法律叫什么名称？这个问题在中央制定对香港方针政策过程中就提了出来。由于这部法律所要规定的内容本来应由宪法规定，具有宪制性质，同时我国是一个单一制国家，只能有统一的一部国家宪法，规定地方行政区域管理制度的法律不能叫宪法。怎么又能体现这部法律的宪制性质又不叫宪法？参考了当时联邦德国宪制性法律文件的称呼，将其定名为"基本法"。中英联合声明第三条第十二项首先使用了这个称呼，后来中葡联合声明第三条第十二项规定，"上述基本方针政策和本联合声明附件一所指的具体说明，将由中华人民共和国全国人民代表大会以中华人民共和国澳门特别行政区基本法规定之，并在五十年内不变。"基本法这个名称的使用，与基本法规定特别行政区制度有着密切联系。

第三是立法法依据。我国立法法是全国人大 2000 年制定的，按照宪法规定及全国人大制定基本法规定特别行政区制度的实践，立法法第 8 条第三项规定，"民族区域自治制度、特别行政区制度、基层群众自治制度"只能以法律规定。这是我国法律中第一次使用"特别行政区制度"这个概念，表明全国人大确认了基本法的核心内容是规定特别行政区制度这个命题。

从以上依据可以得出这样的结论，从"一国两制"方针政策到基本法，实现了从政策到法律的转变，这个转变是通过创设一套特别行政区制度来实现的，特别行政区制度是"一国两制"方针政策的法律表现形式。宪法和基本法规定的特别行政区制度，不仅包括特别行政区内部的制度，例如社会经济制度、法律制度等，还包括国家管理体制和管理制度。我在 1996 年香港回归前夕发表过一篇文章，论述基本法的核心内容，我说基本法的全部内容可以概括为三句话：坚持一个国家，保障国家主权；坚持两种制度，保障高度自治；坚持基本不变，保障稳定繁荣。这三句话既有中央对澳门的管治，也有澳门自身实行的制度，就是"一国两制"，就是基本法序言第三段规定的特别行政区制度。

特区享有的高度自治权是特别行政区制度的组成部分，中央对特区的宪制权力也是特别行政区制度的组成部分。只有把中央对特区的宪制权力放在特别行政区制度的框架内来理解，才可能全面准确地理解这种权力。从特别行政区制度这个视角来读基本法，基本法的各项规定都是这套制度的有机组成部分，还可以把特别行政区制度细分为各种具体制度，如授权制度、中央的事权制度、中央与特别行政区关系制度、驻军制度、行政长官制度、法律制度、司法制度、经济制度等，它们之间紧密地联系在一起。因此，以论述特别行政区制度为核心，我们讲基本法，就不能只讲高度自治权、不讲中央的权力，甚至把两者对立起来。以特别行政区制度为核心阐述基本法，可以把中央和特区的权力统一到一套制度之中，把特别行政区管理体制纳入国家管理体制之中。这是全面准确地理解"一国两制"，理解国家对特别行政区管理制度的具体要求。

二、特别行政区制度构成国家管理制度的组成部分

无论是香港特别行政区还是澳门特别行政区，都是我国不可分离的部分，都是直辖于中央人民政府的地方行政区域。因此，讲国家管理，必然包括特别行政区的管理，讲国家管理制度，必然包括特别行政区管理制度。特别行政区制度的本源就是宪法。宪法是否适用于澳门特区？有人认为宪法是社会主义宪法，怎么适用于资本主义的特区？如适用岂不是一国一制；有人认为宪法只有第 31 条（即"国家在必要时得设立特别行政区。特别行政区内实行的制度按照具体情况由全国人民代表大会以法律规定。"）适用特区，其他都不适用，特区只适用基本法。认为只有基本法适用于特区，宪法不适用，是不正确的。宪法是国家主权在法律制度上最高的表现形式。宪法不能在全国范围内统一适用，就限制了一个国家主权的行使范围，否定

了主权的最高性。宪法作为国家的根本大法，具有最高的法律效力，在全国范围内实施，必须总体上适用于特区。基本法序言指出，基本法是根据宪法制定的，而不是仅根据宪法第 31 条。宪法在澳门特别行政区的适用，集中体现在两个方面：

（一）宪法中有关确认和体现国家主权、统一和领土完整的规定，即体现"一国"的规定，适用于特区同适用内地各省、自治区、直辖市是一样的。我国是单一制国家，只有一个最高国家权力机关（全国人大），只有一个最高国家行政机关（国务院），只有一个最高军事机关（中央军委），宪法关于全国人大及其常委会、国家主席、国务院和中央军委的规定，关于国防、外交的规定，关于国家标志（国旗、国徽、首都）的规定、关于国籍的规定等，这些体现"一国"的规定，都是适用特区的。

（二）由于国家对特区实行"一国两制"，特别行政区实行资本主义制度不变，宪法在特区施行同在内地施行又有所不同。宪法有关社会主义制度的规定（包括政治、经济、文化制度等）不在特区施行，而这些规定不在特区施行正是宪法所允许的，这就是宪法第 31 条。如果宪法不适用于特区，那"两制"就不存在了，宪法是"两制"的法源。

宪法是基本法的依据，基本法脱离了宪法，基本法就失去了法律效力。宪法的效力及于特区，正是"一国两制"方针和澳门基本法得以有效实施的最根本的法律保障，如果认为只有基本法适用而作为基本法立法依据的宪法却不适用，基本法就成了无源之水、无本之木，基本法就不可能获得法律效力。特别行政区制度是国家管理制度的组成部分，我国的国家管理制度是由宪法规定的；国家在必要时可以设立特别行政区，实行特殊的制度，也是宪法规定的。在这种国家管理制度下，遵循国家管理普遍性和特殊性相结合的原则，基本法规定了特别行政区制度，大致可以概括为以下几个方面，这也体现了中央与特区的权力关系：

第一，特别行政区制度要符合单一制原则，这是我国国家管理制度的普遍性原则。全国人大决定设立澳门特别行政区，制定基本法规定特别行政区实行的制度，这就是单一制原则的重要体现。具体到基本法条文，也全面地体现了单一制原则，例如，基本法第 1 条规定澳门特区是我国的一个不可分离的部分，第 2 条规定澳门特区的高度自治权是全国人大授予的，第 12 条规定澳门特区是直辖于中央政府的享有高度自治权的地方行政区域，第 45 条规定行政长官对中央政府负责，等等，这些规定背后的法理依据都是单一制原则。在单一制国家里，地方没有固有权力，地方权力来源于中央授予。这是单一制国家的特点，中央与地方是授权关系。在授权下，授权者拥有完整的管治权是授权的前提，而且作出授权后，授权者对被授权者具有监督权。中央和澳门之间的关系是授权和被授权的关系，从这个角度讲，基本法是一部授权法律。在基本法的规定中，凡是涉及国家管理制度的普遍性原则，均体现为中央的权力。

第二，特别行政区制度要符合人民民主原则，这是我国国家管理制度的普遍性原则，同时也考虑到澳门的特殊情况。澳门基本法是由包括澳门同胞在内的基本法起草委员会在广泛征求意见的基础上起草出来，由全国人民代表大会通过的，这就是人民民主原则的重要体现。澳门基本法第 21 条规定，澳门居民中的中国公民依法参与国家事务的管理；第 3 条规定，澳门特区行政机关和立法机关由澳门永久性居民组成；第 47 条和第 68 条以及附件一和附件二规定，澳门特区行政长官在当地选举产生，报中央人民政府任命，立法会多数议员由选举产生等，都是宪法确立的人民民主原则在澳门居民行使高度自治权方面的反映。按照通常的宪法理论，任何国家或地区的民主权利，都限于本国国民才能享有，考虑到澳门的特殊情况，澳门基本法第 26 条规定，澳门永久性居民依法享有选举权和被选举权，也就是说，澳门永久性居民中的非中国籍人士，在澳门也享有政治权利，这是特别行政区制度一项十分特殊的规定。当然，按照澳门基本法的规定，澳门特别行政区政权机关中的某些职位只能由澳门永久性居民中的中国公民担任，这又回到了国家管理的普遍性原则。

第三，根据宪法第 31 条，由全国人大以法律规定的特别行政区制度的一项重要内容，就是在特区实行资本主义制度，这是我国国家管理制度所允许的特殊性。基本法全面规定了澳门特区实行的资本主义社会、经济、文化等方面的制度，其中第 11 条规定，根据宪法第 31 条，澳门特区实行的制度和政策，包括社会、经济制度，有关保障居民的基本权利和自由的制度，行政管理、立法和司法方面的制度，以及有关政策，均以基本法为依据。在基本法规定中，凡是涉及国家对澳门实施管理的特殊性的内容，均体现为特区的高度自治权。

第四，特别行政区制度既肯定了人民代表大会制度是国家根本制度，又为特别行政区规定了一套政治体制，既体现有国家管理的共性，也有特殊性。国家对澳门特区的管理体制，通俗来说，就是澳门回归祖国后，全国人大及其常委会和中央人民政府保留一些体现国家主权必不可少的权力，同时授予澳门特别行政区处理内部事务的高度自治权，实行"澳人治澳"。在"一国两制"下，中央行使对特别行政区权力的体制是宪法和国家法律规定的国家政治体制，这就是人民代表大会制度。按照澳门基本法的规定，人民代表大会制度依然是包括澳门在内的国家根本制度，基本法由全国人大制定，特别行政区高度自治权由全国人大授予，澳门居民中的中国公民可选举人大代表，参加最高国家权力机关工作，都说明这一点。这是国家管理共性，特别行政区与各省、自治区、直辖市不同的是，它不设立地方人民代表大会，基本法为澳门特别行政区行使高度自治权专门设计了一套特区政治体制，这是特殊性。需要特别指出的是，国家政治体制与特区政治体制不是截然分开的，而是有内在的联系。这不仅体现在特别行政区的设立及其制度是由全国人大决定的，中央人民政府负责管理与特别行政区有关的国防、外交等事务，而且体现在基本法有关全国人大及其常委会、中央人民政府与特别行政区政权机关权力关系之中。因此，讲特别行政区的管理，既要讲特别行政区高度自治权，也要讲中央的权力；既要讲澳门特别行政区的政治体制，也要讲国家政治体制。这两方面构成有机整体，只有中央和特别行政区政权机构在宪法和基本法规定的框架下依法履行职责，才能把基本法的各项规定落到实处，把澳门的事情办好，从而实现澳门的长期繁荣稳定和发展。

三、特别行政区制度内含的中央对澳门特区的宪制权力

胡锦涛主席 2007 年 7 月 1 日在香港特别行政区成立 10 周年大会上明确指出，"一国两制"，"一国"是前提，"一国"就是要维护中央依法享有的权力，维护国家主权、统一、安全。按照基本法的规定，中央对澳门的宪制权力有一些是具体列明的，有一些是在条文中蕴含的，这两者同样重要。具体来讲，中央对澳门的宪制权力有以下十个方面：

1. 中央对澳门具有全面的管治权

基本法序言第一段开宗明义指出，澳门自古以来就是中国领土，中国政府于 1999 年 12 月 20 日恢复对澳门行使主权。中央对澳门恢复行使的是包括管治权在内的完整主权，这是基本法第 2 条规定的基础。这一条是关于澳门特区实行高度自治权的权力来源的规定："全国人民代表大会授权澳门特别行政区依照本法的规定实行高度自治，享有行政管理权、立法权、独立的司法权和终审权。"大家都知道，任何机构或个人，要作出授权，前提是他必须具有有关权力。全国人民代表大会是我国的最高国家权力机关，它授予澳门特区行政管理权、立法权、独立司法权和终审权，前提就是中央对澳门具有完全的管治权。这本来就是单一制国家中央与地方关系的应有之义。

2. 作为中央政府的一般性权力

按照我国宪法的规定，中央政府即国务院的职权之一是统一领导全国地方各级国家行政机关的工作。基本法没有明确规

定中央政府领导澳门特区行政机关的工作，澳门特区政府经常讲在中央政府的领导下，也就是承认中央对澳门有一般的领导权，这种权力是蕴含于基本法有关规定之中的。如基本法第 12 条规定，澳门特区是直辖于中央政府的地方行政区域，这里的"直辖"就是直接管辖的含义，尽管没有用"领导"这个词而是用"直接管辖"，但仍然体现了中央政府的一般性权力。澳门基本法第 45 条规定，行政长官依照基本法的规定对中央政府负责，要求行政长官向中央政府负责，这也是中央政府的一般性权力。这里的"负责"主要是什么内容呢？澳门基本法第 50 条第二项规定行政长官"负责执行"基本法，这是负责的主要内容。因为基本法是一部授权法，接受授权的澳门特区要向授权者负责，那么，澳门特区哪个机构向中央负责呢？这只能是行政长官，行政长官要向中央政府承担起在澳门特区全面贯彻落实基本法的责任。此外，基本法还具体规定了一些具体负责的内容，例如，报请中央政府任免主要官员，执行中央政府就基本法规定的有关事务发出的指令，处理中央授权的对外事务和其他事项等。澳门回归祖国后，行政长官每年都要到中央述职，这也表明了中央政府对特区政府有这种一般性的权力。

3. 中央政府对行政长官和主要官员的任命权

澳门基本法第 47 条规定，"澳门特别行政区行政长官在当地通过选举或协商产生，由中央人民政府任命。"附件一具体规定了行政长官的产生办法，其中第一条规定，"行政长官由一个具有广泛代表性的选举委员会根据本法选出，由中央人民政府任命。"澳门基本法第 50 条第六项规定，行政长官"提名并报请中央人民政府任命下列主要官员：各司司长、廉政专员，审计长，警察部门主要负责人和海关主要负责人；建议中央人民政府免除上述官员职务；"对这两条提出的问题是，中央的任命权是程序性的还是实质性的？在单一制国家中，中央对地方政权领导人的任命权是维护国家统一的重要手段，是体现国家主权的行为，决不能流于形式。行政长官的地位十分重要，按照澳门基本法的规定行政长官是双首长（特别行政区政府首长、特别行政区首长）、双负责（对特别行政区负责、对中央负责），中央必须拥有实质性任命行政长官的权力。同样，中央政府对主要官员的任免权也是实质性的。因此，基本法规定的任命权不是程序性的而是实质性的，即中央可以任命也可以不任命。

4. 基本法的解释权

澳门基本法第 143 条有关基本法解释权的规定是体现"一国两制"的典型条款。它首先规定"本法的解释权属于全国人民代表大会常务委员会"，体现"一国"，体现了我国的宪政制度，而后考虑到"两制"，考虑到澳门法院审理案件的需要，授权澳门法院在审理案件时，对澳门自治范围内的条款自行解释。而后进一步授权，澳门法院在审理案件时对基本法的其他条款也可解释，但是如果需要对中央管理的事务或中央与特区关系的条款进行解释，而对该条款的解释又影响到案件的判决，在对该案件作出不可上诉的终局判决前，应由澳门终审法院请全国人大常委会对有关条款作出解释，这又体现了"一国"。

怎么理解基本法关于解释权的规定？我想从特别行政区制度出发，是不是可以把握以下几点：第一，基本法是一部授权法，理解这一性质，就可以很好地理解基本法的解释权一定要掌握在授权者手中，而不会全部交给被授权者来解释，也就是说，中央作为授权者，一定要掌握基本法的解释权，而且是全面和最终解释权，这是一般的道理。第二，中央哪个机构来行使基本法的解释权，这是由宪法规定所决定的。按照我国宪法第 67 条的规定，我国的宪法和法律的解释权属于全国人大常委会，基本法作为一项全国性法律，其解释权也必然属于全国人大常委会。第三，在全国人大常委会掌握基本法的全面和最终解释权的前提下，授权澳门特区法院在审理案件时对基本法进行解释是完全必要的。澳门基本法第 89 条规定，澳门特区法官依法进行审判，而按照第 18 条规定，在澳门特区实行的法律包括基本法、采纳为澳门特区法律的原有法律、立法机关制定的法律以及在澳门实行的少数全国性法律，因此，第 89 条规定的"依法"就是依上述法律。既然要求法院依照基本法审判案件，就必须赋予其解释基本法的权力。第四，特区法院的解释针对具体案件，而全国人大常委会只对基本法有关条文作立法解释，不涉及具体案件。第五，特区法院解释基本法的权力不同于全国人大常委会的解释权，是有限制的。我想特别指出的是，这种限制也是对司法独立和终审权的一种保障措施。澳门基本法第 143 条对法院解释权的限制是：特区法院在审理案件时如需对基本法关于中央管理的事务或中央与特区关系的条款作出解释，终审法院要提请全国人大常委会作出解释。为什么要有这样的规定？我想可以这样理解，特区享有终审权意味着其终审判决不被推翻，而且是能够得到执行的。如果特区的终审判决对基本法的有关规定作出错误解释，从而严重侵犯了中央的权力或严重影响到中央与特区的关系，能够要求中央执行这样的判决吗？肯定不行，那么终审判决就不可能真正具有终审效力。另外，基本法是全国性法律，不仅特区要遵守，在内地中央和地方均要遵守，如果涉及中央管理的事务或中央与特区关系的条款，只由特区法院进行解释，要求全国一体遵行也是不可能的，只有全国人大常委会的解释才能达到全国一体遵行的效果。

5. 基本法的修改权

基本法是全国人大制定的，澳门基本法 144 条规定，其修改权属于全国人大，这也是中央的一项重要的宪制权力，这种权力不仅反映了法律的制定和修改应当属于同一机构的法理，而且也与基本法的授权法性质相适应。基本法关于修改权的规定有两个特殊的地方：第一是关于修改提案权的规定。基本法的修改提案权分别是全国人大常委会、国务院和澳门特别行政区。这个规定有什么特殊呢？按照我国宪法和法律规定，全国人大常委会、全国人大专门委员会、国务院、出席全国人大会议的各代表团、全国人大代表 30 名联名均有法律修改议案的提案权，内地各省一级的地方都没有法律修改提案权。澳门基本法 144 条规定只有全国人大常委会和国务院才能提出基本法修改议案，可以看出减少了修改议案的提案机构，同时规定澳门特区具有基本法修改议案的提案权，这都是十分特殊的安排。第二是关于基本法附件修改的规定。全国人大关于基本法的决定和公布基本法的国家主席令都明确规定，基本法包括三个附件和区旗、区徽图案。对于三个附件的主要内容的修改，基本法都作了特殊的规定。其中附件一和附件二的修改，要经澳门立法会全体议员三分之二多数通过，行政长官同意，并报全国人大常委会批准和备案；附件三所列全国性法律，全国人大常委会可以在征询其所属的基本法委员会意见后，作出增减决定。

6. 对行政长官产生办法和立法会产生办法修改的决定权

我国是单一制国家，澳门是中央下辖的地方行政区域，地方行政区域的政治体制是不能自行决定的，而是由中央通过基本法决定的，因此政治体制如果要改变，也要由中央来决定，这是顺理成章的。而两个产生办法就属于政治体制的重要组成部分，因此两个产生办法是否需要修改应由中央来决定。2011年12月全国人大常委会的解释规定，两个产生办法"是否需要进行修改，澳门特别行政区行政长官应向全国人民代表大会常务委员会提出报告，由全国人民代表大会常务委员会依照《中华人民共和国澳门特别行政区基本法》第四十七条和第六十八条规定，根据澳门特别行政区的实际情况确定"。两个产生办法的修改在特区完成法定程序后，要报全国人大常委会批准或备案。

7. 对特区立法机关制定的法律的监督权

基本法第17条规定，"澳门特别行政区的立法机关制定的法律须报全国人民代表大会常务委员会备案。备案不影响该法律的生效。全国人民代表大会常务委员会在征询其所属的澳门特别行政区基本法委员会的意见后，如认为澳门特别行政区立法机关制定的任何法律不符合本法关于中央管理的事务及中央和澳门特别行政区关系的条款，可将有关法律发回，但不作修改。经全国人民代表大会常务委员会发回的法律立即失效。该法律的失效，除澳门特别行政区的法律另有规定外，无溯及力"。这就是前面讲到的，全国人大授予澳门特区立法权，但并不因授权而丧失对被授权人的监督权。实际上，该规定与内地类似，所有的省级地方性法规都要报全国人大常委会备案。所不同的是，对于内地的地方性法规，全国人大常委会如果认为抵触宪法或法律，有权撤销，而对特区立法机关制定的法律，不是全部可以发回，只有在全国人大常委会认为有关法律不符合基本法关于中央管理的事务或中央与特区关系条款的情况下，才有权发回。

8. 防务和外交事务的管理权

基本法第 13 条规定，中央政府负责管理与澳门特区有关的外交事务。外交部在澳门特区设立机构处理外交事务。中央政府授权澳门特区依照本法自行处理有关的对外事务。外交事务由中央统一管理，这是体现国家主权、统一和领土完整的一个重要标志，基本法第七章及其他一些条文具体规定的澳门特区的对外事务，都必须在外交权属于中央这个原则下来理解和执行。

基本法第 14 条规定，中央政府负责管理澳门特区的防务。澳门特区政府负责维持澳门特区的社会治安。中央政府派驻澳门特区负责防务的军队不干预澳门特区的地方事务。驻军人员除遵守全国性法律外，还须遵守澳门特区法律。驻军费用由中央政府负担。国防统一同样是国家主权、统一和领土完整的重要标志，必须由中央政府负责管理。为此，全国人大常委会还专门制定了澳门驻军法，对澳门驻军履行防务职责的有关事宜作出全面的规定。

9. 向特区作出新授权的权力

基本法第 2 条规定，全国人大授权澳门特区"依照本法的规定"实行高度自治，"依照本法的规定"即表明特区享有的高度自治权以基本法规定为限，用吴邦国委员长的话来说，就是中央授予多少权，就有多少权。这就遇到一个问题，如果特区需要一些基本法没有规定的权力怎么办？所以，基本法第 20 条规定，澳门特区还可享有全国人大及其常务委员会和中央政府授予的其他权力。在基本法规定的授权框架下，中央向特区作出新授权是一项重要的宪制权力。2009 年 6 月 27 日，全国人大常委会授权澳门特别行政区对珠海横琴岛澳门大学新校区自其启用之日起，对该校区依照澳门特别行政区法律实施管辖。

10. 澳门特区进入紧急状态的决定权

澳门基本法第 18 条规定，"全国人民代表大会常务委员会决定宣布战争状态或因澳门特别行政区内发生特别行政区政府不能控制的危及国家统一或安全的动乱而决定澳门特别行政区进入紧急状态，中央人民政府可发布命令将有关全国性法律在澳门特别行政区实施"。战争状态比较好理解，这就是整个国家进入战争状态，值得注意的是，这个条文讲的"进入紧急状态"，除了因战争状态外，还包括发生不是一般骚乱而是危及国家统一和安全的动乱，而且是澳门特区政府不能控制的，此处的全国性法律是指附件三所列法律以外的法律，例如戒严法。

除以上十个方面外，基本法还规定了中央具有的其他一些权力，这些权力基本能够纳入以上十个方面。还需要提出的是，基本法在规定中央的宪制权力时，通常都表述为最终权力，比如说，行政长官在当地选举产生后，报中央政府任命；特区制定的法律报全国人大常委会备案后，全国人大常委会可以依法发回；行政长官和立法会产生办法要报全国人大常委会批准或备案。那么，中央是不是要在特区走完所有法律程序后才能介入、才能行使权力呢？我认为不能这样理解。凡是基本法规定中央具有宪制权力的地方，在实际执行中，中央从一开始就应当有权介入，这是避免产生重大宪制危机的必由之路。以特区立法备案为例，全国人大常委会有关部门一直在关注研究特区刊宪的法律草案及其讨论过程，如果发现有关规定可能不符合基本法关于中央管理的事务或中央与特区关系的条款，就及时通过适当渠道向特区政府提出来，在特区立法阶段就加以解决，而不能等到特区法律报全国人大常委会备案后，才提出问题，将法律发回。因为这样处理，必然给特区带来很大震动，不利于维护特区的繁荣稳定。

《基本法与香港回归十五周年》序[*]

　　五年前，我为谭惠珠女士主编的《基本法与香港回归十周年》写过一篇序文，当谭惠珠女士送来基本法与香港回归十五周年的书稿并邀我作序时，我感到责无旁贷，欣然应允。

　　正如这本图文并茂的书籍所展示的，基本法已经深入到香港社会、政治、经济、文化生活的各个层面，规范、指引、并塑造了今日香港。在前一篇序文中，我围绕基本法讲了三层意思，一是基本法规定的特别行政区制度创立了香港管治的崭新模式，二是基本法对保持香港长期繁荣稳定发挥的重要作用，三是基本法的贯彻实施要依靠广大港人。过去五年来香港的发展成就，归结到一点，就是广大港人深入理解基本法的丰富内涵并切实加以贯彻落实的结果，显示出基本法的强大生命力和保障香港长期繁荣稳定的巨大作用。

　　基本法是全国人民代表大会制定的一部全国性法律，贯彻落实基本法不仅是香港的责任，也是中央的责任。过去五年里，中央按照基本法的规定处理了许多涉香港事务，其中全国人大及其常委会处理了三件具有深远和重大影响的事：第一件事是，

＊　作于 2012 年 3 月 12 日。

十一届全国人大四次会议通过的国家十二五规划以专章的形式把香港的发展纳入国家的发展战略。香港的繁荣稳定，无论是过去、现在还是将来，都与国家建设与发展有着密切的联系。"一国两制"保障香港在国家中继续保持特殊地位，同时，把香港的发展纳入国家的总体发展规划，为香港的发展提供强大的支持和动力，这对香港未来发展有着根本性的影响。第二件事是，全国人大常委会就 2012 年行政长官产生办法和立法会产生办法及有关普选问题作出了决定，明确了香港实行普选的时间表。政制发展问题是一个长期困扰香港社会的重大问题，全国人大常委会的决定期待着香港社会就未来的普选办法凝聚最广泛的共识，从而解决这个重大问题，为香港发展经济、改善民生、推进民主创造更加有利的环境和条件。第三件事是，香港终审法院在审理案件中第一次提请全国人大常委会就基本法有关条款进行解释。基本法关于香港终审法院提请全国人大常委会释法的规定，是特别行政区制度中的一个重要机制，关系到基本法赋予香港独立司法权和终审权的规定是否行得通，牵一发而动全身。香港终审法院严格按照基本法规定要求，在审理案件中就基本法关于中央管理的事务和中央与特别行政区关系的条款提请全国人大常委会作出解释，随后，全国人大常委会依法就基本法有关条款作出解释，从而把基本法规定的这一重要机制落到实处。

吴邦国委员长亲自为本书题写了书名《基本法与香港》，而不是题写基本法与香港回归十五周年，我理解，这里面包含着一种期待，即如果说《基本法与香港回归十周年》是这个系列书籍的 1 版，那么现在的这本回顾基本法与香港回归十五周年就是 2 版，期望着将来还有回归二十周年、二十五周年的 3 版、4 版，一直延续下去。因为谭惠珠女士主编的这本书，虽然不是有关基本法的专著，但以生动活泼的方式总结了基本法对香港社会生活的深刻影响，每五年作一更新，回顾历史，记录现状，展望未来，是十分有意义的。

看完这本书稿，我有这样一个感想，在今天这样一个快节奏的时代，大家都急促地向前奔跑，眼睛大多只看到前方，有时候真的需要驻足片刻，好好地感受当下，回望已成为历史的脚印，在此基础上迎接历史的新起点。本书就是这样一个小憩，帮助大家回顾一下香港回归的辉煌历程，感受一下龙腾虎跃的今日香港，思考一下未来前进的方向。

香港基本法教材初稿讨论修改工作
需要把握的几个问题*

——在基本法教材编委会第四次会议开幕式上的讲话

刚才李飞同志对这本教材初稿形成进行了简要回顾，对 21 位专家学者辛勤的劳动成果进行了总体评价，并对这本初稿具体概括了若干特点，我认为概括得很好，完全同意。

我下面要讲的话，是在充分肯定教材初稿的基础上，为下一步修改完善，提出几个问题来引发大家讨论。很诚实地告诉大家，这份教材初稿，我只看了前五章。其他各章，直到昨天张荣顺还在统稿，很辛苦，有的是昨晚才拿到的，有的可能还在印厂，我都还没有看过。前不久，张荣顺到我办公室问我，前五章读下来感觉怎么样？我回答说，比较通俗，还能读下去。他说，您感到还能读下去，这就好了。我说，离好还有差距，问题还多着呢。为什么这么说？前五章一共 216 页，我只看了一遍，随看随做记号，大约 40 页都有记号，主要是错、漏字，但也有我感到是硬伤的地方，还有一些需斟酌的问题，平均 5

---

* 2012 年 5 月 29 日。

页多就有一个问题，所以我说问题还多着呢。尽管这样说，我确实感到目前的初稿已经有了一个很好的讨论基础。5 月 12 日，香港基本法委员会在福建开会，我们把前五章初稿印发委员会讨论，听取香港委员的意见。我对他们说，我们编写的这本教材虽然面对内地院校，但它是教育部的统编教材，具有一定的权威性，必然会对香港产生影响。把教材初稿拿出来，请大家讨论，把把关，主要就是这个考虑。现在大家看到的稿子是初稿，由于还很不成熟，因此，我想请大家围绕以下几个问题提出意见：一是这本教材的结构是否合适；二是从现在的稿子看，它的主要思路和脉络是否清晰、恰当；三是一些重大理论问题，比如宪法的适用问题、主权理论、授权理论、高度自治权的性质、香港特别行政区的义务等，现在阐述的观点是否站得住脚。香港委员的总体反应是，编写这部教材十分有必要，目前的教材结构逻辑性很强，有理论深度，但有一些观点还需要深入论证。同时，还提出了一些意见和建议。

总体来讲，香港委员的初步反应和我们的看法还是比较一致的。我把他们讲的这些话告诉大家，一是给大家鼓气，港方委员的第一反应总体不错；二是提出这次会议的主要任务，就是这次会议要把教材大的理论脉络梳理清楚，前后一致，在此基础上，深入研究一些具体问题的阐述，开始进行精雕细琢的工作。

下面，我着重谈谈这次会议需要解决的主要问题，怎么对现在这个稿子进行修改？这要回到我们去年 1 月在编委会第一次会议上提出的要求，坚持以此为标准。当时我们提出，"基本法教材是一部法学教材，是教育部的统编教材，这个性质决定了这部教材在内容上要采用'通说'，全面准确地阐述基本法的规定，在语言体系上要采用法学语言，把'一国两制'的政治理论转化为法学理论。怎么建立基本法的法学理论框架，既能够把整部基本法的规定贯穿起来，又能够做到政治性、思想性和学术性的统一？这就提出了编写基本法教材的基本思路问题。结合这些年的工作体会，我们建议编写基本法教材的基本思路是不是围绕三个问题展开，这就是：以论述特别行政区制度为核心，以基本法的各项规定及其实践为基础，以基本法研究成果和中外法治文明成果为借鉴，全面系统地阐述基本法的规定，创建基本法的法学理论体系。用形象的话来讲，我们要通过编写教材，形成有说服力的基本法法学理论，前面讲的'核心'、'基础'和'借鉴'就是支撑这套理论的三根支柱。"这是当时对编这本教材的要求，不能讲过就算了，今天我们就要用这段话的要求来衡量教材初稿，着重分析和研究目前的教材初稿是不是突出了论述特别行政区制度这个核心，是不是以基本法的各项规定及其实践为基础，是不是借鉴了基本法研究成果和中外法治文明成果，从而做到政治性、思想性和学术性的统一。我通过阅读教材初稿前五章，有一些想法，现在提出来，供大家讨论修改教材初稿时参考。

一、要进一步梳理理论脉络

总体上来说，教材初稿的问题意识较强，比较好地围绕特别行政区制度这个核心展开论述，而且不同程度地回答了我们在第一次会议上提出的 20 个重大理论问题。现在我们可以看到整部教材的初貌，有条件对以特别行政区制度为核心的重大理论问题作进一步梳理，理清各个理论问题之间的关系，使之系统化，做到首尾一致，贯穿于整部教材之中。比如说，第二章阐述了香港特别行政区制度，那么，其他各章阐述的各项制度与特别行政区制度的关系是什么，就需要做进一步梳理。现在各章开头都有一个"帽子"，有的长、有的短，有的比较好地说明了该章内容在特别行政区制度中的地位，有的阐述就比较单薄，我想各章开头的这一段话都需要再下功夫，既起到对各章内容画龙点睛的作用，也起到各章内容之间逻辑主线的作用。再比如说，第四章高度自治权，提出了高度自治权既是国家权力，也是地方权力，这个观点所要表达的意思我能够看明白，它要说的是高度自治权是中央授予的，中央行使的是国家权力，授权不改变权力的属性，因此，高度自治权性质上依然属于国家权力。但这个表述存在缺陷，因为不明就里的人可能会提出，香港不是一个国家，怎么有国家权力？所以这个表述还要再作斟酌。第四章对高度自治权的性质作出准确界定后，第九章、第十章、第十一章关于行政管理权、立法权、独立的司法权和终审权的性质的阐述，就要与高度自治权性质的界定保持一致，从而形成一条清晰、一贯的理论脉络。这部教材涉及的理论问题还很多，要这样一条一条地梳理。我在第一次会议上，把特别行政区制度比喻成一串葡萄中的那根藤，把基本法的所有内容串起来。如果我们把这串葡萄一粒粒摘下来，最后剩下的是一条带有各种分支的葡萄藤，这就像是我们教材的理论脉络，我们一定要把这个脉络梳理得十分清楚。

二、要进一步选择并加强重大法律问题的阐述

总体上来讲，目前教材初稿的理论脉络是清楚的，需要做的主要工作是使有关表述更加准确，保持前后一致。"红花需要绿叶衬"，有了很好的理论脉络，还需要选择一些重要的法律问题，深入地加以阐述，加强理论的说服力，使整部教材生动活泼。从前五章初稿看，这方面还比较欠缺。比如说，第五章在阐述有关原有法律的时间界限时，指出了香港终审法院对"某律师诉香港律师会案"判决存在问题，认为"按照主权原则和香港基本法的规定，香港法院无权引用英国法律宣布已被采用为香港特别行政区法律的香港原有法律无效"。有的香港基本法委员会港方委员看到这一段，就提出了异议，认为这样讲香港社会可能很难接受。类似的问题，在教材初稿中可能还不少。对这类问题，要本着以下原则处理：一是提出讨论的问题必须是具有重大法律意义的问题；二是要准确归纳香港社会或香港法院提出的观点，并且下大功夫把我们的观点阐述清楚。目前的教材初稿普遍存在一个问题，就是宏观问题把握得比较好，细节问题还比较粗糙，这是需要改进、完善的地方。我有一个总的想法，即在教材各章节中，要结合我们所要阐述的理论问题，分别提出比较典型的法律问题，深入地加以阐述。香港基本法实施过程中提出的法律问题不少，我们这本教材不可能全部加以分析，要有选择性，贵精不贵多。如果我们这部教材能够有针对性地阐述几十个这种法律问题，一定能够加强教材的理论深度，加强教材的针对性，也可以增强教材的可读性。

三、要确保理论观点的严谨性

香港基本法委员会讨论教材初稿时，有香港委员担心，这本教材由基本法委员会组织编写，是教育部的统编教材，具有权威性，而且讲了一些以前没有公开讲过的话，比如，宪法的适用问题、主权理论、授权理论、高度自治权的性质、香港特别行政区的义务等，以前都没有这样系统阐述过，可能会对香港社会造成一定程度的冲击。他们的这种担心，要引起我们的高度重视。我想要从两个方面来看这个问题，一是我们写这本教材，一个很重要的目的就是纠正香港社会存在的一些不正确的基本法观点，对香港社会有影响是必然的，不能因为香港社会有些人不同意，我们就不讲。二是我们确实要把握好可能引起争议的问题，要确保我们提出的理论观点能够站得住，可以堂堂正正地对外讲，在此基础上，尽量做到能够为大多数人所接受。这就要求我们提出的理论观点一定要十分严谨。比如说，第四章阐述授权理论时提到，"授权并不是让渡权力或转移权力给被授权者，授权者并不因为授权行为而自动丧失权力，仍然拥有所授出的权力"，按照这个说法，中央授予香港特区行政管理权、立法权、独立的司法权和终审权，但还没有丧失这种权力，仍然拥有这些权力，这就讲不通了，而且与我们一再讲的"不干预"也有矛盾。因此，上述这段对授权理论的阐述，还不严谨，可能引起很大的争议，至少是不符合香港基本法规定的授权情况，需要加以改进，是否可改为"授权者并不因为授权行为而丧失对所授权力的监督权"，比如授予立法权，但要报中央备案，发现问题，不作修改，可发回，即失效，这就是监督权，而不是发现问题，由中央来行使特区的立法权进行修改。再比如，第四章讲到香港特区负有维护宪法的义务，这个观点要坚持，但有关论述是否充分、有说服力？论述这个问题一定要结合第五章第一节"宪法在香港特别行政区的效力"，也就是宪法在香港特区的适用问题，先把这个问题讲清楚，再讲特区负有维护宪法义务才有说服力，笼统讲义务，港人难以接受。这是个重大问题，怎么说，需要再作斟酌。香港基本法委员会开会时，一些香港委员建议，在阐述我们的观点时，应当适当介绍一些香港人士的观点，让读者有评判的空间，以显示学术研究的客观性，我认为这个意见可以考虑。

四、要统一论述角度和写作风格

教材初稿由 21 位专家分头撰写，现在存在的写作风格不一致问题是正常的，但作为完整的一本教材，需要统一论述的角度和写作风格。这里，很重要的一条就是要牢记我们编写的是一本教材，既不是专著，更不是论文。作为教材，应以正面阐述为主，准确地阐述基本法的规定，把这些规定背后的学理、法理讲清楚。就是要论证的观点，也要采用阐述式的论证方法。而不能像论文一样，采用证成某种观点的论证方法。比如说，第二章在论证宪法第 31 条在宪法中的地位时，就采用了论文式的论证方法，内容是不错的，但读下来与整体内容显得不大协调，需要改变论述角度和方法。在初稿中，还有一些论战式的写法，比如，第二章在阐述我国人民在国家中的地位时，比较式地讲到资本主义国家的情况，提到在资本主义国家中，"出现了 1% 与 99% 的关系，占 99% 人民除了选票，只有选票，沦为资产阶级政权获得合法性的工具。"这种写法就有一点论战的味道；还如第 95 页"实行两制决不允许破坏一国"，在我们的教材中建议不要采用这种写法或用词。我们在坚持政治性的同时，要坚持学术性，用准确客观的语言把基本法的原则和规定娓娓道来，让人读得下去，听得进去。此外，考虑到教材要用相当长一段时间，不宜采用基本法已经实施"十五年"这类的表述，否则明年读这本教材，这个时间就对不上了。

五、要加强教材编写工作的学术规范

在讨论教材大纲和写作规范时，我们就提出，要恰到好处地引用领导人的原话，但不是铺天盖地，更不能反复引用同一段话。引用学术资料时要引用权威的观点。香港委员也建议，教材不能只引用领导人讲话和内地惯用的材料，也要引用介绍香港学者、法律界的观点。目前教材初稿引用资料时，是不是有这样三个问题：第一，引用西方著名学者的观点比较少。我看了一下前五章的脚注，第一章没有引用任何外国著名学者的观点；第二章引用了两位西方著名学者的观点，但有一位的观点间接引自内地学者的著作；第四章没有引用外国著名学者的观点；第五章引用了香港两本著作的观点。当然，不是说月是西方圆，但"他山之石，可以攻玉"，有些问题，我们自己讲，说服力可能不够，用外国或香港人的话来说，可以加强说服力。饶戈平教授一次在香港演讲，开篇就引用一位西方权威论述，演讲效果很好，反对派大状也表示认同。第二，引用内地学者的观点太多，而且有堆砌的情况。比如说，第二章说明内地学者逐渐使用"特别行政区制度"这个概念时，一口气引用了16本著作以及13篇论文，用了两页纸的篇幅，而且有许多是名不见经传的学者文章。港方委员也提出此问题，建议使用具权威地位人士的引文。这样说，不是不尊重这些学者的观点，而是我们引用的目的是要说明我们的观点，对我们的教材没有帮助或帮助不大的，大可省略。第三，对学者或香港法院案例的引用，存在不规范的情况。在香港基本法委员会开会时，陈弘毅教授提出了许多引用案例不规范的情况，包括对案例提出的法律观点概括不准确、案件编号的引用不完整等。我想，在需要引用外国、香港或内地学者观点时，一定要准确地反映他们的观点，不能断章取义，更不能出错，而且应当引用第一手材料，除非万不得已，不要转引资料。

六、要杜绝教材的学术硬伤

我这里用"杜绝"两个字，就是说，我们的教材绝对不能出现学术硬伤。因为学术硬伤足以让我们的努力付诸东流，而杜绝学术硬伤是应当而且能够做到的。目前的教材初稿中，还有一些学术硬伤。比如说，第一章提到"随着历史的发展，西方的基督教文明、阿拉伯伊斯兰文明和东方的儒教文明在相对稳定的地理区域中取得了主导地位"，暂且不说前面的两个文明提法是否妥当，至少我们国家传统文化是否可概括称为"儒教文明"还需研究；第一章还用了一个概念，"暂时不动香港"，这个概念打了引号，而且写明是中央明确作出的决定，但又没有提到出处，这就不严谨，更重要的是，用这个概念来概括新中国成立后对香港问题的方针政策是不准确、不完整的；再比如说，第二章提到，"改革开放后，在深圳、珠海、汕头、厦门设立经济特区，这里的'特区'实际上也是特别行政区的意思"，这个说法是不正确的，经济特区不是行政区，而类似于开发区。第一章提到，就基本法的解释权而言，由全国人大常委会解释还是香港法院解释，涉及大陆法和普通法的分歧。这种表述是否准确？大陆法目前也普遍由法院解释法律。在教材初稿中，这类的例子还有，请大家在讨论中把每一处都挑出来，予以论证，求得准确的答案。

以上是我只看了教材初稿前五章后对下一步应当怎么修改的一些考虑。我今天的讲话中举了不少例子，没有批评的意思，而是就事论事，有的也不一定正确，目的是把这个稿子修改好。

李飞同志在会议开始时讲了这次会议的开法，概括起来就是八个字："晚上研究，白天讨论"。这主要考虑到大家的时间很宝贵，集中开会不容易，要充分利用好这8天的时间，全身心地投入工作，发挥集体的智慧，争取通过这次会议，拿出一个比较好的教材修改稿。最后，我讲三点希望：

第一，希望大家集中精力开好这次会议。要把教材初稿修改好，首先要做的一件事情，就是把目前30多万字的初稿通读一遍，这本身就是一件艰巨的任务。在此基础上，才能对各章提出好的修改意见和建议。我知道大家都很忙，但既来之，则安之，静下心来，集中精力，全身心地投入教材统稿修改工作中去。

第二，希望大家加强沟通交流，发挥好集体作用。记得我在第一次会议的开幕式上，一开始就讲了这样一句话："从今天开始，我们组成了一个集体，在今后两到三年时间内，我们将一起工作，共同完成好基本法教材的编写任务。"过去 10 个月的时间里，各位专家学者分头撰写教材各章节初稿，现在把这些内容统编起来讨论，要很好地发挥我们这个集体的作用，加强沟通与交流，站在全局的角度，对各章节内容进行深入讨论，反复推敲，力求各章节内容相互呼应，每一个观点能够站得住脚，经得住检验。

第三，希望大家把握好正确的工作方法，提高工作效率。各位专家都编写过教材，在这方面有很多经验。基本法教材编写比较特殊，一是参编的学者多，二是它不像宪法学等学科那样成熟，研究基础较为薄弱。我们每一章只有半天的时间进行讨论，又有这么多人参加，每个人如果发言 10 分钟，就需要 3 个多小时。希望大家一定要提前做好讨论准备，在发言时，言简意赅，直切要害，以提高工作效率，完成好这次会议的工作任务。

关于近来涉及基本法实施的两个热点问题[*]

——在基本法研究工作领导小组上的讲话

今天上午的会议上，李飞同志向大家通报了一年来内地开展基本法研究以及香港基本法教材的编写情况，并提请本次会议讨论批准了 15 个基本法研究课题的立项，同意 19 个课题的结项。大家在讨论中，对进一步加强基础研究和应用研究结合，为港澳工作提出了一些很好的意见建议，对立项、结项工作如何进一步规范也提出了一些很好的意见建议，会后我们要专题研究落实。各研究区交流了各自的情况、经验、困难、问题，会后我们也要汇总研究。总体来讲，2007 年我们这个小组成立以来，推动内地学术界开展基本法研究工作的情况是好的，各个研究区都做了大量工作，取得了很大成效。

我们这个小组成立后，每次开会时都向大家介绍一些港澳社会的情况，尤其是与基本法实施有关的情况，以利于大家更好地开展基本法研究工作。最近，我们梳理了近一年来涉及基本法实施的几个热点重点问题，主要有四件事，其中两件已经解决，还有两件尚未解决。已解决的两件事分别是香港刚果

＊ 2012 年 7 月 6 日在全国人大会议中心。

（金）案和澳门的政制发展问题，尚未解决的两件事分别是香港的外佣案和"双非"子女问题。下面我通报一下香港外佣居留权和"双非"子女居留权问题。

首先讲一下"外佣案"。2011年9月30日、11月3日和11月10日，香港高等法院原讼法庭林文瀚法官先后就三起外籍家庭佣工居留权案作出判决。这三起案件都涉及香港基本法第24条第二款第（四）项"通常居住"的解释问题。判决认为，香港终审法院在Fateh案中提出，对"通常居住"这个概念，要赋予自然、通常的含义，按照遵循先例的普通法原则，因此，原讼法庭判定外佣在香港属于通常居住。按照这个判决，在香港工作超过七年的外佣大约有12万，都可能获得香港居留权，而且目前还有十几万外佣在香港工作，他们居住满七年后也可能获得香港居留权。因此，本案在香港社会引起了广泛的关注，有不少意见呼吁全国人大常委会释法。有关案件上诉到香港高等法院上诉法庭。今年3月28日，上诉法庭就其中的一个案件作出了判决，认为"通常居住"一词具有不变的基本要素和核心要点，所谓不变的基本要素就是与"通常"相对应的是"非通常"，即"特别"；而所谓核心要点就是怎么界定"特别"，要从香港社会的角度来看，而不是当事人的主观意图或目的。《入境条例》规定排除在"通常居住"之外的各种情况，从香港社会的角度来看，都属于出于特定、有限的目的而在香港居住，不属于"通常"。因此，裁决《入境条例》将外佣在香港居住排除在"通常居住"之外符合基本法。目前这个案件已经上诉到终审法院。

香港终审法院对外佣案的判决存在两种可能。一种是维持上诉法庭的判决，一种是维持其原来对"通常居住"的解释，也就是回到原讼法庭的判决。后者必然导致大量外佣获得香港居留权，这是香港社会所无法承受的，全国人大常委会就不得不进行释法。全国人大常委会如何解释基本法的有关规定后面再讲。

再讲一下"双非"子女的居留权问题。2001年庄丰源案判决之后，内地孕妇到香港生孩子的数量不断攀升。据香港媒体报道，2002年有1200人，2003年有2100人，2004年有4100人，2005年有9200人，2006年有1.6万人，2007年有1.88万人，2008年有2.53万人，2009年有2.98万人，2010年有3.27万人，到2011年达到3.35万人，10年累计有17.27万名"双非"子女获得香港居留权，形成了"双非"子女居留权问题。对此，香港社会纷纷要求取消"双非"子女的居留权，抑制内地孕妇到香港产子。今年"两会"期间，港区全国人大代表、政协委员也分别提出了两个提案，要求中央政府采取包括释法在内的措施，控制内地孕妇到香港产子的问题。过去半年多，我每次见香港人士，也都谈到"双非"子女问题。

1. "双非"子女居留权的由来

"双非"子女问题的根源是2001年香港终审法院关于庄丰源案的判决。基本法第24条第二款第（一）项规定，"在香港特别行政区成立以前或以后在香港出生的中国公民"，可以成为香港永久性居民。1996年筹委会通过了关于实施基本法第24条第二款的意见，明确上述规定中的"在香港出生的中国公民"，是指父母双方或一方合法定居在香港期间所生的子女，不包括非法入境、逾期居留或在香港临时居留的人在香港期间所生的子女。香港回归后，特区政府修订《入境条例》，按照筹委会的意见，作出相应的规定。因此，在庄丰源案之前，在香港出生的中国公民，如果父母双方都是内地居民，按照香港《入境条例》，不能获得香港居留权。在庄丰源案中，终审法院判决认为，按照普通法的法律解释方法，只要法律条文的字面含义清晰，法院就要按照字面含义解释，不需要参考任何外来资料。基本法第 24 条第二款第（一）项的规定十分清晰，即只要符合在香港出生、中国公民两个条件，就具有香港居留权，不能有其他解释。因此，判决《入境条例》有关规定违反基本法而无效，从而为父母双方都是内地居民、在香港出生的人获得居留权打开了大门。

1999 年全国人大常委会对基本法第 22 条第四款和第 24 条第二款第（三）项作出解释时，包括庄丰源案在内的其他一些涉及居留权的案件已经出现，正在香港法院审理之中。鉴于这种情况，全国人大常委会在对基本法第 22 条第四款和第 24 条第二款第（三）项解释后写了这么一段话："本解释所阐明的立法原意以及《中华人民共和国香港特别行政区基本法》第 24 条第二款其他各项的立法原意，已体现在 1996 年 8 月 10 日全国人民代表大会香港特别行政区筹备委员会第四次会议通过的《关于实施〈中华人民共和国香港特别行政区基本法〉第 24 条第二款的意见》中。"在庄丰源案中，终审法院判决认为，这一段话不构成对基本法第 24 条第二款其他各项的解释，因此，终审法院不受其约束。鉴于这种情况，在庄丰源案判决公布后，全国人大常委会法工委发言人发表谈话指出，香港终审法院对庄丰源案的判决与全国人大常委会的有关解释不尽一致，我们对此表示关注。

由于 1999 年全国人大常委会释法引起很大的震动，加上 2001 年时香港的社会、政治、经济情况十分严峻，中央有关部门研究确定，暂时不由全国人大常委会对基本法第 24 条第二款第（一）项作出解释，但当时已经预见到可能引起内地孕妇到香港产子潮，因此，中央有关部门采取了一些行政措施加以控制。可以说，目前已经有 17 万多名"双非"子女获得香港居留权，这已经是过去 10 年进行一定程度控制的结果，如果不加控制，数量还要大。

2. 要根本解决"双非"子女问题需要释法

香港社会在讨论解决"双非"子女问题时，大体上提出了三种办法，一是行政措施，二是人大常委会释法，三是修改基本法。

在香港，不只是反对派，不少法律界人士也认为，要解决"双非"子女问题，应采用修改基本法的办法。这种意见实际上是说，终审法院的判决没有错，而是基本法规定有问题，目的是维护香港终审法院判决的权威。这种观点在 1999 年释法时就已经提出来，当时的政务司司长陈方安生专程到北京，反映这方面的意见。我同她说，基本法第 24 条第二款规定的立法原意是清楚的，不是基本法错了，而是终审法院对基本法的有关规定的解释错了，这个是非要分清，不宜采用修改基本法的办法，而应当采用释法的办法。采用释法的办法，不仅体现基本法不能轻言修改的原则，而且具有分清是非的作用。现在遇到的情况与 1999 年相似，除了这个理由外，还有另外一个理由，既然 1999 年采用了释法的办法，当然现在只能采取同样办法。香港法律界人士考虑的是维护终审法院的权威，他们可能没有想到，维护全国人大常委会释法的权威同样重要。因此，通过修改基本法的办法来解决"双非"子女问题，是不适当的。

庄丰源案判决之后，中央和特区政府已经采取一些行政措施，控制内地孕妇到香港产子，去年下半年以来，采取了进一步的行政措施，目前内地孕妇到香港产子的数量已经有所下降。由于行政措施必须符合合法、合理的要求，而且控制内地孕妇进入香港，涉及公民的出入境、旅行等方面的自由权利，必须十分慎重，这就决定了行政措施只能起到缓解内地孕妇到香港产子的作用，而不可能从根本上解决问题。香港大律师胡汉清告诉我一个案子，即一位怀孕的上海女律师，应委托人的要求，要到香港出席一个会议，但被拒绝入境。她在香港提起诉讼，其理由就是她要到香港处理公务，不是到香港产子，拒绝其入境完全没有道理。如果这个案件在香港法院打赢了，目前一些行政措施就会失效。这也说明行政措施有其局限性，不能从根本上解决问题。

由于"双非"子女问题是终审法院对基本法第 24 条第二款第（一）项作出不恰当解释引起的，在香港，终审法院对基本法解释具有与基本法规定同等的法律效力，因此，要从根本上解决这个问题，只有一个办法，这就是改变终审法院的解释。

怎么改变终审法院的解释，一个办法是由香港终审法院在类似的案件中改变原来对基本法的解释，另一个办法是由全国人大常委会对基本法作出解释。在香港普通法下，前一个办法不是说没有可能，但十分困难。现在香港一些法律界的人士提出了各种办法，我在公开场合答香港记者问时讲，有几种方法可以解决这个问题，记者又问什么是最好的办法，我说最好的办法是终审法院自行纠正，言下之意是如果这样就不用人大释法了，还有一层意思是表示香港法律界一些人士提的办法不行，他们提出的办法，都要政府做出一项"违法"行为，或者是在终审法院未改变其判决下，政府修改《入境条例》，或者在现行法律下不给居留权，让当事人到法庭提起诉讼等，这是任何政府都不能做的。因此，解决"双非"子女问题，除了终审法院自行纠正外，剩下的选择，就是全国人大常委会释法。

问题在于由谁提出释法，什么时候进行释法。这取决于香港社会对这个问题的共识。因为"双非"子女问题是终审法院不恰当解释基本法造成的，又是香港社会所不能接受的，因此，如果要全国人大常委会释法，应当由香港特区提出来，全国人大常委会不宜主动释法，否则，即使进行释法，也不会取得好的社会政治效果。至于释法时机问题，前面讲到外佣案，如果终审法院对外佣案作出错误判决，全国人大常委会就必须进行释法，在这种情况下，一并解决"双非"子女问题，比较理想。至于怎么解释，由于1999年人大常委会释法已经明确基本法第24条第二款其他各项的立法原意已体现在筹委会的意见之中，因此，只能按筹委会意见作出解释，当然，在语言表述方面要转化为释法的语言。如果采用这种方式释法，首先涉及 1999 年人大常委会释法上述规定的效力问题。

3. 关于 1999 年人大常委会释法的效力

在最近香港报刊发表的文章中，有两种观点，一是有些香港法律界人士提出，1999 年人大常委会释法已经明确，基本法第 24 条第二款其他各项规定的立法原意，已经体现在 1996 年筹委会意见之中，这构成了对基本法的解释；另一是香港社会有些人认为，基本法是 1990 年通过的，而筹委会的意见是 1996 年通过的，讲基本法的立法原意，只能是 1990 年时的原意，不可能在 1996 年才产生基本法的立法原意。怎么看待这两种观点？我想对第一种观点是不是要从以下几个方面来看：

第一，1999 年人大常委会释法是应国务院的要求作出的，国务院提请解释的只是基本法第 22 条第四款和第 24 条第二款第（三）项，因此 1999 年释法只解释了基本法第 22 条第四款和第 24 条第二款第（三）项，对第 24 条第二款其他各项没有作出解释，只是指明立法原意体现在筹委会意见中。

第二，1999 年人大常委会释法对基本法第 24 条第二款其他各项的立法原意虽然没有作解释，但明确规定体现在筹委会有关意见中，不能说该规定没有法律效力。这个效力首先来源于人大常委会解释本身的效力，因为人大常委会的解释是一个整体，其中的内容都具有法律效力；其次，这个效力来源于筹委会关于基本法第 24 条第二款的实施意见，筹委会的全称是全国人民代表大会香港特别行政区筹备委员会，是专责筹备成立香港特别行政区的权力机构，它作出的行为是代表国家的，具有法律效力。它提出的基本法第 24 条第二款实施意见，尽管是供香港特区立法参考，但依然是具有法律效力的，比如说，全国人大常委会对基本法第 24 条第二款的解释，就不能背离该实施意见；特区有关基本法第 24 条的立法，也不能背离该实施意见。

第三，香港特区法院对基本法第 24 条第二款的解释，要受到 1999 年人大常委会释法关于基本法第 24 条第二款其他各项立法原意规定的约束。现在香港终审法院只承认全国人大常委会释法中有关基本法条款的具体解释内容对法院有约束力，而不承认其他内容对法院具有约束力，认为只是附带意见。其理由是按照基本法第 158 条第三款的规定，如果人大常委会对基本法有关条款作出解释，香港法院在引用该条款时要以全国人大常委会的解释为准，如果全国人大常委会没有对基本法有关条款作出解释，香港法院就应当采用普通法的方法进行解释，从而排除了全国人大常委会释法中其他内容对法院的约束力。这种观点是不能接受的，因为按照基本法第 158 条的规定，全国人大常委会拥有基本法全部和最终的解释权，可以推翻终审法院对基本法有关条款作出的解释，如果这种情况经常发生，势必影响到香港终审法院解释基本法的地位，而要避免这种情况经常发生，必然要求终审法院必须遵循全国人大常委会对基本法有关条款作出解释所阐明的原则以及指引。1999 年人大常委会释法关于基本法第 24 条第二款其他各项立法原意的规定，实际上是全国人大常委会对该条解释作出的具有法律约束力的指引，香港法院必须遵从，否则，就会发生像"双非"子女一样的情况，将来不得不由全国人大常委会作出解释，推翻终审法院的有关解释。在香港的普通法制度下，香港高等法院原讼法庭以上的各级法院都有基本法的解释权，为尽量防止下级法院的解释被终审法院推翻，终审法院确定的基本法解释办法，虽然不是法律解释本身，但对下级法院有约束力，这与1999年全国人大常委会释法关于基本法第24条立法原意的规定对香港法院具有约束力，其道理是一样的。

对另一种观点，表面上这个说法很有道理，但它经不起历史事实的检验。大家知道，香港永久性居民和居留权概念是中英联合声明第一次使用的，本来要到1997年才开始实施。为了确保香港平稳过渡，中英经过协商，1987年港英当局开始修改《入境条例》，在香港法律中引入香港永久性居民和居留权的概念。当时基本法尚在起草之中，为确保港英当局的有关立法要与基本法相衔接，中英双方在根据中英关于香港问题谈判过程达成的共识，对联合声明关于香港永久性居民的规定进行了一些细化工作，并达成具体的共识。英方希望在1997年前按照基本法的规定完成有关香港永久性居民定义的立法工作，并开始按照新的立法，核发永久性居民身份证。中国政府不同意。为什么不同意？这涉及外国籍人士可以成为香港永久性居民问题。在英国管治期间，在香港的外国籍人士（即英国和中国籍以外的人），是不能获得香港永久居民身份的，赋予外国籍人士香港永久性居民身份是中国政府对香港基本方针政策的独创，如果允许港英当局在1997年批准外国籍人士取得香港居留权，中国政府担心的一个问题是，英国政府可能在撤退前大量批准外国籍人士的居留权，这可能对香港特别行政区的管治带来不良影响。因此，尽管中英双方对联合声明中有关香港永久性居民的规定有着完全的共识，但中国政府没有同意港英当局在 1997 年之前进行全面的立法。1996 年筹委会提出的基本法第 24 条第二款实施意见，实际上就是中英之间就联合声明有关规定达成的共识，这一点，只要比较港英当局当时向立法会提出的《居留权》小册子，就可以清楚看出来。

基本法第 24 条第二款的规定来源于中英联合声明，谁也不能否认，中英两国政府对联合声明的共同理解，应当是基本法规定的重要立法原意。筹委会的意见反映了中英两国政府对联合声明有关居留权规定的共同理解，从而也是反映了基本法第 24 条第二款的立法原意。尽管该意见是 1996 年通过的，但它所反映的基本法第 24 条第二款的立法原意，早在中英联合声明签署时，就已经确定。因此，1999 年人大常委会释法关于基本法第 24 条第二款的立法原意体现在筹委会意见中的规定，是具有充分依据的。

正确认识香港普选以及落实普选
需要解决的问题*

一、香港普选问题的由来

讲香港普选问题的由来，最直接、也最简单的说法，就是来源于香港基本法的规定。香港基本法第 45 条第二款规定，"行政长官的产生办法根据香港特别行政区的实际情况和循序渐进的原则而规定，最终达至由一个有广泛代表性的提名委员会按民主程序提名后普选产生的目标。"第 68 条第二款规定，"立法会的产生办法根据香港特别行政区的实际情况和循序渐进的原则而规定，最终达至全部议员由普选产生的目标。"基本法附件一和附件二分别规定了回归后 10 年内的行政长官和立法会具体产生办法，接着规定，2007 年以后两个产生办法如需修改，须经立法会三分之二多数通过，行政长官同意，并报全国人大常委会批准或备案。根据上述规定，2007 年以后在香港就有一

＊ 2012 年 10 月 11 日在深圳举办"内地涉港澳研究机构研究骨干高级研修班"上的讲话。为推动开展香港普选问题研究，乔晓阳同志在讲话中对香港普选问题的由来、争议实质及处理过程进行了梳理，对普选的复杂性及普选需要解决的主要问题讲了个人的看法和思考，供与会同志参考。

个在什么时候、以什么方式实行普选的问题，这是香港普选问题的法律根源。从这个角度来讲，在香港落实普选，是贯彻落实基本法的一项重要内容。为什么香港基本法要规定普选的目标？这就需要讲一点历史。

香港在英国的殖民统治下，总督是英国委派的，政府主要官员也大部分从伦敦委派。直到1984年中英联合声明签署时，港英立法局议员包括三个部分，一是当然官守议员，即港督、布政司、律政司、民政司和财政司是立法局的当然议员；二是委任官守议员，由港督提名报英国政府任命，人选通常是政府各部门的司、署、处级官员；三是委任非官守议员，同样由港督提名报英国政府任命，人选为知名社会人士，一般是社会各界别有代表性的人士、市政局议员或政府咨询机构的负责人。英国对香港的统治没有任何民主可言，这是公认的事实，也是我们要讨论香港普选问题的历史背景。

上个世纪八十年代初当解决历史遗留下来的香港问题提上议事日程时，香港出现一场民主运动，这场运动已经持续30多年的时间，至今没有结束，今天所讲的普选问题，在某种程度上讲，仍然是这场运动的延续。为什么在上个世纪八十年代初香港会出现民主运动呢？客观地讲，这是中国政府决定收回香港触发的。这里面有三个线头交织在一起，形成了错综复杂的局面。

第一个线头，就是中国政府对香港的基本方针政策。中国政府决定在收回香港后，实行"一国两制""港人治港"、高度自治，中央不派一官一吏。用什么方式产生治港的港人，也就是说怎么产生未来的香港特区政府，怎么产生未来的立法会？当然需要有一套适合香港实际情况的民主制度，因此，我国政府对香港基本方针政策明确规定，"香港特别行政区政府和立法机关由当地人组成。香港特别行政区行政长官在当地通过选举或协商产生，由中央人民政府任命。""香港特别行政区立法机关由选举产生。"香港回归后，发展适合香港实际情况的民主制度，是"一国两制"方针政策的重要内容，是由我国的国体即国家的性质决定的，也是中国政府对香港恢复行使主权与英国对香港实行殖民统治的根本分野。2004 年 4 月 26 日全国人大常委会就 2007/2008 年两个产生办法有关问题作出决定后，我到香港与各界人士座谈，讲了这么一段话，"我们国家的国号是'中华人民共和国'。宪法明确规定，国家的一切权力属于人民。国家的这一性质决定，我们的各级政权机关，包括从中央到地方的各级政权机关，都必须由人民通过民主选举产生，获得人民的授权，才能代表人民来行使对国家、社会的管治权。没有人民的授权，任何组织和个人都无权代表人民行使管治权。在这一点上，香港特区与内地是完全一样的。"这是香港回归后发展民主的基本理论依据、出发点和目的。

第二个线头是英国政府的撤退部署。英国政府在获知中国政府 1997 年收回香港的坚定立场后，正如它撤出其他殖民地一样，开始打出发展民主的旗号，在香港推行所谓的代议政制。英国推行代议政制的目的，是使香港成为独立或半独立的政治实体，是为了架空中央对香港的管治权，对抗中国政府对香港恢复行使主权。英国前首相撒切尔夫人在其回忆录中有一段话很能说明英国的意图，她说，"我建议在对话没有取得进展的情况下，我们现在应该在香港发展民主架构，让中方以为我们将在短期内使香港获得独立或自治——就像我们在新加坡的做法那样"。她还回忆说，在中英谈判中，中国政府在主权问题上采取了强硬的立场，到1983年10月，英国不得不放弃1997年后继续管治香港的立场，"我原来打算把香港变成一个自治领土。而到这时，我已经完全放弃这种希望了。"英国当然不会心甘情愿地把香港交还中国，只不过采用另一种方式，这就是从政治体制入手。1984年7月18日，在中英两国就联合声明内容基本达成一致时，港英政府公布了《代议政制绿皮书》，提出1985年要在香港立法会引入民选议员。1984年11月21日，在中英联合声明正式签署前，港英政府公布了《代议政制白皮书》，决定在1985年立法会引入12个功能团体选举产生的议席，12个选举团选举产生的议席。为什么英国政府抢在中英联合声明签署之前推出所谓的代议政制？就是要与中国政府争夺香港政制发展的主导权，目的是在1997年前由英国主导确定一套香港政治体制，企图迫使中国政府接受，在1997年后五十年不变。英国政府企图在香港推行的代议政制是什么呢？这里有两个要害，一是要发展一套"深深植根于香港"的政治体制。这句话是《代议政制绿皮书》所讲的，其含义就是"还政于民"，也就是要通过香港政治体制的设计，用所谓的民主来抵抗排斥中央政府对香港的管治。二是架空中央任命的行政长官。这是代议政制所要达到的目的，也是香港过渡时期搞所谓立法主导政治体制的由来。按照中国政府对香港的基本方针政策，行政长官要在当地通过选举或协商产生，由中央政府任命，英国政府看到这一点，就试图在香港推行这样一套政治体制，即行政长官成为类似英女王那样的没有实权的特区首长，然后由民选的立法机关选举产生特区政府首脑，掌握香港的管治权。如果英国政府的图谋得逞，香港实质上将处于半独立状态，英国还可以运用其影响力，在香港搞没有英国人的"英人治港"，这理所当然地受到中国政府的坚决反对。

第三个线头是香港本地的民主诉求。中国政府在香港发展民主的政策与英国政府推行的代议政制，目标完全是截然相反的，但起到的效果都是激活香港社会长期被英国压抑的民主诉求和参政热情。从中英谈判开始，不仅社会各阶层、各界别提出了自己的政治主张，而且一时间出现了许多论政团体。在行政长官和立法会产生办法问题上，大体上讲，香港社会的精英阶层，尤其是工商专业界，无论是出于香港的整体利益还是其自身利益的考虑，不希望看到普选，认为发展民主要以维护香港繁荣稳定为前提，希望采取由选举委员会或顾问团选举产生行政长官、由功能界别产生立法会议员的办法。而香港社会的一些知识阶层，由于深受西方自由民主价值观念的影响，希望采用一人一票的直接选举方式产生行政长官和立法会，这部分人被称为"民主派"。他们中间又分为"民主回归派"和"民主抗共派"，前者赞成香港回归祖国，主张在回归后实行西方式的民主政治；后者实际上不愿见到香港回归祖国，但在大局已定的情况下，他们紧跟英国的代议政制设想，想利用"民主"来抵挡和抗拒中央对香港的所谓"干预"。

　　香港基本法关于行政长官和立法会产生办法的规定，就是在这种背景下制定的。任何国家或地区的选举制度，本质上都是社会各阶层、各界别的政治利益分配问题，本身就十分复杂，从上面三个线头可以看出，香港特别行政区行政长官和立法会产生办法，不仅有政治利益分配问题，还夹杂着中英之间的斗争、中央与特别行政区关系等问题，就更加错综复杂。因此，在香港基本法起草过程中，行政长官和立法会产生办法成为分歧最大、争论时间最长的一个问题，直至香港基本法起草委员会最后一次会议，才形成一个各方面都能接受的方案。关于两个产生办法，在香港基本法起草过程中曾经出现过几十个方案。1988 年公布香港基本法草案征求意见稿时，由于香港社会对两个产生办法分歧太大，没有提出主流意见，其中，行政长官产生办法共列出了五个方案，立法会产生办法列举了四个方案，基本上反映了香港社会提出的主要主张。

　　香港基本法第 45 条、第 68 条和附件一、附件二规定的行政长官和立法会产生办法，是在香港基本法草案征求意见稿所列方案的基础上妥协形成的，也可以说是"中间落墨"的方案。比如说，第 45 条规定的行政长官由一个有广泛代表性的选举委员会选举产生，这基本上是"八十九人方案"（工商界），而选举委员会由四个界别组成，这些界别是按照功能界别划分的，这也照顾了由功能界别选举产生的诉求；普选是"一九〇人方案"（民主派）核心诉求，也是其他有关方案的发展方向，因此，第 45 条规定行政长官最终达至普选产生的目标，以回应这方面的诉求；第 45 条还规定，实行普选时，行政长官候选人由一个有广泛代表性的提名委员会按照民主程序提名，这是"三十八人方案"（专业界）的主张，同时也照顾到"八十九人方案"、顾问团方案（工商界中较为保守人士）等。从立法会选举来说，第一、第二届立法会由功能团体、选举委员会和分区直接选举三部分议员组成，这基本上是各种方案都有的要素，在第三届之前功能团体产生的议员保持百分之五十，这是"八十九人方案"的要求，而立法会全部议员最终由普选产生，这反映了"一九〇人方案"及其他方案的诉求。

应当说，香港基本法关于两个产生办法的规定，面对着争执不下的各种方案，最终能够形成一个大家可以接受的方案，从而使香港基本法能够顺利通过，是十分不容易的，体现了基本法制定者高超的政治智慧。当时设想，2007 年以后两个产生办法是否修改、如何修改问题，在香港回归祖国 10 年后，应当有比较好的条件、比较充裕的时间通过理性讨论来解决。但是香港回归以后政制发展问题争议不断，成为影响香港政治稳定的一个重要因素，说明原来的设想没有完全实现。为什么没有实现，这就涉及到香港政制发展问题的实质。

二、香港有关政制发展争议的实质及其处理过程回顾

香港基本法关于行政长官和立法会产生办法的规定，获得香港社会的认同，同时也留下一个需要解决的问题，即什么时间、以什么方式实行普选的问题。香港基本法是 1990 年通过的，1991 年港英立法局第一次引入直选，在此后的历次立法机关分区直选中，反对派均获得超过六成的选票，刚刚进行的第五届立法会选举，爱国爱港阵营在分区直选中获得了 42.9% 的选票，比上届立法会选举增加了 2.7%，反对派阵营在分区直选中获得了 57.1% 的选票，比上届减少了 2.7%，但可以看出，反对派阵营仍然有较大的优势。这次选举还有一个数据，就是"五个超级议席"的投票情况，这是以全港为一个选区的投票，比较接近于未来的行政长官普选。这次"五个超级议席"选举共有 167 万人参与投票，有效票 1591872 张，爱国爱港阵营得票 72.3 万张，获得 2 席，得票率 45.4%，反对派参选人得票 80.8 万张，获得 3 席，得票率 50.7%，中间独立参选人得票 6.1 万张，得票率 3.9%。反对派阵营依然具有优势。这意味着如果实行"双普选"，反对派就有可能上台执政，因此，争取"双普选"就成为他们的口号，这背后实质是争夺香港的管治权，是政权之争。香港回归以来，政制发展问题争议不断，越闹越大，这是根本的原因。2003 年 7 月事态发生后，中央和特区政府与爱国爱港力量一起，采取一系列措施来处理这一问题，把局势稳定下来。我在参与有关工作中深刻体会到，中央在处理香港政制发展问题时，十分注意区分两种情况，分别采取了"堵"和"疏"两种措施。一种是反对派在西方势力支持下，打着民主的旗号，同我们争夺特区管治权，对此，我们进行坚决的斗争，因为这个问题事关国家主权与安全，我们没有任何妥协余地，表现在法律措施上，就是进行"堵"；另一种是香港社会各阶层、各界别的民主诉求，对此，我们积极地予以回应，努力推动香港社会各界在基本法规定的轨道上就政制发展问题达成共识，表现在法律措施上，就是进行"疏"。下面，我们一起简单地回顾一下 2003 年以来香港政制发展问题的处理过程。

——2003 年反对派在反对 23 条立法得手后,不断发动大规模的街头抗争,扬言要在区议会和立法会选举中踢走"保皇党",迫使特区政府接受其要求,在 2007/2008 年实行"双普选",从而夺取特区管治权。他们首先从曲解基本法的规定入手,大造舆论,提出按照基本法附件一和附件二的规定,立法会可以启动修改两个产生办法的程序,而且两个产生办法是否需要以及如何修改,属于特区自治范围内的事务,中央不能干预。对行政长官产生办法的修改,只有在特区通过修改方案并报全国人大常委会后,中央才能决定批准或不批准,用他们的话来讲,中央的角色是"把尾门",对于立法会产生办法的修改,中央没有角色,全国人大常委会的备案是程序性的,无论如何修改,中央都要接受。面对这种情况,2004 年 4 月 6 日全国人大常委会对基本法附件一第七条和附件二第三条作出解释,明确规定两个产生办法是否修改,要由行政长官向全国人大常委会提交报告,由全国人大常委会依法确定,最终确立了修改两个产生办法的"五步曲"法定程序,而且规定修改两个产生办法的法案及修正案只能由特区政府提出。这一解释明确了在香港政制发展问题上中央自始至终都有决定权,这就建立了一种管长远的机制,确保香港政制发展的主导权掌握在中央手中,堵住了反对派在立法会提出修改两个产生办法的法案,利用街头抗争迫使中央和特区政府接受其要求,从而夺取管治权的渠道。

——在全国人大常委会"释法"后,紧接着行政长官按照

"释法"规定提交了 2007/2008 年两个产生办法是否需要修改问题的报告，2004 年 4 月 26 日全国人大常委会作出决定，规定 2007/2008 年不实行"双普选"，立法会分区直选和功能界别议员各占半数的比例维持不变，法案、议案表决程序维持不变，在此前提下，可以对行政长官和立法会产生办法作出符合循序渐进原则的适当修改。这一决定与"4·6 释法"是一套组合拳，堵住了反对派有关 2007/2008 年实行"双普选"的要求，同时鉴于香港社会有比较强烈的推进民主的诉求，而且基本法也明确规定 2007 年后两个产生办法可作循序渐进的修改，因此，最终决定 2007/2008 年两个产生办法可作适当修改，对香港社会民主诉求进行了回应和疏导。

——按照全国人大常委会"4·26 决定"，经过广泛咨询，2005 年 12 月 6 日特区政府向立法会提交了"2005 年政改方案"，这个方案把行政长官选举委员会由 800 人扩大到 1600 人，所有区议员均纳入选委会，立法会议席增加至 70 席，其中功能界别新增加的 5 个议席由区议员互选产生。这个方案出台后，爱国爱港阵营有一些人不理解，认为这是一个对反对派有利的方案。为什么中央认可这个方案呢？这主要也是出于"疏导"香港社会民主诉求的考虑，也就是说，在确保爱国爱港力量获得立法会多数议席的前提下，最大限度扩大选委会和立法会的选民基础，增加民主成分，以回应香港社会推进民主的诉求。事实证明，这是完全正确的，2005 年政改方案获得了 60% 以上香港市民的支持，反对派议员后来联手否决这一方案，付出了沉重的代价。

——在处理 2005 年政改方案过程中，反对派一方面提出了 2012 年实行"双普选"诉求，另一方面提出了明确普选时间表和取消区议会委任议员投票权，作为支持 2005 年政改方案的条件。2012 年实行"双普选"不符合循序渐进的原则，是我们无法接受的，而普选时间表问题有广泛社会支持，经过深入慎重研究，2007 年 12 月 29 日全国人大常委会就 2012 年两个产生办法及普选问题作出决定，明确规定 2012 年不实行"双普选"，立法会分区直选和功能界别选举产生的议员各占半数的比例维持不变，法案、议案表决程序维持不变，在此前提下，可以对 2012 年两个产生办法作出符合循序渐进原则的适当修改；同时第一次明确提出，2017 年行政长官可以采取普选产生的办法，在行政长官普选产生后，立法会可以采取全部议员由普选产生的办法。大家可以看出，这一决定内容同样体现了"疏"与"堵"的关系。

——在 2005 年处理政改方案中，我们得到一条重要启示，这就是政改方案提交立法会后，能否通过的主动权不在我们手中，因为反对派占据着立法会三分之一以上议席，他们拥有否决权。因此，在处理 2012 年政改方案过程中，中央一开始就确定了一条工作方针，这就是要力争立法会通过 2012 年政改方案，同时做好通不过的思想和工作准备，把工作着力点放在最大限度争取民意支持上。当时进行的"反公投"斗争、与民主党策略性接触，接受"一人两票"方案，包括我两次对香港媒体发表谈话等，都是这一工作方针的具体体现。最终由于反对派主要政团民主党接受 2012 年政改方案，2012 年两个产生办法修正案得以在立法会顺利通过，香港政制发展得以在基本法规定的轨道上向前发展。中央在处理这个问题过程中，同样体现了"疏"与"堵"。

2008 年以来，中央在处理香港政制发展问题过程中，除了以上所讲的重大决策外，实际上还有两条战线，一是帮助特区政府提高管治能力，一是协助香港发展经济、改善民生。这两条战线也都取得很大成就，为顺利处理香港政制发展问题创造了必要条件。

三、香港普选问题的复杂性

按照香港基本法的规定，2007 年之后理论上就可以实行普选，而香港人也普遍希望普选，让香港实行普选，不是最简单的事情吗？下面我想同大家一起讨论一下香港普选问题的复杂性。

在香港有一个简单的逻辑，这就是政制发展等于民主，民主等于普选，普选等于普及而平等的选举权和被选举权。这一逻辑的背后是西方自由民主理论，在香港具有很大的影响力。这种理论认为，以主权在民为基础建立的民主制度，现实可行的方式是代议制，即由选民选出其代表行使政府权力。选举是政府获得授权及合法性的唯一来源。这种选举必须是真正的选举。只有"全开放竞争型选举"才是真正选举，即提名要开放，除了公民身份、出生地和年龄等因素外，不能有其他限制；要允许不同政见的多个候选人竞争同一职位，使选民有"真正"选择。社会上不同的利益、阶级、信仰、宗族，都可以自由地组织起来，参与选举或影响选举的结果。香港人还普遍认为，普选就是直选。由于香港深受西方民主自由观念的影响，有很多人都信奉这一理论，这就是反对派的主张在香港社会有广泛支持的根本原因。"全开放竞争型选举"本身没有什么问题，问题在于，在香港能否按上述观点实行"全开放竞争型选举"？能否实行这种普选？这就涉及西方自由民主理论是否适用于香港的问题，同时也涉及香港社会存在的两个根本问题，或者说两个特殊情况。

首先，西方自由民主理论是关于国家或独立政治实体的政治理论，而香港不是一个独立的国家或政治实体，把这一理论套用到香港，缺乏这一理论赖以成立的前提。在座的各位都知道，一个国家的管理制度与一个地方行政区域的管理制度有着本质的区别，其中最重要的是国家有主权，而地方行政区域没有主权。现代国家的管理制度建立在主权在民的基础上，西方自由民主理论也是以此为出发点的，而地方行政区域既然没有主权，其管理制度自然也就不能以主权在民为理论基础。我说把西方自由民主理论套用到香港，缺乏这一理论得以成立的前提，主要的就是这一点。地方行政区域管理制度的理论，最多也只能以地方自治为理论基础，而地方自治是要受到国家主权约束的。香港基本法草案说明中强调香港的政治体制要符合香港特区的法律地位，讲的就是这个意思。按照香港基本法第45条和第68条的规定，两个产生办法要根据香港的实际情况和循序渐进原则而规定，这个实际情况是什么？香港是中国的一个地方，是直辖于中央政府的地方行政区域，这是一个最重要的实际情况。进一步讲，即使按照西方自由民主理论，参与政治活动的主体必须是负有效忠国家基本义务的本国公民，而且还必须有一整套法律制度来维护国家的政治安全，但在香港，享有选举权和被选举权的人，不仅有中国籍人士，也包括外国籍人士；尽管基本法第 23 条明确作出了规定，但回归已经 15 年还没有进行维护国家安全的立法；西方国家普遍都有的禁止接受外国政治捐款、限制外国代理人从事政治活动的法律也付诸阙如，相反，还经常有参政者到外国寻求干预香港的内部事务，在这种情况下，按照西方自由民主理论来设计香港的普选制度，很可能使香港特区政权落到外国代理人手中，不仅国家安全得不到保障，就是香港本地的政治安全也没有保障，使"港人治港"徒具形式。前不久在香港发生大规模的反对国民教育游行、示威活动，在"新界"上水反对内地水客的游行中，有人打出了英国的米字旗，叫喊出"中国人滚出香港"的口号，虽然只是极少数人的行为，这也说明在香港实行普选时，如何保障国家和香港本地的政治安全，是一个十分现实的问题，这也说明，在香港照搬西方自由民主理论来设计普选制度，是不可行的。

其次，香港社会存在的两个根本问题，又增加了按照西方自由民主理论设计香港普选制度的危险性。这两个根本问题是什么呢？

第一个问题是香港的社会政治生态，突出的是反共问题。比较典型的事例是，2010 年上半年，为了争取 2012 年政改方案获得通过，香港中联办领导与民主党主席×××进行了接触，随后，×××发表了一篇报告，详细叙述了与中联办领导接触的过程。在这篇报告中，×××再三表明，民主党虽然与中联办接触，但没有放弃"结束一党专政"的立场，也就是说没有放弃反共立场。×××意犹未尽，2011 年 5 月连续在《明报》上发表了三篇文章，推销其所谓的民主化战略和战术，这三篇文章很有代表性、典型性，可以说是反对派力量的政治宣言书。文章称"香港民主派的对手是在北京管治整个中国的中共中央及其领导的中央政府"，提出"香港的民主运动与发展，已成为全国的运动与发展的一部分；香港的政治命运，基本与大陆联系在一起，我们在某程度上，已分担了整个国家民主发展的重担。正是如此，海外流亡的民运人士都认为，香港是国家走向民主的最前线。我们争取打开的民主大门，表面上属于香港的，其实可能是全国的大门，因为这可能涉及全国的政治改革的关键性的第一步"。在这三篇文章中，×××把中央政府称为专制政权，把他们与中央政权的矛盾界定为敌我矛盾，归结起来，依然是反共。为什么×××再三公开表明其反共立场呢？

第一，香港民主党是靠反共起家的。长期以来，民主党与"支联会"是一套人马两块牌子，而"支联会"的宗旨是什么？就是所谓的"结束一党专政"，推翻中国共产党领导的中央政府。总结香港引入立法会直选以来民主党获取选票的途径，就是煽动香港市民对中央政府的不信任情绪，然后以捍卫香港人的权利和自由等口号，争取社会支持。香港回归以前如此，回归以后也如此。由于中央正确地贯彻"一国两制"和基本法，再加上国家不断发展强大，对香港的繁荣稳定给予强有力的支持，香港市民对中央政府的认同日益增强，在这种情况下，他们就把矛头指向特区政府，通过煽动市民对政府的不信任，以监督者自居，捞取选票。无论是反中央还是反特区政府，其本质都是反共。所以，民主党与中联办接触，唯恐失去"贞操"，就急于表白没有放弃反共立场。

第二，在香港反共有国际反华势力的支持。我们大家都在讲香港是一个国际金融、贸易、航运中心，自觉不自觉地回避香港另一个中心，这就是国际情报中心，西方国家实施对华战略的前沿阵地。香港的这一地位决定了西方国家的反华势力必然要在香港扶持其代理人，而香港经历了150多年英国殖民统治，又为西方国家扶持其代理人提供了条件。香港反对派坚持其反共立场，与西方反华势力的立场是高度一致的，一直获得他们的背后支持。而他们的支持，又坚定了反对派的反共立场。所以，出于向他们背后支持者交代的考虑，民主党与中联办接触后，也必须出来表明他们没有放弃反共立场。

回到我们讨论之中的问题，香港回归15年，历次立法会分区直选，反对派阵营一直获得60%左右的选票，这就是现实的香港社会政治生态。由于反对派坚持反共立场，在我们这样一个由中国共产党领导的国家中，特区政权落入他们手中，国家安全将受到严重威胁，基本法规定的中央与特区关系势必无法维持，"一国两制"实践就可能归于失败。

第二个问题是香港工商界政治利益问题。香港要继续保持原有的资本主义制度和生活方式不变，保护工商界利益，尤其是其政治利益，是题中应有之义。但反对派提出，按照"全开放竞争型选举"，立法会普选必须废除功能界别选举。2004年4

月 26 日我到香港解释人大常委会决定时专门讲了这个问题，其中我说到，如果"使赖以支撑资本主义的这部分人的利益、意见和要求得不到应有反映，那原有的资本主义制度又如何来保持呢？工商界的利益如果失去宪制上的保护，最终也不利于香港经济的发展，如此，也就脱离了基本法保障香港原有的资本主义制度不变的立法原意"。香港工商界的政经利益保护，是一个十分特殊的问题。它特殊在什么地方？

第一，香港的特殊地位。香港本身没有什么资源和实体经济，它能够成为国际金融、贸易、航运中心，关键在于地理位置和优良的营商环境，为国际经济活动提供服务。这就决定了香港的资本流动性很强，不是必然要以香港为家。在基本法起草过程中，香港工商界坚决反对在香港立即实行普选，他们经常讲的一句话就是"你用手投票，我用脚投票"，就反映了这种情况。在香港过渡时期，我国政府做了大量工作争取香港工商界不迁册，同时，在两个产生办法问题上作出了有利于工商界政治参与的安排，还允许外籍人成为香港永久性居民，享有政治权利，主要目的都是为了使香港工商界以香港为家，事实证明，这对维护香港繁荣稳定发挥了重要作用。如果香港工商界的政治利益得不到适当照顾，势必影响他们在香港的投资，香港经济将更加成为浮萍一片，香港繁荣稳定将受到严重影响。

第二，香港工商界参政的特殊历史。在英国殖民统治下，香港居民是没有民主权利的，工商界也不例外。但与一般市民不同，香港工商界只要政治上不反对英国的管治，其利益得到英国政府的保护，港英政府也比较注意听取他们的意见和建议。

也就是说，香港工商界的利益一直是得到自上而下的保护，而不像其他西方国家，靠自己组织力量参政来保护其利益。香港回归后，这种情况延续了下来，具体体现在基本法规定行政长官选委会的构成工商界具有较大的影响力和立法会一半议员由功能界别选举产生，从宪制上保障其政治利益，这也是香港一个特殊的地方。

第三，香港特殊的经济结构。前面讲过，香港实际上就是一个国际经济城市或者说是国际经济活动平台，目前，香港服务业收入占到 GDP 的 92%，就充分说明这一点。我们通常所说的香港工商界主要集中在哪些行业呢？集中在地产、金融、贸易、航运以及旅游服务业等，香港的这些行业有一个特点就是产业链比较短，而且香港地方小，竞争激烈，工商界内部难以形成统一的政治力量。如果采取"全开放竞争型选举"，他们的政治利益将难以得到充分保护。所以，这次政改采取"一人两票"方案后，我听到工商界最大的担心就是由此发展下去会取消功能界别选举，因此，强烈要求中央明确保留功能界别选举制度。

综上所述，香港社会受西方自由民主理论的影响，一讲到"普选"，就要采取西方主要国家实行的全开放竞争型选举，同时，香港社会存在的两个特殊情况又不允许香港完全采用这种选举方式，这就是香港实行普选面临的主要难题。如果说以前还可以回避这个问题的话，随着在香港实行普选的来临，这个问题已经避无可避。这就是我们未来处理香港普选问题的复杂性所在。

四、香港未来两个普选办法需要解决的主要问题

按照全国人大常委会 2007 年 12 月 29 日的决定，2017 年第五任行政长官可以采用普选产生的办法，在行政长官由普选产生后，立法会全部议员可以采用普选产生的办法。因此，处理普选问题是今后几年内的一项重要的工作任务。

关于两个普选办法，香港反对派的要求已经很清楚，主要有三点：第一，行政长官普选时候选人的提名门槛不能高于现在，也就是确保反对派人士跨过门槛成为候选人之一；第二，立法会普选时要废除功能界别选举，也就是全体议员交由社会一人一票选举产生；第三，行政长官和立法会普选办法要一揽子处理。面对这种要求，我们应坚持什么原则来应对呢？我在 2010 年 6 月 7 日对香港社会发表公开谈话，阐述了普选要遵循的原则，当时是这样讲的，"按照基本法的规定，从香港的实际情况出发，我认为，未来两个普选办法既要体现选举的普及和平等，也要充分考虑符合香港特别行政区的法律地位，与香港特区行政主导的政治体制相适应，兼顾香港社会各阶层利益，以及有利于香港资本主义经济的发展，只有这样，才符合基本法的规定，也才有可能在香港社会达成最广泛的共识。"这些原则是基本法关于两个产生办法规定遵循的原则，每一句话都可以在香港基本法及其草案说明中找到依据，同时在当前情况下，具有很强的针对性。根据上述原则，在研究未来香港普选方案时，是不是要坚持以下几点：

第一，要坚持基本法是讨论未来两个普选办法的基础。反

对派的主张是建立在西方自由民主理论的基础之上的，强调香港普选制度要符合《公民权利和政治权利国际公约》的规定，符合所谓的国际标准。而他们所谓的国际标准，实际上只有一条，这就是选举权和被选举权的普及而平等，而直选等于普选。世界上任何国家和地区的普选制度，都不是只服从选举权和被选举权普及而平等的标准，而是要兼顾其他标准，制定香港的两个普选办法，也应当这样。除了普及而平等原则外，还要考虑哪些其他标准呢？这就要看香港基本法的规定，也就是说，未来香港的两个普选办法，不是只要符合普及而平等原则就可以，还要符合香港基本法的其他规定。比如说，按照香港基本法的规定，香港特区是直辖于中央政府的地方行政区域，那么，香港的普选制度能产生一个与中央对抗的行政长官和立法机关吗？答案必然是否定的。再比如，基本法规定了一套以行政为主导的政治体制，香港的普选制度要不要考虑如何使这套制度更好地运作，而不会出现实行普选后需要反过来修改这套政治体制？我想这个答案也是清楚的。总之，要综合考虑香港基本法的各项规定来确定未来的普选办法，用句学术化一点的语言来说，就是未来香港采用什么样的普选办法，不是一个完全开放的制度选择问题，而是只能在基本法规定的制度中进行具体的普选制度选择的问题。另外，直选也不等于普选，直选只是实现普选的不同选举制度中的一种。2010 年 6 月 7 日我对香港媒体的谈话中对此讲了一句话："各国根据自己的实际情况采用不同的选举制度来实现普及而平等的选举权，这是当今国际社会的现实。"

第二，要坚持基本法规定的普选是指选举权的普及而平等。2010年6月7日我对香港社会发表谈话时专门谈到普选定义与两个普选办法问题，这一段是这样讲的："对于什么是普选，基本法没有做出定义。我理解，'普选'的核心内容是人人享有平等的选举权。从历史上看，'普选'概念强调的是不因财产、性别和种族等的差异而导致选举权的不平等。因此，通常所说的'普选'，是指选举权的普及而平等。不过，一如国际上的一般理解，有关选举的权利是允许法律作出合理限制的。"香港反对派马上就看出来，我没有讲被选举权的普及而平等。为什么不讲被选举权的普及而平等呢？因为从世界各国各地区的实践看，被选举权都不是普及平等的，以美国为例，不是在美国本土出生的美国公民，就不能出任美国总统，这就是一种限制。大家知道美国是一个移民国家，截至2000年，移入美国永久定居和美国第一代移民总数达5600万，也就是说，占美国总人口五分之一的人，即使他们加入美国国籍，也没有总统的被选举权，你说被选举权普及平等了吗？有关选举的理论和实践普遍认为，对被选举权各国各地区可以根据本国本地区实际情况施加比选举权更加严格的限制，或者说合理限制。具体到香港，反对派的主要文章做在被选举权的普及而平等上，用前面提到的西方自由民主理论来说，就是要求允许反共的人参选并出任行政长官，这是我们坚决不能答应的，也是香港的实际情况所不能允许的。

第三，要坚持行政长官候选人提名机制是机构提名。反对派要求行政长官普选时，提名委员会提名门槛不能高于现在，也就是说，只要有八分之一提名委员会委员提名，就可以成为行政长官候选人。这个要求就是要确保反对派人士成为候选人之一，用李柱铭的话说，就是要求行政长官候选人不能都是"北京'马房'的人"。问题是，香港特区是中国的一个地方，直辖于中央政府，行政长官要由中央政府任命，对中央政府负责，不是北京"马房"的人而是美国、英国"马房"的人行吗？这个道理只要讲清楚，我想能够获得香港社会多数认同。从基本法规定的角度来讲，反对派的上述要求也不符合基本法的规定。按照香港基本法第 45 条和附件一的规定，现在行政长官选举时候选人的提名程序和行政长官普选时候选人的提名程序是不同的。现任行政长官是由一个具有广泛代表性的由 1200人组成的选举委员会选举产生。不少于 150 名的选举委员可联名提出候选人，这种提名方式是一种个人联合提名。根据基本法第 45 条的规定，行政长官普选时，候选人要由一个有广泛代表性的提名委员会按民主程序提名，这种提名方式是一种机构提名。所以，坚持行政长官普选时候选人是机构提名，是一条重要的政治底线。

　　第四，要坚持均衡参与和有利于香港资本主义经济发展的原则。这个原则说白了，就是要照顾香港工商界的利益。1979年邓小平同志会见当时的港督麦理浩时首先讲的一句话，就是"请香港投资者放心"，此后中央制定的对香港基本方针政策和基本法，都体现了照顾香港工商界利益的原则，从道理上讲，香港是一个资本主义社会，如果资本家在这个社会不能享有政治权力，香港的资本主义也就走到了尽头。所以，坚持这个原则，是一个关系到"一国两制"和香港繁荣稳定的重大问题，要作为一条政治底线。怎么照顾香港工商界的利益？在立法会产生办法上，目前的安排是功能界别选举产生的议员占半数议席，将来普选时也要找一个办法让工商界在立法会有充分的代表。这就涉及功能界别选举问题，对此，我想可以公开阐明以下观点：香港特区立法会有一半议员由功能界别选举产生，这是香港基本法起草过程中香港社会达成的共识。香港回归后，功能界别议员一直占立法会全体议员的一半，他们对贯彻落实"一国两制"方针和基本法的规定，保持香港繁荣稳定做了很大贡献。基本法有关立法会功能界别选举的规定今后如何发展，同样需要香港社会取得共识。现在香港社会少数人极力把功能界别选举"妖魔化"，这不仅是不尊重基本法的规定，不尊重香港社会各界历史上达成的共识，同样也抹杀功能界别议员对香港繁荣稳定作出的贡献。应当深入地研究和讨论功能界别选举对香港社会的均衡参与、经济发展、社会稳定发挥的重要作用，如果最终大家认为这种作用是无法取代的，那么就必须想办法使之符合普选的要求；如果大家能够共同提出一个选举办法，发挥与功能界别选举同样的作用，那么功能界别选举问题也就可以迎刃而解了。因此，要有效促进香港社会就功能界别选举问题达成共识，应当从肯定功能界别选举制度的积极作用开始，然后深入研究有什么办法可以替代功能界别选举发挥的作用，这才是理性讨论和解决问题的务实之路。

第五，要坚持行政长官和立法会普选办法分开处理。香港反对派的一个主要要求是在本届行政长官任期内一揽子解决行政长官和立法会普选方案，香港爱国爱港阵营尤其工商界也有这样的要求。这样说，是不是香港社会在这个问题上有比较一致的看法？不能简单地得出这个结论。如果深入分析，我们就可以看到，在这种表面一致的背后，他们的主张是南辕北辙的。概括来讲，反对派主张一揽子解决两个普选办法问题，目的是要明确立法会普选时废除功能界别选举制度，而爱国爱港阵营要求一揽子解决，是要尽早明确立法会普选时将保留功能界别选举制度。怎么看待和处理这个问题？我看只能回到全国人大常委会的决定上。2007 年 12 月 29 日全国人大常委会的决定是这样规定的，"2017 年香港特别行政区第五任行政长官选举可以实行由普选产生的办法；在行政长官由普选产生以后，香港特别行政区立法会的选举可以实行全部议员由普选产生的办法。"同时规定，在行政长官和立法会普选之前的适当时候，还要按照香港基本法附件一和附件二及其有关解释的规定，走"五步曲"。按照上述规定，行政长官实行普选是立法会全部议员实行普选的前提，而且全国人大常委会上述决定还有一个含义，就是要由普选产生的行政长官来处理立法会普选问题，在 2017 年行政长官普选之前就决定之后的立法会普选办法，这不符合全国人大常委会决定。由于立法会普选最早要在 2020 年，而根据以往修改两个产生办法的时间安排，行政长官普选方案最迟也要在 2015 年底定案，在这个时候就完成制定立法会普选办法"五步曲"，无论如何也不能说是全国人大常委会决定规定的"普选前的适当时候"。因此，从法律上来讲，行政长官和立法会普选办法要分开处理。由于 2016 年是立法会换届年，在香港特区第四任行政长官的任期内，必须处理的是 2016 年立法会产生办法是否修改以及 2017 年行政长官普选办法问题，这当中，必然引起对立法会功能界别选举制度前途的讨论，但从法律上来说，决定立法会普选办法只能放在 2017 年行政长官普选之后。把两个普选办法分开处理，除法律原因外，还有一个现实问题，鉴于刚刚产生的第五届立法会组成情况，反对派仍然掌握着关键的少数，如果把行政长官普选办法和立法会普选办法捆绑在一起，很可能由于功能界别存废问题不能达成一致，致使 2017 年行政长官普选办法被否决，这样更加不利于普选目标的实现。

我前面向大家介绍了香港普选问题的由来、实质、处理过程、面对的问题以及必须坚持的原则。通过以上介绍，我们可以看出，研究香港未来的普选制度，关键是要研究清楚实行这种制度的基础和条件问题，就像要盖一座大厦，首先要进行地质和气象调查一样，只有把地质和气象条件调查清楚了，才能决定这座大厦可以怎么盖、盖多高，才能确保这座大厦盖好之后，不会来了一场地震或一阵台风就倒塌。鉴于香港的实际情况，在香港实行普选是一个系统工程，首先是要积极为香港实行普选打好基础、创造条件，研究清楚实行普选后可能遇到的问题，并切实采取措施，防患于未然；其次是要在确保国家和香港政治安全的前提下，根据既有的基础和条件，研究香港未来的普选办法，其中最关键的是要向香港社会充分阐明为什么要采用这种普选办法，争取香港社会的多数支持；第三是要花大力气在香港社会培养制度认同。世界上没有普遍适用的民主制度，一个制度是否民主，很大程度上是一个认同问题。因此，在研究未来的普选制度时，还要很好地研究如何在香港培养制度认同问题。香港反对派很懂得这一点，他们为了推销其所谓的民主，从香港回归以来，极力"唱衰"基本法规定的民主制度，尤其是对行政长官由选举委员会选举产生的制度和功能界别选举制度进行"妖魔化"。我们要反其道而行之，大力唱好基本法规定的民主制度，深入研究如何在香港社会培养制度认同，这是一个关系到香港长治久安的重大问题，否则，就是香港实现了普选，反对派也不会认为是"终局"，仍然会挑起新的纷争，这个普选制度最终也会站不住，还会有新的民主发展问题。

以上是我个人的一些思考和看法，供在座的各位同志在研究香港普选问题时参考。

宪法与"一国两制"*

我国现行宪法施行的 30 年，是中国特色社会主义现代化建设取得巨大成就的 30 年，是实现祖国统一大业取得重大进展的 30 年，也是我国国际影响力日益增长，成为维护世界和平主要力量的 30 年。如果把这 30 年来在我们国家土地上发生的一切比喻为宏伟的画卷，这幅画卷就是伴随着宪法的施行而展开的，这当中，"一国两制"伟大构想成功付诸实施，是浓墨重彩的一笔。说它浓墨重彩，是因为香港和澳门保持原有的资本主义制度，却成为建设中国特色社会主义宏伟画卷的一个精彩局部。社会主义与资本主义是如此不同，是什么使它们共存于统一的国家之中，使这幅画卷成为一个整体？靠的就是宪法的调整，在"一国两制"的实践中，宪法始终发挥着国家最高法律规范的作用。

一、宪法为实行"一国两制"提供了最高法律依据

宪法是国家最高法律规范，任何政策和法律都必须符合宪法，"一国两制"方针政策也不例外，在现行宪法制定过程中，

---

* 2012 年 10 月 13 日，在中国法学会"宪法实施法治论坛"上的发言。

就充分考虑到这一点，体现在宪法的两个条文中。宪法第 31 条规定，"国家在必要时得设立特别行政区。在特别行政区内实行的制度按照具体情况由全国人民代表大会以法律规定。"第 62 条第（十三）项规定，全国人大"决定特别行政区的设立及其制度"。这就为实行"一国两制"提供了宪法依据，或者说这是为制定和实行"一国两制"而专门作出的宪法安排。

这个宪法安排是怎么来的？这要从现行宪法制定时的背景说起。1979 年 1 月邓小平同志访问美国时用一句话对当年元旦全国人大常委会发表的《告台湾同胞书》作了高度概括，他说，"我们不再用'解放台湾'这个提法了。只要台湾回归祖国，我们将尊重那里的现实和现行制度。"1981 年 9 月 30 日全国人大常委会委员长叶剑英提出了九条实现祖国和平统一的方针。正如邓小平同志指出的，"九条方针是以叶副主席的名义提出来的，实际是'一个国家，两种制度'。"在中央制定对台湾的方针政策时，解决历史遗留下来的香港问题提上了议事日程，"一国两制"的构想首先运用到解决香港问题上。1982 年初，中央对香港的基本方针政策已经制定出来，共 12 条，也就是我们今天所讲的"一国两制"方针政策。

我国现行宪法修改起草工作从 1980 年 9 月开始，上述背景给宪法制定工作提出一个问题，怎么在宪法中体现中央对台湾和香港的基本方针政策，为将来实行"一国两制"提供依据？处理这个问题必须符合两个要求，一是需要做到将来实行"一国两制"时不需要修改宪法，二是需要做到有利于将来为解决有关问题进行的谈判。按照第一个要求，宪法的有关规定应当尽可能明确一些，而按照第二个要求，宪法的有关规定应当尽可能原则一些。因为讲到宪法依据，当然是越明确越好，而讲到有利于谈判，当然是越原则越好。怎么处理好既要明确又要原则的关系，把握好这个度？我们的宪法起草者想到了一个两全其美的办法，这就是宪法第 31 条的规定。这个条文联系前面一条，即宪法第 30 条的规定来理解，其含义就十分清楚。宪法第 30 条规定了我国的行政区域划分，即全国划分为省、自治区、直辖市，并具体规定了省、自治区、直辖市以下的各级行政区域的设置。紧接着第 31 条规定，"国家在必要时得设立特别行政区"，这实际上是对宪法第 30 条关于我国行政区域划分规定的补充。从宪法其他规定可以看出，在各省、自治区和直辖市实行的制度是由宪法本身加以规定的，为表示将来的特别行政区可以实行有别于内地的制度，第 31 条第二句规定，"在特别行政区内实行的制度按照具体情况由全国人民代表大会以法律规定"。其他行政区域内实行的制度由宪法加以规定，特别行政区内的制度由全国人大以法律加以规定，这里面就体现出了将来特别行政区要实行的制度的特殊性。与宪法第 31 条的规定相配合，宪法第 62 条第（十三）项规定，由全国人大"决定特别行政区的设立及其制度"。宪法第 31 条充分体现了立宪者的智慧。要在台湾、香港和澳门保持原有的资本主义制度和生活方式，如果能够在宪法中直接加以规定当然最好，但在现行宪法起草时，不具备这个条件，所以，就紧紧抓住特别行政区的设立及其制度这两个核心问题，在宪法中作出规定。实践证明，这个宪法安排是有远见的，不仅为实行"一国两制"提供了坚实的宪法基础,又保持了灵活性,还对中英关于香港问题的谈判,中葡关于澳门问题的谈判起到了促进作用。

需要补充说明的是,这两条是"一国两制"的直接依据,宪法是一个整体,讲"一国两制"的宪法依据,不能只讲这两条,要从宪法的完整规定出发,只有这样,"一国两制"下遇到的许多法律问题才能得到妥善处理,才能在宪法上讲得通,这是我们实际工作的体会,也应当是贯彻落实宪法必须采取的态度。

二、宪法和基本法共同构成特别行政区的宪制法律基础

我国宪法对特别行政区实行的制度没有作具体规定,而是授权全国人大以法律规定,因此,讲特别行政区的宪制法律,必须同时讲宪法和基本法。香港、澳门回归后,江泽民、胡锦涛、吴邦国等中央领导人都明确指出,要"依法治港"、"依法治澳",这个"法"主要指的是宪法和基本法。

宪法与基本法一起构成特别行政区的宪制法律基础,这就提出一个问题,怎么处理宪法与基本法的关系?在我国法律体系中,这是一个十分特殊的问题。对此,香港基本法和澳门基本法从两个方面作出了规定:第一,两部基本法序言第三段都明确,基本法是根据宪法制定的,这就肯定了宪法是包括香港、澳门在内的国家最高法律,具有最大的权威性和最高的法律效力。第二,两部基本法的第 11 条分别规定,根据宪法第 31 条,特别行政区的制度和政策,包括社会、经济制度,有关保障居民基本权利和自由的制度,行政管理、立法和司法方面的制度,

以及有关政策，均以基本法的规定为依据。也就是说，在特别行政区实行的制度和政策，将以基本法的规定为准，宪法相应的规定不在特别行政区施行。

这里有一个法理问题，即我们通常说宪法是"母法"，基本法是"子法"，"子法"是不能限制"母法"效力的，两部基本法第 11 条规定的法理是什么？这个问题的答案在于宪法第 31 条规定的性质，即宪法第 31 条是宪法的一项特别条款。宪法的适用和法律适用一样，特别规定与一般规定不一致的，适用特别规定。宪法第 31 条明确规定，在特别行政区内实行的制度由全国人大以法律规定，其必然含义就是，全国人大按照宪法第 31 条制定的法律，具有优先适用的地位。因此，两部基本法第 11 条规定的法理，是宪法特别条款与一般条款的关系问题，宪法关于社会主义制度和政策的规定不在特别行政区施行，是宪法第 31 条的效力所致，而不是基本法限制了宪法有关条文的效力。由于基本法是根据宪法制定的，基于宪法的最高法律效力，两部基本法第 11 条规定的另外一层含义是，如果不属于该条规定的范畴，仍然要适用宪法的规定。国务院港澳办原副主任、基本法起草委员会秘书长李后在回忆香港回归历程一书中记录了当年起草基本法时对这一问题的讨论，他说，"有些人认为，中国宪法是一部社会主义宪法，应在基本法中写明，宪法除第三十一条外，其他均不适用于香港特别行政区。另外一些人则认为，宪法是国家根本大法，是全国最高法律，其中不仅规定了国家实行社会主义制度（这当然不适用于香港特别行政区），还规定了全国人民代表大会及其常务委员会、国务院（即中央人民政府），中央军事委员会等国家机关的设置和职权，以及国旗、国歌、首都等。将来香港是中国的一级行政区域，不能说连宪法的这些规定也不适用。经过讨论，最后大家同意，中国的宪法作为一个整体对香港特别行政区是有效的，但是由于国家对香港的政策是按'一国两制'的原则，保持其资本主义制度和生活方式不变，因此，宪法有关社会主义制度和政策的规定，不适用于香港。"全国人大在通过基本法时，为了消除香港社会关于基本法是否符合宪法问题的疑虑，专门作出了《全国人民代表大会关于〈中华人民共和国香港特别行政区基本法〉的决定》，宣布香港基本法是根据宪法并按照香港的具体情况制定的，是符合宪法的。对澳门基本法，全国人大也有同样的决定。全国人大在通过法律时，专门就该法律的合宪性问题作出决定，香港基本法和澳门基本法是仅有的两个例子。对这个决定，我想要从两个方面来理解，一是这个决定的前提就是宪法在特别行政区具有效力，基本法是根据宪法制定的，因此，基本法必须符合宪法，这种合宪性不是只符合宪法某一条文就可以，而是要全面符合宪法的规定。二是这个决定带有进一步明确宪法第 31 条含义的作用，前面讲过，宪法第 31 条规定比较原则，特别行政区制度是什么，宪法本身没有直接规定，全国人大关于基本法的决定，起到了宣告这种制度的具体内容的效果。

宪法和基本法一起构成特别行政区的宪制法律基础，这是一个基本法起草过程中已经解决的问题，但在今天强调这一点，仍然具有现实意义。因为现在仍有一种观点认为，特别行政区的宪制性法律只有基本法，甚至把基本法称为特别行政区的

"宪法",排斥宪法在特别行政区的效力,这对于"一国两制"与基本法的正确实施是有影响的。

三、宪法在基本法实施中的重要指导作用

两部基本法是根据宪法制定的,这决定了基本法的规定要放在宪法规定的框架下来理解,坚持宪法至上原则,这是香港、澳门回归后中央处理涉及基本法问题把握的一条重要原则。可以说,基本法实施过程离不开宪法,就是在香港和澳门,凡是涉及基本法的问题,也离不开宪法。举两个香港的例子。香港回归后第一个工作日,香港高等法院上诉法庭开庭审理马维騉案,这是香港回归后第一个涉及基本法的案件,在其判决中,总共有八处提到中国宪法,引用了宪法第 31 条、第 57 条和第 58 条。当时的高等法院首席法官陈兆恺在判词中有一句话是这样讲的,"假如(基本法第 160 条的规定)有模糊之处,那就必须将它放在基本法的完整规定中来处理,甚至必须诉诸基本法的来源,中国宪法的规定中来处理。"另一个例子是吴嘉玲案,这是香港终审法院审理的第一个涉及基本法解释的案件,尽管在这个案件中,香港终审法院错误解释了基本法,最终导致全国人大常委会第一次释法,但也四处引用了中国宪法。

宪法的地位处于法律体系金字塔的顶端,讲法治,必须讲宪法,任何法律规定,追根溯源,都会涉及宪法,这是一个普遍的规律。香港回归后,面对香港这样一个意见纷纭的多元化社会,为什么中央有关基本法的解释和决定能够获得香港社会的认可?中央始终站在宪法的高度处理基本法实施中的问题,

是其中的一个主要因素。以下两个问题充分说明了这一点。

1. 全国人大常委会解释权涉及的宪法问题。香港基本法第158 条规定，基本法的解释权属于全国人大常委会。全国人大常委会授权香港特区法院在审理案件时对涉及的基本法自治范围内的条款可以自行解释，对其他条款也可以解释。但如需要解释的条款涉及基本法关于中央管理的事务或中央与特区关系的条款，在对案件作出终局判决前，应由终审法院提请全国人大常委会对有关条款作出解释。大家知道，香港实行普通法制度，法律是由法院进行解释的，即使是宪法性文件，也不像欧洲大陆国家，设立宪法法院或宪法委员会进行解释，而是由普通法院进行解释。因此，对立法机关解释法律有一种天然的排斥心态，甚至认为"立法者是最糟糕的释法者"。出于这种心态，香港回归之初，香港社会尤其是法律界对基本法第158 条的规定提出了各种见解或主张，其中最主要的有三种观点，一种观点认为，既然全国人大常委会已经把解释基本法的权力授予香港法院，那么，除终审法院提请解释的情况外，全国人大常委会不能行使解释权；还有一种观点认为，既然全国人大常委会授权香港特区法院在审理案件时对高度自治范围内的条款自行进行解释，那么，全国人大常委会就不能解释这部分条款，而只能解释有关中央管理的事务或中央与特区关系的条款；再有一种观点认为，虽然全国人大常委会对基本法拥有解释权，但要自我限制，最好是不要行使。这三种观点有什么共同点？共同点就是要取消或限制全国人大常委会的解释权。

怎么使香港社会正确理解香港基本法第158 条的规定，纠正上述错误的观点？这就要讲宪法，只有从宪法规定出发，才能得出基本法第 158 条的正确理解。从 1999 年全国人大常委会第一次释法开始，我们向香港社会着重阐述了以下观点：第一，按照一般的法理，授权者必须掌握授权文件全面和最终的解释权。基本法是由中央制定的，是一部授权法，中央作为授权者，必须掌握基本法的全面和最终的解释权。否则，基本法的授权安排就行不通。第二，中央哪个机构行使基本法的解释权，这就要看宪法。按照我国宪法的规定，全国人大常委会行使法律解释权，基本法是全国人大制定的一部全国性法律，其解释权属于全国人大常委会。第三，宪法为什么规定由全国人大常委会行使法律解释权，这是由我国实行的人民代表大会制度所决定的。全国人大常委会行使法律解释权，包括对基本法的解释权，这是一项重要的宪法制度。第四，香港基本法第 158 条是在上述宪法框架下制定的，要按照宪法规定来理解，即全国人大常委会具有基本法的全面和最终解释权。"全面"，就是对基本法的所有条文都有权进行解释，"最终"，就是全国人大常委会的解释是终局解释，香港特区必须遵循。全国人大常委会具有基本法的全面和最终的解释权，是授权特区法院在审理案件时对基本法有关规定进行解释的基础。第五，香港特区法院具有的基本法解释权是有限的，这体现在三个方面，一是只能在审理案件时对涉及的基本法条款作出解释，而不能脱离具体案件对基本法的条款作出抽象解释；二是如果审理案件时需要解释的条款是关于中央管理的事务或中央与特区关系的条款，必须提请全国人大常委会解释，实际上是不能对这些条款作出有最终法律约束力的解释；三是全国人大常委会对基本法有关条款的解释，可以纠正香港法院对该条款已经作出的解释，但已经生效的判决不受影响。

由于我们从宪法规定出发，对基本法第 158 条的规定的阐释合情合理合宪，香港终审法院在法律上已经接受了上述观点，至于香港社会，尽管对全国人大常委会释法仍然存在诸多疑虑，但接受程度已经有了很大的提高。

2. 关于香港政制发展涉及的宪法问题。按照香港基本法附件一和附件二的规定，2007 年以后如需对行政长官和立法会产生办法作出修改，须经立法会全体议员三分之二多数通过，行政长官同意，并报全国人大常委会批准或备案。2003 年下半年以后，香港社会有人提出了这样一种观点，即按照基本法附件一和附件二的规定，两个产生办法的修改应由香港启动，自行提出并通过有关方案，在这个过程中，中央不能干预。对于行政长官产生办法的修改方案，中央的角色是最后"把尾门"，可以批准或者不批准，对立法会产生办法修改方案，中央没有角色，备案是程序性的，也就是说，无论香港作怎么样的修改，全国人大常委会都只能接受。这种观点在香港社会有较大影响，它的要害是剥夺中央在政制发展问题上的实质性权力。在立法会产生办法修改问题上这一点很清楚，在行政长官产生办法修改问题上，他们虽然说中央有权不批准，但如果一个方案经香港立法会全体议员三分之二多数通过，行政长官同意，中央还能行使不批准的权力吗？如果行使这种权力，就会产生重大的宪制危机，按照他们的说法，实际上是把全国人大常委会批准权搁置起来。

因此，上述观点是完全错误的，为什么是错误的，就要用宪法来说话。当时我们从宪法的角度，主要阐述了以下几个方面的观点：一是，按照宪法规定，我国是一个单一制国家。单一制国家的一个重要特征是，依据宪法产生的中央政府统一对国家实施管治，地方行政区域是中央根据国家管理的需要而决定设立的，地方行政区域实行的制度，包括政治体制，是由中央决定的，两个产生办法是政治体制的重要组成部分，地方无权自行决定或改变其政治体制。二是，香港基本法是全国人大制定的，其修改权属于全国人大。香港基本法附件一和附件二规定的两个产生办法，是基本法的组成部分，附件一第七条和附件二第三条规定，两个产生办法的修改，要报全国人大常委会批准或备案，这是全国人大将其修改这部分基本法规定的决定权赋予全国人大常委会，同宪法关于全国人大常委会在一定条件下可以修改全国人大制定的法律的规定是一致的，也符合香港特区政治体制由中央决定的宪法原则。三是，香港基本法附件一和附件二规定了两个产生办法的修改，须经立法会三分之二多数通过，行政长官同意，这是一项十分特殊的安排。基于地方政治体制由中央决定的宪法原则，香港特区享有这种权力，不能排斥或削弱中央对特区政治体制的实质决定权。就是立法会产生办法的修改，也要经全国人大常委会接受备案以后才能生效。2004 年 4 月，全国人大常委会对上述条款作出解释，其核心内容有两项，第一，两个产生办法是否修改，要由行政长官向全国人大常委会提交报告，由全国人大常委会依法作出决定改还是不改。第二，两个产生办法的任何修改，报全国人大常委会批准或备案后才能生效。

全国人大常委会的解释，理顺了在处理香港特区政制发展问题上，中央与特区的权力关系，体现了中央对香港政制发展自始至终都掌握决定权，确保了政制发展问题的处理工作能够在基本法规定的轨道上顺利进行。

总之，宪法是"一国两制"的根本保障。从法律上来讲，香港和澳门实行不同于内地的制度和政策，建基于宪法的规定；香港基本法和澳门基本法的法律地位和法律效力，来源于宪法的规定；"一国两制"和基本法的实施，受制于宪法的规定，通过这三个方面，宪法不仅在内地，而且在香港和澳门，都发挥国家最高法律规范的重大作用。

深入总结基本法实施经验
不断提高基本法研究水平*

——在基本法研究优秀成果交流研讨会上的讲话

今天上午和下午，我们分两段时间进行基本法研究优秀成果的交流和研讨，有七位专家学者简要介绍了他们的研究成果。徐静琳教授的论文分析了香港立法会权力设置的制度框架、运作情况及存在的问题；朱孔武教授的论文也是关于立法会权力的，但侧重分析香港立法会调查权的起源及其法律依据等问题；王千华教授的论文比较了欧洲法院先决裁决机制和基本法解释机制，探讨了有关解释机制下的现象和规律；魏健馨教授的论文对香港法院解释基本法的发展过程进行了梳理，分析了香港司法制度的特点及其必然存在的倾向；戴瑞君研究员的论文比较全面地研究了香港和澳门特区的对外事务权；李训虎副教授的论文研究了香港基本法关于基本权利和自由的规定对刑事司法程序的影响；寇丽博士的论文探讨了内地与澳门特区的司法互助问题。提交这次研讨会讨论的这几篇论文所探讨的问题，

---

*　2012 年 11 月 4 日。

基本上都是基本法实施中遇到的重大问题，论文内容也是以解决实际问题为导向，具有很强的针对性。大家的发言比较集中，从而讨论也比较深入，视野比较宽广。无论是论文还是发言，共同点是都十分注重联系港澳实际，同时也广泛地参考了外国的有关实践经验，这些论文及今天的讨论，使我们能够从一个侧面了解基本法理论研究项目的进展情况。通过一天的交流讨论，大家互相启发，共同提高，实现了我们这次交流研讨会的预期目标。

2008 年全国人大常委会港澳基本法委会同教育部创设基本法理论研究项目，推动内地学术界开展基本法理论研究，至今已经实行了四年，总的效果是好的。如果说过去的四年我们工作的着重点放在"推动"这两个字的话，那么，经过四年的经验积累，今后我们在继续做好"推动"工作的同时，要把这重点逐步转到"提高"这两个字上，也就是说，要不断提高基本法的研究水平。怎么提高水平？根据目前内地学术界开展基本法研究的实际情况，我想讲三点，与大家共同探讨。

一、要深入了解港澳社会的情况

要深入了解港澳社会情况，准确界定各种法律问题的实质，这是基本法理论研究工作的基础。我们经常听到讲香港是一本难读的书，这句话最早是姜恩柱同志讲的。这个说法实际指出的是很难深入了解、真正掌握港澳社会的实际情况，而熟悉港澳情况正是基本法理论研究工作的基础，也可以说是首先的一个条件。为什么这样说呢？我看道理是不是这样，法律是写在纸上的文字，它本身没有问题，也不会产生问题，我们通常所讲的法律问题，都是社会、政治、经济等方面的问题在法律上的反映。脱离具体的社会生活，法律条文本身是没有意义的，若脱离对具体社会生活的了解，也不可能真正地把握有关法律问题。两部基本法分别在香港和澳门两个特殊社会环境下实施，离开对港澳社会情况的了解，自然难于有效地开展基本法实施中各种法律问题的研究工作。

我们在座的各位都生活在内地，即使有在港澳工作或生活的经历，对港澳社会情况的了解也是有限的，这是我们开展基本法研究工作的一块短板，也是最大的困难所在。怎么克服这个困难，这是摆在我们面前的一个挑战。以我自己来说，也同样面临这个问题。在北京怎么了解千里之外的港澳情况，把握港澳社会的脉搏？大家可能以为我们在中央国家机关工作的人有各种专门的文件材料可以看，这方面不能说没有，但实际上我了解港澳情况的主要渠道就是港澳的报刊。我们港澳基本法委的工作人员，每天的一项基本功课就是看香港慧科网，读电子版港澳报刊材料。我每天必读港澳办的新闻剪报，养成习惯，一天不看就不踏实，这当然对工作有帮助。如2005年争取政改方案通过时，我与香港各界座谈，刘慧卿就说你们在千里之外的北京，根本不了解香港的实际情况，我当时就说，现在是信息社会，你昨天对媒体说的话我都知道。可以说，港澳社会是高度透明的，再加上我们所处的互联网时代，只要我们愿意下功夫，无论身在何地，每天用一点时间，持之以恒，都能够了解到港澳情况。

通过报刊了解和把握港澳情况的好处是，我们第一眼看到的一定是各种社会热点问题，这是报刊新闻规律所决定的，也是基本法研究工作理论联系实际的很好切入点。今天上午朱育诚同志讲到梁爱诗最近被反对派围攻的事情，包括两个律师会发表了声明，我也是通过报刊了解到各方的观点的。10 月 6 日，香港基本法委员会副主任、香港特区政府律政司前司长梁爱诗女士应香港专业进修学校社科研究中心的邀请，作了题为《回归以来的法律挑战》的专题讲座。从香港报纸报道看，她主要讲了两个观点，其一是，香港法律界，包括法官，对中央与特区关系缺乏认识，导致回归以来作过不少错误决定。她举了1999 年"吴嘉玲案"判决作例子，认为终审法院在该判决中提出香港法院有权审查全国人大及其常委会的立法行为并宣布其无效，这是错误的，如果法官正确认识到中央与特区的关系，就不会犯这种错误。其二是，解决"双非"子女问题，需通过法律的方式。她认为，最可行（是否可行，可以再说）的办法是行政长官向国务院递交报告，请全国人大常委会释法。针对香港社会有些人不赞同人大常委会释法，她提出，在内地和香港实行不同法律制度的情况下，法律解释是调和器，人大常委会释法是沟通两种制度的桥梁。如特区法院对基本法的解释不对，就需要以人大常委会释法予以纠正。在我们看来，这两个观点完全是正确的，但香港一些人却对梁爱诗发动了 20 多天的围攻，成为最近一段时间的热点问题。反对派攻击什么呢？概括起来，他们给梁爱诗强加以下"罪名"：第一，炮轰法律界，公然向法官施压，干预司法独立，破坏香港的核心价值；第二，要求法官判案考虑中央与特区的关系，是要求法院判案时要考虑中央的思想，放弃普通法解释法律的方法；第三，1999 年终审法院对"吴嘉玲案"的判决没有错误，终审法院提出，法院可以审查全国人大及其常委会立法行为并宣布其无效，只是重申了法治原则。应当看到，在香港社会政治生态下，反对派的上述观点虽然偷换概念，颠倒是非，但在香港还是有相当市场的，那么，从基本法规定出发，他们的这些观点到底错在哪里？这就给我们提出了研究课题。比如说，他们说梁爱诗发表的言论干预司法独立，事情是这样吗？我们大家都知道，任何权力都要受公众舆论的监督，司法权也不例外，就拿美国和英国的普通法制度来说，法官作出判决后，从来都是可以批评的，不仅一般公众可以批评，就是政府官员也可以出来批评。如美国最高法院 2010 年 1 月 21 日在一个案件中判决美国现行法律关于公司和社会团体参与选举的资金限制，违反美国宪法第一修正案关于言论自由的规定，引起美国社会的巨大震动。奥巴马立即作出反应，谴责这项判决。1 月 27 日，奥巴马在发表国情咨文时，当着议员和最高法院法官的面，再次谴责这项判决，他说，最高法院的这一判决"逆转了长达一个世纪的法律传统，为特殊利益集团操纵选举打开了洪水的闸门"。由此可见，基本法规定的司法独立，决不是反对派所讲的不能批评法院判决。再比如说，他们说香港终审法院有关法院可以审查全国人大及其常委会的立法行为的判词没有错，只是重申几百年已经奠定的法治原则，但事实和法律是这样吗？肯定不是，我这里只讲三点，一是，香港在英国的殖民统治下，由于英国实行的是议会至上的政治体制，法院是不能质疑议会立法的合法性的，这是几百年来英国所确立的基本宪制规则。二是，香港回归后，全国人民代表大会是最高国家权力机关，既然是最高，任何机构都不能质疑全国人大的行为的合法性，这是我们国家的宪法原则。三是，香港基本法规定，香港法院要保留原有法律制度和原则对法院管辖权的限制，而且进一步明确规定，香港法院对涉及国防、外交等国家行为无管辖权，也就是对中央政府处理国家事务的行为，香港法院是不能质疑其合法性的，这是基本法所确立的重要宪制原则。就这三点，已经可以说明香港法院可以审查并宣布全国人大及其常委会的立法行为无效的观点是完全错误的，更何况香港法院是一个地方法院，世界上哪有地方法院可以宣布中央政府的行为无效的？即使有，必定有一个前提，那就是有关案件一定可以上诉到国家的最高法院。我讲这个例子，主要是想说明，我们的研究任务来源于实践的需要，来源于基本法实施中遇到的问题，关注港澳社会正在发生的情况，才能知道有哪些问题需要研究，从而使我们的研究更具有针对性，更加深入，这就是动态研究，对我们从事基本法研究很重要。

因此，了解港澳社会的情况，把握港澳社会的脉搏，落到基本法研究上，最主要的就是抓住每天都在发生的涉及基本法的问题，并且认清这些问题的实质，为我们的研究工作提供一个基础。我们这次研讨会印发的七篇论文，从选题上来说，都是抓住了香港基本法和澳门基本法实施中遇到的重大问题，说明各位论文作者对港澳社会情况是有相当程度了解的。但从论文研究的深度和广度来看，客观地讲，七篇论文是有所差异的，主要是对问题的界定是否准确到位造成的，由此也反映了论文作者对港澳社会情况的了解程度。因此，深入了解港澳社会情况，准确把握各种法律问题的实质，是基本法研究工作的基础，也是提高理论研究水平的必由之路。

二、要坚信基本法的规定切实可行

要坚信基本法的规定是切实可行的，而且努力使其行得通，这是基本法理论研究工作的方向。这些年来，我看了不少基本法研究论文，也参加了一些基本法研讨会，发现有一个特点，但凡提到建议，经常都会有一条是建议修改基本法的。当然任何法律都是可以修改的，基本法也不例外，大家也尽可继续提出这方面的建议，我想要说的是，任何法律实施的要义首先不是怎么修改它，而是使它行得通，尤其像基本法这样的宪制性法律，本身就是政治妥协的产物，更不能轻言修改。因为修改无非是重新达成一种政治妥协，解决了旧的问题，还会产生新的问题，但这还不是关键，关键是这种不断修改宪制性法律的过程，必然影响到宪制秩序的稳定，从而影响到社会的稳定。如基本法关于香港特区行政长官和立法会两个产生办法，起草时提出的方案就有几十种，后归纳出五种方案，最后是中间落墨，每种方案都吸纳了一点，达成了妥协。我们做基本法研究，要了解有关法律条文形成的艰难过程。2005 年 4 月 12 日我与香港法律界人士座谈，在讲到基本法时，我说我们不要苛求前人，"前人所做的已经足够超前，已经向我们展示了他们不同寻常的聪明才智，现在我们所应做的也是所能做的，就是全面、准确地把基本法贯彻好、实施好，通过我们大家的共同努力，使基本法在实践中不断得到充实、完善。"我们从事基本法研究，应当怀有一种对历史、对前人的敬意，相信基本法的各项规定是切实可行的，并通过我们的努力和实践促使其完善，不断取得成功。

香港基本法实施过程，从某种程度上来讲，就是基本法不断充实、完善的过程，不断使基本法规定行得通的过程。如在基本法解释问题上，回顾1999年全国人大常委会第一次解释基本法，当时香港法律界感到天要塌下来，一些大律师和律师还穿黑衣沉默游行，宣称香港法治已死。经过了四次释法，现在看来，一方面，香港社会对基本法的规定有了更全面的认识，另一方面，我们也不断改进工作，尽管香港社会还存在一些疑虑，但总体上来讲，认受程度已经大大提高，如对"双非"问题的认识，就有很多人支持释法。香港终审法院也在若干个判决中表明，全国人大常委会具有基本法全面和最终的解释权，一旦人大常委会对基本法有关规定作出解释，香港法院必须遵从，这是"一国两制"下香港法治的组成部分。2011年终审法院在审理刚果（金）案时，还第一次启动了基本法规定的提请释法机制，使有关法律问题得到了妥善的解决。在政制发展问题上也一样，2004年全国人大常委会通过对香港基本法附件一第七条和附件二第三条的解释，确立了处理两个产生办法修改问题的"五步曲"程序，一开始也有一些人不理解，经过这些年来的实践，由于这个程序理顺了在修改两个产生办法问题上中央与特区的权力关系，有一套公开透明的法律程序来处理富有争议性的重大政治法律问题，现在"五步曲"已经在港澳社会深入人心。要使基本法的各项规定行得通，实际上也包括通过实践不断修正我们过去自己的一些观点的过程。比如说，以前我们有些人也主张，基本法是一部全国性法律，只能采用内地的法律解释方法，而不能采用普通法解释方法。在实践中，我们看到，按照香港基本法的规定，香港法院享有基本法解释权，同时香港继续实行普通法制度，不让他们用普通法进行解释是行不通的，但全国人大常委会解释基本法，就只能采用内地的法律解释方法，发生冲突，以全国人大常委会的解释为准。这种观点的修正，更加切合基本法有关规定，从而也更加能够得到各方面的认同和接受。再如，以前我们讲特区政治体制是行政主导而不是三权分立，这与香港和澳门社会普遍认为他们是三权分立的观点截然相反。深入分析其原因，发现香港和澳门社会讲三权分立，实际上有两种含义，一种是指美国式的政治体制模式，另一种更多的是对以权力制约权力的形象说法，讲三权分立的人，也不是铁板一块的。因此，我们就区分这两种情况，指出如果三权分立是指美国式的政治体制模式，那么基本法规定的政治体制肯定不是美国式的三权分立，但如果说三权分立是以权力制约权力的形象说法，基本法规定的政治体制同样体现了以权力制约权力的原则。姬鹏飞在基本法草案说明中关于行政长官要有实权，同时要受到制约，行政立法要相互制衡又相互配合等，都说明了这一点。这样来解释行政主导与三权分立，就不是截然对立的，对于促进香港和澳门社会接受行政主导政治体制起到了很好的作用。

坚信基本法的各项规定是切实可行的，并努力使其行得通，落到基本法研究上，就是一个价值取向问题，也是基本法研究的方向性问题。比如说，香港特区政府行政主导不起来，比较弱势，这是香港社会的普遍看法，其原因何在？香港社会有些人认为，是基本法规定有问题。很多特区官员也认为是基本法规定有问题，要是这么说，就需要修改基本法。当然也有人认为，不是基本法规定有问题，而是对基本法的理解和落实出现了问题。按照这种观点，就需要深入分析研究，采取措施使特区政治体制在基本法规定的轨道上运作。由此，可以看出，对基本法实施过程中遇到的问题到底是什么问题的认识和界定，直接关系基本法研究的方向。"一国两制"和基本法要长期实施下去，中央一再强调坚定不移地坚持"一国两制"方针不动摇、坚定不移地严格按照基本法规定办事不动摇，这决定了基本法理论研究工作的主要方向是适应时代的发展变化，努力使基本法的各项规定能够行得通。香港基本法实施已经有15年的时间，澳门基本法的实施也已经有13年的时间，积累了一定的实践经验，是我们研究工作的宝贵财富，我们要很好地总结基本法实施的成功经验及教训，并把它上升为理论，用于指导未来的实践。走前人没有走过的路，是一件艰苦的探索工作，在前人已经走过的路上，承前启后，把路走得越来越宽，同样是一种探索的工作，而且难度可能不亚于走新路，因此，研究在新形势下怎么使基本法的规定能够有效地施行，是一种理论创新工作，也是不断提高研究水平的方向。

三、要坚持严谨的学术精神

要坚持严谨的学术精神，精细入微地进行法律问题分析，增强理论的说服力，这是基本法理论研究工作的一个基本要求。我们花这么大力气推动基本法理论研究工作，大家花这么多时间和精力进行研究，不是为了关在这个屋子里自说自话，自拉自唱，最终目的还是为了在港澳社会发挥影响力，今天大家都谈到了这个问题。要做到这一点，首先要十分强调严谨的学术精神，十分强调我们提出的观点的说服力。尽管内地与港澳社会的情况有很大的不同，观点也不会完全一致，但学术标准应当是一样的，就是要遵循学术研究规则，言之有物，言之有据，这就要求我们对法律问题作精细入微的分析，这是我们的理论和观点能够在港澳社会发生影响力的前提条件，与话语权是紧密相连的。

怎么坚持严谨的学术精神？在座的各位都是从事法学理论研究的，比我更有发言权，但我可以从一个读者的角度提出几点看法：第一，事实的陈述或概括要清楚、准确。观点可以不同，但事实只有一个。要把事实尤其是历史事件弄清楚，也不是一件容易的事情。但无论探寻事实有多困难，我们都不能发生事实错误，都不能对历史事实进行臆断，因为事实错误属于学术硬伤，直接影响到观点的正确与否，直接影响到理论的说服力。我前面讲到要深入了解港澳社会情况，其中的一个原因，就是在我以往所看的有关基本法研究的文章中，还存在着事实错误的问题，这是我们必须努力加以杜绝的。第二，引用材料要规范、准确。为了使研究工作有意义，不进行重复劳动，在做具体课题研究时，必须进行文献检索，全面地掌握已有的研究成果，并概述有关观点。同时，为了论证自己的观点，无论是出于正面或反面的目的，引述他人的观点，也是完全必要的。但在引用这些材料时，一定要全面地阅读有关作者的著作或论文，做到规范、准确，防止断章取义，更不能错误引述，曲解别人的观点。这既是对他人的尊重，也是对自己的尊重，更是关系到学术进步，关系到研究成果的公信力和应用价值。比如说，做基本法研究，经常要引用香港法院的判决，这些判决动辄上百页，而且大部分判决是英文，我们要引用法官的观点，一定要全面地读判决，从法官的法律推理过程来理解其中某一句话的含义，从而恰如其分地加以引用。第三，观点论证要鲜明、充分。大家所写的称为学术论文，我理解它重点在于"论"字，没有"论"的文不叫"论文"，比如说，我的文章只能说是"文"，而不敢也不能叫"论文"。论文提出的观点都必须证成，而且必须是能够鲜明、充分地证成，这是学术精神的一条基本要求，甚至是最核心的要求。怎么叫充分论证呢？这至少要从正面提出有关观点的理据，并且有效地回应在同一个问题上出现的其他观点。所有论证都要建立起必要的理论框架，这样才能一以贯之，前后呼应。大家都读过各种文件，文件与论文的区别就在于前者多使用判断句，即使要陈述有关观点的理据，文字也十分简洁，但论文当然也少不了判断，但不能像文件一样都是判断句，而且还要丝丝入扣地对每一个重要判断加以论证。第四，要遵循法律规律和逻辑。做基本法研究，就是做法律研究，属于法学范畴，虽然法律与社会、政治、经济生活联系紧密，但作为一个学科，有其自身的规律和逻辑。我们要深入地探求这种法律规律和逻辑，并应用到基本法的研究之中。上面这几条，是关于严谨的学术作风，我在基本法教材编委会上也讲过类似的意见，今天七篇论文基本上做到了这些，当然学术规范还有很多，但在基本法研究中最主要是要把握好以上四条。

从事任何研究工作，我想都要求有严谨的学术精神，为什么我要在这里再强调一遍，回到我开始时讲到的问题，我们的研究成果最终是要在港澳地区发挥影响力的，而在港澳地区尤其是香港，没有高出一头的理论水平，从法律上、法理上阐述清楚我们的观点，以理服人，是不行的，而没有严谨的学术精神，就很难谈得上提高理论水平。

我前面就怎么提高基本法理论研究水平谈了三点看法，在座各位从事的法学研究领域有所不同，但我相信，只要我们全力投入基本法研究工作，不仅对"一国两制"的实践作出贡献，而且对各自的研究领域也一定会有很大的促进作用。最后，用我为许崇德教授主编的"一国两制"丛书所写的序言中的一段话来结束今天的讲话，这段话是这样的，"'一国两制'不仅是对人类政治制度和政治理论、法律制度和法学理论（不仅是宪法学、行政法学，而且是法理学等各个法学领域）提出了重大挑战，而且也是对经济制度和经济理论、哲学思想和人的思维方式等都提出了重大挑战。……'一国两制'不仅是一个极其丰富的政治学、法学理论的宝库，也是一个极其丰富的经济学、哲学、文化等理论宝库，值得我们认真挖掘。"用这句话与大家共勉。谢谢大家！

澳门的明天会更好 *

　　在澳门基本法颁布 20 周年之际，多位原澳门基本法起草委员会委员、澳门基本法咨询委员会委员、澳门特别行政区筹备委员会委员，以及特区各界人士提笔撰文，回忆澳门基本法的起草过程，回顾澳门基本法实施以来澳门所发生的历史性巨变，令我感动。澳门基本法推广协会廖泽云会长和崔世昌理事长要我为本书写序，我欣然答应。

　　澳门特区成立十三年来，发生了翻天覆地的变化。1999 年 12 月 19 日澳门回归祖国时，我第一次到澳门。在我印象里，澳门市区虽然商铺很多，比较大的只有八佰伴。澳门半岛南边的地标建筑只有老葡京酒店，洋观音远远地矗立在水中央。对面的氹仔，靠澳门半岛一面有一些建筑，往南走，氹仔和路环之间还是杂草丛生的平地和水塘。此后我又数次来过澳门，每次看到的景象都不一样。现在，澳门半岛南端的现代化建筑已经连成一片，洋观音也快要上岸了。在氹仔，一座新城已拔地而起，尤其到了晚上，灯火辉煌。澳门涌现了一批现代化的大商场，世界各种名牌产品琳琅满目，成为购物天堂。更重要的是，

---

* 2013 年 1 月 10 日，为《澳门历史的巨变》作序。

澳门居民的精神面貌焕然一新，在爱国爱澳、勤劳敬业精神的基础上，展现出当家作主的主人翁姿态，积极投身澳门的建设与发展，对澳门的前景充满了信心和决心。我赞同这样的说法，澳门这十来年的发展变化，是数百年来未有之大变局。这是"一国两制"方针和澳门基本法正确指引的结果，是中央政府和内地各地方大力支持的结果，更是首任行政长官何厚铧先生和现任行政长官崔世安先生以及特区政府带领澳门社会各界人士团结奋斗，求安定，谋发展的结果。

记得在澳门基本法颁布 10 周年时，我应邀参加在澳门举办的基本法学术研讨会和宣传推广基本法园游会等活动，那种人人参与的热烈、生动场面至今印象深刻。这些年来，澳门特区办成了许多大事情，先后成功进行三次行政长官选举和四次立法会选举，2009 年顺利完成了基本法第 23 条的相关立法工作，2012 年稳妥处理政制发展问题，完成了行政长官产生办法和立法会产生办法的修改，还按照建设世界旅游休闲中心和中国与葡语国家经贸合作服务平台的发展定位，稳步推进与内地的经济合作，促进经济适度多元发展，为未来发展努力奠定基础，等等。在这个过程中，社会上也常常对某些问题有多种意见或看法，有时甚至有激烈的争论，然而，每一件大的事情，最后都能在基本法的原则下形成总体共识，这是十分难能可贵的。在澳门，广大居民尊崇基本法、爱戴基本法、自觉贯彻基本法，基本法已经成为全社会的共同行为准则。

澳门基本法起草委员会成立于 1988 年 9 月，由 48 人组成，其中澳门委员 19 人。两地委员由于出生和成长的环境不同，所受的教育和经历不同,因而对许多问题的看法不尽相同,即使内地委员与内地委员之间、澳门委员与澳门委员之间,所持观点和所提出的意见和主张也往往有很大分歧。但是每一个成员都有平等的发言权,都可以畅所欲言,不受任何限制。大家本着共同对国家负责、对澳门未来前途负责的态度,坦诚发表意见,集思广益,终于在一个个重大问题上取得了一致。应当说,今天澳门基本法得到广大澳门居民的认同、爱戴和自觉贯彻执行,是与基本法制定过程中发扬民主、广纳民意分不开的,原基本法起草委员会委员和基本法咨询委员会委员的工作更是功不可没。

澳门基本法是由全国人民代表大会制定的一部全国性法律。基本法序言郑重表达了制定这部法律的法理依据和立法目的:"根据中华人民共和国宪法,全国人民代表大会特制定中华人民共和国澳门特别行政区基本法,规定澳门特别行政区实行的制度,以保障国家对澳门的基本方针政策的实施。"基本法以法律形式确定了特别行政区的制度,将"一国两制"方针由政策层面提升到制度层面,这是国家恢复对澳门行使主权的必然选择,也是落实"一国两制"、"澳人治澳"、高度自治方针的现实需要。澳门特别行政区制度是国家管理制度的一个组成部分,但它是一个特殊组成部分,按照这一制度规定,特区享有中央授予的行政管理权、立法权、司法权和终审权,中央同时保留管理特区所必须的权力,中央的管理权与特区的高度自治权在行使过程中又是有机结合的。澳门回归 13 年来,在国家主体实行社会主义制度的前提下,澳门保持原有社会制度不变,中央全力支持特区发展稳定，特区自觉履行维护国家主权、安全、发展利益的责任，特区经济持续快速发展，各项社会事业不断进步，广大澳门同胞管理澳门、建设澳门的聪明才智得到了充分发挥。事实生动地证明，"一国两制"方针是完全正确的，澳门基本法完全符合澳门实际，具有强大的生命力。

澳门基本法作为一项规定特别行政区制度的法律，是规范而严肃的，但基本法所包含的人文思想又是丰富多彩的。求同存异、兼容并蓄，就是贯穿于"一国两制"方针和基本法之中的一个重要思想。比如，澳门基本法就澳门回归后所实行的社会制度问题，在序言中有这样的郑重表述：为了维护国家的统一和领土完整，有利于澳门的社会稳定和经济发展，考虑到澳门的历史和现实情况，国家决定，在对澳门恢复行使主权时，根据中华人民共和国宪法第三十一条的规定，设立澳门特别行政区，并按照"一个国家，两种制度"的方针，不在澳门实行社会主义的制度和政策。这种求同存异的思想和做法，不仅在澳门回归过程中使众多澳门居民吃了定心丸，也为世人了解"一国两制"方针产生了深远的影响。比如，澳门特区回归后所实行的以行政为主导的政治体制，不同于西方"三权分立"的体制，也不同于内地所实行的全国人民代表大会制度，是全新的创制，其中就吸收了澳葡时期政治体制的合理部分，吸收了以权力制约权力的人类政治文明发展成果，同时与宪法规定的国家管理制度相互衔接。从中可以看出，基本法注重博采众长，即便对原殖民统治时期的东西也不采取一概排斥的态度。再如，澳门基本法制定在香港基本法之后，香港基本法的很多内容为澳门基本法所借鉴，但澳门基本法又不是简单照搬，其中澳门回归后的经济政策、文化政策、政治体制等，包括前段澳门处理政制发展工作时所涉及的行政长官和立法会两个产生办法，都与香港有所不同，这是充分注意到澳门历史和现实情况，从澳门实际出发制定的。

贯彻落实好基本法，重要一点就是要深刻领会和准确把握"一国两制"方针和基本法的思想精髓，始终坚持求"一国"之大同，存"两制"之大异的思想和原则，尤其要自觉地把坚持一国原则和尊重两制差异、维护中央权力和保障特别行政区高度自治权、发挥祖国内地坚强后盾作用和提高港澳自身竞争力有机结合起来，任何时候都不能偏废。要把求同存异的思想方法运用到处理各种具体问题之中。从内地来讲，对特别行政区实行的资本主义制度以及与之伴生的一些现象，不能按照内地的观念和标准去衡量和要求，对外面先进的管理制度和经验，要虚心学习和借鉴。从特别行政区来说，则要尊重国家主体实行的社会主义制度，特别是要尊重国家实行的政治体制、内地的司法制度，要深入了解国情，充分认识到中国特色社会主义制度的确立、中国共产党在国家中的领导地位是历史和人民的选择。同时，要不断完善与基本法实施相关的制度和机制，加强特区的法制建设，持续提高依法治澳的水平。这样，"一国两制"实践就会始终平稳健康地进展，澳门的明天就一定会更加美好。无论在澳门回归前还是回归后，中央领导人发表有关澳门历次重要讲话中，都十分强调澳门人可以管理好澳门，全体澳门人以实际行动证明了这一论断。

　　以上这些，是我的感想，也是多位作者文章中所表达的内容，我衷心希望大家通过阅读这本书，进一步了解澳门基本法的立法过程和澳门回归以来实施基本法的生动实践，进一步了解"一国两制"的丰富内涵，更多地为"一国两制"事业贡献力量。

关于香港政制发展问题[*]

谭耀宗先生、各位议员：

今天在深圳与大家见面非常高兴。

我现在不再担任香港基本法委员会主任、全国人大常委会副秘书长的职务，不具体负责香港事务。从上个世纪九十年代初算起，我从事香港工作已经有 20 多年，对香港怀有深厚的感情，与包括在座各位在内的香港各界人士建立了诚挚的友谊，大家对当前香港局势的忧虑，我感同身受；在过去 10 年里，我就政制发展问题与香港各界人士有不少交流，现在这个问题又到了一个十字路口，今天来参加座谈会讲些什么，来之前我和张荣顺先生也反复商量过，本不想设题目大家敞开谈，刚才谭耀宗先生建议讲政制发展问题、普选问题，昨天下午一到深圳看电视，林建锋议员正在说要乔晓阳明确解释普选问题，搞得我一晚上没睡好觉，赶写了一篇稿子。下面，结合"两会"期间和一些香港代表、委员交谈给我们的启示，结合香港当前局势，就香港政制发展问题谈谈我个人的看法，与大家交流。

最近一段时间以来，香港政制发展问题主要是行政长官普

＊ 2013 年 3 月 24 日，在香港立法会建制派议员座谈会上的讲话。

选问题炒得很热，在座的各位当然难以置身事外，从报纸上看，你们当中已经有不少人在各种场合被问到这方面的问题。目前的政制发展议题是什么时间、以什么方式炒起来的呢？我简单梳理一下，第一个时间点是今年 1 月 10 日梁振英先生发表施政报告，反对派看到施政报告没有提到开展政制发展咨询的时间，猛烈批评行政长官和特区政府有意拖延落实普选，提出要尽快启动政改咨询。第二个时间点是 1 月 16 日戴耀廷先生在《信报》发表题为《公民抗命的最大杀伤力武器》的文章，在"占领中环"这个口号下，经过 20 来天的发酵，反对派力量迅速凝聚起来，集中散布中央没有诚意落实普选，就是实行普选也不是"真普选"，会把泛民"筛选"出去等言论，制造悲情，要与中央"最后摊牌"、"尽地一煲"。第三个时间点是"两会"期间俞正声主席发表爱国爱港力量长期执政的谈话，反对派立即把中央讲的行政长官必须是爱国爱港的，演绎为要排除"泛民"作为行政长官候选人，群起而攻之，借势成立了"真普选联盟"，重组了民间策发会，提出议员辞职公投，酝酿占领中环"四步曲"、"七步曲"等。现在，虽然特区政府还没有启动政制发展咨询工作，但行政长官普选问题已经是满城风雨。反对派的要求是什么？用他们的话说，"泛民不入闸，就非真普选"，就是将来行政长官普选时，一定要有泛民的候选人。他们提出的各种主张，搬出的各种西方民主理论，都是为这个目的服务的。在他们的舆论攻势下，香港不少市民感到反对派说得对啊，将来普选时为什么不让泛民的人当候选人？他们在香港有很高支持度，手握六成选票，为什么不让他们的候选人进入一人一票的普选呢？如果通过筛选把这么重要的政治力量排除在普选之外，一定是假普选。我想，就是在座的各位，如果有人问你这个问题，可能也感到十分难于回答。之所以难回答，主要原因是反对派通过偷换概念，制造出半真半假的问题，让人怎么说都不是。反对派在他们制造的这种铺天盖地的舆论下，进而提出他们的所谓普选行政长官方案。近 10 年来，他们的一贯做法就是抢占争取民主、普选的道德高地，把理性讨论、与他们不同的观点，都说成不民主、假普选。从 2003 年要求 07/08 双普选到 2007 年要求 2012 年双普选，现在的情况也是一样。在这种情势下，不把他们从所谓的道德高地上拉下来，是不可能有效讨论具体普选方案的。所以，面对反对派的强大舆论攻势，我看不能与他们纠缠那些似是而非的问题。他们越是要把问题搞复杂，我们就越要把问题简单化，他们越是要绕着弯子讲话，我们就越要直截了当。怎么简单化？怎么直截了当？就是解决两个认识问题，一个是在"一国两制"下行政长官应当具备的最基本的条件是什么；一个是行政长官普选办法最基本的法律依据是什么。只有这两个最基本的问题在香港社会达成共识，才有可能讨论普选的具体方案。这两个问题其实都是老问题，过去已有过不少讨论，中央领导人和中央有关部门负责人都讲过，内地和香港的一些专家学者也都发表过意见，可是今天淡忘了，或是在反对派歪理煽惑下不敢理直气壮地发声了，下面，我想就这两个问题谈谈个人的看法。我今天来就是与大家交流个人看法的。

　　第一个问题，"一国两制"下行政长官最基本的条件。这个问题的实质是，能不能允许与中央政府对抗的人担任行政长官，这是行政长官普选问题的症结所在。

大家都知道，在制定"一国两制"方针政策过程中，邓小平十分强调"港人治港"的标准和界限，就是管理香港的人必须爱国爱港。1987 年邓小平会见香港基本法起草委员会委员时曾经鲜明地提出，"我们说，这些管理香港事务的人应该是爱祖国、爱香港的香港人，普选就一定能选出这样的人吗？"这是个反问句，回答应是"不一定"，所以实际上是在告诫我们，将来行政长官普选时，一定要选出爱国爱港的人。爱国爱港是一种正面的表述，如果从反面讲，最主要的内涵就是管理香港的人不能是与中央对抗的人，再说得直接一点，就是不能是企图推翻中国共产党领导、改变国家主体实行社会主义制度的人。井水不犯河水。邓小平不止一次强调，"一国两制"要讲两个方面都不变，既要保持香港原有的资本主义制度不变，也要保持中国共产党领导下的具有中国特色的社会主义制度不变，这是对所有人的要求，更是对管理香港的人的要求。所以，不能允许与中央对抗的人担任行政长官，是成功实施"一国两制"的一项基本要求，从一开始就是明确的。香港回归以来，中央一直强调行政长官人选要符合三个标准，也可以说是三个基本条件：爱国爱港、中央信任、港人拥护。其中，爱国爱港、中央信任这两项标准，讲得直白一点，就是不能接受与中央对抗的人担任行政长官。为何换一个直白说法？因为说爱国爱港，他们说谁不是爱国爱港的，每个人都认为自己是爱国爱港的。我现在的说法是不能是与中央对抗的人，这个面就窄了，而且有案可查的，反对派头面人物这方面的言行多不胜数。我知道，在香港不喜欢共产党、不喜欢社会主义的人不少，这是正常的，我们也从来没有要求都要信仰某个主义。我说的是对抗中央，对抗不是指批评北京，为国家好怎么批评都允许，对内地有些事情恨铁不成钢提意见，哪怕激烈一些，都是爱国表现，对抗是互为对手，你死我活，比如，何俊仁先生 2011 年 5 月连续 3 天在《明报》发表文章，其中白纸黑字"香港民主派的对手是在北京管治整个中国的中共中央及其领导的中央政府"，何先生尽可以保留自己的观点，问题是持这种立场的人中央能接受吗？世界上单一制国家中没有一个中央政府会任命一个与自己对抗的人、要推翻自己的人担任地方首长。有的朋友说，香港反对派中的一些人与西方国家的反对党不同，后者能遵守一个游戏规则，就是尊重国家宪制，而前者无视国家宪制、挑战国家宪制。

不能允许与中央对抗的人担任行政长官，这个道理是显而易见的。在座的大家都明白，都说过，我再重申一下。香港特区是中国的一个地方行政区域，直辖于中央人民政府，而不是一个国家或独立的政治实体。行政长官作为香港特区首长和政府首长，最重要的一项职责就是维护好香港特区与中央的关系，如果是一个与中央对抗的人，不仅难于处理好这个关系，而且还会成为中央与香港特区建立良好关系的障碍，这种人在香港执政，国家安全就没有保障，"一国两制"实践可能受到重大挫折。按照基本法的规定，行政长官不仅要对香港特别行政区负责，而且要对中央人民政府负责，如果普选产生的行政长官是一个与中央对抗的人，怎么对中央政府负责，基本法的规定怎么落实？从这个角度讲，行政长官必须由爱国爱港的人担任，是一个关系到"一国两制"和基本法能否顺利实施的重大问题，讲得重些，是一个关系"一国两制"成败的重大问题。

不能允许与中央对抗的人担任行政长官，这是设计香港行政长官普选方案的一条底线。守住这条底线，不只是为了国家安全和利益，从根本上讲，也是为了维护香港利益，维护广大香港同胞、投资者的根本利益。香港的经济繁荣与发展，从来都离不开内地，离不开中央政府和内地各地区的支持。香港回归以来，两地的经贸关系、社会文化交流、人员往来越来越密切，这种不可逆转的大趋势，是香港在历史性转折关头继续保持社会稳定、经济繁荣的重要因素。试想，如果选出一个与中央对抗的人当行政长官，与这种大势背道而驰，大家可以预见，届时中央与特区关系必然剑拔弩张，香港和内地的密切联系必然严重损害，香港社会内部也必然严重撕裂，"东方之珠还会风采依然"吗？

我看到香港报纸有人写文章讲，广大香港居民是爱国爱港的，要相信不会选出这样的人当行政长官，即使选出这样的人，一旦他与中央对抗，损害香港利益，下次选举一定会把他选下来。我完全同意广大香港居民是爱国爱港的，也相信如果再一次选举，可以把与中央对抗的人选下来。问题在于，如果出现这种情况，其后果是香港难于承受的。一个道理是，香港是国际金融贸易中心，换句话说，香港是一个为国际经济活动，尤其世界各国各地区与中国经贸活动提供服务的平台，如果行政长官与中央对抗而导致香港政局不稳，各国投资者还有谁会利用这个平台做生意？如果投资者跑光了，香港还会是一个国际金融贸易中心吗？进一步讲，中央在香港实行的基本方针政策的根本宗旨是两句话，第一句是维护国家主权、安全、发展利益，第二句是保持香港的长期繁荣稳定，这是中共十八大报告刚刚宣布的，是坚定不移的。因此，即便香港有人愿意承受与中央对抗的人担任行政长官的这种风险，站在国家的角度，站在维护根本宗旨的角度，站在落实"一国两制"方针政策的角度，也不能承受这个风险。

我们提出不能允许与中央对抗的人担任行政长官，有人讲，怎么判断谁是与中央对抗的人，是不是中央说了算？当然中央会有自己判断，但在普选行政长官时，首先是由提名委员会委员作出判断，这些提名委员会委员都是香港永久性居民，相信他们能够做出正确的判断。其次要由香港选民作出判断，将来行政长官普选时，要一人一票进行选举，选民完全知道自己的利益所在，也会作出理性选择。最后行政长官人选报中央政府任命，中央政府会作出自己的判断，决定是否予以任命。我也看到香港报纸有人讲，爱国爱港难以定出一个具体的衡量标准，将来可能也会有人讲，"与中央对抗"难以定出具体标准，确实是这样。爱国爱港标准也好，不能与中央对抗的标准也好，是难以用法律条文加以规定的，但这种标准就像内地一部有名的电视连续剧《宰相刘罗锅》的一句歌词，"老百姓心中有杆秤"。我们讲爱国爱港、不能与中央对抗的意义，不是要把它写入法律，而是要在香港民众心中架起这杆秤。

　　香港回归以来，无论是中央政府还是特区政府，都是以最大的政治包容来对待香港反对派的。他们中的一些人在回归前就专门与中央政府对着干，还说准备在回归后被抓、坐牢，还有一些人讲，他们回归后就移民。大家已经看到，香港回归后，没有一个人因为反对中央政府坐牢，他们的主要代表人物也都没有移民，相反，还有一些回归前移民外国的，回归后又回来了。他们继续反对中央政府，反对特区政府，即使这样，还有不少人当选立法会议员，获委任为特区政府咨询委员会的委员，甚至担任政府官员。但任何政治包容都有一个底线，这就是只要他们坚持与中央对抗，就不能当选为行政长官。这是最后的退无可退的底线。当然，哪一天他们放弃与中央顽固对抗的立场，回到爱国爱港的立场上，并以实际行动证明不做损害国家利益、损害香港利益的事情，当选行政长官的大门还是打开的。正如《新报》的一篇文章所说的，反对派只要本质上改变，问心无愧地承认自己是爱国爱港者，那么基本法规定的行政长官普选制度对他们来说，就不是障碍而是合理的机制。他们什么都不改变，反过来要求中央政府改变治港者必须爱国爱港的立场，接受他们在香港执政，这无论从什么角度来讲，都是不可接受的。前不久《信报》刊登了一篇笔名"毕醉酒"的文章，标题是《特首宝座泛民应"送也不要"》。这篇文章很有意思，从内容看，作者是站在泛民立场上讲话的，他的文章有一段是假设余若薇女士当选特首，接着这样讲："我们的余特首每年十·一国庆将如何度过？一如过往特首一样，出席官方的庆祝活动？还是跟其他泛民一起，发表反对中共一党专政的言论？

如选前者，堂堂的民主女神竟为独裁专制的政府粉饰太平，歌功颂德，如何对得住万千一起追求民主发展的战友！如选后者，她可是中华人民共和国香港特别行政区的首长，受命中央，隶属国务院，却于国庆日跑出来反中央，那香港究竟是已回归中国，还是变成一个政治实体？假设余若薇接受中央任命为特首，必会碰上这样'猪八戒照镜，里外不是人'的局面。"这篇文章的中心意思是要反对派不要去选特首，以此为条件换取废除功能界别选举。我引用这一段话，无意评判余女士的言行，但这一段话倒是实实在在讲出了在"一国两制"下与中央对抗的人当特首不符合逻辑。

上述道理我相信广大香港市民是能够明白的，也是能够接受的。

第二个问题，行政长官普选办法最基本的依据。这个问题的实质是行政长官普选办法要不要符合基本法和全国人大常委会的决定。

我从报刊看到反对派提出的关于普选制度的各种观点，过去反对派批评曾荫权先生在政制发展问题上领着港人游花园，现在反对派就好像带领香港市民游西方花园，说这朵花好，那朵花好，都要采回香港；通通种到香港花园里，要是不种，就是不民主。西方花园里能种什么花，是他们的宪法规定的，香港的花园里能种什么花，是基本法规定的，他们什么都讲，就是不讲基本法的规定，你要是告诉他，按照基本法的规定，不能种这种花，他就说你不符合国际标准。本来香港行政长官普选办法必须符合基本法规定和全国人大常委会决定，这涉及基本法的宪制地位问题，是一个讲法治的社会不应成为问题的问题，但现在已经被他们先入为主，被他们搬出来的所谓"民主选举条件"或"国际标准"搞得混乱不清。不把这个问题讲清楚，在香港社会牢固树立普选要符合基本法和全国人大常委会决定的原则，也就没有可能讨论行政长官普选办法问题。

香港的政改包括行政长官普选办法的依据是基本法，这个话中央讲过多次，每逢政改来临，我都要公开讲到这个观点。这次来之前，我又重温了 2010 年 6 月 7 日"乔晓阳先生"对香港媒体发表的对普选的公开谈话，他当时开宗明义地说，"首先要明确的是，在香港实行行政长官和立法会全体议员由普选产生的依据是香港基本法，这是我们讨论未来两个普选办法的基础。"我所以引用我自己这段话是要表明我们的立场是一贯的，态度是鲜明的。我认为从这个基础出发，行政长官普选其实是不难落实的，为什么这样说？让我们看一看基本法的有关规定和到目前为止已经解决的问题、尚待解决的问题。

按照香港基本法第 45 条的规定，在行政长官实行普选产生的办法时，须组成一个有广泛代表性的提名委员会按民主程序提名行政长官候选人，然后普选产生。2007 年 12 月全国人大常委会有关决定进一步规定，提名委员会可参照基本法附件一有关选举委员会的现行规定组成；提名委员会须按照民主程序提名若干名行政长官候选人，由香港全体合资格的选民普选产生。按照上述基本法的规定和人大的决定，将来行政长官普选时，由谁提名的问题已经解决了，就是提名委员会提名；选举权普及而平等的问题已经解决了，就是由全港选民一人一票选举产

生行政长官人选，报中央人民政府任命；提名委员会如何组成
问题已经基本解决，就是提名委员会可参照基本法附件一规定
的选举委员会组成。我当时（2007年12月）到香港与各界人士
座谈时对"参照"一词作过说明，其中特别指出，全国人大常
委会决定中明确提名委员会可参照选举委员会组成，参照什么，
主要就是参照选举委员会由四个界别组成的基本要素，而在具
体组成和规模上可以有适当的调整空间。在行政长官普选问题
上尚未解决、尚待香港社会讨论解决的主要有两个问题，一个
是提名行政长官的民主程序，一个是提名多少名行政长官候
选人。

对于这两个尚待解决的问题，有一点也是明确的，这就是
提名委员会提名与选举委员会委员提名是不同的。在2010年6
月7日我向香港媒体发表谈话时曾经讲过，"未来行政长官提名
委员会按民主程序提名候选人与现行的行政长官选举委员会委
员个人联合提名候选人，完全是两种不同的提名方式，没有什
么可比性。普选时提名的民主程序如何设计，需要根据基本法
的规定深入研究。"我在其他场合还讲过，基本法第45条规定
的是"由一个有广泛代表性的提名委员会按民主程序提名"，无
论是按照内地法律的解释方法，还是按照香港普通法的解释方
法，按字面解释，这句话可以省略成"提名委员会提名"，再怎
么解释也不是提名委员会委员提名。提名委员会实际上是一个
机构，由它提名行政长官候选人，是一种机构提名。正因为是
机构提名，才有一个"民主程序"问题。大家看一下基本法附
件一现行规定，行政长官候选人由不少于150名选举委员会委

员联合提名，这里就没有"民主程序"的规定。因为选举委员会是委员个人提名，而提名委员会是整体提名，机构提名，所以才需要"民主程序"。因此，在提名委员会提名候选人的制度下，要解决的是提名程序是否民主的问题。这完全是可以通过理性讨论达成共识的。我看到 3 月 19 日《成报》上有一篇文章讲，"普选时的特首候选人由'提名委员会按民主程序提名'，甚么是'民主'？国际社会对'民主'的共识就是'少数服从多数'；甚么是'程序'？国际社会对'程序'的共识是'方法和步骤'。'提名委员会按民主程序提名'的含义就是提名委员会按照自己的方法、步骤和少数服从多数的规定产生普选时特首候选人。把'提名委员会按民主程序提名'解释为'初选'或'筛选'，不是基本法的观点，徒生争拗。"这篇文章可谓是把复杂问题简单化的代表作，部分市民不是对"筛选"、"预选"有抵触吗？与其让反对派玩弄这些概念争取同情，不如就按基本法的规定讲，这种按民主程序提名是不是"筛选"、"预选"，大家心中有数，可是你一讲，反对派马上就说是要把他筛选出去，制造悲情，占领中环不就是以此作为动员令吗？我看就用基本法的讲法更稳妥，也更准确。

香港基本法和全国人大常委会有关决定对行政长官普选问题已经作出了方向性的规定，落实行政长官普选相对于立法会普选来说，基本法的规定是比较明白的，为什么现在会变得这么云山雾里不明白了呢？根本原因就在于反对派出于其政治目的，千方百计要改写基本法的规定，推翻全国人大常委会的有关决定。比如说，基本法规定行政长官普选时，候选人要由一个有广泛代表性提名委员会提名，他们就提出，多少名选民签名也可以提名；全国人大常委会决定已经明确，提名委员会要参照选举委员会组成，他们就提出，提名委员会要通过普选产生；再比如说，提名委员会的职能是提名行政长官候选人，面对多人争取提名，提名委员会必然有一个提名谁、不提名谁的问题，他们就把这种正当的法律程序扣上一个"筛选"的标签，提出"无筛选"。所谓的"无筛选"口号，实质上就是不让提名委员会成员有选择权。这在法律上说不通，在实际上无法操作，本质上是反对基本法关于提名委员会提名候选人的规定。从这几个例子可以看出，反对派的主张完全超出了基本法和全国人大常委会有关决定范畴，他们搬出西方国家的民主选举制度和所谓的国际标准作依据，就是不以基本法为依据。

我知道，香港社会有许多人长期以来向往民主、追求民主，希望实现心目中的普选，这是可以理解的，但任何民主普选制度都建立在特定的宪制基础上的，基本法和全国人大常委会有关决定就是这种宪制基础，是讨论普选问题的共同平台，没有这个平台，任何讨论都是"关公战秦琼"，都会把问题越搞越复杂，思想越搞越混乱，不会有结果。要明确提出，无论什么观点和立场，都要以基本法作为依据，作为衡量标准。西方的普选制度可以参考，但标准只能有一个，就是基本法。基本法是香港特区的宪制性法律文件，全面体现"一国两制"方针政策，是香港长期繁荣稳定的基石。在是否按照基本法规定办事问题上，我们没有妥协余地，香港社会也不会同意在这个问题上有妥协余地，因为中央政府和香港社会不会"自毁长城"。因此，爱国爱港力量要高举基本法的旗帜，与中央政府和特区政府一起，坚决维护"一国两制"，维护香港的法治原则和法治核心价值，维护香港的根本宪制秩序。这是破解当前局面，争取朝好的方向发展的一个关键。

关于是否要早些启动政改咨询问题。现在反对派要谈普选方案，要求普选不能预设前提，否则就要发动大规模群体抗争，迫使中央和特区政府屈服。但在"一国两制"下，香港行政长官普选是有前提的，就是前面所讲的，一个前提就是要符合基本法和全国人大常委会的有关决定，另一个前提就是不能允许与中央对抗的人担任行政长官。当然还有其他一些条件，但最根本的就是这两条。这两个前提不确立，不得到香港社会多数人的认同，是不适宜开展政改咨询的，就是勉强进行咨询，也不会有好的结果，欲速则不达。通过前面分析也可以看出，行政长官普选办法尚待解决的问题不是很多，只要明确了这两个前提，其他问题就可以迎刃而解。因此需要一定的时间把这两个前提确立起来，尽管政改咨询启动时间可能晚些，但可以后发先至。我个人认为特区政府提出适当时候开展政改咨询是合适的，将来还有"五步曲"程序，还有时间落实2017年行政长官普选。总之，我们要坚定信心，勇敢面对，同时要保持耐心，稳中求进。

最后还要讲一点，今天对你们建制派议员，爱国爱港中坚力量，我没有保留，把问题都摊开讲了，这样讲的目的，不是要把政制发展问题进一步炒热，一开场我就讲了，今天是交流看法。现在外面来了不少香港记者，肯定会问大家乔老爷刚才讲了些什么，我相信大家会把握怎么对外讲。不管怎么讲，我建议大家对传媒发表谈话时，着重传达我今天讲话的三个信息，也是今天讲话的三个重点：第一，中央政府落实 2017 年普选的立场是坚定不移的，是一贯的，绝无拖延之意；第二，行政长官人选必须是爱国爱港人士的立场是坚定不移的，与中央对抗的人不能当特首是一条底线，这样讲不是为了从法律规定上排除谁，筛选谁，而是为了让将来的提名委员会委员和香港市民心中有杆秤，有个衡量的标准，自觉不提名这样的人，不选这样的人；第三，普选必须符合基本法和全国人大常委会决定的立场是坚定不移的。基本法和全国人大常委会有关决定对普选行政长官的规定是明白清楚的，已经解决了由谁提名、提名委员会如何组成和选举权普及平等问题，需要达成共识的主要是提名的民主程序问题。不要把简单问题复杂化，更不能离开基本法另搞一套。

我再说一遍，是三个坚定不移，同时要讲些道理，讲些为什么，希望通过你们吹风给香港社会传递正面信息。谢谢大家！

从"请投资者放心"到
"一国两制"和基本法*

尊敬的访问团团长、香港总商会主席周松岗先生和访问团全体
成员：

大家中午好。很高兴有机会在这里和各位朋友见面。

在座的各位都是香港工商界的翘楚，都是香港的投资者，
见到大家，我首先想到的是1979年邓小平先生在北京会见香港
总督麦理浩时谈到1997年要收回香港，有人担心在香港继续投
资靠不靠得住时，邓小平先生讲的那句后来广为传颂的话，这
就是"请投资者放心"。在我参与香港工作的二十多年时间里，
始终没有忘记这句话。中央在处理涉及香港的重大问题时，怎
么使香港投资者放心，始终是重要考虑之一。邓小平先生让大
家放心，我们作为邓小平先生开创的"一国两制"方针政策的
执行者，总不能让大家不放心。

回顾香港过渡时期和回归后的历程，我们可以说，中央是
真正做到使投资者放心的。否则，就不可能有香港的平稳过渡，
繁荣稳定。我想大家都能同意，香港投资者能够放心，邓小平

---

* 2013年11月4日，在香港总商会高层北京访问团午宴上的讲话。

先生以其崇高的威望作出的承诺，是一个重要因素，但最根本的是，在邓小平先生领导下，中央制定了"一国两制"方针政策和基本法，并且始终不渝地加以贯彻落实，切实保护了香港工商界的利益，保护了各国各地区投资者的利益。当然，国家改革开放，经济持续稳定发展，社会稳定和谐，人民生活不断改善，对外联系日益紧密，展现出中华民族伟大复兴的壮丽前景，这个大背景、大趋势，对保持香港繁荣稳定，保持香港投资者信心也十分重要。

　　"一国两制"方针政策和基本法是怎么保护香港工商界、投资者的利益呢？如果我们翻开中英联合声明，可以看到，我国政府对香港的十二条基本方针政策中，有六条是有关经济事务的规定，占全部方针政策的一半，其他内容也都与保持香港的特殊地位有关，这说明中央对香港经济发展、对工商界利益的重视；如果我们再翻开香港基本法，可以看到，整部基本法都是围绕着怎么保持香港的特殊地位而规定的，保护投资者利益，营造有利的营商环境，是贯穿其中的一个主要内容。除了与此有关的直接规定外，就连政治体制的规定也是如此。大家都知道，政治体制尤其是选举制度，关系到社会各阶层、各界别的政治利益分配。在香港基本法起草过程中，香港社会各界，当然也包括工商界，十分关注香港回归后的政治体制，关注行政长官和立法会的选举制度。作为对这种关注的回应，香港基本法起草委员会提出了"均衡参与"这个概念，把兼顾各阶层、各界别利益作为一项原则，其中就有保障工商界政治参与的内涵。在行政长官和立法会产生办法上怎么做到"均衡参与"呢？

基本法给出的答案就是，头几任行政长官由一个有广泛代表性的选举委员会选举产生，选举委员会由四部分人士组成，第一部分就是工商、金融界人士；立法会从一开始就有一半议席由功能界别选举产生，还有分组点票制度，这都是体现均衡参与、兼顾社会各阶层、各界别利益原则的规定。2004 年 4 月 26 日我到香港解释人大常委会决定时专门讲到保护工商界政治参与的重要性，其中我说到，如果"使赖以支撑资本主义的这部分人的利益、意见和要求得不到应有反映，那原有的资本主义制度又如何来保持呢？工商界的利益如果失去宪制上的保护，最终也不利于香港经济的发展，如此，也就脱离了基本法保障香港原有的资本主义制度不变的立法原意"。我讲这一段话是要表达，香港回归后的繁荣稳定，不是运气或侥幸得来的，而是靠一整套政策和制度的保障，靠各方面的努力，这当中，做到让投资者放心，即使不说是最主要的因素，也是有重大影响的因素。

我们不仅制定"一国两制"方针政策和基本法，让香港投资者放心，在"一国两制"和基本法的实施过程中，还要不断解决可能让香港投资者不放心的问题。在香港回归十六年后的今天，有什么事情可能让大家感到不放心呢？我想大家想到的可能就是普选。在普选条件下，怎么保护香港工商界的利益？怎么防范香港出现像有些国家那样的政党纷争而陷入混乱？怎么防止与中央对抗的人通过普选当选行政长官给香港带来灾难性影响？这些问题都不是空穴来风，而是香港面临的现实问题，需要中央和香港各界人士，当然也包括在座各位，运用勇气和智慧来解决的问题。怎么解决这些问题？我的思考已经在今年 3

月 24 日与香港立法会部分议员进行过交流，也就是在深圳发表的那篇讲话。概括起来，我主要讲了两句话，一句是行政长官普选办法要符合基本法和全国人大常委会的有关决定；一句是不能允许与中央对抗的人担任行政长官。这两句话实际上讲的都是常识，在香港有些人赞同，有些人反对，在一个多元社会，有不同意见也属正常，但从一个侧面反映了在香港实行普选所面临问题的严峻性。当然，我们不可能因为有反对声音，而且这个声音还比较大，就不再坚持基本法，坚持爱国者治港的原则立场。因为这关系到香港繁荣稳定的根本，关系到普选安排能不能使各方面都放心。

香港基本法关于行政长官普选是有比较明确的规定的，这就是基本法第 45 条的规定，即"由一个有广泛代表性的提名委员会按照民主程序提名后普选产生的目标"。虽然现在没有按照这个规定制定出行政长官普选办法，但我们已经可以比较清晰地预想将来行政长官普选的基本安排：

第一，将来要组成一个有广泛代表性的提名委员会，按照 2007 年全国人大常委会的决定，这个提名委员会参照目前的选举委员会组成。

第二，任何符合基本法第 44 条规定的年满 40 周岁在香港连续居住满 20 年且在外国无居留权的香港特区永久性居民中的中国公民，都可以向提名委员会争取提名，被提名权、被选举权是普及而平等的。

第三，提名委员会提名是机构提名，也就是说，要在争取提名人之中，按照民主程序正式提名若干名候选人，供全港选民选举。

第四，经提名委员会提名产生的行政长官候选人，进行竞选，全体合资格选民均有一人一票的投票权，选出行政长官人选，选举权是普及而平等的。

这四点是我根据基本法的规定描绘出来的行政长官普选大概的安排，还有许多普选制度的具体安排，比如说，怎么规定提名委员会提名的民主程序，提名多少候选人，全港选民一人一票的选举办法等，还需要香港社会广泛讨论，凝聚共识。从上述大概描述可以看出，基本法规定的行政长官普选，与世界各国各地区的普选制度没有实质的差别，如果说有特点的话，这个特点主要是行政长官候选人要由一个有广泛代表性的提名委员会提名。而这个特点，正是在起草基本法时各方达成的共识，也可以说是各方妥协的结果，我们讲行政长官普选制度要符合基本法的规定，最主要的就是要坚持这个特点。还要特别指出的是，行政长官候选人要由一个有广泛代表性的提名委员会按民主程序提名，其中的一个重要考虑也是均衡参与，使社会各阶层、各界别，当然也包括工商界，在提名行政长官候选人时都有发言权，从而提出能得到各方面认可、让各方面比较放心的行政长官候选人。应当说，这个安排充分体现了制度理性，充分体现了基本法起草过程中香港各界人士的协商精神，严格按照这个制度安排实行普选，不仅是法治的要求，也是防范普选风险，让大家放下心来的最好选择。

我的讲话完了，如果要给今天的讲话加个标题的话，就叫"从'请投资者放心'到'一国两制'和基本法"。

谢谢大家。

中国宪法与澳门基本法的关系[*]

——澳门基本法推广协会专题讲座上的讲话

十分感谢澳门基本法推广协会给我这个荣誉，让我有机会来到澳门大学新校区，在这个讲坛上发表演讲。对澳门大学新校区，我有一份特殊的感情。2008 年，中央同意澳门大学在横琴岛设立新校区，我负责研究处理有关法律问题；2009 年 6 月初，为准备全国人大常委会的有关决定，我曾经带领全国人大常委会六个组的召集人到这里进行考察，实地了解具体情况，召集珠海市和澳门特区政府有关部门负责人一起研究问题和方案，初步划出了校区红线；2009 年 6 月 27 日，全国人大常委会审议并作出关于授权澳门特别行政区对设在横琴岛的澳门大学新校区实施管辖的决定，我负责准备全国人大常委会审议和作出决定的有关文件；2009 年 12 月，胡锦涛主席到这里为澳门大学新校区奠基，我作为陪同人员出席了奠基仪式；2010 年 11 月珠海市人大常委会邀请我参加纪念珠海市人大成立 30 周年，我又专程到这里参观校区建设工程；2013 年 2 月为吴邦国委员长访问澳门，我提前到澳门大学新校区安排访问事宜，后又陪同

＊ 2014 年 5 月 9 日在澳门大学。

他到这里参观考察。记得 2009 年第一次到这里时，看到的是一片平地。2013 年再次到这里时，校园主体建筑已经完工，初步展现了校区的风貌。这次踏上建成启用的校园，又感受到巨大变化，令人振奋。从 2009 年到 2014 年，6 年时间我先后来过 6 次，作为澳门大学新校区建设历程的见证者，看到现在优美的教学环境，先进的教学设施，尤其是看到师生们忙碌的身影，灿烂的笑容，由衷地感到欣慰和愉悦。

我今天要讲的正题是"中国宪法与澳门基本法的关系"。这个演讲题目是崔世昌先生出的，一拿到这个题目，我就想到 2012 年 10 月 13 日在中国法学会举办的宪法实施 30 周年法治论坛上，我以"宪法与'一国两制'"为题的发言，当时的开场白今天再讲一遍，也是十分切题的，我是这样讲的："我国现行宪法施行的 30 年，是中国特色社会主义现代化建设取得巨大成就的 30 年，是实现祖国统一大业取得重大进展的 30 年，也是我国国际影响力日益增长，成为维护世界和平主要力量的 30 年。如果把这 30 年来在我们国家土地上发生的一切比喻为宏伟的画卷，这幅画卷就是伴随着宪法的施行而展开的，这当中，'一国两制'伟大构想成功付诸实施，是浓墨重彩的一笔。说它浓墨重彩，是因为香港和澳门保持原有的资本主义制度，却成为建设中国特色社会主义宏伟画卷的一个精彩局部。社会主义与资本主义是如此不同，是什么使它们共存于统一的国家之中，使这幅画卷成为一个整体？靠的就是宪法的调整，在'一国两制'的实践中，宪法始终发挥着国家最高法律规范的作用。"当时，我讲了三个问题，一是宪法为实施"一国两制"提供了最高法律依据，二是宪法和基本法共同构成特别行政区的宪制法律基础，三是宪法在基本法实施中的重要指导作用。我今天还是讲三个问题：一是宪法关于特别行政区的规定，二是宪法与澳门基本法的关系，三是宪法是全体中国人民的共同意志。

一、宪法关于特别行政区的规定

在我国宪法中，有三处提到特别行政区。第一处是宪法第31条。该条规定，"国家在必要时得设立特别行政区。在特别行政区内实行的制度按照具体情况由全国人民代表大会以法律规定。"第二处是宪法第59条第一款。该款规定，"全国人民代表大会由省、自治区、直辖市、特别行政区和军队选出的代表组成。"第三处是宪法第62条第（十三）项。该项规定，全国人大"决定特别行政区的设立及其制度"。其中，第59条第一款中的"特别行政区"五个字是2004年修改宪法时增加的，在澳门基本法起草时，宪法关于特别行政区的规定只有第31条和第62条。要理解宪法与澳门基本法的关系，首先要讲一讲这两个条款的背景、内涵及其性质。

1. 宪法第31条和第62条第（十三）项的起草背景

我国现行宪法修改起草工作是从1980年9月开始的，在此前后，中央制定了对台湾和香港的基本方针政策，其中比较重要的有几件大事：一是1979年元旦全国人大常委会发表《告台湾同胞书》，中央提出了新的解决台湾问题的方针政策。1979年1月邓小平访问美国时用一句话高度概括了这种政策转变，他说，"我们不再用'解放台湾'这个提法了。只要台湾回归祖

国，我们将尊重那里的现实和现行制度。"二是 1981 年 9 月 30
日全国人大常委会委员长叶剑英发表了九条实现祖国和平统一
的方针政策，也就是我们通常所说的"叶九条"。正如邓小平指
出的，这九条方针政策"虽然没有概括为'一国两制'，但实际
上就是这个意思"。三是 1982 年初，中央制定了对香港的基本
方针政策，"一国两制"构想首先运用于解决历史遗留下来的香
港问题。当时中葡关于澳门问题的谈判还没有提上议事日程，
还没有制定对澳门的基本方针政策，但"一国两制"构想同样
适用于解决历史遗留下来的澳门问题。

这种历史背景给宪法修改起草工作提出一个课题，怎么在
宪法中体现中央对台湾和香港的基本方针政策，为将来在台湾、
香港和澳门实行"一国两制"提供依据？因为宪法作为国家最
高法律规范，任何政策和法律都必须符合宪法，"一国两制"方
针政策也不例外。当时研究认为，宪法必须对特别行政区作出
规定，这样将来实行"一国两制"时于宪有据，不需要修改宪
法，同时，宪法的规定又不能太细，以利于将来为解决有关问
题进行的谈判。要为"一国两制"提供宪法依据，宪法的有关
规定当然是越明确越好，而要有利于实现祖国统一的谈判，宪
法的有关规定当然是越原则越好。怎么处理好既要明确又要原
则的关系，把握好这个度？我们的宪法起草者想到了一个两全
其美的办法，这就是宪法第 31 条的规定。

讲到这里，我想问大家一个问题，为什么这个条文是第 31
条？答案就是因为前面的条文是第 30 条。这当然是脑筋急转弯
游戏，一是活跃一下气氛，二是要让大家关注第 30 条的规定。

宪法第 31 条在内容上是承接宪法第 30 条规定的。宪法第 30 条规定了我国的行政区域划分，即全国划分为省、自治区、直辖市，并具体规定了省、自治区、直辖市以下的各级行政区域的设置。紧接着，第 31 条第一句规定，"国家在必要时得设立特别行政区"，这实际上是对宪法第 30 条关于我国行政区域划分规定的补充。接着第 31 条第二句规定，"在特别行政区内实行的制度按照具体情况由全国人民代表大会以法律规定"。这句话的字面含义大家都清楚，有什么深层含义？这就是我国是一个单一制国家，各地方行政区域实行的制度本来应当由宪法本身加以具体规定的，而特别行政区可以实行的制度留待全国人大以法律规定。我下面将讲到，这是十分特殊的宪法安排。与宪法第 31 条规定相配合，宪法第 62 条第（十三）项规定，由全国人大"决定特别行政区的设立及其制度"。

宪法第 31 条充分体现了立宪者的智慧。要在台湾、香港和澳门保持原有的资本主义制度和生活方式，如果能够在宪法中直接加以规定当然最好，但在现行宪法修改起草时，不具备这个条件，所以，就紧紧抓住特别行政区的设立及其制度这两个核心问题，在宪法中作出规定。实践证明，这个宪法安排是有远见的，不仅为实行"一国两制"提供了坚实的宪法基础，又保持了灵活性，对中英关于香港问题谈判、中葡关于澳门问题谈判取得成功，发挥了重要的作用。

2. 宪法第 31 条的内涵

宪法第 31 条和第 62 条第（十三）项的规定，是为实行"一国两制"提供宪法依据的，但这两个条文只是提到在特别行政区实行的制度由全国人大"决定"和"以法律规定"。那么这种制度到底是什么呢？做法律工作的人，通常首先要从法律文本中来寻找答案，但翻遍宪法条文，也找不到答案。怎么办？这就要诉诸宪法起草文件，其中最重要的就是宪法草案说明。1982 年 11 月 26 日宪法修改委员会副主任委员彭真向第五届全国人大第五次会议作了宪法修改草案的报告，对宪法第 31 条作了一段很长的说明，其中引用了"叶九条"的主要内容，即"实现和平统一后，台湾可作为特别行政区，享有高度的自治权。这种自治权，包括台湾现行社会、经济制度不变，生活方式不变，同外国的经济、文化关系不变等等。考虑到这种特殊情况的需要，宪法修改草案第 31 条规定：'国家在必要时得设立特别行政区。在特别行政区内实行的制度按照具体情况由全国人民代表大会以法律规定。'"彭真还明确指出，"在维护国家主权、统一和领土完整的原则方面，我们是决不含糊的。同时，在具体政策、措施方面，我们又有很大的灵活性，充分照顾到台湾地方的现实情况和台湾人民以及各方面人士的意愿。这是我们处理这类问题的基本立场。"这个说明没有提到香港和澳门，但最后一句"这是我们处理这类问题的基本立场"指的就是处理台湾问题的原则适用于香港和澳门。通过宪法草案说明可以看出，宪法第 31 条和第 62 条第（十三）项所讲的制度，就是资本主义制度。具体讲，就是实现祖国统一后，设立特别行政区，保持台湾、香港和澳门的原有社会、经济制度不变，生活方式不变，授予特别行政区高度自治权。宪法通过时，香港、澳门的传媒对这两项条款也作过这样的解读，应当说，在当时的历史背景下，各方面对这两项条款的理解是一致的。

　　1985 年 6 月，全国人大常委会原副委员长王汉斌先生接受香港记者采访，详细介绍了宪法第 31 条的立宪意图。王汉斌先生是宪法修改起草工作的负责人之一，我国宪法是 1982 年 12 月通过颁布的，距离他接受记者采访的实践才两年半多，而当时香港基本法起草工作刚开始不久，他对宪法第 31 条的介绍具有权威性。他说，"宪法订立第 31 条，包括两个意思。第一，这一条是专门为解决台湾、香港、澳门问题而设的。……第二，宪法第 31 条规定：'在特别行政区内实行的制度按照具体情况由全国人民代表大会以法律规定'，意思就是将来香港实行的制度可以不受宪法序言关于四项基本原则的约束，可以不受其限制。……同时，宪法第 62 条又规定，全国人大有权'决定特别行政区的设立及其制度'，意思就是有权决定香港实行资本主义制度。所以，香港实行资本主义制度是宪法规定的，宪法允许的。"这里讲的是香港，同样适用于澳门情况。这进一步说明，宪法第 31 条和第 62 条第（十三）项的内涵是清楚的，这就是特别行政区可以实行资本主义制度，授权全国人大以法律规定在特别行政区不实行社会主义制度和政策，保持原有的资本主义制度和生活方式长期不变。

　　3. 宪法第 31 条的性质

　　我国宪法第 1 条规定，"中华人民共和国是工人阶级领导的、以工农联盟为基础的人民民主专政的社会主义国家。""社会主义制度是中华人民共和国的根本制度。禁止任何组织或者个人破坏社会主义制度。"宪法第 5 条第三款规定，"一切法律、行政法规和地方性法规都不得同宪法相抵触。"通过前面分析可以看出，按照宪法第 31 条的规定，在特别行政区可以实行资本主义制度，那么，从法理上讲，宪法第 31 条的性质是什么？1985 年 6 月王汉斌先生接受记者采访时讲到，"宪法第 31 条就是例外条款。"什么是例外条款呢？通俗来讲，就是宪法规定国家实行社会主义制度，但特别行政区是例外。我认为，王汉斌先生对宪法第 31 条性质的界定是十分准确的。用《立法法》采用的概念，宪法第 31 条是宪法的一项特别规定。

宪法或法律对各种事务作出一般性规定的同时，对例外情况作出特别规定，在不同法律制度下都是常见的现象。一般来讲，特别规定有两种情况，一是同一部法律中既有一般规定，也有特别规定。例如，澳门基本法第 144 条规定了基本法的修改程序，附件一第七条和附件二第三条分别规定了行政长官和立法会产生办法的修改办法，前者是基本法修改的一般规定，后者是特别规定。二是一部法律作了一般规定，其他法律作了特别规定。例如，我国的合同法对合同作了一般规定，《海商法》对海事合同、《铁路法》对铁路运输合同作了特别规定。在法律适用时，如果既有一般规定，也有特别规定，特别规定具有优先适用的地位。我国宪法规定国家实行社会主义制度，这是一般规定，同时按照宪法第 31 条规定，特别行政区可以实行资本主义制度，这是特别规定。这一规定在设立特别行政区的情况下，具有优先适用的地位。这就是王汉斌先生所讲的特别行政区实行的制度不受宪法序言规定的四项基本原则约束的法理依据。

如果与其他法律的特别规定进行比较，我们可以看到，法律的特别规定通常都是具体的，而宪法第 31 条的特别规定则不是具体的，而是带有授权性质，即授权全国人大以法律对特别行政区的制度作出规定。我们通常说，宪法关于特别行政区的规定是十分特殊的宪法安排，它特殊在哪里呢？就在于它是带有授权性质的特别规定。我国是一个单一制国家，各地方行政区域是根据国家治理需要而划分的，地方行政区域的管理属于国家管理。宪法作为国家根本法，通常情况下需要对整个国家的治理架构、实行的制度作出规定，比如，内地各省、自治区、直辖市实行的制度和设立的政权机构，宪法都作出了明确的规定。而宪法规定国家在必要时设立特别行政区，允许特别行政区实行资本主义制度，这是第一层特殊的地方；对特别行政区实行的制度，宪法没有直接作出规定，而是授权全国人大"以法律规定"，这是第二层特殊的地方。宪法第 31 条特别规定的授权性质，产生的宪法效果是：特别行政区适用宪法第 31 条的规定就是适用全国人大所制定的法律的规定，即适用基本法的规定。

二、宪法与澳门基本法的关系

在基本法实施过程中，我注意到理论和实践中存在的两种倾向：一种是把基本法视为"宪法"，脱离国家宪法来讲基本法，另一种是把基本法视为一般性的全国性法律，忽略其特殊地位。这两种倾向虽然事出有因，但都是不正确的，其结果都是导致对基本法规定的片面理解。要克服这两种倾向，就需要正确认识宪法与基本法的关系。那么，基本法起草过程中，是怎样处理宪法与基本法的关系呢？这里主要有三个方面的规定。

一是明确宪法是基本法的立法依据。

宪法是国家最高法律规范，任何法律都要依据宪法而制定，都必须符合宪法，这是一条重要法治原则，澳门基本法的制定同样遵循这条原则。但是讲到基本法是依据宪法制定的，大家一般想到的可能就是宪法第31条。当然，宪法第31条是最重要的宪法依据，但我在这里想指出的是，基本法制定不仅依据宪法第31条，还依据宪法的其他规定。基本法序言第三段讲得很明白，"根据中华人民共和国宪法，全国人民代表大会特制定中华人民共和国澳门特别行政区基本法，规定在澳门特别行政区实行的制度，以保障国家对澳门基本方针政策的实施。"这段话的第一句就是"根据中华人民共和国宪法"，而不是根据宪法第31条，明确了宪法是澳门基本法的立法依据。

那么，怎么根据宪法来制定基本法呢？概括来讲，按照宪法第31条，基本法规定了在澳门特别行政区实行的各项制度，而这些制度的规定，又与宪法其他方面的规定相配合，从而形成了以宪法为体、以基本法为用，体用结合的澳门特别行政区制度。具体来讲，基本法每一条规定都在宪法框架内做过仔细推敲，做到既符合中央对澳门的基本方针政策，又符合宪法。

下面举两个例子来说明。先举一个大家比较熟悉的例子基本法的解释权。澳门基本法第143条第一款规定，"本法的解释权属于全国人民代表大会常务委员会。"为什么有这个规定？这就是按照我国宪法的规定，宪法和法律的解释权属于全国人大常委会。澳门基本法是全国人大制定的全国性法律，其解释权当然属于全国人大常委会。这体现了"一国"。基本法第143条接着规定，全国人大常委会授权澳门特区法院在审理案件时对涉及的基本法自治范围内的条款可以自行解释，对其他条款也可以解释。大家知道，法院审理案件中适用法律与解释法律是相伴而行的，如果只规定基本法的解释权属于全国人大常委会，而没有赋予法院在审判案件中解释基本法的权力，法院在审判案件时，如果遇到基本法的解释问题，就要事事提请全国人大常委会释法，这样澳门法院就难于正常审理案件了。所以，要授权法院解释基本法。这体现了"两制"。基本法第143条继续规定，法院在审理案件时，如需要解释基本法关于中央管理的事务或中央与特区关系的条款，在对案件作出终局判决前，应由终审法院提请全国人大常委会对有关条款作出解释。这又体现了"一国"。澳门基本法第143条关于解释权的规定，是宪法有关规定的具体体现，是实施"一国两制"的实际需要，有着深刻的法理基础，形成符合宪法的基本法解释制度。再举一个例子，基本法修改提案权。基本法第144条把基本法修改提案权赋予全国人大常委会、国务院和澳门特别行政区。澳门特别行政区具有基本法修改提案权，这是一个十分特殊的安排。按照我国宪法规定，只有全国人大的组成人员或产生的机构，才有权向全国人大提出属于全国人大职权范围内的议案。澳门特别行政区显然不属于有权向全国人大提出议案的机构，怎么做到符合宪法规定？基本法第144条规定，澳门特别行政区提出的基本法修改议案，须经澳门地区全国人大代表三分之二多数、澳门特区立法会三分之二多数和澳门特区行政长官同意后，交由澳门特区出席全国人大的代表团向全国人大提出。按照宪法规定，全国人大代表有权提出属于全国人大职权范围的议案，因此，这一规定是完全符合宪法的。这个例子说明，为了做到基本法的各项规定符合宪法，有过十分深入的研究。

总之，基本法任何条文的规定，都是有宪法依据的，如果基本法脱离了宪法，就失去法律效力，从这个角度看，同全国人大制定的其他法律一样，宪法与基本法的关系是"母法"与"子法"的关系。

二是明确基本法的特殊法律地位。

讲到宪法与基本法的关系是"母法"与"子法"的关系，还需要进一步讲它们之间不是一般的"母法"与"子法"的关系。为什么这样讲？这要看基本法第 11 条第一款。这一款是这样规定的："根据中华人民共和国宪法第 31 条，澳门特别行政区的制度和政策，包括社会、经济制度，有关保障居民基本权利和自由的制度，行政管理、立法和司法方面的制度，以及有关政策，均以本法为依据。"什么是"以本法为依据"？就是这一款所列明的制度和政策，不适用宪法的有关规定，而适用基本法的规定。这就超出了一般的"母法"与"子法"的关系，而具有特殊性。我们通常讲，基本法在我国法律体系中具有特殊地位，其依据就在这里。

为什么可以规定在澳门特别行政区实行的制度和政策以基本法为依据？其法理就是前面提到的宪法第 31 条的性质是带有授权性的特别规定，全国人大制定的、属于宪法第 31 条规定范畴的法律，具有优先适用的地位。从这个意义上讲，基本法是澳门特别行政区的宪制性法律。这里我想顺便讲一下"基本法"这个名称的由来。全国人大制定的规定特别行政区制度的这部法律叫什么名称，这个问题在中央制定对香港基本方针政策过程中就提了出来。由于这部法律所要规定的内容本来应由宪法规定，具有宪制性质，同时我国是一个单一制国家，只能有统一的一部国家宪法，规定地方行政区域管理制度的法律不能叫宪法。怎么又能体现这部法律的宪制性质又不叫宪法？当时参考了联邦德国宪制性法律文件的称呼，将其定名为"基本法"。中英联合声明第三条第十二项首先使用了这个称呼，后来中葡联合声明第二条第十二项规定，"上述基本政策和本联合声明附件一所作的具体说明，将由中华人民共和国全国人民代表大会以中华人民共和国澳门特别行政区基本法规定之，并在五十年内不变。"基本法这个名称的使用，与基本法规定特别行政区制度，在我国法律体系中具有特殊地位有着密切联系。我国现行有效的法律中，除了香港、澳门两部基本法外，没有其他法律名称冠以基本法。关于基本法第 11 条，我还要特别指出两点，一是基本法第 11 条第一句话，"根据中华人民共和国宪法第 31 条"，在法律上极其重要。我前面讲过，基本法是依据宪法制定的，每一项条文都符合宪法，在立法体例上不需要逐条引用宪法条文。但基本法第 11 条不引用宪法第 31 条不行，因为没有这句话，第 11 条的规定就讲不通。其道理是，尽管基本法地位特殊，但仍然是依据宪法制定的法律，它本身不能限制宪法规定的适用范围。所以，第 11 条的第一句话实际上是讲，在澳门特别行政区实行的制度和政策以基本法为依据，这是宪法第 31 条规定，因而在这些领域不适用宪法有关规定，是宪法本身的限制。二是基本法第 11 条还有一层重要含义，即基于宪法的最高法律效力，如果不属于基本法第 11 条规定的范畴，仍然要适用宪法的规定。

宪法和基本法这种关系，决定了宪法和澳门基本法一起构成了澳门特别行政区的宪制法律基础。讲特别行政区的宪制法律，必须同时讲宪法和基本法。澳门回归后，中央领导人明确指出，要"依法治澳"，这个"法"主要指的是宪法和基本法，讲的就是这个道理。在这里，有必要专门讲一下宪法在澳门特别行政区的效力问题。讲这个问题就是要回答澳门特区是不是有义务维护宪法的规定，包括社会主义制度的规定？有些人对这个问题认识不是很清楚，认为既然澳门特区不实行社会主义制度和政策，保持原有资本主义制度和生活方式，就不能要求澳门特区维护宪法规定的社会主义制度和政策。我认为这种观点是不正确的。用一个简单的逻辑就能说明这个问题。如果说上述观点是正确的，那么内地各地方不实行资本主义制度，是否可以不维护澳门实行的资本主义制度呢？答案是不行的。为什么？因为国家主体实行社会主义制度和政策是宪法规定的，澳门特区实行资本主义制度和政策也是宪法规定的，从维护宪法出发，内地既要维护内地的社会主义制度，也要维护澳门特区的资本主义制度。因此，只要我们站在宪法的共同基础上，对宪法在澳门特区的效力问题很容易得出正确的答案。从法律上讲，宪法条文的适用范围可以不同，但宪法的效力是不可分割的。比如说，宪法第三章第六节"民族自治地方的自治机关"的规定，当然只适用于宪法第 30 条规定的自治区、自治州、自治县，但就其效力而言，在全国范围内都具有效力。进一步讲，宪法是国家主权在法律制度上的最高表现形式，限制宪法在全国范围内的统一效力，就限制了一个国家主权的行使范围，否定了主权的最高性。宪法作为国家根本大法，具有最高法律效力，在全国范围内都具有效力，全国人民，当然也包括澳门居民，都要遵守宪法、维护宪法。

三是明确基本法是符合宪法的。

鉴于宪法与基本法的特殊关系，全国人大在通过基本法时，专门作出了《全国人民代表大会关于〈中华人民共和国澳门特别行政区基本法〉的决定》，宣布澳门基本法是根据宪法并按照澳门的具体情况制定的，是符合宪法的。全国人大在通过法律时，专门就该法律的合宪性问题作出决定，香港基本法和澳门基本法是仅有的两个例子。对这个决定，我想要从两个方面来理解，一是这个决定的前提就是宪法在特别行政区具有效力，因为如果宪法在澳门特区不具有效力，就不存在基本法需要符合宪法问题。决定宣告基本法符合宪法，不是讲只符合宪法某一条文，而是全面符合宪法的规定。二是这个决定带有进一步明确宪法第 31 条含义的作用，前面讲过，宪法第 31 条规定比较原则，特别行政区制度是什么，宪法本身没有直接规定，全国人大关于基本法的决定，起到了宣告这种制度的具体内容的效果。

在基本法起草过程中，就是通过上述三个层面妥善处理了宪法和基本法的关系问题，正确理解这种关系，对于"一国两制"与基本法的正确实施有着深远的影响。

三、宪法是全体中国人民的共同意志

讲这个问题，完全是有感而发的。今年是澳门回归祖国十五周年，"一国两制"和基本法实施进入新的历史阶段。总结过去的经验，要把"一国两制"和基本法进一步实施好、贯彻好，我认为最重要的是在澳门牢固树立宪法观念和意识。过去，我们对这个问题或多或少有一点回避，因为在特别行政区一讲到宪法，就会提出特别行政区及其居民是否有义务维护宪法规定的国家政治体制和社会主义制度，不好统一认识，还担心会对"一国两制"造成误解或负面影响，于是大家都不大愿意提这个问题。但不提这个问题，不等于问题不存在。澳门已经回归 15 年了，我觉得是时候把这个问题明白无误地提出来、讲清楚。在澳门特别行政区实行资本主义制度，是受到宪法充分保障的，那么，对国家主体实行的社会主义制度，澳门特别行政区是否也必须提供某些保障呢？按照基本法第 23 条规定制定维护国家安全立法，是一个重要保障，但最根本还是要强调宪法是包括澳门同胞在内的全体中国人民的共同意志，在澳门树立宪法观念和意识。

第一，只有树立宪法观念和意识，才能建立适应"一国两制"长期实施的社会意识形态。老实讲，过去我们讲"一国两制"，不怎么讲意识形态问题，因为社会主义与资本主义是当代世界两种主要社会制度，代表两大意识形态，"一国两制"使两种制度融于一个国家之中，讲意识形态，到底讲哪一个？但深入地思考这个问题，任何制度要长期实施下去，都必须有相应

的意识形态支撑，既然"一国两制"要长期实施，就必须建立与之相适应的意识形态。那么，怎么建立这种意识形态？这需要在许多方面开展工作，就法律方面来说，就是要讲宪法，讲宪法是中国人民的共同意志。用大家比较容易理解的话来说，宪法就像一份契约，按照宪法规定，国家主体实行社会主义制度，澳门特别行政区实行资本主义制度，在合同法中，这叫作合同双方当事人的"合意"，在宪法中，这称为全体中国人民的共同意志。从这个共同意志出发，内地居民不仅拥护国家主体实行社会主义制度，也拥护澳门实行资本主义制度，澳门居民不仅拥护澳门实行资本主义制度，也拥护国家主体实行社会主义制度。我认为，这就是与"一国两制"长期实施相适应的意识形态，这里不存在试图以社会主义去改变资本主义，或者试图以资本主义来改变社会主义的问题，用邓小平的话说，你不吃掉我，我不吃掉你，两种制度在一个国家中和平共处。这种意识形态的建立，首先应当从讲宪法开始。

第二，只有树立宪法观念和意识，才能全面准确地理解"一国两制"和基本法。澳门回归后，中央领导人有关澳门的讲话中，一直强调要全面准确地理解"一国两制"。我这里引用一段胡锦涛主席在澳门回归十周年庆典上的讲话，他说："'一国两制'是个完整的概念，'一国'和'两制'紧密相连。要全面准确地理解和贯彻'一国两制'方针，关键是要把爱国与爱澳有机统一起来。既要维护澳门原有的社会经济制度、生活方式，又要维护国家主权、统一、安全，尊重国家主体实行的社会主义制度；既要维护澳门特别行政区依法享有的高度自治权，充分保障澳门同胞当家作主的主人翁地位，又要尊重中央政府依法享有的权力，坚决反对任何外部势力干预澳门事务。"怎么做到上述要求，从法律上讲，同样要讲宪法。因为无论是中央的权力还是澳门特区的高度自治权，无论是国家主体实行的社会主义还是澳门实行的资本主义，都来源于宪法的规定。"一国"与"两制"的关系，"两制"中社会主义与资本主义的关系，只有在宪法的基础上，才能统一起来。从基本法实施角度来讲，宪法的地位处于法律体系金字塔的顶端，讲法治，首先必须讲宪法，任何法律规定，追根溯源，都会涉及宪法，这是一个普遍的规律。把基本法作为完全独立的法律文件，还是把基本法作为宪法之下的法律文件，在某些情况下，这两种思想方法对基本法规定的理解有着天壤差别。以我多年研究处理基本法实施问题的经验，对基本法任何条文的理解，都要追溯到宪法。当然，大部分条文可能追溯到宪法第31条就可以，但如果涉及中央的权力或中央与特别行政区的关系，就必须追溯到宪法的其他条文，才能得出正确的理解。因此，也只有树立宪法观念和意识，坚持宪法至上的原则，才能正确地理解和实施基本法。

第三，只有树立宪法观念和意识，才能不断巩固和发展爱国爱澳的社会基础。任何法律的制定和实施，都离不开特定的社会基础。澳门基本法能够制定出来，并有效付诸实施，其社会基础是什么？就是爱国爱澳的社会基础。有些澳门朋友对我讲，他们是在争取澳门回归祖国的历程中树立国家民族观点，培养出爱国爱澳情怀的，现在澳门已经回归祖国，怎么培养年青一代的爱国爱澳情怀？这确实是一个重大问题。我认为，这同样要靠树立宪法观念和意识。因为宪法是国家的总章程，它规定了我们国家的国体和政体，确立了国家的发展目标和道路，建立了国家的基本制度，只有宪法认同，才能有国家认同，才能真正理解我们为之奋斗的事业和选择的发展道路，从而培养出与时代相适应的爱国爱澳精神。从宏观的角度来看，近代以来的一百多年时间里，我们国家经受了内忧外患，在那种环境中，涌现了无数爱国志士，在中华大地上始终飘扬着爱国主义伟大精神的旗帜。澳门虽然经历了长期的外国统治，但广大澳门同胞同样有着光荣的爱国主义传统。今天我们的国家不仅实现了民族独立、人民解放，而且在实现国家富强、人民富裕的道路上取得了伟大成就，比历史上任何时候都更加接近实现中华民族伟大复兴的目标，这已经极大地增加了各族人民的凝聚力和向心力，激化出强烈的爱国主义情怀。澳门年轻的一代成长于国家建设与发展巨大进步的伟大时代，成长于澳门回归祖国后经济快速发展和社会全面进步的伟大时代，只要树立宪法观念与意识，必定能够将爱国爱澳精神在新时代薪火相传，发扬光大。

下面用三句话结束今天所作的宪法与基本法关系的演讲：澳门实行不同于内地的制度和政策，建基于宪法的规定；澳门基本法的法律地位和法律效力，来源于宪法的规定；"一国两制"和基本法的实施，受制于宪法的规定。通过这三个方面，宪法不仅在内地，而且在澳门，都发挥国家最高法律规范的重大作用，为"一国两制"提供了最高的法律保障。

国家宪法和香港基本法*

香港回归以后，香港居民都知道有香港基本法，而国家宪法好像与香港关系不大，这是一个误区。宪法和基本法一起构成香港特别行政区的宪制法律基础。不断增强崇尚宪法、学习宪法、遵守宪法、维护宪法的自觉性和主动性，才能真正使宪法成为全国各族人民的共同行为准则，才能确保香港基本法的实施不走样、不变形，从而确保国家持续稳定发展，确保香港的长期繁荣稳定，从而实现中华民族伟大复兴的中国梦。当代世界绝大多数国家和地区的社会政治秩序，从法律上讲，就是宪法秩序。香港是国家的一部分，香港基本法是根据国家宪法制定的，"一国两制"方针政策和基本法确立的社会政治秩序是国家宪法秩序的重要方面。从 1997 年 7 月 1 日起，香港居民已经生活在我国宪法规范的社会政治秩序之中，国家宪法透过香港基本法以及其他各种方式，深刻地影响着香港社会的方方面面。因此，要全面准确地理解基本法，适应并维护香港的社会政治秩序，必须从国家宪法出发，深入地学习和理解国家宪法。

---

* 载 2016 年 3 月号香港《紫荆》杂志（总 305 期）。

一、宪法确认了近代以来中国人民奋斗成果

在人类数千年文明史中，我们今天所讲的宪法的历史只有300多年的时间。近代资产阶级为了夺取国家政权，针对当时实行的君主制度，提出了"主权在民"的口号，在资产阶级民主革命成功之后，制定了宪法，确认了资产阶级革命的成果，建立了现代国家的管理制度。中国是世界上历史最悠久的国家之一，虽然在2000多年前的古代文献中，就有"宪法"这个词语，但近代意义上的宪法同样是伴随着一场前所未有的巨大社会变革而出现的。

1840年鸦片战争以后，中国逐步沦为半殖民地半封建社会，西方列强野蛮入侵，封建统治腐朽无能，国家战乱不已，人民饥寒交迫，中国人民和中华民族遭受了世所罕见的深重苦难。中国人民为了救亡图存，奋起斗争，并在斗争中逐步认识到，要实现民族独立、人民解放和国家富强、人民富裕，就必须推翻封建专制统治，建立人民政权，对中国社会进行根本变革。在这个过程中，中国这片古老的土地上经历了数次革命，出现了数部宪法，最终中国共产党领导的新民主主义革命取得了胜利。最终起到维护国家统一、民族团结、经济发展、社会进步和长治久安作用的，是我国的现行宪法，即《中华人民共和国宪法》。这部宪法以国家根本法的形式，确认了近代100多年来中国人民反对内外敌人、争取民族独立和人民自由幸福的奋斗成果，规定了国家的根本制度和国家生活中的重要准则，明确了国家的根本目的、根本任务以及确保这一目的和任务实现的

制度和政策，从而为中国人民掌握国家权力，把我国建设成为富强、民主、文明的社会主义国家提供了根本保障。新中国成立60多年尤其是改革开放30多年来，我们国家政治始终保持稳定，经济持续快速发展，人民生活水平不断改善，国际地位和影响力日益提高，每一个中国人的精神面貌都发生了根本性的变化。就香港而言，我们实现了以和平方式收回香港，推进祖国统一大业的目标，并且在这个过程中保持了香港繁荣稳定，保障了广大香港居民的基本权利和自由。国家建设和发展的所有成就，包括推进祖国统一大业和香港回归后取得的成就，都是在我国现行宪法所确立的社会政治秩序下取得的。

我国现行宪法之所以能够取得成功，是因为它建立在我国的历史和现实基础之上，以实现民族独立、人民解放和国家富强、人民富裕为目标，凝聚了我国各族人民的共同意志，选择了适合我国国情的发展道路，解决了国家生存与发展的重大问题，并且始终不渝地加以贯彻执行。其中就包括为实现国家统一而作出特殊的宪法安排。

二、宪法确立了人民的主体地位

在中国几千年封建统治下，"普天之下，莫非王土，率土之滨，莫非王臣"，占人口绝大多数的人民是封建王朝的统治对象，推翻封建专制统治，建立人民政权，就必须确立人民在国家的主体地位。我国宪法序言记载并确认了中国人民经过英勇奋斗，推翻封建专制统治、掌握国家权力的进程，宪法第二条规定，"中华人民共和国的一切权力属于人民"，第二章规定了公民的基本权利和义务，全面保障了人民的权利和自由，从而确立了人民在国家中的主体地位。按照宪法的规定，人民成为了国家的主人，在中国历史上是一个天翻地覆的变化，也是最重大的社会变革。基于国家的一切权力属于人民，宪法全面规定了人民怎么行使国家权力，怎么管理和建设国家，怎么实现国家富强、人民富裕。因此，宪法关于人民的主体地位的规定，既是对人民推翻封建专制统治斗争成果的确认，也是宪法所有规定的重要基石。

在宪法实施中，中央始终把坚持人民的主体地位放在首位。以中国共产党十八大报告为例，该报告在提出建设中国特色社会主义的总任务之后，紧接着提出要完成这一总任务必须牢牢把握的八条基本要求，其中第一条就是必须坚持人民主体地位。中央对香港的基本方针政策和香港基本法的各项规定，也体现了坚持人民主体地位。香港回归后，为什么要保持香港原有的资本主义制度和生活方式不变？这是充分考虑到香港居民的意愿；为什么可以授权香港特别行政区高度自治、实行"港人治港"？这是因为香港居民不仅是香港的主人，也是国家的主人。2004 年 4 月，我在香港讲了这样一段话：推进香港民主逐步向前发展，是由我国的国体即国家的性质决定的。我们国家的国号是"中华人民共和国"。

宪法明确规定，国家的一切权力属于人民。国家的这一性质决定，我们国家的各级权力机关，包括从中央到地方的各级政权机关，都必须由人民通过民主选举产生，获得人民的授权，才能代表人民来行使对国家、社会的管治权。没有人民的授权，任何组织和个人都无权代表人民行使管治权。在这一点上，香港特区与内地是完全一样的。正是基于此，我国在 1984 年中英联合声明中就郑重宣布："香港特别行政区行政长官在当地通过选举或协商产生，由中央人民政府任命。""香港特别行政区立法机关由选举产生。"所以，在香港发展民主，最根本的依据是宪法，即宪法关于我们国家的性质以及人民在国家中具有的主体地位的规定。

三、宪法体现了人民的共同意志

宪法是国家的总章程，是人民行使国家权力的总章程，1949 年中华人民共和国成立时，我国有 5.4 亿人口，现在则有 13.7 亿人口，这么多人肯定会有不同想法、不同主张，按照哪种想法和主张来管理国家呢？宪法的一个重要功能就是把绝大多数人民的主张上升为国家的主张，把绝大多数人民对国家根本制度、基本原则以及所要实行的基本制度和政策的共同认识，即人民的共同意志，用根本大法的形式确定下来，作为国家一切活动的基本准则，作为建设一个文明富强的国家、实现人民共同富裕的基础。

1949 年中国共产党领导中国人民取得新民主主义革命的胜利，建立人民当家作主的中华人民共和国，完成了近代以来中国人民和无数仁人志士梦寐以求的民族独立、人民解放的历史任务。经过近代以来 100 多年的艰苦斗争，中国人民的最大共识就是，要建设一个繁荣富强的国家，实现人民共同富裕，一是要坚持中国共产党的领导，二是要走社会主义道路。从

1949 年制定的起临时宪法作用的《中国人民政治协商会议共同纲领》，到 1954 年制定的《中华人民共和国宪法》，所有规定都体现了中国人民的共同意志，但最核心的就是这两条。1982 年修改宪法时，在宪法序言中对此作出了明确的规定，即"中国各族人民将继续在中国共产党领导下，在马克思列宁主义、毛泽东思想指引下，坚持人民民主专政，坚持社会主义道路，……把我国建设成为富强、民主、文明的社会主义国家。"宪法序言是宪法的重要组成部分，是宪法精神的集中体现，与宪法条文具有同等的法律效力。有人说，宪法序言没有法律效力，这种观点是不能成立的。这是因为，第一，宪法是一个整体，决不能把宪法分割成有效力的部分和没有效力的部分。全国人大通过宪法时，从整体上赋予宪法最高法律效力。作为宪法不可分割的有机组成部分，序言当然不能脱离宪法的整体而成为没有法律效力的部分。第二，如果宪法序言没有法律效力，那么，"一个中心，两个基本点"的基本路线以及国家重大方针政策就会失去宪法保障。第三，宪法序言对宪法条文的实施具有重要指导意义，只有掌握序言的精神，才能深刻理解每个宪法条文的内涵、意义和作用。宪法序言关于坚持中国共产党领导和社会主义道路的规定是中国人民的共同意志，而且宪法序言具有法律效力，这就决定了违背宪法序言的规定就是违宪。

1982 年修改宪法时，解决历史遗留下来的香港问题已经提上了议事日程。宪法第 31 条关于设立特别行政区、在特别行政区可以实行特殊的制度和政策的规定，同样体现了全体中国人民的共同意志。需要特别指出的是，这一共同意志是在国家主体坚持中国共产党的领导和社会主义制度的前提下达成的，否定国家主体实行的基本制度和政策，必然动摇在特别行政区实行特殊制度和政策的基础。正如邓小平先生曾经指出的，"我们坚持社会主义制度，坚持四项基本原则（指宪法序言规定的坚持中国共产党领导，坚持以马克思列宁主义、毛泽东思想为指导，坚持人民民主专政，坚持社会主义道路。——作者注），是老早就确定了的，写在宪法上的。我们对香港、澳门、台湾的政策，也是在国家主体坚持四项基本原则的基础上制定的。""试想，中国要是改变了社会主义制度，改变了中国共产党领导下的具有中国特色的社会主义制度，香港会是怎样？香港的繁荣和稳定也会吹的。要真正做到五十年不变，五十年以后也不变，就要大陆这个社会主义制度不变。"所以，国家主体坚持中国共产党领导的中国特色社会主义制度，在香港和澳门设立特别行政区，实行资本主义制度和政策，在宪法上是一个整体，都是全体中国人民的共同意志。

四、宪法规定了国家的根本政治制度

国家一切权力属于人民，那么，人民要怎么建立国家机构，行使国家权力，这就是通常所说的政体问题。宪法第二条在规定国家一切权力属于人民之后，紧接着规定，"人民行使国家权力的机关是全国人民代表大会和地方各级人民代表大会。"人民代表大会制度是党的领导、人民当家作主、依法治国的有机统一，从而成为国家的根本政治制度。

按照我国宪法的规定，各级人民代表大会都是通过选举产生的，受人民监督，对人民负责；全国人民代表大会是最高国家权力机关，国务院、最高人民法院和最高人民检察院由全国人民代表大会产生，对全国人民代表大会负责；全国人民代表大会还行使立法权、监督权、人事任免权和重大事项决定权。根据宪法的规定，在全国范围内建立了人民代表大会制度和各级政权机构，人民通过这些政权机构有效地行使着国家权力。事实证明，只有坚持人民代表大会制度，人民才能真正行使国家权力，国家才能得到有效的管理，脱离人民代表大会制度，人民就会失去管理国家的权力，国家就会陷入混乱，也就谈不上建设与发展，人民也就难于安居乐业，过上好日子。

按照宪法和香港基本法的规定，在香港特别行政区没有设立地方人民代表大会，而是根据"一国两制"方针政策和香港的实际情况，采用了一套以行政为主导的政治体制来实现和保障香港居民的民主权利。尽管如此，人民代表大会制度在香港特别行政区的治理中仍然具有重要的地位和作用。也就是说，人民代表大会制度作为包括香港在内的国家根本政治制度的性质没有改变。

首先，按照基本法第 21 条的规定，香港居民中的中国公民享有依法参与国家事务管理的权利。根据全国人民代表大会确定的名额和代表产生办法，由香港居民中的中国公民在香港选出香港特别行政区的全国人民代表大会代表，参与最高国家权力机关的工作。香港回归后，香港居民中的中国公民与其他所有中国公民一起在国家具有主体地位，是国家的主人，有权利参与国家事务的管理。怎么参与国家事务的管理？就是通过人民代表大会制度。

其次，香港特别行政区是全国人民代表大会决定设立的，香港基本法是全国人民代表大会制定的，为什么全国人民代表大会有权决定设立香港特别行政区、制定基本法？这是宪法的规定，是宪法规定的人民代表大会制度决定的。

第三，按照香港基本法的规定，全国人民代表大会具有基本法的修改权，全国人民代表大会常务委员会具有解释基本法、就基本法规定的事项作出决定的权力。为什么全国人民代表大会及其常务委员会有这样的权力？这同样是人民代表大会制度决定的。因此，人民代表大会制度作为国家的根本政治制度，不是离香港社会政治生活很远，而是已经成为香港社会政治生活的一部分。

五、宪法赋予了基本法特殊地位

宪法作为国家的最高法律规范，具有最高的法律效力，任何法律、行政法规、地方性法规、自治条例和单行条例都必须符合宪法，与宪法相抵触的，一律无效。这就提出一个问题，香港基本法中有许多规定与宪法规定不一致，怎么确保这些规定有效？答案是：宪法通过赋予基本法特殊地位来保障基本法规定的效力。

这个问题通常被称为宪法与基本法的关系问题。香港基本法从两个方面作出了规定：第一，基本法序言第三段规定，基本法是根据宪法制定的，这就肯定了宪法是包括香港在内的国家最高法律，具有最大的权威性和最高的法律效力。第二，基本法第11条规定，根据宪法第31条（即"国家在必要时得设立特别行政区。在特别行政区实行的制度按照具体情况由全国人民代表大会以法律规定。"——作者注），香港特别行政区实行的制度和政策，包括社会、经济制度，有关保障居民基本权利和自由的制度，行政管理、立法和司法方面的制度，以及有关政策，均以基本法的规定为依据。也就是说，在香港特别行政区实行的制度和政策，将以基本法为依据，宪法相应的规定不在香港特别行政区施行。这里有一个法理问题，即我们通常说宪法是"母法"，基本法是"子法"，"子法"是不能限制"母法"效力的，基本法第11条规定的法理是什么？这个问题的答案在于宪法第31条规定的性质，即宪法第31条是宪法的一项特别条款。宪法的适用和法律适用一样，特别规定与一般规定不一致的，适用特别规定。既然宪法第31条已经授权全国人民代表大会以法律规定特别行政区实行的制度，那么按照宪法第31条，全国人民代表大会制定的基本法所规定的特别行政区制度和政策，就具有优先适用的地位。

因此，基本法第11条规定的法理，是宪法特别条款与一般条款的关系问题，宪法关于社会主义制度和政策的规定不在香港特别行政区实施，是宪法第31条的效力所致，而不是基本法限制了宪法有关条文的效力。由于基本法是根据宪法制定的，基于宪法的最高法律效力，基本法第11条的另外一个含义是，如果不属于该条规定的范畴，仍然要适用宪法的规定。

全国人民代表大会通过基本法时，为了消除香港社会关于基本法是否符合宪法问题的疑虑，专门作出了《全国人民代表大会关于香港特别行政区基本法的决定》，宣布香港基本法是根据宪法并按照香港的具体情况制定的，是符合宪法的。对于这个决定，要从两个方面来理解，一是这个决定的前提就是宪法在香港特别行政区具有效力，基本法是根据宪法制定的，因此，基本法必须符合宪法，这种符合不是只符合宪法一个条文就可以，而是要全面符合宪法的规定。二是这个决定带有进一步明确宪法第31条含义的作用，宪法第31条的规定比较原则，特别行政区实行的制度是什么，宪法本身没有直接规定，全国人民代表大会关于基本法的决定，起到了宣告这种制度的具体内容的效果。因此，我们说宪法和基本法一起构成香港特别行政区的宪制法律基础。要理解香港特别行政区实行的制度的特殊之处，它的法律界限在哪里，要看宪法，要把它放在宪法规定的框架中来理解和执行。

六、宪法是"一国两制"的基础和保障

我在中国法学会举办的纪念现行宪法颁布30周年座谈会上讲过这么一段话："我国现行宪法施行的30年，是中国特色社会主义现代化建设取得巨大成就的30年，是实现祖国统一大业取得重大进展的30年，也是我国国际影响力日益增长，成为维护世界和平主要力量的30年。如果把这30年来在我们国家土地上发生的一切比喻为宏伟的画卷，这幅画卷就是伴随着宪法的施行而展开的，这当中，'一国两制'伟大构想成功付诸实施，是浓墨重彩的一笔。说它浓墨重彩，是因为香港和澳门保持原

有的资本主义制度，却成为建设中国特色社会主义宏伟书卷的一个精彩局部。社会主义与资本主义是如此不同，是什么使它们共存于统一的国家之中，使这幅书卷成为一个整体？靠的就是宪法的调整，在'一国两制'的实践中，宪法始终发挥着国家最高法律规范的作用。"

在贯彻落实"一国两制"和香港基本法过程中，强调要有宪法思维，这是由宪法在现代国家所具有的崇高地位决定的。宪法是"根本法"和"最高法"，这是宪法区别于一般法律的两个显著特征，也是香港基本法实施中必须把握的。说宪法是"根本法"，是从宪法的内容上讲的，是指宪法"规定了国家的根本制度和根本任务"，解决的是国家政治、经济、文化、社会生活中带有战略性、全局性、长远性的问题，任何法律或者制度再特殊，也不能损害国家的根本制度和根本任务；说宪法是"最高法"，是从宪法效力上讲的，是指宪法"具有最高的法律效力"，任何法律或者制度，都不能与宪法相抵触。我们要深刻认识和把握宪法的这两个特征，不断增强崇尚宪法、学习宪法、遵守宪法、维护宪法的自觉性和主动性，才能真正使宪法成为全国各族人民的共同行为准则，才能确保香港基本法的实施不走样、不变形，从而确保国家持续稳定发展，确保香港的长期繁荣稳定，从而实现中华民族伟大复兴的中国梦。

加强基本法理论研究
推进"一国两制"伟大事业[*]

——在"王叔文、肖蔚云、许崇德与基本法理论的
奠基与发展"学术研讨会上的讲话

　　半个月前，韩大元教授邀请我出席今天的会议，我一听是有关纪念王叔文、肖蔚云、许崇德三位先生的会，立即答应一定参加，他们三位是我十分崇敬的老一辈宪法学家，我对他们怀有深厚的感情，大元教授打出他们的名头，我不能不来。来之前，我翻看了1985年成立的香港特别行政区基本法起草委员会的名单。这个名单有59名委员。在36位内地委员中，有10位专家学者，他们是王叔文、王铁崖、许崇德、芮沐、肖蔚云、吴建璠、邵天任、吴大琨、裘邵恒、端木正。在担任领导职务的内地委员中也有大专家、大学者，他们包括张友渔、胡绳、费孝通、钱伟长、雷洁琼等。香港基本法被邓小平同志称为"创造性的杰作"，最重要的当然在于它成功地把"一国两制"法律化、制度化，从我上面念出的这些名字，也可以看出理论

---

　　* 2017年6月10日在中国人民大学法学院。

界尤其是法学界对基本法起草工作所作出的突出贡献。王叔文、肖蔚云、许崇德教授不仅参与了香港基本法、澳门基本法起草工作，还参与了成立香港特别行政区、澳门特别行政区的筹备工作，而且更重要的是，他们留下了丰富的基本法著述，称他们是基本法理论的奠基者，实至名归，恰如其分。

我本人多年来在工作上与三位教授有很多交集。王叔文是第七届全国人大法律委员会委员、第八届全国人大法律委员会副主任委员，当时我是法工委副主任，跟他就有很多工作联系。1995 年 12 月成立的全国人大香港特别行政区筹备委员会，王叔文、肖蔚云、许崇德和我都是委员，我们在一起开会的时间就更多了。1999 年 12 月澳门基本法委员会成立，我担任主任，肖蔚云教授是 5 位内地委员之一。2003 年我担任香港基本法委员会主任后，更是经常和他们一起研究香港基本法实施中的问题。2007 年按照中央的指示要求，我牵头成立一个小组，推动内地专家学者开展基本法理论研究，许崇德教授是这个小组的成员，对研究工作提出过许多重要的意见和建议，我到今天还记得每次开会他都提出要推动基本法的学科建设。这是一项到现在还没有完成的任务，算是他未了的遗愿。在我从事港澳工作过程中，一直把三位教授的著作放在手边，随时查阅，在他们在世的时候，还不时当面向他们请教问题。可以说，三位教授都是我的基本法老师。2004 年北京大学举办庆贺肖蔚云教授八十寿诞座谈会，我作了即席发言，当时我说，今天许多人说他们是肖蔚云教授的开门弟子、入门弟子，或者是关门弟子，我没有这个荣幸，我算什么呢？我说算个"旁门弟子"吧。

王叔文主编的《香港特别行政区基本法导论》、《澳门特别行政区基本法导论》，肖蔚云主编的《一国两制与香港特别行政区基本法律制度》、《一国两制与澳门特别行政区基本法》，许崇德主编的《港澳基本法教程》等，是有关基本法的权威著作，为我们开展基本法理论研究奠定了坚实的基础。我曾经说过，这些著作有一个特点，就是作者亲身参与了基本法起草工作，通过介绍基本法的起草过程来论述基本法的各项规定，而且是在基本法刚完成时所写的著作，是历史的真实记录，具有权威性和公信力。这些著作讲清楚了基本法的规定是怎么来的，当时考虑了些什么，对于探求基本法规定的立法原意，具有不可替代的作用，其重要性不会因为时间的推移而减弱，同时也为我们今天开展基本法理论研究奠定了坚实的基础。他们三位对基本法作出了不可磨灭的历史性贡献，值得我们永远纪念。

我今天来参加研讨会，除了向三位老先生表达怀念、敬意之情外，还要对举办这个研讨会点个大大的赞，要为这个研讨会叫好：

第一个好是讲政治。5 月 3 日，习近平总书记在中国政法大学考察时提出，没有正确的法治理论引领，就不可能有正确的法治实践。他要求法学界加强法治和相关领域基础问题的研究，对复杂现实进行深入分析、作出科学总结，提炼规律性认识，为完善中国特色社会主义法治体系、建设社会主义法治国家提供理论支撑。5 月 27 日，张德江委员长在纪念香港基本法实施二十周年座谈会上提出，要加强香港基本法理论研究，健全基本法理论体系，要求法学界紧扣基本法实施中的重点难点，努力探索破解之道，致力于构建一套适应"一国两制"要求、以宪法和基本法为核心、符合香港特别行政区实际的理论体系，更好地指导我们的实践。今天这个研讨会的主题是推进基本法理论研究，以实际行动响应习近平总书记的号召，贯彻张德江委员长对基本法研究工作提出的要求，这是讲政治的很好体现，这是我要说的第一个好。

第二个好是讲传承。任何理论都不是从天而降，不是从石头缝里蹦出来的，就是孙悟空，也是前有因、后有果，也是有传承的。理论研究最注重传承，没有传承就没有理论。以王叔文、肖蔚云、许崇德为代表的老一辈宪法学家是基本法理论的开创者、奠基者，他们关于基本法的著述，为过去二十年"一国两制"实践和基本法实施提供了强有力的理论支撑。我们都是他们的衣钵传人。要推进基本法理论研究，就要深入地了解前人的研究是从哪里开始的，已经做了些什么，不仅要知道他们作出了哪些论述，而且还要理解他们为什么这样论述。在此基础上，才谈得上创新、发展。召开这样一场研讨会，向已经故去的基本法理论开创者致敬，向已经取得的基本法理论研究成果学习，在传承中发展，在发展中传承，我们的基本法研究工作才能有坚实的基础，才能走得更远、更好，这是我要说的第二个好。

第三个好是讲责任。2005年就补选的行政长官任期"二五之争"释法时，全国人大常委会办公厅举办了一场与香港法律界人士的座谈会，我在这个座谈会上谈到如何正确看待基本法，其中说了这样一段话："我们不应苛求前人。前人所做的已经足够超前，已经向我们展示了他们不同寻常的聪明才智，现在我们所应做的也是能做的，就是全面、准确地把基本法贯彻好、实施好，通过我们大家的共同努力，使基本法在实践中不断得到充实、完善。"我想这段话也完全适用于基本法理论研究。这次研讨会邀请函中有一句话提得很好，这就是"推进面向实践、开拓未来的基本法理论的体系化"。"一国两制"和基本法理论研究必须基于实践、面向实践，致力于解决"一国两制"实践中遇到的问题，而理论要起到指导实践的作用，就必须面向未来，必须体系化、系统化。这次研讨会提出要构建面向实践、开拓未来的基本法理论体系，以更好地适应"一国两制"和基本法实践需要，这就是一种历史使命和责任意识，这是我要说的第三个好。

现在香港基本法实施已经20年，澳门基本法实施已经18年，积累了丰富的实践经验。我们已经处于一个新的历史方位，怎么在前人已做的工作基础上，形成一套完整的基本法理论，以支撑日益丰富的"一国两制"实践，是摆在理论界、法学界尤其是宪法学界面前的一个重大课题。这当中最重要的是建立一个好的理论框架，既能够讲清楚基本法的规定是怎么来的，又能够讲清楚这些规定在实践中遇到的问题，还能够讲清楚应当怎么样全面准确地贯彻落实这些规定，从而发挥理论指导实践的作用。在这方面，我因为工作关系，十年前就进行思考，提出了基本法理论要以阐述特别行政区制度为核心，并提出了20大课题。这20个课题是：（1）特别行政区制度是我国的基本政治制度；（2）宪法和基本法是规定特别行政区制度的宪制法律；（3）特别行政区制度的特征及实行条件；（4）特别行政区法律地位及其权力来源；（5）中央与特别行政区的权力运作关系；（6）特别行政区的政治体制及行政管理权；（7）特别行政区的立法机关及其立法权；（8）特别行政区的民主发展；（9）特别行政区的司法机关及其司法权和终审权；（10）特别行政区的公务员制度；（11）特别行政区的区域组织或市政机构及其制度；（12）特别行政区维护国家安全的制度；（13）特别行政区处理对外事务的制度；（14）特别行政区保护居民基本权利和自由的制度；（15）特别行政区的出入境管制制度；（16）特别行政区的经济、教育、文化、宗教、社会服务和劳工制度；（17）特别行政区与全国其他地方司法机关的司法互助制度；（18）特别行政区与全国各地方的协作关系；（19）基本法的解释制度；（20）基本法的修改制度。我很高兴地看到，过去十年来，有越来越多的法学专家投入基本法理论研究，而且取得了丰硕的成果，尤其是在特别行政区的宪制基础、特别行政区制度、授权理论、基本法解释理论、民主发展理论等方面提出了许多具有说服力的学说和观点。我今天重提这些课题，主要是给大家提供一个参考，也算是对这次研讨会的建言，相信只要大家共同努力，形成一套基本法理论体系的目标一定能够实现。

最后，祝研讨会取得圆满的成功！

中央全面管治权和澳门特别行政区
高度自治权 *

——在纪念澳门基本法颁布 25 周年学术研讨会上的讲话

在澳门基本法颁布 25 周年之际，很高兴来澳门参加今天的研讨会，与各位朋友见面和交流。去年 10 月中共十九大作出了中国特色社会主义进入新时代的重大政治判断，澳门特别行政区是国家不可分离的部分，"一国两制"是中国特色社会主义的重要内容，在新时代怎么样更好地把"一国两制"在澳门的实践推向前进，取得新的辉煌，是我们共同的使命和责任。这次研讨会以"迈向澳门'一国两制'实践新征程"为主题，与十九大报告描绘的全面建设社会主义现代化国家的宏伟蓝图相呼应，贯彻落实了十九大精神，很好地把握住澳门未来发展的大局和大势，具有很强的时代感。对于这次研讨会的主题，我更看重的是背后的理念。这让我想起了澳门基本法序言第二段的八个字"社会稳定"和"经济发展"。这八个字是根据澳门社会的意见写入中葡联合声明，然后写入基本法的，它说明什么

＊ 2018 年 3 月 22 日在澳门。

问题呢？说明社会稳定和经济发展始终是一个社会繁荣昌盛的支柱，谋稳定、求发展，始终是澳门社会的共识。澳门回归后取得了巨大成就，发展理念起到重要的支撑作用。中国特色社会主义进入新时代，澳门社会提出了要开辟"一国两制"在澳门实践的新征程，这同样贯穿着发展理念。受到这个理念的感染，崔世昌先生邀请我出席这次研讨会时，我主动提出就第一个议题作一个发言，与大家分享看法，跟大家一起研讨。关于中央对澳门的全面管治权和澳门特别行政区高度自治权，我想讲三点：

首先讲一下中央全面管治权这个概念。

学术界的朋友普遍认为这个概念是 2014 年 6 月发表的"一国两制"白皮书提出来的，其实这个概念可能是我第一个提出来的。早在 2010 年国家行政学院邀请我做"一国两制"下中央宪制权力的讲座，我就开始用这个概念。2012 年我在一个澳门基本法讲座上，在讲到中央的宪制权力时，第一项就是"中央对澳门具有全面的管治权"。我当时是这样讲的：基本法序言第一段开宗明义指出，澳门自古以来就是中国领土，中国政府于 1999 年 12 月 20 日恢复对澳门行使主权。中央对澳门恢复行使的是包括管治权在内的完整主权，这是基本法第 2 条规定的基础。基本法第 2 条规定，"全国人民代表大会授权澳门特别行政区依照本法的规定实行高度自治，享有行政管理权、立法权、独立的司法权和终审权。"大家都知道，任何机构或个人，要作出授权，前提是他必须具有有关权力。全国人民代表大会是我国的最高国家权力机关，它授予澳门特区行政管理权、立法权、独立司法权和终审权，前提就是中央对澳门具有完全的管治权。这本来就是单一制国家中央与地方关系的应有之义。

我当时为什么要讲中央对澳门具有全面管治权呢？其中一个原因是：澳门回归祖国后，我同各方面人士交流过程中发现，当讲到"一国两制"下中央权力的时候，普遍只讲到基本法具体规定的中央权力，从国防、外交权讲到基本法解释、修改权。这当然没有错，但总觉得缺少点什么。问题出在哪里呢？就出在"只见树木，不见森林"，只看到基本法条文，而忽略了制定基本法本身。跳出基本法来看基本法，我们就会看到，澳门回归祖国后，要说中央对澳门具有的最大权力，正在于制定对澳门的基本方针政策和基本法，规定在澳门特别行政区实行的制度和政策。这种权力是先于基本法存在的，从法律上讲，它来源于宪法，来源于国家主权，如果用一个概念来归纳，就是中央对澳门具有全面管治权。如果中央没有这种全面管治权，它怎么能够制定对澳门的基本方针政策和基本法呢？因此，我在讲"一国两制"下中央的宪制权力的时候，总是把中央对澳门的全面管治权放在第一位。

中央全面管治权这个概念，是经得起严格推敲的。从国际法来讲，基于国家主权原则，任何国家的政府都对其领土具有全面管治权，澳门是我国的领土，中央当然具有全面的管治权。从我国国家体制来讲，我国是单一制国家，根据宪法产生的中央政府代表全国各族人民行使管理国家的权力。澳门是国家不可分离的部分，澳门特别行政区直辖于中央人民政府，中央对澳门同样具有全面的管治权。从我国对澳门问题的立场来讲，我国政府和人民从来都认为，我国对澳门具有不可争辩的主权，但由于历史原因，澳门曾经长期处于葡萄牙的管治之下。1999年12月20日我国政府对澳门恢复行使主权，最主要的就是恢复行使对澳门的管治权。中央对澳门具有全面管治权是1999年12月20日我国对澳门恢复行使主权的必然含义。因此，中央对澳门具有全面管治权是无可置疑的。

接着讲一下中央全面管治权与澳门特别行政区高度自治权的关系。

2014年"一国两制"白皮书使用中央全面管治权这个概念后，引起了各方面的热烈讨论，大部分人赞同，但也有质疑者、反对者。我很仔细地看了这些质疑或者反对的观点，除了极少数人根本就不接受中央管治权外，大多数人是担心讲中央全面管治权会影响到特别行政区的高度自治权。之所以有这种担心，原因主要在于没有弄清楚中央全面管治权与特别行政区高度自治权的关系。那么，这两者的关系是怎样的呢？简单来说，中央对澳门具有全面管治权是全国人大授权特别行政区实行高度自治的基础，它们之间是源与流、本与末的关系，否定了中央全面管治权，特别行政区的高度自治权就成了无源之水、无本之木。

如果深入进行分析，中央对澳门具有全面管治权，讲的主要是主权层面的问题，而授予澳门特别行政区高度自治权，讲的主要是主权行使层面的问题。主权和主权行使是既互相联系又有所区别的概念。任何国家对其领土拥有主权，当然具有对其领土的管治权，至于这种管治权怎么行使，是一国国家主权范围内的事务，现代国家都通过宪法和法律加以规定。我国对澳门拥有主权，当然对澳门具有全面管治权，怎么对澳门行使主权、管治权呢？"一国两制"方针政策和基本法作出了明确的规定，最简单的说法，就是一些权力由中央直接行使，一些权力授权澳门特别行政区行使，前者称为中央的直接权力，后者称为澳门特别行政区高度自治权。由于授权是行使主权、管治权的一种形式，中央授权澳门特别行政区实行高度自治，在任何情况下都不减损国家的主权，不减损中央的全面管治权。对于这个问题，可以这样形象地理解：1999 年 12 月 20 日凌晨中葡两国政府在澳门举行了澳门政权交接仪式，在五星红旗升起的时刻，中国政府正式对澳门恢复行使主权，我想任何人都会承认在这一时刻，中央对澳门具有全面管治权。与此同时，澳门基本法开始实施，授予澳门特别行政区高度自治权。由此可以看出，中央对澳门具有全面管治权和澳门特别行政区享有高度自治权是并行不悖的。正确的理解只能是中央对澳门特别行政区的授权，是国家对澳门行使主权、中央对澳门行使全面管治权的方式，而不是放弃或者失去全面管治权。一个公司的董事会授权总经理管理公司的一些事务，你能说董事会失去对公司的管理权吗？不能。中央对澳门特别行政区的授权，也是同样的道理。明白这个道理，才能认识到"一国两制"实践中，中央对澳门的全面管治权与澳门特别行政区的高度自治权是内在一致的，在任何时候都不能把它们对立起来，更不能以高度自治权对抗中央的全面管治权。

我理解，党的十九大报告提出必须把维护中央对香港、澳门的全面管治权和保障特别行政区的高度自治权有机结合起来，主要讲的就是这个道理。同时，十九大报告强调的还不是简单的权力问题，而是维护国家主权、坚持一个国家原则的本质要求。"一国两制"中的"一国"，不是抽象的，指的是中华人民共和国。这个国家是一个主权实体，有领土、有人民、有政府，由中央政府代表人民行使国家管治权力。坚持一个国家原则就必须维护中央的全面管治权，忽略甚至否定这一点，就背离一个国家原则。从这个意义上来讲，十九大报告的提法具有很强的针对性和重要的实践指导意义。

最后讲一下怎么更好地把维护中央全面管治权和保障澳门特别行政区高度自治权有机结合起来。

"一国两制"是国家的一项长期国策，十九大报告把坚持"一国两制"和推进祖国统一确定为坚持和发展中国特色社会主义的基本方略之一，充分表明了中央坚定不移贯彻落实"一国两制"的决心和信心。澳门回归祖国后，全面贯彻落实"一国两制"方针政策和基本法，在中央的坚强领导下，行政长官和特区行政、立法、司法机构依法履行职责，社会各界同心协力，创造了澳门发展奇迹，充分说明了"一国两制"是保持澳门长期繁荣稳定的最佳制度。

澳门社会具有光荣的爱国传统，回归祖国后，在促进和维护澳门繁荣稳定的同时，坚决维护国家的主权、安全和发展利益，树立了正确处理"一国两制"下中央与特别行政区关系的典范。我们都为此感到自豪，但不能就此止步。要认识到社会在不断发展变化，怎么在这种发展变化中使澳门与祖国内地越走越近，而不是渐行渐远，始终是"一国两制"实践中带有方向性的问题。而把握这个问题的关键，就是要按照十九大报告提出的要求，把维护中央全面管治权和保障澳门特别行政区高度自治权有机结合起来，确保"一国两制"方针不会变、不动摇，确保"一国两制"实践不走样、不变形。

习近平主席去年7月1日在香港发表的重要讲话提出，"在落实宪法和基本法确定的宪制秩序时，要把中央依法行使权力和特别行政区履行主体责任有机结合起来"。我体会，习近平主席提出，特别行政区要履行好主体责任，是把维护中央全面管治权和保障澳门特别行政区高度自治权有机结合起来的核心要义。为什么这样说呢？这是因为按照"一国两制"方针和基本法的规定，中央在行使对澳门特别行政区全面管治权时，把十分广泛的权力授予澳门特别行政区，这种权力包括社会、政治、经济等方面的权力，也包括在澳门特别行政区维护国家安全的权力。而且这种授权还有一个重要特点，也可以说有一个不同于中央对内地地方实施管治的特征，就是对于授权澳门特别行政区高度自治范围内的事务，中央不直接行使有关权力。比如说，广东省有权在一些领域制定地方性法规，全国人大及其常委会同样可以在这些领域制定全国性法律并在广东省实施；而基本法授予澳门特别行政区在高度自治范围内制定法律的权力，全国人大及其常委会在这些领域制定的全国性法律，就不在澳门特别行政区实施。因此，在"一国两制"下，要实现澳门的良好管治，中央要按照基本法的规定行使好权力，履行宪制责任，同样重要的是，澳门特别行政区依法行使好高度自治权，履行好主体责任。比如说，在澳门开展宪法和基本法宣传教育，树立国家观念和意识，谁应当承担主体责任？当然是澳门特别行政区；又比如说，澳门要实现经济适度多元化，更好地保障和改善民生，谁应当承担主体责任？当然也是澳门特别行政区；再比如说，要在澳门特别行政区维护国家主权、安全和发展利益，谁应当承担主体责任？当然还是澳门特别行政区。这样讲的道理就是，在这些领域基本法授予澳门特别行政区高度自治权，中央可以对这些领域提出要求，但贯彻落实要靠澳门特别行政区。任何权力都意味着责任，澳门特别行政区依法享有广泛的权力，应当承担其相应的责任，这是把维护中央对澳门全面管治权和保障澳门特别行政区高度自治权有机结合起来的一条基本要求，这也是习近平主席提出"特别行政区履行主体责任"的意义所在。

这次研讨会提出了维护中央管治权与确保特别行政区高度自治权有机结合、澳门融入国家发展大局与确保澳门长期繁荣稳定、筑牢爱国爱澳社会政治基础与培养"澳人治澳"人才等三个议题，这些都是关系到澳门未来发展的重大问题，希望今天的研讨会有积极的成果。

学习宪法及宪法修正案
树立宪法观念和意识[*]

今年 3 月 11 日，第十三届全国人大第一次会议通过了第五个宪法修正案。不久接到林郑月娥特首的邀请，要我来跟大家就宪法和宪法修正案进行交流，我深感荣幸。这次通过的宪法修正案，是适应中国特色社会主义进入新时代的重要宪法发展，我参加了宪法修正案草案的研究工作，能够有机会与大家进行交流，是一件很愉快的事情。虽然我常到全国各地作宪法讲座，但是，到香港来专题讲宪法还是第一次。要把宪法及宪法修正案内容讲透彻，不仅要从制宪修宪的背景讲起，还要结合宪法与基本法的关系，能不能在一个半小时内把这么大的一个课题讲清楚，让大家听明白，心中没有把握。因此，林郑特首给我布置任务后，我认认真真地做了作业。我今天来交作业，作业做得怎么样，请林郑特首和在座各位评判，批评指正。

一、我国宪法的核心要义和基本特征

在准备这次讲座时，我想到著名历史学家钱穆在《国史大

　＊ 2018 年 4 月 20 日在香港特区政府总部"2018 年国家事务系列讲座"上的演讲。

纲》一书的前面写下的四句话。这四句话的头两句是"一、当信任何一国之国民，尤其是自称知识在水平线以上之国民，对其本国已往历史，应该略有所知。二、所谓对其本国已往历史略有所知者，尤必附随一种对其本国已往历史之温情与敬意。"把这两句话略作修改，用在学习宪法上，大体上也是贴切的。这就是当今任何国家的国民，尤其是公职人员，对本国宪法，都要有最基本的认知，继而深入地理解和把握；对本国宪法，都要怀有温情与敬意，继而牢固树立尊重宪法、维护宪法、遵守宪法的意识和观念。宪法是国家最高法律规范，是国家生活的基本准则，是法治体系的核心。香港回归祖国已经21年，相信在座的各位政府官员对我国宪法已经有了相当程度的认识，我在这里着重讲一下我国宪法的核心要义和基本特征，期待对各位认识、理解和把握我国宪法，能够有所帮助。

在座许多人有在外国读书的经历，相信对西方国家的宪法和宪法制度有比较深入的认识。这是好事，因为有比较才有鉴别，有外国宪法的知识，可以更好地理解和把握我国自己的宪法。那么，我国宪法的核心要义和基本特征是什么呢？对此，宪法序言最后一段的第一句话提供了基本答案。这句话是："本宪法以法律的形式确认了中国各族人民奋斗的成果，规定了国家的根本制度和根本任务，是国家的根本法，具有最高的法律效力。"从比较宪法的角度，这句话可以从三个层面来解读：第一个层面，任何国家宪法都是国家根本法、都具有最高法律效力，在这一点上，我国宪法与其他国家宪法没有区别。第二个层面，任何国家的宪法都规定国家的根本制度，我国宪法也一样。但我国宪法规定的国家根本制度是社会主义制度，而且实行的是中国特色社会主义，这与外国宪法规定的国家根本制度有着重大的区别。第三个层面，我认为是最重要的，其他国家宪法尤其西方国家宪法通常不规定国家的根本任务，我国宪法不仅规定了国家根本任务，而且从内在逻辑上讲，我国的国家根本制度是由这个根本任务决定的，从而形成了我国宪法与其他国家宪法的重大分野。因此，我国宪法的核心要义是规定了国家的根本任务，为完成这一根本任务，确立社会主义制度为国家根本制度，而且实行的是中国特色社会主义。我国宪法把国家根本任务与根本制度紧密联系在一起，从而具有鲜明的中国特色。这种特色源于我国的历史、国情和实践中产生的理论，有着自己的历史逻辑、实践逻辑和理论逻辑。

一是，我国宪法承载着近代以来中国各族人民的历史使命，是一部凝聚全国各族人民力量，为实现中华民族伟大复兴而奋斗的宪法。

在人类数千年文明史中，我们今天所讲的宪法的历史只有300多年的时间，是近代在西方国家产生的。我国在2000多年前的古代文献中，虽然有"宪法"这个词语，但出现近代意义上的宪法则是更晚近的事情，只有100多年的历史。我国现行宪法从1954年算起有64年历史，从1982年进行重大修订并重新颁布算起，只有36年历史。近代中国产生宪法，有着深刻的历史背景。深入学习、理解和把握我国宪法，要以近代以来中国各族人民的历史使命为基本出发点。

这个历史使命是什么呢？2011年我在北京会见两岸四地青

少年"辛亥革命百周年"体验考察团时，与他们一起回顾了近代以来我国人民受到西方列强侵略、封建专制统治的双重压迫，国家四分五裂、人民饥寒交迫的悲痛历史，讲到这种历史背景下凝聚起来的实现中华民族伟大复兴的共同理想，讲到无数仁人志士为实现这一理想，改变国家和民族的命运，拯救人民于水火而进行的探索和奋斗历程。我当时这样讲：实现中华民族伟大复兴的理想，可以概括为二十个字，这就是"争取民族独立、人民解放，实现国家富强、人民富裕。"近代以来，在我们国家 960 万平方公里的土地上，中国人民进行的波澜壮阔的革命和建设，包括辛亥革命，也包括今天的改革开放，都是紧紧围绕着这二十个字的主题。这二十个字是近代以来中华民族和中国人民所承担的历史使命，是一百多年来一代又一代人为之不懈奋斗的理想、奋斗的目标。我当时还说，"以新中国成立为标志，我国各族人民经过艰苦奋斗，实现了民族独立、人民解放，开始了实现国家富强、人民富裕的伟大征程。从 1949 年算起，我们已经为这项历史任务奋斗了 62 年，取得了举世瞩目的成就。大家这次到内地来，相信已经亲身感受到。但要实现中华民族伟大复兴这一宏伟目标，还需要包括在座各位同学在内的一代代人的努力。从这一点上来讲，我们尽管有年龄的差距，但都是实现国家富强、人民富裕这一历史使命的承担者。"我国宪法承载着实现中华民族伟大复兴的历史使命。宪法序言最后一段所讲的"确认了中国各族人民奋斗的成果"，最主要的是确认了近代以来中国人民为国家独立、民族解放和民主自由，为建立新中国而不懈奋斗的成果；所讲的"国家的根本制度"，就是社会主义制度；所讲的"国家的根本任务"，就是在实现民族独立、人民解放之后，不仅要牢牢维护这一成果，而且要以实现国家富强、人民富裕作为主要奋斗目标，这就是宪法规定的"把我国建设成为富强民主文明和谐美丽的社会主义现代化强国，实现中华民族伟大复兴"。

我国宪法规定的国家根本任务，不仅体现在宪法序言之中，也体现在宪法的许多具体规定之中。比如说，宪法第 5 条第一款规定，"中华人民共和国实行依法治国，建设社会主义法治国家。"第 14 条第四款规定，"国家建立健全同经济发展水平相适应的社会保障制度。"第 19 条第一款规定，"国家发展社会主义的教育事业，提高全国人民的科学文化水平。"第 20 条规定，"国家发展自然科学和社会科学事业，普及科学和技术知识，奖励科学研究成果和技术发明创造。"第 24 条第一款规定，"国家通过普及理想教育、道德教育、文化教育、纪律和法制教育，通过在城乡不同范围的群众中制定和执行各种守则、公约，加强社会主义精神文明的建设。"第 26 条第一款规定，"国家保护和改善生活环境和生态环境，防治污染和其他公害。"等等。这些宪法条文有什么特点呢？就是明确国家管理社会政治经济等各领域事务遵循的原则、途径和要达至的目标。我国宪法的这种特点，使全国人民无论从事什么工作，都能够从宪法中看到发展方向和奋斗目标，从而把各族人民的力量凝聚起来，为共同的理想和目标而奋斗。因此，我们可以说，我国宪法是一部向前看的宪法，是一部行进中的宪法，是一部充满理想，为国家和民族带来光明前途的宪法。

我国宪法的这种特质，决定了要理解和把握宪法规定，必须以宪法的实践为基本依据。形象来说，就是要一手拿着宪法文本，一手拿着国家建设与发展的成绩单，两者相互对照，才能看到一部行进中的宪法、一部活的宪法，才能真正领会宪法的含义，看到宪法的作用。用这种方法来学习宪法，大家就可以看到，宪法规定的国家建设和发展目标，都在稳步实现，每一个宪法条文都熠熠生辉，充满活力。新中国成立 60 多年尤其是改革开放 40 年来，我们国家在宪法规范下，政治始终保持稳定，经济持续快速发展；建设了完整的国民经济体系，建立了规模庞大的医疗卫生体系、教育体系、社会保障体系，人民的生活水平、健康水平、教育水平、社会保障水平不断提高；我们已经成为世界第二大经济体、第一大工业国、第一大货物贸易国、第一大外汇储备国。改革开放 40 年来，按照可比价格计算，我国国内生产总值年均增长约 9.5%，以美元计算，中国对外贸易年均增长 14.5%。中国人民的生活从短缺走向充裕、从贫困走向小康，联合国现行标准下的 7 亿多贫困人口成功脱贫，占同期全球减贫人口总数的 70% 以上。国家建设取得巨大成就，相应的国际地位和影响力日益提高，今天中国人走到哪里，都能感受到做一个中国人的自豪。用这种方法来学习宪法，我们就可以看到我国宪法对完成国家根本任务发挥着四种作用，即规范作用、引领作用、推进作用和保障作用，我们才能避免简单地与西方国家对比，不因为我们某些方面发展水平存在差距而感到气馁，而是更加激起我们奋发自强；不因为我们某些方面事业发展不尽如人意而加以指责，而是竭尽全力地加以改进完善。实践已经证明，我国宪法是一部体现人民共同意志、推进国家发展进步、保证人民创造幸福生活、保障中华民族实现伟大复兴的好宪法。

党的十九大报告指出，"保持香港、澳门长期繁荣稳定，实现祖国完全统一，是实现中华民族伟大复兴的必然要求。"讲到我国宪法承载着近代以来中国各族人民的历史使命，恢复对香港行使主权、保持香港长期繁荣稳定是这一历史使命的重要组成部分。按照宪法的规定，我们实现了以和平方式收回香港、推进祖国统一大业的目标，并且在这个过程中保持了香港繁荣稳定，保障了广大香港居民的基本权利和自由，"一国两制"方针政策充分显示了强大的生命力，也就是说，我们在完成近代以来中国各族人民的历史使命过程中，对香港问题的处理，同样交出了靓丽的成绩单，这当然有在座各位作出的贡献。讲到这里，我不能不讲一下"港独"问题。近几年，香港出现了"港独"和各种激进势力，我深感痛心。明白近代以来中国各族人民的奋斗历史，就会明白"港独"这种行为根本上违背全体中国人民的共同意志，违反宪法，是绝对不能容许的。香港的有些朋友认为，"港独"成不了事，不要太紧张。是的，"港独"永远不会得逞。中国人民在近代内忧外患下都没有丧失过维护国家统一的决心和意志，在已经日益强大起来的今天，还能让"港独"得逞吗？决不可能。还有些人认为，宣扬"港独"是言论自由。图谋、煽动分裂国家是言论自由吗？世界上没有这种理论。"港独"问题不在于是否会成为现实，也不是言论自由的问题，它是民族感情问题，也是宪法问题。几千年来中国人民维护国家统一的意志从来都不可挑战，这是"港独"已经引起极大公愤的原因所在。如果容忍"港独"势力存在并发展，最终将危及"一国两制"事业，最终将损害香港所有人的利益。因此，在"港独"问题上做开明绅士是不行的。我特别赞赏香港特别行政区政府旗帜鲜明地反对"港独"，这既是对国家、民族负责，也是对香港、对在香港生活的所有人负责的态度。

二是，我国宪法确立和坚持中国特色社会主义道路，是一部体现全国各族人民共识，建设中国特色社会主义的宪法。

西方发达国家的人口大约占世界人口的五分之一，这些国家实现现代化大约用了 300 年的时间，我们国家人口也占世界人口大约五分之一，从 1949 年算起，我们要用 100 年的时间，也就是到本世纪中叶，把我们国家从一穷二白建设成为一个现代化强国，实现人民的共同富裕，实现中华民族伟大复兴。要完成这个历史任务，就决定了我们国家的建设和发展，必须走自己的路，西方国家的发展经验可以参考，但他们的发展模式无法解决我们国家的建设和发展问题，无法实现我们的奋斗目标。我国各族人民在中国共产党的领导下，经过长时间的艰苦探索，形成了只有社会主义才能救中国的基本共识，开辟了适合我国国情的发展道路，这就是中国特色社会主义道路；形成了一套完整的治国理论，这就是中国特色社会主义理论；创立了有中国特色的国家制度，这就是中国特色社会主义制度。我国宪法全面体现了这条道路、这种理论和这套制度，把社会主义原则全面融入国家的各项基本制度之中，既有历史传承，又有创新，这是我国宪法又一个重要特色。

我国宪法确立的国家制度包括哪些主要内容呢？用最概括的语言来讲，主要包括以下八个方面：（一）在国家结构形式上，坚持了单一制原则；（二）在国体上，确立了人民在国家的主体地位；（三）在政体上，确立了人民代表大会制度；（四）在基本经济制度上，确立了公有制为主体的基本经济制度；（五）在立法制度上，确立了既统一、又分层次的立法制度；（六）在政党制度上，确立了中国共产党领导的多党合作和政治协商制度；（七）在行政区域制度上，在设立省、直辖市之外，设立自治区和特别行政区，实行民族区域自治制度和特别行政区制度；（八）在基层治理上，确立了基层群众自治制度。当然，我国宪法规定的国家制度，还有其他重要的内容，比如说，国家主席制度、总理负责制制度、监察制度、审判制度、检察制度、国防制度、外交制度、人权保障制度，还有香港社会十分关心的法律解释制度，等等，我认为，作为基础，对我国宪法规定的国家制度的认识，可以从以上八个方面入手。

我国宪法规定的每一项制度要展开来讲，都是一篇大文章。在这里我只想讲一点，就是这些制度都有深刻的历史根源，都是解决当代中国问题需要，都是近代以来经过长期探索而形成的。比如说，特别行政区制度是我国行政区域制度的重要内容，是为了实现祖国和平统一的需要，解决怎么保持香港、澳门还有将来的台湾的繁荣稳定问题。这一点，我相信大家已经有切身体会。又比如说，宪法第六条第二款规定，"国家在社会主义初级阶段，坚持公有制为主体、多种所有制经济共同发展的基本经济制度，坚持按劳分配为主体、多种分配方式并存的分配制度。"西方经济学家对我国宪法确立的以公有制为主体的基本经济制度有很多批评，就是生活在香港的人，也可能对我们国家为什么要坚持公有制为主体有不理解的地方。那么，为什么要坚持以公有制为主体呢？答案就是实现人民利益的需要。其道理就是，如果不实行公有制而实行私有制，必然使资源集中到社会的少数人手中。我们国家这么大，人口这么多，不要说现在的13.9亿多人口，1949年就已经有5亿人口，资源集中到少数人手中，其他人怎么生活？人民起来革命，就是要实现"耕者有其田"，实现富裕，你搞一种经济体制，使资源集中在少数人手中，人民就不答应。因此，公有制就成为必然的选择。近代中国革命，推翻君主制，建立共和制，首先是国民党发起的。当时人民是支持国民党的，但后来为什么人民又起来反对国民党？其中一个重要原因就是国民党搞私有制，革命成功了，当权者谋求自己成为占有资源的少数人，人民地位没有改变。我们的人民正是看到这一点，所以才追随中国共产党，选择社会主义。因此，我们坚持公有制为主体，是人民的选择，是保护人民利益的需要，是实现人民共同富裕的基础。当然，我国在实行公有制过程中也走过一些弯路，曾经一度全面实行生产资料公有制，不允许任何私营经济存在。实践证明，这不适合我国国情，不利于发展社会生产力，因此，在社会主义初级阶段，必须实行以公有制为主体、多种所有制经济共同发展的基本经济制度。这种基本经济制度确保了我国经济发展既充满活力，又保持稳定，提高了抵御各种风险和挑战的能力。这里我举一个例子：2008 年国际金融风暴发生后，在 1.3 亿农民工中，有 2000 万人因金融危机失业，仅珠三角地区就有 250 万人失业。这要是发生在西方国家，很可能会产生社会动荡。大家在香港都看到，这上千万工人回家了，没有产生重大社会政治问题。为什么呢？因为这些农民工在家乡还有承包地，回到家乡有基本的生活保障。这就是农村土地集体所有制的重要保障作用，而农村土地集体所有制也正是公有制的一种基本形式。

学习和把握我国宪法，必须牢记宪法确立的国家根本制度和各方面制度，是近代以来中国各族人民经过长期探索形成的，这些制度继承了几千年以来治国经验，又切合世情国情，为实现国家根本任务提供了有力的制度保障。维护宪法、尊重宪法、遵守宪法，最根本的也是维护、尊重、遵守宪法规定的国家根本制度和各方面制度。

三是，我国宪法随着中国特色社会主义实践的发展而发展，是一部反映人民的实践经验，把国家各项事业不断推向前进的宪法。

我国是一个历史悠久、深受传统影响的国家，要通过具有根本性的社会变革，实现国家现代化，是一项艰巨的历史任务。经过长期的探索，我们找到了正确的道路，但不是也不可能一劳永逸。中国特色社会主义是在实践中不断总结经验，不断发展的。比如说，1982 年党的十二大提出建设有中国特色社会主义时，主要提两个方面的建设，即物质文明和精神文明建设，在后来的党代表大会上，又先后提出了政治文明建设、社会文明建设，到了 2012 年党的十八大，在这四个建设的基础上，又加上生态文明建设，从而形成了中国特色社会主义建设的总体布局。又比如说，在法治建设方面，改革开放之初，提出了建设社会主义民主和法制，到了1997年党的十五大，提出依法治国，建设社会主义法治国家；2014年党的十八届四中全会通过了《关于全面推进依法治国若干重大问题的决定》，确立了建设中国特色社会主义法治体系，建设社会主义法治国家的总目标。我国的发展战略大目标始终如一，从来没有也不能有丝毫的动摇。围绕这个大目标，在不同的历史时期，根据国家建设和发展情况，制定相应的战略措施和工作重点，在这个层面不断与时俱进，稳中求进，既有目标的坚定性，又有实施步骤和策略的时代性，我们国家的事业就是这样一步一步地推向前进。讲中国特色，这也是一个重要方面。

我国现行宪法是1982年宪法。与中国特色社会主义建设进程相适应，1982年宪法公布施行至今，1988年、1993年、1999年和2004年先后四次对宪法的个别条款和部分内容作出必要的修改，形成31条宪法修正案。如果把上述宪法修改与改革开放进程相对照，可以看出，每一次宪法修改，都对国家建设与发展发挥巨大的推动作用，提供了强大的动力和宪法保障。从某种意义上讲，我们国家发展到今天，是中国特色社会主义不断与时俱进的结果，也是国家宪法不断与时俱进的结果。

2004年宪法修改以来，我们国家的各项事业又有了许多重大发展变化，特别是党的十八大以来，国家事业取得了历史性成就、发生了历史性变革，中国特色社会主义进入新时代。在这种历史背景下，2018年3月对宪法进行了第五次修改。这次宪法修改的最重要意义在于，它为实现 2020 年全面建成小康社会、到本世纪中叶建成富强民主文明和谐美丽的社会主义现代化强国提供有力的宪法保障。

我国宪法随着国家事业的发展不断与时俱进，这是我国宪法的又一个重要特色。由宪法及时确认我国各族人民建设中国特色社会主义的伟大成就和宝贵经验，以更好地发挥宪法的规范、引领、推动、保障作用，这是我国宪法的强大优势所在。

二、宪法修正案的主要内容和深远影响

这次宪法修正案共有 21 条（其中 11 条与设立监察委员会有关），充分反映了 2004 年宪法修改之后，特别是十八大以来党和人民在实践中取得的重大理论创新、实践创新、制度创新成果。概括这次宪法修正案的内容，主要是在两个方面实现了与时俱进：一是，确立习近平新时代中国特色社会主义思想在国家政治和社会生活中的指导地位；二是完善了国家制度和体制。

这次宪法修改从哪些方面完善了国家制度和体制呢？主要有以下几个方面：第一，明确规定中国共产党领导是中国特色社会主义最本质的特征。这是从社会主义本质属性的高度确定党在国家中的领导地位，目的是把党的领导贯彻落实到国家政治生活和社会生活的各个领域，确保中国特色社会主义事业始终沿着正确轨道向前推进。第二，修改国家主席任职方面的有关规定。修改国家主席"连续任职不得超过两届"的规定，使国家主席的任职规定与党的总书记、党的中央军委主席、国家

中央军委主席的任职规定保持一致，符合我国国情，是保证党和国家长治久安的制度设计。这次宪法修改把这一制度设计以宪法形式确立下来，完善了党和国家领导制度，目的是更好地发挥中国特色社会主义政治优势和制度优势。第三，增加设区的市制定地方性法规的规定。这是完善中国特色社会主义立法体制的重要举措，是对我国地方立法实践探索与成功经验的宪法确认。第四，赋予监察委员会宪法地位，健全党和国家监督体系。深化国家监察体制改革是党中央作出的事关全局的重大政治体制改革。改革的目标是，整合反腐败资源力量，加强党对反腐败工作的集中统一领导，构建集中统一、权威高效的国家监察体系，实现对所有行使公权力的公职人员监察全覆盖。这次宪法修改增加有关监察委员会的各项规定，为设立监察委员会提供了根本依据。第五，建立宪法宣誓制度。国家工作人员就职时进行宪法宣誓，目的是促使国家工作人员树立宪法意识、恪守宪法原则、弘扬宪法精神、履行宪法使命，也有利于彰显宪法权威，激励和教育国家工作人员忠于宪法、遵守宪法、维护宪法。此外，这次宪法修改还将"全国人大法律委员会"更名为"全国人大宪法和法律委员会"，加强对宪法实施的监督。

下面我着重讲一下这次宪法修改的重点和亮点，这就是确立习近平新时代中国特色社会主义思想在国家政治和社会生活中的指导地位。习近平新时代中国特色社会主义思想的内容十分丰富，十九大报告把这一思想概括为"八个明确"和"十四个坚持"，前者是指导思想层面的，后者是行动纲领层面的，这两个方面相辅相成，构成完整的理论。这次宪法修正案通过后，全国上下对把习近平新时代中国特色社会主义思想写入宪法而欢欣鼓舞，为什么大家会这么兴奋？这就要求我们弄清楚这一思想是什么，由于时间关系，我们一起来看一下"八个明确"讲些什么。

（一）坚持和发展中国特色社会主义的总任务是：实现社会主义现代化和中华民族伟大复兴，在 2020 年全面建成小康社会的基础上，分两步走在本世纪中叶建成富强民主文明和谐美丽的社会主义现代化强国。这个两步走是：第一步，从 2020 年到 2035 年，在全面建成小康社会的基础上，再奋斗 15 年，基本实现社会主义现代化；第二步，从 2035 年到本世纪中叶，在基本实现现代化的基础上，再奋斗 15 年，把我国建成富强民主文明和谐美丽的社会主义现代化强国。

（二）新时代我国社会主要矛盾是：人民日益增长的美好生活需要和不平衡不充分的发展之间的矛盾。随着我国十几亿人温饱问题的解决，我们的人民不仅对物质文化生活提出了更高的要求，而且在民主、法治、公平、正义、安全、环境等方面的要求日益增长。现在，我国社会生产力水平总体上显著提高，社会生产能力在很多方面进入世界前列，更加突出的问题是，上述这些要求和不平衡不充分的发展之间的矛盾。怎么满足人民日益增长的美好生活需要？这一思想明确要求，要在继续推动发展的基础上，着力解决好发展不平衡不充分问题，更好满足人民在经济、政治、文化、社会、生态等方面日益增长的需要，更好推动人的全面发展、社会全面进步。用形象的话来说，以前我们国家建设主要解决的是"有没有"的问题，现在要解决"好不好"的问题。

（三）中国特色社会主义事业的总体布局是"五位一体"，战略布局是"四个全面"，强调增强道路自信、理论自信、制度自信、文化自信。"五位一体"是指物质文明、政治文明、精神文明、社会文明、生态文明一体建设，协调发展；"四个全面"是指全面建成小康、全面改革开放、全面依法治国、全面从严治党。"五位一体"称为总体布局，讲的是中国特色社会主义现代化的内涵和外延，它说明我们进行的现代化，是全面、完整的现代化，而不是局限于某些领域、跛脚鸭式的现代化。"四个全面"称为战略布局，作为开展"五位一体"现代化建设的战略抓手。

（四）全面深化改革总目标是完善和发展中国特色社会主义制度，推进国家治理体系和治理能力现代化。我们国家的改革开放是从"摸着石头过河"开始的，以往也提出过改革目标，但大多是从具体领域提出的。习近平新时代中国特色社会主义思想提出了全面改革的总目标，这是一个带有开创性、突破性的顶层设计。我国社会经济治理中出现的种种问题，不是基本制度的问题，而是治理体系不完善、治理能力不高造成的。香港人士对内地发生的有些事情经常感到不解，还有人恨铁不成钢，提出严厉批评。对于香港人士批评的问题，在很多情况下我也是感同身受。问题在于原因是什么？这些事情的发生，有一个很重要的原因就在于国家治理体系还不完善，我们一些干部的能力跟不上时代的要求，治理能力不高。因此，我们改革的总目标必须聚焦在完善国家治理体系、提高国家治理能力上。

（五）全面推进依法治国总目标是建设中国特色社会主义法治体系，建设社会主义法治国家。我国现行法律有 263 部，行政法规 753 部、地方性法规 1.2 万多部，都是改革开放之后制定的。从立法角度来讲，在不到 40 年的时间内，我们国家建立了比较完备的法律体系，这是十分不容易的。香港是一个法治社会，大家知道，立法不容易，但法治不只是立法，其他方面的建设更加不容易。因此，党的十八届四中全会首次提出全面依法治国的总目标是建设中国特色社会主义法治体系，建设社会主义法治国家。法治体系包括五个体系的建设：一是完备的法律规范体系，二是高效的法治实施体系，三是严密的法治监督体系，四是有力的法治保障体系，五是完善的党内法规体系。法治体系建设是进行法治国家建设的总抓手。只有这五个方面的建设协调推进，才能实现法治国家建设的目标，才能满足人民对法治的期待，为中国特色社会主义事业发展兴盛提供有力的法治保障。

（六）新时代的强军目标是建设一支听党指挥、能打胜仗、作风优良的人民军队，把人民军队建设成为世界一流的军队。这是实现"两个一百年"奋斗目标、实现中华民族伟大复兴的战略支撑。强军思想是习近平新时代中国特色社会主义思想的重要组成部分。去年 7 月 30 日习近平主席在内蒙古自治区的朱日和基地举行沙场阅兵，纪念建军 90 周年，今年 4 月 12 日，习近平主席又在南海检阅海军部队，全国人民都极为振奋。因为在中国近代史上，"落后就要挨打"给中国人的感受太深了。汲取历史教训，我们必须建设好与国家发展、与奋斗目标相匹配的国防军事力量。

（七）中国特色大国外交要推动构建新型国际关系，推动构建人类命运共同体。习近平主席曾经指出，当今时代，没有哪个国家能够独自应对人类面临的各种挑战，也没有哪个国家能够退回到自我封闭的孤岛。为解决当今世界发展的诸多问题，应对人类社会发展的共同挑战，习近平主席提出推动"构建人类命运共同体"等一系列重要思想，呼吁各国人民同心协力建设一个持久和平、普遍安全、共同繁荣、开放包容、清洁美丽的世界，建设相互尊重、公平正义、合作共赢的新型国际关系，汇聚了世界各国人民向往和平、发展、繁荣的最大公约数，是中国人为解决人类问题贡献的中国智慧和中国方案。

（八）中国特色社会主义最本质特征是中国共产党领导，中国特色社会主义制度的最大优势是中国共产党领导，党是最高政治领导力量，提出新时代党的建设的总要求，突出政治建设在党的建设中的重要地位。中国共产党是中国革命、建设、改革的最高政治领导力量，怎么坚持中国共产党领导？这一思想提出，"打铁还需自身硬"，必须加强党的建设，确保党始终全心全意为人民服务，而且有能力服好务。

讲宪法和宪法修正案，为什么要用这么多时间讲习近平新时代中国特色社会主义思想呢？这是因为要深入理解和把握我国宪法，是不能脱离中国特色社会主义的指导思想的。习近平新时代中国特色社会主义思想是现在和今后相当长历史时期内的国家事业的指导思想，是我国宪法最鲜活的内容。讲这部分内容，我还有一个想法，就是可能有些香港人士一听到中国特色社会主义这几个字，就退避三舍，我想如果能静下来好好听一下习近平新时代中国特色社会主义思想所包含的内容，或许会有所感悟。作为一名中国人，站在中国人民的立场，这一思想的哪一条不是反映人民的心声呢？有哪一条不好接受呢？我看没有。深入学习这一思想，有助于更好地理解我国宪法是如何凝聚起全国各族人民的力量，为实现中华民族伟大复兴而奋斗，有助于更好地理解这次宪法修改，尤其是习近平新时代中国特色社会主义思想入宪所具有的重大现实意义和长远的历史意义。

顺便说一下，党的十九大召开后，全世界的智库都在关注、研究习近平新时代中国特色社会主义思想。2014年《习近平谈治国理政》第一卷在全球发行，截止到2017年8月共发行了600多万册，2017年11月发行的第二卷，到2018年2月就发行了1300多万册。我们作为中国人，更应当认真地学习这一思想。当然，有些外国人研究习近平新时代中国特色社会主义思想是不怀好意的。我们不能忽视持反华观点的人和势力，不能忽视他们利用香港、澳门来牵制、遏制中国发展的图谋。实际上，香港和澳门已经成为我们与这种势力进行斗争的前沿阵地。守好香港的阵地，维护国家发展利益，是香港特别行政区政府和所有官员的重要责任。从这个角度来讲，我们也要很好地学习习近平新时代中国特色社会主义思想，因为只有真正知道国家民族的利益所在，才能有政治敏感性，才能真正维护好这个利益。

三、宪法对基本法实施的规范作用

习近平主席去年 7 月 1 日在香港发表的重要讲话指出，"回归完成了香港宪制秩序的巨大转变，中华人民共和国宪法和香港特别行政区基本法共同构成香港特别行政区的宪制基础。宪法是国家根本大法，是全国各族人民共同意志的体现，是特别行政区制度的法律渊源。"他还指出，"回归祖国怀抱的香港已经融入中华民族伟大复兴的壮阔征程。作为直辖于中央政府的一个特别行政区，香港从回归之日起，重新纳入国家治理体系。中央政府依照宪法和香港特别行政区基本法对香港实行管治，与之相适应的特别行政区制度和体制得以确立。"习近平主席深刻地指出了香港特别行政区的宪制基础，明确了宪法和基本法的关系。深入学习宪法，才能真正地理解和贯彻落实好基本法，才能更好地解决"一国两制"方针和基本法实施中遇到的法律问题。那么，从"一国两制"和基本法实施情况出发，我们在学习宪法时，我想是不是要着重把握以下两点。

第一，深入学习和领会宪法确立的单一制原则，明确我们国家是单一制国家，香港特别行政区是单一制国家的地方行政区域。

香港回归祖国以后，社会上出现的许多争议，都涉及中央与香港特别行政区的关系，涉及中央的权力问题。从 1999 年全国人大常委会第一次解释基本法，到后来政制发展问题的处理，再到 2014 年"一国两制"白皮书提出的中央全面管治权，都是如此。怎么正确理解"一国两制"下中央的权力？这就要讲到宪法确立的单一制原则，明确我们国家是单一制国家，香港特别行政区是单一制国家的地方行政区域。

讲我国单一制的历史渊源和主要内容之前，我想在这里插一段去年 11 月习主席夫妇陪同特朗普夫妇参观故宫时的一段对话。当时特朗普问：中国的历史可以追溯到 5000 年或者更早，所以你们有 5000 年历史？习主席回答：有文字的历史是 3000 年。特朗普说：我想最古老的文化是埃及文化，有 8000 年历史。习主席说：对。埃及更古老一些。但文化没有断过流的，始终传承下来的只有中国。特朗普问：所以这就是你们原来的文化？习主席回答：对。我们这些人也是原来的人。黑头发，黄皮肤，传承下来，我们叫龙的传人。习主席在这段对话中特别强调"传承"，那么，在国家制度方面，我国宪法对历史最大的传承是什么？就是单一制。简单来说，在我国有文字记载的历史中，国家体制有两次重大转变：第一次重大转变发生在 2239 年前，也就是公元前 221 年建立的秦王朝，这次国家体制的转变可以概括为从分封制转变为中央集权制，到汉朝这种国家体制稳定下来；第二次重大转变发生在 107 年前，也就是 1911 年的辛亥革命，这次国家体制的转变可以概括为从君主制转变为共和制，经过 38 年，到了 1949 年中华人民共和国成立，共和制才真正稳定下来。第二次重大转变对原有国家体制的继承，最主要的就是单一制原则。我国的单一制原则，是在秦王朝形成的，在历史上称为"大一统"，"中央集权、郡县制"，用今天的话来说，就是坚持中国是一个统一的国家，中央政府对国家全部领域拥有管治权，为了国家管治的需要，全国划分为不同的行政区域实施治理。这种国家体制从秦王朝开始就一直如此，今天完全传承下来。我国宪法序言第 11 段第一句规定，"中华人民共和国是全国各族人民共同缔造的统一的多民族国家"，强调和维护国家统一。第三条第四款规定，"中央和地方的国家机构职权的划分，遵循在中央的统一领导下，充分发挥地方的主动性、积极性的原则"；第八十九条第（四）项规定，国务院即中央政府"统一领导全国地方各级国家行政机关的工作，规定中央和省、自治区、直辖市的国家行政机关的职权的具体划分"，强调和维护中央统一领导。第三十条规定：全国分为省、自治区、直辖市；第三十一条第一句规定，"国家在必要时得设立特别行政区"，强调和维护国家划分为不同行政区域实施管治的原则。这些都是单一制原则的宪法表述。

宪法确立的单一制原则，在基本法中有重要的体现。基本法第 1 条规定，"香港特别行政区是中华人民共和国不可分离的部分"，体现的就是单一制原则，因为单一制国家的任何领土都是不可分离的。基本法第 2 条规定，"全国人民代表大会授权香港特别行政区依照本法的规定实行高度自治，享有行政管理权、立法权、独立的司法权和终审权。"体现的也是单一制原则，因为单一制国家的中央政府对国家全部领域具有管治权，地方行政区域的权力只能来源于中央的授权。基本法第 12 条规定，"香港特别行政区是中华人民共和国的一个享有高度自治权的地方行政区域，直辖于中央人民政府。"体现的还是单一制原则，因为单一制国家都划分为不同行政区域实施管治，任何行政区域都是地方行政区域。基本法这样的条文还有很多，包括行政长官和各位主要官员要由中央人民政府任命，行政长官要对中央人民政府负责，都是单一制原则的要求。可以这样说，特别行政区制度的设计，遵循的一条重要宪法原则，就是单一制原则。理解单一制原则，香港社会争论的许多问题也就有了答案。比如说，2014 年以来，香港社会一直在讨论中央全面管治权问题，从单一制原则出发，这个问题很好理解。前不久我在澳门讲中央全面管治权与澳门特别行政区高度自治权的关系，我说中央全面管治权这个概念，是经得起严格推敲的，当时讲了三条理据，其中一条就是单一制原则。我当时是这样讲的：从我国国家体制来讲，我国是单一制国家，根据宪法产生的中央政府代表全国各族人民行使管理国家的权力。澳门是国家不可分离的部分，澳门特别行政区直辖于中央人民政府，中央对澳门具有全面的管治权。这个说法也适用于香港。

因此，我国宪法确立的单一制原则，既是维护国家统一的基本原则，也是处理中央和地方权力关系的基本原则。深刻理解我国是一个单一制国家，深刻理解宪法坚持的单一制原则，是正确理解基本法关于中央与香港特别行政区关系的不二法门。

第二，深入学习和领会宪法确立的国家根本制度，明确中国共产党领导是中国特色社会主义最本质特征，香港特别行政区是社会主义国家之中的一个实行资本主义的地方行政区域。

在"一国两制"和基本法实践中，除了中央权力问题外，还有什么问题容易引起争议？恐怕就是国家实行的社会主义制度，特别是中国共产党的领导。我国宪法第一条第二款规定，"社会主义制度是中华人民共和国的根本制度。中国共产党领导是中国特色社会主义最本质的特征。禁止任何组织或者个人破坏社会主义制度。"1987年4月邓小平会见香港基本法起草委员会委员时就明确指出，"我们坚持社会主义制度，坚持四项基本原则，是老早就确定了的，写在宪法上的。我们对香港、澳门、台湾的政策，也是在国家主体坚持四项基本原则的基础上制定的。""要保持香港五十年繁荣和稳定，五十年以后也繁荣和稳定，就要保持中国共产党领导下的社会主义制度。"他还说，"'一国两制'也要讲两个方面。一方面，社会主义国家里允许一些特殊地区搞资本主义，不是搞一段时间，而是搞几十年、成百年。另一方面，也要确定整个国家的主体是社会主义。"因此，香港特别行政区是社会主义国家之中的一个实行资本主义的地方行政区域。国家实行社会主义制度与个别地方实行资本主义制度的主次关系不能颠倒，中央坚定不移地贯彻落实"一国两制"方针，不会改变香港实行的资本主义制度，同时，也不能允许有人利用香港谋求改变国家实行的社会主义制度。这个问题在制定"一国两制"和基本法过程中就已经十分明确，讲得清清楚楚。

有些人认为，既然香港不实行社会主义制度，保持原有的资本主义制度和生活方式，就不能要求香港特别行政区维护宪法规定的社会主义制度。如果这种观点是正确的，那么内地不实行资本主义制度，是否可以不维护香港实行资本主义制度呢？显然是不行的。为什么？因为国家主体实行社会主义制度是宪法规定的，香港特别行政区实行资本主义制度也是宪法规定的，从维护宪法出发，内地既要维护内地的社会主义制度，也要维护香港特别行政区实行的资本主义制度。反之也一样。这里要强调一点，特别行政区实行资本主义制度有一条重要的法律界限，即特别行政区可以实行资本主义制度，条件是必须维护国家主体实行社会主义制度，而且有利于国家主体社会主义的发展。香港回归后，有一些人在香港公开反对国家主体实行的社会主义制度，是不符合基本法的，因为这违反宪法的规定，根据宪法制定的基本法，不可能赋予任何人反对宪法规定的国家根本制度的权利。

在这里，我还要再讲一下中国共产党领导问题。在上个月召开的第十三届全国人民代表大会第一次会议闭幕会上，习近平主席明确要求，"一切国家机关工作人员，无论身居多高的职位，都必须牢记我们的共和国是中华人民共和国，始终要把人民放在心中最高的位置，始终全心全意为人民服务，始终为人民的利益和幸福而努力工作。"这段话鲜明地体现了中国共产党的宗旨和本色。我们的人民拥护和支持中国共产党，就是拥护和支持由一个全心全意为人民服务、而不谋求自身利益的政党来领导人民建设国家，谋求幸福。香港虽然实行资本主义制度，但香港居民作为中华民族的一分子，这样的一个政党值不值得支持呢？撇开所有意识形态成见，我相信答案是肯定的。当然，所有香港居民同全国各族人民一样，也有权利监督中国共产党是不是忠实履行其誓言，中国共产党始终欢迎人民群众的监督。正因为中国共产党领导是历史的选择、人民的选择，我国宪法序言明文规定了中国共产党的领导，这次宪法修正案在此基础上又增加了"中国共产党领导是中国特色社会主义最本质的特征"的规定，进一步确立了中国共产党的领导地位。因此，中国共产党领导同样是宪法制度，尊重宪法、维护宪法、遵守宪法，必然要求尊重、维护、遵守中国共产党的领导。

在座的各位都是政府高级公务员，学习宪法还有一个重要作用，就是解决为香港服务和为国家服务的关系问题，增强工作的自豪感和成就感。上个世纪九十年代我参与香港回归工作后，与香港各界人士有比较多的接触，老实讲，当时有一些人是抱着为香港服务、而不是为国家服务心态来参与香港回归工作的。毕竟香港回归祖国是巨大的历史转变，当时有一些人的思想一时转不过弯，用这种心态工作，是可以理解的，这总比不愿意参加到香港回归工作中来要好。今天可以明确地说，这种想法无论对国家、对香港还是对个人，都是有害无益的。道理很简单，香港是中国的一部分，"一国两制"方针和基本法是根据宪法制定的，为香港服务就是为国家服务，贯彻执行基本法就是贯彻落实宪法，为推进"一国两制"事业而工作，就是投入中国特色社会主义建设，这中间不可能分开。实际上，在座的各位公务员，都是既为香港工作，也为国家工作，问题只在于是否意识到这一点。意识到了，就会感到自己的工作已经融入实现国家现代化、中华民族伟大复兴之中，国家的发展进步、人民的生活改善也有自己的一份贡献，从而感到自豪和荣耀。

女士们、先生们：

最后，用 2012 年 10 月我在纪念现行宪法颁布 30 周年座谈会上讲过的一段话作为今天讲座的结语："如果把这 30 年来在我们国家土地上发生的一切比喻为宏伟的画卷，这幅画卷就是伴随着宪法的施行而展开的，这当中，'一国两制'伟大构想成功付诸实施，是浓墨重彩的一笔。说它浓墨重彩，是因为香港和澳门保持原有的资本主义制度，却成为建设中国特色社会主义宏伟画卷的一个精彩局部。社会主义与资本主义是如此不同，是什么使它们共存于统一的国家之中，使这幅书卷成为一个整体？靠的就是宪法的调整。" "宪法是'一国两制'的根本保障。从法律上来讲，香港和澳门实行不同于内地的制度和政策，建基于宪法的规定；香港基本法和澳门基本法的法律地位和法律效力，来源于宪法的规定；'一国两制'和基本法的实施，受制于宪法的规定。通过这三个方面，宪法不仅在内地，而且在香港和澳门，都发挥国家最高法律规范的作用。"

在纪念许崇德教授九十诞辰
学术研讨会上的发言[*]

许崇德教授是我十分崇敬的老一辈宪法学家，我对他怀有深厚的感情。香港基本法、澳门基本法都是宪法类法律，许崇德教授不仅参与了香港基本法、澳门基本法起草工作，还参与了成立香港特别行政区、澳门特别行政区的筹备工作，而且更重要的是，他留下了丰富的基本法著述，称他是基本法理论的奠基者之一，实至名归，恰如其分。许崇德教授主编的《港澳基本法教程》等，是有关基本法的权威著作。我曾经说过，这些著作有一个特点，就是作者亲身参与了基本法起草工作，通过介绍基本法的起草过程来论述基本法的各项规定，而且是在基本法刚完成时所写的著作，是历史的真实记录，具有权威性和公信力。这些著作讲清楚了基本法的规定是怎么来的，当时考虑了些什么，对于探求基本法规定的立法原意，具有不可替代的作用，其重要性不会因为时间的推移而减弱，同时也为我们今天开展基本法理论研究奠定了坚实的基础。许崇德教授对基本法作出了不可磨灭的历史性贡献，值得我们永远纪念。许

＊ 2019 年 1 月 5 日在中国人民大学法学院。

崇德教授被党中央、国务院授予改革先锋称号，被颁授改革先锋奖章，并获评"中国特色社会主义法律体系建设的积极推动者"，是众望所归，令我无比激动和欣慰。

我认识许老师 20 多年，真正熟悉还是 1995 年成立香港特别行政区筹备委员会之后，当时我们两人都是筹委会委员，从那时起，在基本法研究中，我就一直受到他的教诲。2007 年按照中央的指示要求，我牵头成立了一个基本法研究领导小组，推动内地专家学者开展基本法理论研究，许崇德教授是这个小组的成员，对研究工作提出过许多重要的意见和建议。特别是，在 2011 年 4 月 15 日、6 月 17 日两次领导小组会议上，许崇德教授对我们正在进行的基本法教材编写工作提出意见。他指出：基本法教材编写可以先拟出各章的骨架内容，再逐步展开。在教材编写过程中，要采取有力措施加强对教材编写人员的培训。对于教材编写大纲，他指出：要突出行政主导，把"行政长官"作为独立一章，把"两个产生办法"拆开，行政长官的产生办法放在"行政长官"一章，立法会的产生办法放在"立法制度"一章。第 3 章和第 4 章要避免产生中央权力和特区高度自治权是分权的印象，中央权力是完整的，要把"不干预"和"有所为"完整地提出来，要认真分析香港特别行政区的法律体系与中国特色社会主义法律体系的关系等。后来教材编写的实践证明，许老的这些重要意见建议对准确把握基本法的精神，提高教材编写质量是至关重要的。现在教材还在按照许老师的指导意见编写。基本法研究领导小组有一项工作，是对研究项目结项评审，我们多次劳烦许崇德教授作为专家对课题结项报告进行评审，刚开始时工作人员很忐忑，担心许老这么大牌的教授不会做这些细碎工作。但许老总是"来者不拒"，极其认真负责，对结项报告逐字逐句进行修改，细致到修改错别字、修改写错了的人名，最后工工整整地手写评审意见书。同意结项的，写出同意的理据，并提出需要进一步研究的问题；不同意结项的，写出不同意的理由，并指出需要修改补充的内容。他此时已经80多岁。在领导小组会议上，许崇德教授一直呼吁推进基本法研究学科化。他提出"要培养基本法研究人才，必须把'一国两制'和基本法列入教育部课程目录，至少要列入选修课。'一国两制'是马克思主义中国化，希望港澳基本法委与教育部协商，列入大学课程目录，有课才能有教师队伍，才能有编制，有学生，才能可持续开展研究"。2017年，全国人大常委会港澳基本法委在中山大学以粤港澳发展研究院为依托，设立港澳基本法研究基地。2018年，中山大学将港澳基本法研究列入法学二级学科，设立了港澳基本法研究博士点。许崇德教授的愿望成为了现实。

在我从事港澳工作近20年的时间里，一直把许老的著作放在手边，随时查阅，他在世的时候，还不时当面向他请教问题。印象最深的是2004年4月全国人大常委会第二次释法，是对香港基本法附件一第7条、附件二第3条进行解释，这两条是关于行政长官产生办法和立法会产生办法的修改程序的规定。香港基本法规定了回归头十年也就是1997年至2007年行政长官和立法会两个产生办法，同时在附件一第7条、附件二第3条规定，2007年以后"如需修改"，需经立法会三分之二多数通过，行政长官同意，长官产生办法报全国人大常委会批准，立法会产生办法报全国人大常委会备案。2003 年下半年，香港反对派抢夺基本法的话语权，把这个规定解释成行政长官和立法会两个产生办法修改的启动权在特区，因为立法会在特区、长官也在特区，中央最后才有角色，前面没有中央的事。这样就把两个产生办法修改的启动权、主导权弄到反对派的手里。他们提出要求 2007 年、2008 年双普选，长官要普选、立法会要普选，煽动市民天天游行示威，形成了一股很强大的势力，对香港稳定造成了非常大的冲击。只有通过全国人大常委会的释法，把"如需修改"的启动权，即谁认为需要修改解释明确，才能平息纷争。因为"如需修改"这句话没有主语，当时就这个问题请教了肖蔚云、许崇德两位教授，他们是基本法的起草者，最清楚当时的立法原意。他们指出是中央认为需要修改。因为单一制下，地方的政治体制是中央决定的，两个产生办法是政治体制的重要组成部分，它的修改也必须由中央决定。据此，最后把"如需修改"解释成，第一步行政长官向全国人大常委会提出报告，第二步由人大常委会决定改还是不改，如果同意修改，第三步才到特区立法会三分之二多数通过，第四步行政长官同意，第五步报人大常委会批准或者备案。这样通过"五步曲"程序，就把两个产生办法修改的启动权、主导权拿到了中央手中。释法后我到香港去召开座谈会，反对派坚持改不改是特区的事，不是中央的。我说你可以有不同理解，但现在人大常委会作了解释，这就是最终的最权威的解释，他们无话可说。通过这次释法使得香港的政制发展问题进入了基本法规定的轨道，平息了社会的纷争，维护了香港的繁荣稳定。这次释法的意义在哪里？它不仅仅是管一次的，而是管长远的。因为基本法的解释和基本法条文具有同等法律效力，它是基本法条文的延伸。香港政制发展，五年搞一次，这个"五步曲"的规矩立下来了，今后每次政改都要按照这个法定程序进行，这样中央对香港的政制发展自始至终都掌握了主导权。现在"五步曲"已经深入香港社会人心，后来的几次政改都是按此程序进行的，获得了香港社会各方面的接受和认同，有力地维护了香港长远的繁荣稳定，确保了"一国两制"方针不会变、不动摇，"一国两制"实践不变形、不走样。这次释法，肖老师、许老师功不可没。

大约十几天前，韩大元教授邀请我出席今天的会议并叮咛，您是许老师的好朋友，又是基本法研究的同事，希望出席。我立即回复，"一定出席并发言。"但说我是许老师研究基本法的同事实不敢当，在基本法研究领域我始终认为自己是许老师的学生。记得 2004 年我参加北京大学举办庆贺肖蔚云教授八十寿诞座谈会，当时我说，今天许多人说他们是肖蔚云教授的开门弟子、入门弟子，或者是关门弟子，我没有这个荣幸，我算什么呢？我说就算个"旁门弟子"吧。今天我同样用这句话来定位我作为弟子与许老师的关系，并用这句话来表达我对许老师的崇高敬意和深切缅怀。

去年 6 月，我在这里参加"王叔文、肖蔚云、许崇德与基本法理论的奠基与发展"学术研讨会，当时我讲了这样一段话："任何理论都不是从天而降，不是从石头缝里蹦出来的，就是孙悟空，也是前有因、后有果，也是有传承的。理论研究最注重传承，没有传承就没有理论。以王叔文、肖蔚云、许崇德为代表的老一辈宪法学家是基本法理论的开创者、奠基者，他们关于基本法的著述，为过去二十多年'一国两制'实践和基本法实施提供了强有力的理论支撑。我们都是他们的衣钵传人。要推进基本法理论研究，就要深入地了解前人的研究是从哪里开始的，已经做了些什么，不仅要知道他们作出了哪些论述，而且还要理解他们为什么这样论述。在此基础上，才谈得上创新、发展。"今天，我们在这里召开纪念许崇德教授九十诞辰学术研讨会，向已经故去的基本法理论开创者致敬，向已经取得的基本法理论研究成果学习，在传承中发展，在发展中创新，我们的基本法研究工作才能有坚实的基础，才能走得更远、更好。

在深圳大学港澳基本法研究中心
成立十周年座谈会上的讲话*

　　时间过得真快，转眼十年过去了。十年前在这里挂牌成立研究中心的情景还历历在目。这次受邀参加研究中心成立十周年座谈会，见到许多新老朋友，感到非常高兴！刚才进门看到一张照片，记录了十年前许崇德老师和我一起为中心揭牌的瞬间。许老师是中心第一届学术委员会主任，不幸前几年去世了，他为中心的学术研究进行过深入指导，花了很多心血，我想今天中心的工作取得这么多成绩，也是对他老人家的告慰。

　　现在回想起来，其实从香港回归，基本法的实践一开始，我们就意识到，要保持"一国两制"、"港人治港"、"澳人治澳"、高度自治长期稳定不变，需要有强有力的理论支持。正如基本法的起草不全是起草委员会在工作，而是依靠了包括港澳居民在内的全社会力量一样，基本法的研究也需要依靠全社会力量。因此，我们港澳基本法委员会早在 2004 年就提出，要整合、推动社会力量开展基本法研究。当时，我们走访考察了国内几所院校。之所以最终选择深圳大学作为基本法研究基地，

＊ 2019 年 10 月 11 日。

不仅是因为它有毗邻港澳的地缘优势以及有一批热衷基本法的学者，更重要的是，我们从深圳大学的身上看到了一股朝气蓬勃的干劲，这就是"开拓创新"、"务实高效"的深圳精神。这正是我们提振基本法研究工作所需要的精气神。

记得 2009 年 7 月 11 日，在学术委员会第一次全体会议上，我代表主管单位向刚刚成立的研究中心提出了四点希望：一是搭建内地与港澳法律界开展交流的新平台；二是建成内地较大规模的基本法研究资料库；三是实现基本法教学、科研和人才培养的有机结合；四是对其他地区的基本法研究工作起到示范作用。说是四点希望，其实是提出了四项任务。十年来，你们没有辜负大家的期望，从无到有干出了一番新天地，在理论研究、学术交流、人才培养、政策咨询、资料收集等各方面，拿出了一份优异的成绩单，特别令我印象深刻的是，在一些重大问题、在一些关键的时间节点上，你们勇于在第一线发出强有力的声音，发挥了独特的重要作用。作为研究中心成立和发展过程的见证人，我由衷地感到高兴！作为参与者，我本人也很有成就感！

随着我国法学研究的蓬勃发展，基本法研究这个曾经的"冷门"，现在已经成为一个法学界、政治学界等各方面学者关注的方向，从冷门成为热门，从单一学科走向综合研究，正在不断产生高质量的学术成果。今天在座不少是研究"一国两制"和基本法问题的专家，是这门学科的领头人。目前，"一国两制"伟大实践已步入"五十年不变"的中期，进入到港澳融入国家发展大局的新阶段，这给大家的研究工作提出了更高的要求。借今天这个场合，讲几点个人想法与大家共勉：

一是坚信"一国两制"一定能够取得成功。"一国两制"是中国特色社会主义的一个伟大创举，对于国家、香港、澳门以及外国投资者来说，是最好的制度安排。不可能还有比"一国两制"更好的办法。一个对所有人都有利的制度安排，不应当、也没有理由不能获得成功。我们这些从事"一国两制"事业和基本法研究的人，应当有这份信心和底气。

二是坚信法治能够凝聚最广泛的人心。"一国两制"实践必须也只能是建基于法治的基础之上。逾越了法律的底线，偏离了法治的方向，"一国两制"不可能获得成功。即使内地与港澳的意识形态、社会制度有所不同，但在维护法治这一点上，大家是有共同语言的。我们做基本法研究，就是要高举法治的旗帜，致力于维护宪法和基本法确立的特别行政区宪制秩序，以法服人，当好护法的使者。

三是坚信我们能够研究出一套让内地、香港、澳门三地都能接受的基本法理论。这是我一直以来的一个心愿。"一国两制"和基本法理论研究必须基于实践、面向实践、致力于解决实践中遇到的问题，而理论要起到指导实践作用，就必须面向未来，必须体系化、系统化。法理就是讲道理，最终目的是要使人接受。希望大家努力把基本法蕴含的道理讲好、讲透，用各种可行的方式，讲到港澳同胞心里去，这样基本法就被注入了生命力，就能在"一国两制"事业中发挥更大的作用。

最后，我再次呼吁一个问题，就是要继续大力推动、整合社会力量开展基本法研究。学术界对于基本法和港澳问题的研究，在上世纪 80 年代中英谈判开始到澳门回归期间，曾经达到了一个高峰。但即使在那个时候，从事基本法研究的队伍、力量还是很薄弱的。除了参与基本法起草的法律专家外，屈指可数。回归后的一段时间马放南山，力量更加萎缩。大约从 2004 年开始，在我们港澳基本法委员会的推动下，基本法研究逐步恢复并呈现出欣欣向荣的局面。但总的来讲，基本法研究的社会力量还是不够强大。记得 2009 年，深圳大学港澳基本法研究中心成立时，在全国比较活跃的研究骨干，也就只有 60 多位，其中的许多同志今天都来了。大约从 2010 年开始，基本法研究专题化的广度和深度都得到了很大的拓展。现在看法学类的学术杂志，很多基本法研究的论文，都在注释中说明这是基本法委员会资助的课题研究成果，这是很令人欣慰的。基本法的学科建设也取得了很大的成果，虽然要成为一个独立的部门法学科还面临一些问题，但现在已经有不少大学设立了基本法的硕士点、博士点，本科教育中开设基本法课程的也越来越多。在大学和科研院所中，成立专门的基本法研究中心、港澳问题研究中心等专门研究机构的，也越来越多。港澳研究、基本法研究的专业学术刊物从无到有，涌现出一大批学术专著以及以书代刊的论文集等。在国家的重视下，在众多学者的积极参与下，基本法研究已经走上了健康发展的轨道。习近平总书记指出，一代人有一代人的使命。基本法研究的未来、基本法理论体系的形成，很大程度上要依靠社会力量包括今天在座的专家学者的努力。我期待更多的专家学者特别是年轻学者都来加入基本法研究的队伍，贡献自己的力量。希望深圳大学在这方面也能起到带头示范作用。

　　祝愿深圳大学港澳基本法研究中心今后的工作更上一层楼！在"一国两制"和基本法研究中取得更多的建树！

澳门特色"一国两制"成功实践的
经验和启示[*]

  大约一个月前，崔世昌先生向我发出一个邀请，要我利用这次到澳门大学接受荣誉法学博士的机会，到澳门基本法推广协会作一次演讲，我愉快地接受了这个邀请。一是在澳门特别行政区成立 20 周年大喜日子即将到来之际，我很高兴有这样一个机会，提前向在座的朋友，并通过你们向澳门各界人士表示热烈的祝贺；二是澳门基本法推广协会刚刚完成了换届，作为协会及其前身澳门基本法协进会的老朋友，我也应当来向协会道喜，对 26 年来协进会和协会接续工作，为宣传推广澳门基本法作出杰出贡献表达我的崇高敬意；三是澳门基本法推广协会举办的活动，总是"群贤毕至，少长咸集"，能够在这样的场合同新老朋友见面，特别是与多年不见的老朋友相见，也是一件令我十分高兴的事情。

  在准备今天的演讲时，我头脑里首先想起的是，今年 9 月 11 日习近平主席会见候任行政长官贺一诚时讲的一段话，这段话里第一次提出了"具有澳门特色的'一国两制'"这个概念，

---

* 2019 年 11 月 8 日在澳门基本法推广协会的演讲。

引起了广泛的注意。这段完整的话是这样讲的："今年是澳门回归祖国 20 周年。20 年来，在何厚铧、崔世安两位行政长官带领下，澳门特别行政区政府团结社会各界人士，全面准确理解和贯彻'一国两制'方针，坚定维护宪法和基本法权威，传承爱国爱澳的核心价值观，促进澳门经济快速增长、民生持续改善、社会稳定和谐，向世界展示了具有澳门特色的'一国两制'成功实践。事实证明，'一国两制'是完全行得通、办得到、得人心的！"我体会，习主席的这段话，高度凝练地指出了"一国两制"在澳门实践的成功所在、特色所在，它不仅是过去 20 年经验的总结，而且为"一国两制"在澳门实践行稳致远提供了重要指引。因此，我借用习主席讲话中"向世界展示了具有澳门特色的'一国两制'成功实践"这句话，把今天的演讲题目定为"澳门特色'一国两制'成功实践的经验和启示"。我要讲的内容，也是我在学习领会习主席这段讲话时的所思所想，在这里与大家进行交流，讲得不正确的地方，请在座的各位朋友批评指正。

一、"一国两制"成功实践必备的三大要素

从上个世纪八十年代初"一国两制"方针提出到现在，"一国两制"伟大实践取得了举世公认的成功，这是各种因素共同作用的结果，在澳门的成功，当然包括在座的各位所作出的贡献。我认为，之所以能够成功，最根本的有三大要素：一是"一国两制"方针政策是正确的，二是中央政府和澳门居民有着坚定不移贯彻落实"一国两制"的意志，三是澳门人展示出治

理好澳门的智慧和能力。

"一国两制"要取得成功，第一个必备要素当然是这一方针政策必须是正确的。1984年12月邓小平在会见到北京签署中英联合声明的撒切尔夫人时，讲了一段很著名的话。他说，"我们提出这个构想时，人们都觉得这是个新语言，是前人未曾说过的。也有人怀疑这个主张能否行得通，这就要拿事实来回答。现在看来是行得通的，至少中国人坚信是行得通的。因为这两年的谈判已经证明这一点。这个构想在解决香港问题上起了不说是决定性的作用，也是最重要的作用。再过十三年，再过五十年，会更加证明'一国两制'是行得通的。"现在离邓公讲这段话已经过去了三十五年，在中央政府和包括澳门同胞在内的全国人民共同努力下，我们已经用事实证明了邓小平当年的论断，证明了"一国两制"方针政策的正确性。习近平主席在十九大报告中作出了这样的结论："香港、澳门回归祖国以来，'一国两制'实践取得举世公认的成功。事实证明，'一国两制'是解决历史遗留的香港、澳门问题的最佳方案，也是香港、澳门回归后保持繁荣稳定的最佳方案。"

中央政府和澳门居民有着坚定不移地贯彻落实"一国两制"的意志，是第二个必备要素。最朴实的道理是，再正确的方针政策，如果缺乏坚决贯彻落实的意志，也不会取得成功。"徒法不能以自行"。中央贯彻落实"一国两制"方针的立场坚定不移，中央领导人和重要文件一再对此作出明确的宣示。就在上个月庆祝中华人民共和国成立70周年大会上，习近平主席在天安门城楼上发表了一篇气势磅礴的重要讲话，其中就有这样一段："前进的征程上，我们要坚持'和平统一、一国两制'的方针，保持香港、澳门长期繁荣稳定，推动海峡两岸关系和平发展，团结全体中华儿女，继续为实现祖国完全统一而奋斗"，充分展示了中央贯彻落实"一国两制"的坚定意志；广大澳门居民也都坚决拥护"一国两制"方针，拥护中央政府对澳门的基本方针政策，拥护国家宪法和澳门基本法，同样展示了贯彻落实"一国两制"的坚定意志。中央和澳门居民的坚定意志结合到一起，形成全面贯彻落实"一国两制"的强大力量，确保"一国两制"方针不会变、不动摇，确保"一国两制"实践不走样、不变形。

澳门人民展示出治理好澳门的智慧和能力，是第三个必备要素。以前这个提法是澳门人完全具有治理好澳门的智慧和能力，这次改了几个字，因为我这里讲的是成功的必备要素，你具有治理好澳门的智慧和能力，但不使出来，这还不行，要"展示出来"，才能算数。"一国两制"方针和基本法授予澳门特别行政区广泛的权力，实行"澳人治澳"、高度自治，澳门人是否能够充分发挥智慧和能力，把澳门治理好，就成为"一国两制"成功的必备要素之一。澳门回归祖国后取得的巨大发展成就，离不开中央政府和内地各地方的大力支持，但最根本还是靠广大澳门居民砥砺奋斗。我们很高兴地看到，在何厚铧和崔世安两位行政长官的带领下，澳门特别行政区政府团结带领全体澳门居民以高度自觉的主人翁精神，建设澳门、发展澳门，从而在这片土地上创造了发展奇迹，使古老的澳门焕发出无限的生机，充分展示了澳门人治理好澳门的智慧和能力。

　　我今天这篇演讲的中心是"澳门特色",讲"一国两制"成功实践的三大必备要素,目的是要落到"澳门特色"上。那么,在上述三大要素中,从哪里来找习近平主席所讲的"澳门特色"?我认为,只能从澳门人展示出治理好澳门的智慧和能力这个要素中来找。因为前两个要素不好说具有澳门特色。因此,"一国两制"成功实践的澳门特色,只能产生于"一国两制"的贯彻落实过程中,体现在澳门人展示出治理好澳门的智慧和能力上。这种智慧和能力有哪些最重要的表现呢?或者说,在澳门"一国两制"实践的成功经验中有哪些是澳门特有的或者澳门做得比较好的?这就进入我今天演讲的第二部分。

二、"一国两制"在澳门成功实践的重要经验

　　"一国两制"是一项长期的事业,它的成功有赖于所有参与者共同努力,有赖于在不同的历史时期克服不同的困难和挑战。因此,澳门"一国两制"成功实践经验必然是多角度、多层面的,而且任何经验都弥足珍贵,具有重要的启示意义。因为一项伟大事业取得成功,就像一台长演不衰的经典歌剧一样,它不是某一场演出的成功,而是每一场演出的成功,不只是乐队、演出人员的成功,而是所有参与者的成功,哪怕是准备道具、灯光的幕后人员,都是不可或缺的,都作出了不可替代的贡献,所有参与人员都有独到而宝贵的经验。那么,对"一国两制"在澳门的成功实践已经或者将会总结出来的重要经验中,有哪些经验最体现澳门特色呢?以我个人的认识,主要有下面四条重要经验:

（一）不断巩固爱国爱澳的社会政治基础。"一国两制"是伟大的社会政治实践，必然与特定的社会政治基础相联系。就像树木要长得又高又茂盛，必须有肥沃的土壤和充足的水分一样，"一国两制"要取得成功，必须有广泛而牢固的爱国爱澳社会政治基础。上个世纪九十年代我在参与筹备成立澳门特别行政区的工作中，亲身感受到澳门社会光荣的爱国主义传统，澳门人的家国情怀。特别令我难以忘怀的是，1999年12月19日下午，我第一次进入澳门，看到满街的五星红旗，每部出租车上都挂着五星红旗，我感动得流出了眼泪。当时我就想，如果用邓小平先生提出的爱国者标准来衡量，广大澳门居民都符合这个标准，因为他们都尊重自己的民族，诚心诚意拥护祖国恢复行使对澳门的主权，不仅不做损害澳门繁荣稳定的事情，而且对澳门回归后实现社会稳定、经济发展充满信心和期待。澳门特别行政区就是在这样的社会政治基础上，开始了"一国两制"伟大航程。特别令人高兴的是，在澳门回归祖国后，特区政府和社会各界人士始终不忘巩固和发展爱国爱澳社会政治基础。其中，给我留下深刻印象的有三点：

一是，特区政府和社会各界人士从澳门特别行政区成立之日起，始终高举爱国主义伟大旗帜，高度重视在全社会牢固树立国家民族观念，从家庭、学校到社区，深入而广泛地开展爱国爱澳教育。比如说我从报纸上看到，今年七月中下旬特区政府组织了"新时代同心行——澳门青少年学习参访团"，有500名青年学生参加，兵分五路，崔世安行政长官亲自带领一路，几位司长各带一路，到内地5个省市参观访问，既参观大工程、大项目，也到贫困地区了解国家脱贫攻坚战，深入地开展认识祖国活动。我举这个例子，是想说，从何厚铧出任行政长官开始，到崔世安担任行政长官，都高度重视爱国教育，活动丰富多彩，20 年如一日，始终坚持不懈，这是十分难能可贵的。今年六一国际儿童节前夕，濠江中学附属英才学校的小学生给习近平主席写了一封感人至深的信，就是这种爱国教育成效的重要体现。去年 5 月，我应邀到澳门作宪法讲座，其中一场是七个青年社团发起的专门为教师学生举办的，为了不影响教学，讲座安排在晚上 7 点开始，那天在狂风暴雨的情况下，到场一千多人，他们热情高涨，每人手捧一本鲜红的宪法文本放在胸前，从讲台看下去，是一片红色的海洋，令人印象深刻，十分感动，至今难忘。正是在特区政府和社会各界人士的不懈努力下，今天的澳门，爱国爱澳的核心价值观薪火相传，新生代和老一辈一样，都以自己是中国人为荣，挺起中华民族的脊梁，成为爱国爱澳的中坚力量。

二是，特区政府和社会各界人士始终坚持"一国"原则，尊重和维护中央的权力，正确处理特别行政区与中央的关系，在涉及国家的主权、安全和发展利益的关键问题上，绝不妥协、绝不退缩，不仅按照基本法第 23 条的规定成功进行了维护国家安全立法，而且率先在澳门举行国家安全教育展，培养树立维护国家安全的观念和意识。特别值得提起的是，澳门特别行政区坚定维护中央全面管治权，坚决抵制外国势力的干预，既维护了国家的主权和尊严，也维护了"澳人治澳"的民主权利。

三是，特区政府和社会各界人士始终把建设好澳门与实现中华民族伟大复兴的奋斗目标紧密联系在一起，在珍惜澳门特别行政区实行的制度的同时，坚定维护国家主体实行的社会主义制度，对我国各族人民选择的正确发展道路充满感情，对我们国家取得的发展成就无比自豪。

总之，澳门回归祖国后，爱国爱澳的社会政治基础更加巩固、更加牢靠了。它在确保"一国两制"实践行稳致远方面正在并且将会发挥重要作用，我相信今天在座的各位朋友已经看得更加清楚。因此，不断巩固和发展爱国爱澳的社会政治基础，是澳门"一国两制"成功实践的一条重要经验。

（二）坚决维护澳门特别行政区宪制秩序。澳门回归祖国，中国政府对澳门恢复行使主权，意味着古老的澳门经历数百年沧桑历程，重新纳入国家治理体系。它从葡萄牙管辖下的特殊地区，转变为中华人民共和国的一个特别行政区，在保持原有的资本主义制度和生活方式不变的同时，宪制秩序发生了根本转变。澳门特别行政区新宪制秩序，就是"一国两制"、"澳人治澳"、高度自治的政治秩序，由宪法和基本法作出了明确的规定。坚决维护、主动适应这种新宪制秩序，是"一国两制"成功实践的必然要求，也是重要标志。在澳门回归祖国20周年的今天，回顾新宪制秩序的确立过程，如果打个分的话，我认为可以打满分。这个打分依据在哪里呢？可以讲许多依据，但下面两点就足以打出这个满分：

一是，从澳门回归之日起，广大澳门居民以国家和澳门主人翁的高度自觉，坚决维护宪法和基本法确立的新宪制秩序并主动适应宪制秩序的历史转变，切实做到三个有机统一，即把坚持"一国"原则和尊重"两制"差异、维护中央权力和保障特别行政区高度自治权、发挥祖国内地坚强后盾作用和提高澳门自身竞争力有机地统一起来，从而开辟了澳门崭新的发展局面。

二是，正确处理中央与特别行政区关系，坚决维护基本法规定的政治体制。新宪制秩序最主要有两个层面，一是中央与澳门特别行政区的关系，二是澳门特别行政区的政治体制。在澳门特别行政区新宪制秩序确立过程中，确实创造了一项纪录，这就是 20 年来，特区政府和社会各界人士坚决维护宪法和基本法的权威，严守"一国两制"的原则底线，没有发生过有关中央与特别行政区关系的宪制争议，更没有发生过公然挑战中央权力的情况，行政、立法和司法机关严格依法履行职责，以行政为主导的政治体制有效运作。当然，澳门社会对基本法的规定也有许多理性的讨论，这不仅是正常的，而且通过理性讨论最终达成社会共识，也是新宪制秩序确立的必然过程。因此，我们可以断言，坚决维护澳门特别行政区宪制秩序，是澳门"一国两制"成功实践又一条重要经验，同样具有澳门特色。

（三）坚定不移地维护澳门社会的稳定和谐。澳门在长期的发展历程中，居住在这里的中国人淳朴善良，守望相助，自强不息，形成了和谐的社会关系。澳门回归祖国后，在经济高速发展过程中，保持社会和谐，维护社会稳定，始终是广大澳门居民的最大共识，而且良好的社会关系得到很好的延续。我居住的北京，在四合院和平房时代，邻里关系十分密切，现在居民都住进了高楼大厦，许多人住在一栋大楼里，可能终生都没有交往。我相信澳门也有这种现象，因为这是现代"城市病"，难有例外。但我们又可以看到，澳门社会人与人之间总是保持着密切关系，来到这里，能感受到这是一个有温度的社会。这当中有什么秘诀呢？我想，各种社团可能发挥了重要的作用，因为社团之间你中有我，我中有你，大家住在一栋大楼里可能难得说上一句话，但在参加社团活动中，可能一天就要见几次面，这就拉近了人与人之间的距离。此外，特区政府和各类社会服务机构在社区提供了许多公共活动场所，为建立和谐社区关系、和谐社会关系提供了重要的条件，可能也发挥了重要作用。但我认为最根本的还是澳门人发自内心，并且身体力行地追求社会和谐，立场鲜明地维护社会稳定。我们可以看到，广大澳门居民是非分明，整个澳门社会正气澎湃，对各种可能危害社会和谐稳定的事情，始终保持着高度的警觉，为了维护社会稳定和谐，每个人都勇于站出来抵制各种破坏活动，同样为了维护社会稳定和谐，每个人都愿意放下心中成见、协商共赢。曾经有内地朋友问我，为什么"一国两制"在澳门实行得那么顺利？我回答说，因为澳门人很聪明，不搞内讧，有事商量着来，和气发大财。这是朋友之间聊天，当然不是严肃的说法，但实实在在的是，当社会和谐稳定与经济发展繁荣的辩证法，对某些人来说还只是书本上道理的时候，在澳门已经成为指导社会政治行为的基本准则。因此，坚定不移维护澳门社会的和谐稳定，是澳门"一国两制"成功实践的重要经验，广大澳门居民身体力行，赋予它澳门特色。

（四）聚精会神发展经济改善民生。"一国两制"在澳门的成功实践，深刻地阐释了发展是硬道理，民生是最大的政治。在这里我想起了一件历史往事，在上个世纪八十年代中期制定对澳门基本方针政策过程中，中央有关部门深入听取了澳门各界人士的意见。在听到的各种意见中，有一条很强烈，就是要求澳门回归祖国后把发展放在首位，因此，在中葡联合声明第一段中有一个"有利于澳门的经济发展和社会稳定"的提法，在这个提法中经济发展是放在社会稳定前面的。到了起草澳门基本法时，从社会稳定与经济发展的辩证关系出发，基本法序言第二段才把这个提法改为"有利于澳门的社会稳定和经济发展"。这件往事充分说明，澳门社会各界人士深刻认识到，要根本改善澳门民生，必须靠发展，因此，发展理念是一早就在澳门社会牢固树立的。这也解释了澳门回归后有这么大的发展变化，这种发展变化绝不是偶然的，而是澳门过渡时期就积累起来的强烈发展愿望所结出的丰硕果实。讲到回归后澳门的经济发展，民生改善，通常都会讲一系列数字，我想在今后的一段时间里，这些数字还要不断变化，今天，我就不讲了，我只想指出的是，在澳门回归初期谋划经济发展时，主要就是为了解决民生问题，具有明确的民生导向。这些年来，特区政府财政支出始终把改善民生放在优先位置，现在澳门实现了15年免费教育，建立了双重社会保障制度，全体澳门居民都享有基本免费的医疗服务，所有老人都能享受到养老金，各项社会事业蓬勃发展，就是这种导向的体现。归根结底，中央决定在澳门实行"一国两制"方针政策，赋予澳门高度自治权，实行"澳人治澳"，就是为了确保澳门居民能够过上更好的日子，为国家现代化建设作出更大贡献。澳门特别行政区不忘初心，始终把民生改善作为澳门经济发展的根本目的，这同样是"一国两制"成功实践的澳门特色。

讲"一国两制"成功实践的澳门特色，还可以讲若干条，但我今天只讲这四条，我再归纳一下，这就是一不断巩固爱国爱澳的社会政治基础，二坚决维护澳门特别行政区宪制秩序，三坚定不移地维护澳门社会稳定和谐，四聚精会神发展经济改善民生。我认为这四条带有根本性，不容我们犯颠覆性错误。这四条看似简单，道理也很浅显，但事不经过不知难，能够20年如一日加以贯彻执行，这就是智慧和能力的表现，而且是大智慧，大能力。"一国两制"在澳门成功实践，澳门人展示的智慧和能力，能给未来带来什么启示呢，这就进入我今天演讲的第三部分。谈启示，就不能就澳门谈澳门，而要放在更广阔的场景来讲。

三、具有澳门特色"一国两制"成功实践的重要启示

这次来之前，我认真地学习了习近平主席今年给澳门人士的两封回信，真切感受到习近平主席对澳门的深切关爱和殷切期待。我也认真地阅读了澳门小朋友和老人家给习近平主席写的两封信。这两封信虽然出自"一老一小"之手，但有几点是共同的：一是对习主席充满深情，对国家充满深情；二是对国家70年和澳门20年发展成就无比自豪，对作为中国人无比自豪；三是对国家和澳门的发展满怀信心，对国家和澳门的美好明天满怀信心，总之一句话，把澳门与国家紧密联系在一起。

虽然写这两封信的小朋友和老人家是隔代人,但他们的心声是如此的一致,这就是澳门的力量、也是我们国家的力量。放眼中华民族伟大复兴的壮阔征程和伟大愿景,回顾"一国两制"在澳门的成功实践,有以下几点重要启示:

第一,"一国两制"的成功不是偶然的,体现了中华民族必将实现伟大复兴的历史必然。记得 2011 年我在北京会见来自两岸四地的八百位青少年组成的"辛亥革命百周年体验考察团",给他们作了一场"辛亥革命与民族复兴"的演讲,我从天安门广场上的人民英雄纪念碑碑文讲起,说到我国各族人民近代以来不懈奋斗的目标,归结到底就是一句话,实现中华民族伟大复兴,如果展开讲,是四句话十六个字,即:民族独立、人民解放,国家富强、人民幸福"。我国各族人民一百多年来在九百六十万平方公里土地上开展的波澜壮阔的斗争,新中国成立之后特别是改革开放以来取得的辉煌业绩,就是这四句话十六个字展开的画卷。正如今年国庆节,习近平主席发表的重要讲话指出,全国各族人民经过 70 年的艰苦奋斗,"今天,社会主义中国巍然屹立在世界的东方,没有任何力量能够撼动我们伟大祖国的地位,没有任何力量能够阻挡中国人民和中华民族的前进步伐。"我国各族人民能够把一个一穷二白的国家在 70 年的时间建设成为一个繁荣富强的国家,最根本的就是在中国共产党的领导下,走出了中国特色社会主义道路。我国政府对澳门恢复行使主权,设立澳门特别行政区,实行"一国两制"、"澳人治澳"、高度自治,并取得举世公认的成功,是近代以来我国各族人民追求中华民族伟大复兴历史进程的重要组成部分。我国政府对历史遗留的澳门问题的处理和解决，与国家改革开放是同步进行的，"一国两制"是中国特色社会主义的重要组成部分，是新时代坚持和发展中国特色社会主义的基本方略。因此，"一国两制"的成功不是偶然的，它同近代以来我国各族人民在革命、建设和改革进程中所取得的成功一样，具有历史必然性。我们必须从中华民族伟大复兴的历史进程，站在国家发展大局的高度，深入领会中央决定在澳门实行"一国两制"的出发点和落脚点，正确认识"一国两制"，不断增强"一国两制"的制度自信。只有这样，才能确保"一国两制"在澳门的实践行稳致远，不断取得新的成就。

第二，要牢固树立主体意识，深刻认识到"一国两制"伟大事业只能靠自己来实现。我前面讲到宪制秩序的历史性转变，记得多年前我在澳门的一次演讲中还讲了一个历史性转变，这就是澳门居民的身份和地位的历史性转变。澳门回归祖国后，广大澳门居民全面享有国家公民的地位和权利，真正成为国家的主人、澳门的主人。我在这里讲的主体意识，就是主人翁意识，特别是国家意识、中国人意识。为什么要强调主体意识，至少有三个理由：首先，这是"一国两制"和澳门基本法规定的特别行政区制度的一个重要基础。为什么在澳门可以实行"一国两制"、"澳人治澳"、高度自治？就是因为我国是一个人民共和国，国家的一切权力属于人民。澳门居民是中国人民的一部分，享有管理国家当然包括澳门的权利，这是中央可以依法授予澳门居民依法组成政权机构，实行"澳人治澳"、高度自治的基本依据。换句话说，中央是以广大澳门居民都是中国人，

而且是坚定爱国者为基础作出授权的，我们作为澳门人就要牢
固树立主体意识，做一个真正的中国人。其次，只有牢固树立
主体意识，才能正确理解并落实好"一国两制"和基本法。"一
国两制"是中国政府制定的基本方针政策，澳门基本法是全国
人民代表大会制定的基本法律，体现的是中国人民的根本意志，
只有以中国人的身份、站在国家的立场，才能正确理解和贯彻
落实"一国两制"和基本法。再次，"一国两制"和基本法的
根本宗旨是维护国家的主权、安全和发展利益，保持澳门长期
繁荣稳定，为澳门居民在回归祖国后过上更好的日子提供法律
和制度的保障。要靠谁来实现这种宗旨和目的，使澳门居民过
上更好的日子？只能靠中国人自己，靠生活在澳门的中国人努
力奋斗。因此，主体意识是关系到"一国两制"实践的方向问
题、成败问题。我很高兴看到，在澳门这片中国土地上，所有
人都以自己是中国人为荣，都以自己能够为国家、为澳门作出
担当奉献为荣。我曾经看到澳门媒体上有这样一个口号，"爱国
爱澳就是爱自己"，我认为十分正确，既简洁，又深刻，我对发
明这个口号的人甘拜下风，我讲了那么多，人家一句话就讲清
楚了。这充分说明澳门居民是有很强的主体意识的。"一国两
制"伟大事业只能掌握在我们自己手中，靠我们自己来实现，
弄清楚自己是谁这个问题，十分重要。实际上，我前面总结的
具有澳门特色"一国两制"成功实践的重要经验，也只有很强
的主体意识才能实现。

　　第三，积极融入国家发展大局，澳门必将实现更好的发展。
去年 11 月习近平主席会见香港澳门各界庆祝国家改革开放 40 周

年访问团时指出，中国特色社会主义进入新时代，"一国两制"伟大实践也进入新时代。过去 20 年，澳门特别行政区实现了回归祖国后的第一阶段发展，取得的成就很大，这给予我们信心，但我们不能自满。我很高兴看到，澳门特区政府和社会各界人士在成功面前没有止步，展示了更大的抱负，正在努力实现澳门经济适度多元化。如果说过去 20 年博彩业发展推动了澳门的深刻变化，那么，未来澳门要实现持续稳定发展，为新一代澳门人提供更好实现人生抱负的舞台，就必须实现经济适度多元化，而实现的路径已经十分明确，就是融入国家发展大局。因为祖国内地始终是澳门发展的坚强后盾，今后的发展也离不开这个后盾。中央对推动澳门经济适度多元化发展高度重视，先后出台一系列政策，包括推进澳门"一中心"、"一平台"、"一基地"建设，进行粤港澳大湾区建设以及泛珠三角区域合作等，还划给澳门 85 平方公里海域，明确开发横琴岛的初心就是为澳门实现经济适度多元化提供支持等。习近平主席为推进澳门经济适度多元化作出许多重要指示，在 10 年时间内四次到横琴考察、指导工作。以澳门这样一个只有 60 多万人口的城市来说，中央制定了这么多的专项政策，充分说明了习主席和中央对澳门的重视，对澳门同胞的关心和爱护。我相信第五任行政长官贺一诚就职后，一定会继续团结带领澳门各界人士，积极融入国家发展大局，用好国家为澳门作出的定位和相应政策，开辟澳门经济适度多元发展新局面，创造澳门更加辉煌的未来，继续向世界展示具有澳门特色的"一国两制"的成功实践！

我今天就讲这么多，谢谢大家。

关于中央全面管治权和澳门特别行政区
高度自治权的关系[*]

　　记得在澳门回归 15 周年之际，2014 年 5 月 9 日我在刚刚启用的澳门大学新校区大礼堂发表了一次演讲，成为第一位在这个讲坛发表演讲的人。当时我讲了一段与澳门大学的缘分，对澳门大学的特殊感情。这个缘分的起因是 2008 年中央同意澳门大学在横琴岛设立新校区后，要由全国人大常委会作出授权决定，我当时担任全国人大常委会副秘书长、澳门基本法委员会主任，所以，由我负责有关法律问题的研究处理工作。可以说，从澳门大学新校区的选址、奠基、建设到开学正式启用，我参与了全过程，曾经六次来到这个地方。能够见证这里从一片农地变成充满活力的大学校园，见证澳门大学这一段重要的发展历程，我深感荣幸。更加荣幸的是，我与澳门大学的这段缘分、这份感情还在延续，因为在澳门回归 20 周年之际，今天下午我将被授予澳门大学荣誉法学博士，从而成为澳门大学的一员。你们以后在介绍我的时候，可以不再需要用"嘉宾"的称呼了，因为我来到这里，已经不再是客人。我想告诉各位同学，作为

---

　　* 2019 年 11 月 9 日上午在澳门大学法学院的演讲。

"澳大人"的感觉真好，看到你们的青春风采，看到校园的朝气蓬勃，我的心也年轻了！

2014年在这里发表演讲时，我说有机会在澳门大学讲坛发表演讲是一种很高的荣誉。这句话对任何人都适用，永远不过时，而且会成为越来越高的一种荣誉。对我来说，今天在这里作这次讲座，我把它看作是宋永华校长按照大学章程给我布置的第一项作业。那么，讲些什么好呢？今年是澳门回归祖国20周年，我长期从事"一国两制"方针政策和基本法的研究实施工作，就讲一讲这方面的课题吧。上次我在这里讲了"中国宪法与澳门基本法的关系"，今天就沿着这个思路再讲一个关系，"中央全面管治权和澳门特别行政区高度自治权的关系"。

厘清各种社会现象、各种权力之间的关系，是社会科学特别是法学研究的主要内容。虽然我不可能像教授们一样，作出高深的理论阐述，但长期的法律实务工作告诉我，无论社会现象或各种权力关系如何复杂，背后的道理总是朴实的，而朴实的道理，是能够以朴实的语言来表达的。我用这句话给自己铺一个台阶，因为下面大家将要听到的，不会是高深的理论，只是一些朴实的道理。

现在进入正题。我想从三个方面讲中央全面管治权和澳门特别行政区高度自治权的关系，即中央全面管治权的提出及其含义，特别行政区高度自治权和授权问题，最后回答几个对中央全面管治权的疑问。

一、中央全面管治权的提出及其含义

2014 年 6 月国务院新闻办发表的《"一国两制"在香港特别行政区的实践》白皮书提出，"宪法和香港基本法规定的特别行政区制度是国家对某些区域采取的特殊管理制度。在这一制度下，中央拥有对香港特别行政区的全面管治权，既包括中央直接行使的权力，也包括授权香港特别行政区依法实行高度自治。对于香港特别行政区的高度自治权，中央具有监督的权力。"这是首次在国家的正式文件中使用"全面管治权"的概念。在此之后，中央文件和国家领导人的讲话多次阐述了同样的观点。比如，十九大报告对十八大以后的工作进行总结时，关于港澳台工作有这样一段话："全面准确贯彻'一国两制'方针，牢牢掌握宪法和基本法赋予的中央对香港、澳门全面管治权，深化内地和港澳地区交流合作，保持香港、澳门繁荣稳定。"在阐述"坚持'一国两制'和推进祖国统一"基本方略时，作了这样的阐述："保持香港、澳门长期繁荣稳定，实现祖国完全统一，是实现中华民族伟大复兴的必然要求。必须把维护中央对香港、澳门特别行政区全面管治权和保障特别行政区高度自治权有机结合起来，确保'一国两制'方针不会变、不动摇，确保'一国两制'实践不变形、不走样。"

对于中央全面管治权这个概念，从它提出那一天开始，就有些人感到不理解，并提出各种疑问。这些疑问集中起来就是一句话，不是说特别行政区实行高度自治吗，中央怎么还有全面管治权。实际上，在我的公开讲话中，2010 年就开始讲中央全面管治权，只不过没有引起太多的讨论，当时中央正式文件还没有使用这个概念。为什么我要讲这个问题呢？这是因为我认为"中央全面管治权"这个概念是完全正确的，而且只有使用这个概念，才能把"一国两制"下中央与特别行政区的权力关系讲清楚。

首先，虽然中央全面管治权这个概念是新的，但同样的意思，已经体现在中葡联合声明之中。中葡关于澳门问题的联合声明第一条规定，"中华人民共和国政府和葡萄牙共和国政府声明：澳门地区（包括澳门半岛、氹仔岛和路环岛，以下称澳门）是中国领土，中华人民共和国政府将于1999年12月20日对澳门恢复行使主权。"在这里，我们不需要深入地回顾历史上澳门问题的形成过程，只需要注意到这样两点就可以：一是，我国政府和人民历来认为澳门是中国领土，只是由于历史的原因曾经长期处于葡萄牙的管治之下，中国政府主张在适当时机通过和平谈判收回澳门。二是，上个世纪七十年代葡萄牙革命后，葡萄牙政府已经承认澳门是中国领土，1976年葡国宪法规定澳门是葡萄牙管辖下的特殊地区。澳门是中国领土，其含义就是中国政府对澳门拥有主权，只是由于历史原因，澳门处于葡萄牙的管治之下，从而产生了主权和管治权在事实上的分离。中葡联合声明第三条关于过渡时期的规定，也反映了这种状态。这一条规定，"自本联合声明生效之日起至1999年12月19日止的过渡时期内，葡萄牙共和国政府负责澳门的行政管理。葡萄牙共和国政府将继续促进澳门的经济发展和保持其社会稳定，对此，中华人民共和国政府将给予合作。"这一条主要说什么呢？就是在澳门过渡时期内，仍然由葡萄牙政府对澳门行使管治权。因此，1999 年 12 月 20 日我国政府"对澳门恢复行使主权"，最实质的内容就是对澳门恢复行使管治权。在中葡关于澳门问题谈判之前，关于主权与管治权问题就有一场很有名的争论，那是在中英关于香港问题谈判期间，英国政府提出了所谓的以"主权"换"治权"的主张，也就是名义上承认中国对香港的主权，但英国保留对香港的管治权。中国政府坚决反对，认为"治权"是主权的最核心内容，没有"治权"，主权就是空的。中国政府明确提出，中国政府 1997 年对香港恢复行使主权，是恢复行使包括治权在内的完整主权。由此可以看出，虽然香港和澳门的历史有所不同，英国政府和葡萄牙政府在香港、澳门问题上的立场也有差别，但无论是中国政府，还是英国政府或葡萄牙政府都很明确，中国政府对这两个地方"恢复行使主权"，最本质的是恢复行使对这两个地方的管治权。因此，中葡联合声明中"对澳门恢复行使主权"，最基本的含义是中国政府对澳门恢复行使全面管治权，这一点是毫无疑义的。

其次，从国家主权内涵分析，我国政府对澳门拥有主权，必然具有全面管治权。主权，也称为国家主权，是指一个国家所固有的独立自主地处理对内对外事务的权力。主权作为国家的固有权利，主要有三个方面的权利：对内的最高权、对外的独立权和防止侵略的自卫权。所谓对内最高权，是指国家最高统治权，国内的中央和地方机关都必须服从国家的管辖，在一国之内国家享有属人和属地的优先管辖权；所谓对外独立权，是指按照国际法原则，国家在国际关系中独立自主地、不受外来干涉地处理国内外一切事务的权利；所谓自卫权，是指国家为了防止外来侵略进行国防建设，在国家遭到外来侵略和武力攻击时，进行单独或者集体自卫的权利。我国政府对澳门恢复行使主权，就是全面恢复行使以上三方面的权利，这也是全面管治权的基本内涵。因此，中央对澳门具有全面的管治权，是中国对澳门拥有主权、1999 年 12 月 20 日对澳门恢复行使主权的必然含义。这里的道理并不深奥，逻辑也很清楚。

第三，根据我国的国家体制，中央对国家全部领域具有全面管治权，澳门特别行政区也不例外。我国是一个单一制国家，中央政府对国家全部领域具有全面管治权。澳门特别行政区作为直辖于中央政府的地方行政区域，尽管实行"一国两制"、"澳人治澳"、高度自治，但中央政府仍然对澳门具有全面管治权。我国宪法第 31 条规定，"国家在必要时得设立特别行政区。在特别行政区内实行的制度，按照具体情况由全国人民代表大会以法律规定。"为什么在特别行政区实行的制度可以由全国人民代表大会以法律规定？就是因为中央对国家全部领域包括特别行政区具有全面管治权，这是我国宪法确立的国家制度的一项基本原则。这项基本原则具有深厚的历史根源。也可以这样说，那种认为既然特别行政区实行高度自治，中央对特别行政区就没有全面管治权的观点，只有中世纪欧洲的分封制下是这样，而我国自从形成单一制国家之后，就不是这样。我们今天看欧洲地图，看到有许多国家，这是中世纪欧洲采用分封制带来的结果。当时欧洲的帝国君主不断地进行"裂土封侯"，把领土分封出去，各封建领主建立自己的公国。虽然这些公国需要对帝国君主效忠，但帝国对这些公国不再具有全面管治权。这造成了公国林立的局面，经过历史演变，形成了当今的欧洲各国。在我国历史上，周朝也是实行分封制，后来形成春秋战国、诸强争霸的局面。秦王朝统一中国后，建立了中央集权、郡县制的国家基本制度，强调中央政权对国家全部领域的管治权。正是这种强大的政治文化和制度力量，确保了中国始终是一个统一的多民族国家。因此，必须维护中央对国家全部领域具有全面管治权，是我们的先人总结并长期实践的重要治国经验，已经成为维护国家统一的重要原则。

顺便说一下我研究中央全面管治权这个概念的心路历程。大约十年前，我在读有关"一国两制"和基本法的学术文章时，发现有关中央权力的阐述，大都只看基本法的条文，总结起来有十几项，比如，国防权、外交权、行政长官和主要官员的任命权、对特别行政区立法机关制定的法律的备案审查权、决定全国性法律在特别行政区实施的权力、在特定条件下宣布特别行政区进入紧急状态的权力、向行政长官发出指令的权力、决定特别行政区政制发展的权力、基本法的解释权和修改权，等等。这些当然都是中央的权力，我也曾经这样讲过，但总觉得缺少点什么，问题出在哪里呢？就出在只见树木，不见森林，只看见基本法条文而忽略了基本法本身。跳出基本法来看基本法，我们就会看到，澳门回归中国后，中央对澳门具有的最大权力，正在于制定对澳门的基本方针政策和基本法，这种权力是先于基本法存在的。从法律上讲，这种权力来源于宪法，来源于国家主权，如果用一个概念来概括，就是中央对澳门具有全面管治权。如果中央没有这种全面管治权，怎么能够制定对澳门的基本方针政策和基本法呢？

二、特别行政区高度自治权与授权问题

我国政府对澳门恢复行使主权后，中央对澳门具有全面管治权，同时，按照"一国两制"方针政策，要使得澳门特别行政区享有高度自治权。怎么做到这一点呢？在基本法关于澳门特别行政区制度的设计中，建造了一座法律桥梁，把中央对澳门具有全面管治权与澳门特别行政区享有高度自治权连接起来，这座法律桥梁有个名称，叫作"授权"。

澳门基本法第1条规定，"澳门特别行政区是中华人民共和国不可分离的部分。"紧接着第2条规定，"中华人民共和国全国人民代表大会授权澳门特别行政区依照本法的规定实行高度自治，享有行政管理权、立法权、独立的司法权和终审权。"基本法第1条体现了我国的单一制原则，因为单一制国家之中，地方行政区域是根据国家管理需要由中央决定设立的，都是国家不可分离的部分。第2条体现了单一制国家的中央与地方行政区域的权力关系是授权关系。可以说，整部基本法关于特别行政区高度自治权的规定，都是全国人大对澳门特别行政区的授权。澳门特别行政区高度自治权不是澳门固有的，而是中央授予的。从这个角度讲，基本法是一部授权法。

澳门基本法授予澳门特别行政区的高度自治权十分广泛，在这里不可能逐一列举这些高度自治权，但我们可以从以下几个角度来认识这种高度自治权。

一是，从管治权的角度。前面我们讲过，我国政府对澳门恢复行使主权，就是恢复行使对内最高权、对外独立权和防卫权三个方面的管治权。在基本法规定中，防卫权表述为防务，基本法规定，"中央人民政府负责管理澳门特别行政区的防务。"可以看出，在国防事务方面，中央没有向特别行政区授权。对外独立权主要体现为外交权，基本法规定，"中央人民政府负责管理与澳门特别行政区有关的外交事务"，同时规定，"中央人民政府授权澳门特别行政区依照本法自行处理有关的对外事务。"可以看出，在外交权属于中央的原则下，基本法向澳门特别行政区作出了有限度的授权。对内最高权主要是处理国家内部事务的权力，基本法授予澳门特别行政区的高度自治权，主要集中在这个领域。在维护中央统一领导的原则下，对于澳门的本地事务，基本法将能够授予澳门特别行政区的权力，都授予了澳门特别行政区。

二是，从权力配置的角度。按照基本法的规定，中央在行使对澳门全面管治权时，有些权力由中央国家权力机关行使，比如说，国防权、任命权等；有些方面的权力由中央国家机关和澳门特别行政区共同行使，比如说，修改行政长官和立法会产生办法的权力等；而凡是不涉及中央或内地事务的澳门本地事务，都由澳门特别行政区自行管理。

三是，从行政立法司法权的角度。按照基本法的规定，凡是属于澳门特别行政区高度自治范围内的事务，澳门特别行政区都有行政管理权和立法权；即使是中央负责管理的事务，如果有关全国性法律在澳门特别行政区实施，澳门特别行政区也可以进行本地立法。澳门特别行政区享有独立的司法权和终审权。澳门特别行政区法院除继续保持澳门原有法律制度和原则对法院审判权的限制外，对澳门特别行政区所有的案件均有审判权。

四是，从授权机制的角度。基本法在明确授予澳门特别行政区高度自治权的同时，还创设了一个机制，可以对澳门特别行政区作进一步授权。这个机制就是基本法第 20 条的规定，条文是这样的："澳门特别行政区可享有全国人民代表大会、全国人民代表大会常务委员会或中央人民政府授予的其他权力。"为什么需要这个机制呢？这是因为按照基本法第 2 条规定，澳门特别行政区必须"依照本法的规定"实行高度自治。这就提出一个问题，如果将来澳门特别行政区需要一些基本法没有明文授予的权力，怎么办？那就只能修改基本法，增加这方面的权力。但大家知道，基本法是宪制性法律，必须保持稳定，不能轻易修改。怎么才能在不修改基本法的情况下，对澳门特别行政区作出新的授权呢？基本法第 20 条的规定就起到这样的作用。比如，我们现在的澳门大学校园在珠海的横琴岛，本来不属于澳门特别行政区的管辖范围。2009 年全国人大常委会通过一个授权决定，授权澳门特别行政区依照澳门法律对澳门大学横琴校区实施管辖。这样，当澳门特别行政区行使这种管辖权时，就是行使基本法第 20 条规定的"其他权力"，从而符合基本法第 2 条"依照本法的规定"实行高度自治的要求。从这个规定我们可以看出，澳门基本法对澳门特别行政区的授权规定考虑到各种情况，形成了一套完整的授权体系。

澳门基本法授权澳门特别行政区实行高度自治，是建立在授权理论基础上的。在政治学和法学理论上，无论是联邦制国家的联邦与其成员邦的关系，还是单一制国家的中央与地方行政区域的关系，本质上都是权力关系，但这种权力关系的性质是不同的。普遍的观点认为，联邦制国家中，联邦与其成员邦之间是分权关系；单一制国家中，中央与地方行政区域是授权关系。"分权"和"授权"这两个概念虽然只有一字之差，但有着本质区别，其中最重要的有两点：一是"分权"是平等主体之间的，而"授权"是上下级主体之间的。讲到这里，需要特别指出，那种认为中央与特别行政区之间是分权关系的观点，有些是不了解"分权"的含义，有些是有政治目的的，就是主张特别行政区与中央是平等主体，这实质上是把特别行政区视为独立或半独立的政治实体。二是"分权"制度之下的权力之间具有对抗性，一方的权力可以对抗另一方的权力，而"授权"制度之下的权力是非对抗性的，因为中央全面管治权是特别行政区权力的母体，特别行政区的权力不能对抗中央的权力。明白这个区别，才能真正明白为什么我们要强调授权而不是分权，中央对澳门全面管治权与澳门特别行政区高度自治权之间的法律桥梁只能是授权而不是分权。有关中央授权特别行政区的授权理论的内容十分丰富，这当中最基本的有三点：

第一，授权是以中央对澳门具有全面管治权为前提的。中央要授予澳门特别行政区高度自治权，前提是中央对澳门具有全面的管治权。我们都知道，授权主体进行授权，必须具备两个条件，一是必须具备作出授权的权限，二是必须拥有所要授出的权力。在我国宪法制度下，只有全国人民代表大会才具备上述两个条件。因此，基本法第 2 条的主语是"全国人民代表大会"，这个主语极其重要、不可省略。宪法规定，全国人民代表大会是最高国家权力机关，宪法还规定，全国人民代表大会"决定特别行政区的设立及其制度"和以法律规定"在特别行政区实行的制度"。因此，我国政府对澳门恢复行使主权之后，中央如何行使对澳门的全面管治权，要由全国人民代表大会来决定。与此相适应，澳门特别行政区接受全国人民代表大会通过基本法作出的授权，也必须承认宪法，承认全国人民代表大会的地位，承认中央对澳门具有全面管治权。因此，授权制度很好地维护了国家的主权，维护了中央的管治权，同时也为澳门特别行政区享有高度自治权提供了坚实的基础。

第二，授权必须明确界定授予的权力范围。有授权就有权力范围，就有权力规限。澳门基本法第 2 条规定中"依照本法的规定"这七个字，界定了高度自治权的范围，它表明特别行政区没有超出基本法的高度自治权。就基本法授权条文来说，一方面是对澳门特别行政区作出授权，另一方面也对这些授权进行规限，即在授予权力的同时，规限了权力的边界。比如说，基本法规定，"澳门特别行政区保持财政独立。澳门特别行政区财政收入全部由澳门特别行政区自行支配，不上缴中央人民政府。"同时，基本法也规定，"澳门特别行政区的财政预算以量入为出为原则，力求收支平衡，避免赤字，并与本地生产总值的增长率相适应。"此外基本法还规定了澳门是自由港、实行低税政策等。由此可以看出，基本法在赋予澳门特别行政区独立财政权的同时，也对这种权力的行使作出了限制，它既不能实行高税制、征收关税，也不能大搞赤字预算。需要特别指出的是，经常有人讲，中央与特别行政区的权力有模糊地带，这种观点的背后是分权理论，即所谓"剩余权力"。而按照授权理论，中央与特别行政区的权力是没有模糊地带的，没有"剩余权力"，因为凡是没有明确授予特别行政区的权力，都保留在中央手中。

第三，授权必须有权力监督机制作为保障。有授权就有监督。按照公法上的授权理论，授权者对被授权者的权力行使，具有监督的权力。世界上从来不存在不受监督的授权。基本法虽然没有出现监督这两个字，但通过具体条文规定了权力的监督制度。这种监督既包括特别行政区内部的监督，也包括中央的监督。澳门特别行政区内部的监督最主要的体现是行政、立法和司法之间的权力制约。中央的监督是全面的，必须依照基本法的规定进行。基本法从三个方面作出规定：一是，特别行政区行政长官要就基本法的实施对中央负责；二是，立法会制定的法律，要报全国人大常委会备案，全国人大常委会依照法定程序和法定条件，可以发回报备的法律，发回的法律立即失效；三是，全国人大常委会对基本法有全面和最终的解释权，特别行政区法院如果对基本法的规定作出错误解释，全国人大常委会可以作出新的解释加以纠正等。

基本法规定的授权制度是十分严密的制度，既有一般性的规定，也考虑到各种特殊情况。正是这种授权制度确保了特别行政区依法享有广泛的高度自治权，但始终不是一个独立或半独立的政治实体。在授权制度下，中央的权力和特别行政区的高度自治权是统一的，而不是相互对抗的。当然，任何权力之间都必然有一定的张力，这是权力制约的基础和要求，但这种张力必须通过协商的办法、以法治的手段在基本法规定的轨道上解决。对于基本法创设的这套授权制度的重大政治和法律意义，澳门基本法委员会原副主任李成俊先生有一段深刻的论述。他说，"如果没有授权，就没有'一国两制'，'授权'这个概念十分重要。综观世界上许多地方，为了给地方更大权力，就搞'联邦'，搞'邦联'，最后导致国家四分五裂。苏联、南斯拉夫解体就是例子。基本法创设的'授权'概念，首先肯定了中央对澳门具有完整的管治权，维护了国家统一，同时由中央授权澳门实行高度自治，确保了'一国两制'得以实行，充分体现了我国人民的政治智慧，保障了国家的长治久安。"对李成俊先生的这段见解，我深以为然。

三、关于中央全面管治权的三点答疑和结论

2014 年中央全面管治权这个概念正式出现后，就不断有人试图挑战这个概念，挑战中央全面管治权。时至今日，这种观点仍经常在港澳报刊上看到。下面我就其中三个比较典型的观点进行回答。

第一种观点是反对中央全面管治权这个提法。我认真研究了这种观点。持这种观点的人，有的也不是全面否定中央的管治权，而是认为，"一国两制"下中央对特别行政区只有部分管治权。对这种观点，我不想再从理论上论证其错误在何处，因

为前面都说过了。我们可以换一种方式来说说这个问题：1999年12月20日我国政府收回澳门，对澳门恢复行使主权，而且我们一直都十分明确，对澳门恢复行使主权，是恢复行使包括治权在内的完整主权。那么，1999年12月20日凌晨在澳门举行政权交接仪式，在这一刻，中央对澳门具有全面管治权应当是毫无疑义的吧？如果说这一刻中央都没有全面管治权，那不等于没有完全收回澳门吗？这无论如何是讲不通的。如果收回澳门的这一刻中央有全面管治权，那后来怎么变成了中央只有部分管治权呢，还有部分管治权哪里去了？我国人民经过长期不懈的努力，终于收回澳门，是谁把部分管治权弄丢了呢？我看谁也没法交代这个问题。因此，认为中央对澳门只有部分管治权，是说不通的。正确的观点应当而且只能是，我国对澳门恢复行使主权，按照宪法规定产生的中央政府代表全国人民行使对澳门的全面管治权，作为行使管治权的一种形式，中央决定设立澳门特别行政区，并授权特别行政区依照基本法实行高度自治。这是"一国两制"下，中央与特别行政区权力关系的基本逻辑。中央授权特别行政区依法实行高度自治，是以我国政府对澳门拥有主权、具有全面管治权为前提的，作出这种授权之后，没有也不会丧失这种主权权利、这种全面管治权。

第二种观点是担心中央对特别行政区具有全面管治权，会削弱特别行政区的高度自治权。这种担心是没有弄清楚中央对特别行政区全面管治权与特别行政区高度自治权的关系。深入分析这种关系，正确的理解应当是，中央对澳门具有全面管治权，讲的主要是主权层面的问题，而授予澳门特别行政区高度自治权，讲的主要是主权行使层面的问题。主权和主权的行使既是互相联系又有所区别的概念。任何国家对其领土拥有主权，当然具有对其领土的管治权，至于这种管治权怎么行使，是一国国家主权范围内的事务，现代国家都通过宪法和法律加以规定。我国对澳门拥有主权，当然对澳门具有全面管治权，怎么对澳门行使主权、管治权呢？"一国两制"方针政策和基本法作出了明确的规定，最简单的说法，就是一些权力由中央直接行使，一些权力授权澳门特别行政区行使，前者称为中央直接权力，后者称为澳门特别行政区高度自治权。由于授权是行使主权、管治权的一种形式，中央授权澳门特别行政区高度自治，在任何情况下都不减损国家主权，不减损中央的全面管治权，同时也不减损澳门特别行政区的高度自治权。由此可以看出，中央对澳门具有全面管治权和澳门特别行政区享有高度自治权是并行不悖的；是内在一致的，是源与流、本与末的关系，两者没有矛盾。

第三种观点是担心讲中央全面管治权，会导致中央什么权力都可以行使，甚至可以直接处理高度自治范围内的事务。对这种担心也是完全不必要的。因为遵循国家的法治原则，中央要按照宪法和基本法的规定办事。按照宪法制定的基本法授予澳门特别行政区的高度自治权，中央不再行使。在这一点上，基本法对特别行政区的授权，与国家法律对内地各省、自治区和直辖市的授权是不同的。比如说，内地各省、自治区和直辖市可以对某一领域的事务制定地方性法规，但中央仍然可以对同一领域的事务制定全国性法律，一旦地方性法规与全国性法律相抵触，地方性法规就会失效。而在基本法授权特别行政区高度自治范围内，特别行政区享有立法权，中央不在这些领域对特别行政区立法，中央对这些领域制定的全国性法律也不在特别行政区实施。

通过以上研究分析，我们可以就今天的课题作一个简单的归纳：

第一，1999 年 12 月 20 日我国政府对澳门恢复行使主权，本质上是恢复行使对澳门的管治权。在我国单一制国家体制下，中央对国家全部领域具有全面管治权，是一项重要的宪法原则。

第二，中央在行使对澳门的管治权时，制定了"一国两制"基本方针政策和澳门基本法，规定某些权力由中央国家机关直接行使，某些权力由中央国家机关和澳门特别行政区共同行使，把不涉及中央和内地的澳门特别行政区内部事务，全部授权澳门特别行政区自行管理。澳门特别行政区享有高度自治权是中央行使全面管治权的结果。

第三，在我国单一制国家体制下，中央和特别行政区的权力关系是授权与被授权的关系，基本法创设一套严谨的授权体系，确保澳门特别行政区享有高度自治权，同时又在任何情况下不会成为一个独立或半独立的政治实体，以维护国家的主权、统一和领土完整。

第四，中央全面管治权与特别行政区高度自治权的关系，是源与流、本与末的关系，两者没有矛盾。无论在理论上还是实践中，都不能把两者对立起来，更不能以高度自治权对抗中央的管治权。

最后，我想说的是，有权力就有责任，强调中央对澳门具有全面管治权，实际上也是强调中央对保持澳门长期繁荣稳定的责任。澳门回归祖国后，中央的重要文件、中央领导人在重大场合阐述国家的大政方针时，总要提到"一国两制"，提到保持澳门的繁荣稳定，就是因为澳门特别行政区是直辖于中央政府的地方行政区域，中央制定了对澳门的基本方针政策和基本法，对澳门的繁荣稳定负有责任。

我今天在这里讲中央全面管治权和澳门特别行政区高度自治权的关系，是一场纯粹的学术交流活动，主要是想讲清楚这两者之间的法理。回顾澳门基本法实施20年来的情况，澳门特别行政区政府和社会各界人士对中央全面管治权和高度自治权关系的认识，从一开始就是正确的，具体表现为澳门特别行政区尊重并且维护中央的权力，尊重并维护中央政府的领导。所以，20年来在澳门没有发生过有关中央与特别行政区关系的宪制争议，更没有公然挑战中央权力的情况。这充分说明澳门社会有很强的国家观念、宪法观念，说明澳门的学术界，当然包括我们的澳门大学，宣传和推介"一国两制"和基本法的工作做得好，真正做到了把维护中央对澳门的全面管治权与保持特别行政区的高度自治权有机结合起来，向世界展示了具有澳门特色的"一国两制"成功实践。

我今天就讲这么多，谢谢大家！

颁授澳门大学荣誉法学博士典礼上的感言[*]

尊敬的林金城主席、宋永华校长，澳大各位领导，各位老师、各位同学，各位来宾：

大家下午好！

刚才刘羡冰女士的讲话代表了我们四位共同的心声，谢谢刘老师。本来我可以不再讲话，但作为唯一从内地来的人，还是想占用几分钟，讲一讲我与澳门大学的缘分，对澳门大学的特殊感情。今天上午我在澳门大学法学院的讲座上已经讲了一遍，宋校长听到了这段讲话，但我想在座的许多人没有听到。我和澳大的这个缘分的起因是，2008 年中央同意澳门大学在横琴岛设立新校区，需要由全国人大常委会作出授权决定，我当时担任全国人大常委会副秘书长、澳门基本法委员会主任，所以由我负责研究处理与授权决定有关的法律问题。可以说，从澳门大学新校区的选址、设计、奠基、建设到开学正式启用，我参与了全过程，曾经六次来到这个地方，亲眼见证了这里从一片农地变成充满活力的大学校园，亲身经历了澳门大学这一段重要的发展历程。也许是这个原因，在澳门回归 15 周年之

---

* 2019 年 11 月 9 日下午在澳门大学荣誉学位及高等学位颁授典礼上的讲话。

际，2014年5月9日你们邀请我在首次启用的澳门大学新校区大礼堂发表了一次演讲，于是我成为第一位在这个讲坛发表演讲的人，我深感荣幸。

更加荣幸的是，我与澳门大学的这段缘分、这份感情还在延续。今天，在澳门回归20周年之际，你们授予我澳门大学荣誉法学博士，从而使我成为澳门大学的一员。今天上午我对同学们说，你们以后在介绍我的时候，可以不再需要用"嘉宾"的称呼了，因为我来到这里，已经不再是客人。而且我告诉同学们，作为"澳大人"的感觉真好，看到你们的青春风采，看到校园的朝气蓬勃，我的心也年轻了！

与此同时，我也要向大家袒露心迹，你们授予我澳门大学荣誉法学博士，我是十分忐忑不安的，自认为很不够格，因为我不是法律科班出身，我的本科是外语，学的是西班牙语，是在1964年到1967年在古巴哈瓦那大学文学系学的，学的是唐·吉诃德，回国后起初在外事部门从事翻译工作，对于法律我属于半路出家。我是1983年到全国人大才开始参与法律工作的，到2018年退休，整整35年。我的那点法律知识是到全国人大工作后逐渐学习积累的，先是在法制工作委员会从事立法工作，后来到基本法委员会从事基本法研究实施工作，最后到法律委员会从事法律案的统一审议工作，一路走来，从事的主要是法律实务工作，对法学理论的研究实在差得很远，所以授我荣誉法学博士实在有些愧不敢当。我只能把你们授予我这个荣誉当作是对我的鼓励和鞭策，当作是对内地所有从事法律工作的同仁们的褒奖，衷心地感谢你们！同时，我还要借这个机会感谢我

的太太卢红生，一路走来对我工作的支持和照顾，她今天也来
到现场，和我的女儿欣欣、女婿李松、外孙小虎子、外孙女小
龙女以及几位专程从内地和香港来的朋友，一起见证这个荣幸
的时刻。再次谢谢大家。

附：

吁港以"法的精神"凝聚新共识
化解部分港人对中共心结
乔晓阳：开展治乱反思　校准宪制认知*

今年适逢中国共产党成立 100 周年，实现祖国统一是中国共产党肩负的历史使命。落实"一国两制"和基本法的重要参与者、全国人大常委会香港基本法委员会原主任乔晓阳近日接受香港文汇报独家访问时表示，正值香港步入由乱到治的新阶段，香港社会应总结得失开展治乱反思，在宪制要义上重新校准认知坐标，从"法的精神"层面返本归真凝聚新共识，化解部分港人对中国共产党的负面心结，确保"一国两制"事业在香港特区行稳致远。

中国共产党开创的"一国两制"是史无前例的伟大事业。起草于上世纪八十年代的香港基本法，被邓小平誉为"一个具有创造性的杰作"。乔晓阳说，香港回归祖国以来，全国人大及其常委会陆续通过决定、释法、修订附件等方式，回应和解决"一国两制"实践中不断出现的变化和问题，对基本法的认知也

_____

* 本文是《香港文汇报》"庆祝中国共产党成立 100 周年特别报道"特稿，刊登于 2021 年 6 月 21 日。

由此呈现出不断丰富和深化的过程。

全国人大推出香港国安立法、完善香港选举制度等组合重拳，从法律制度层面弥补了香港维护国家安全的漏洞，确保了"爱国者治港"和行政主导的重要原则，香港从此步入由乱到治的新阶段。乔晓阳指出，中央出手拨乱反正，为香港全面准确落实基本法开启了"潮平两岸阔"的新航道，而"一国两制"在香港能否行稳致远，取决于香港社会各界如何重新起航。

乔晓阳认为，香港为长期乱局付出昂贵学费后，应好好珍惜这堂治乱大课提供的反思机会，接受一次返本归真的观念洗礼，特别是就"一国两制"和基本法的法理要义重新校准认知坐标。

比如，在宪法和基本法的关系中，他重申，宪法和基本法一起构成香港特别行政区的宪制法律基础。宪法是"母法"，基本法是"子法"。基本法界限在哪里，要放在宪法规定的框架中来理解和执行；就"一国"和"两制"关系而言，他提醒，国家实行社会主义制度与香港实行资本主义制度的主次关系不能颠倒，中央不会改变香港实行的资本主义制度，同时也不能允许有人利用香港谋求改变国家实行的社会主义制度。

中央对港具全面管治权

作为提出中央全面管治权概念的第一人，乔晓阳再次强调，我国是单一制国家，中央对香港特区在内的全国所有地方都具有全面管治权。中央对香港具有的最大权力，正在于制定对香港的基本方针政策和基本法，规定在香港实行的制度和政策。

这种权力是先于基本法存在的。从法律上讲，它来源于宪法，来源于国家主权，如果用一个概念来概括，就是中央对香港具有全面管治权。中央透过基本法授权香港特区，并非分权关系，特区权力不能对抗中央权力。中央两度出手大破大立，正是全面管治权的应有之义。

基于种种原因，一些香港人不喜欢共产党，中国共产党的领导在香港时常引起争议。乔晓阳指出，就法理而言，中国共产党领导是一项宪法制度。我国宪法规定，"中国共产党领导是中国特色社会主义最本质的特征。"从百年史实看，中国共产党领导中国人民推翻了"三座大山"，缔造了新中国，推行改革开放，令经济腾飞、社会进步和人民生活改善，国际地位大幅提升，实现了中国人由"站起来"、"富起来"到"强起来"的巨变。

没中共就没有"一国两制"

中国共产党是"一国两制"和基本法的创建者，回归后香港繁荣稳定的维护者。每当香港政治、经济、社会、民生遭遇困境时，中国共产党都是剑及履及，全力支持香港特区的独特性以及香港同胞的福祉。乔晓阳认为，"一国两制"是中国共产党的"版权所有""独家经营"，没有中国共产党就没有"一国两制"，中国共产党没有辜负香港，应该得到香港市民们法理上的尊重、理智上的理解、情感上的信任和行动上的拥护。

这位法律权威表示，宪法和基本法是充满活力的顶层设计，"一国两制"是高度交互式的制度安排。中央与香港的政治互信至关重要，国家主权、安全和发展利益在特区越有保障，香港高度自治的空间就越大。"这就好比'撑杆跳'，只有'一国'的支撑点坚实无虞，'两制'之杆的弹性才有充分发挥空间，香港的繁荣稳定才有可能飞跃理想的高度。"

多管齐下　加强国民教育

今年是香港回归祖国 24 年，但人心回归工作仍任重道远。乔晓阳在专访中认为，提升香港人的国家认同，需要多管齐下。港人应逐步接受和适应宪制秩序的大变革，特区政府应加强年轻人的国民教育，而内地应加快现代化建设，令香港同胞以中国人为荣。

部分香港人热爱祖国的大好河山，也有民族和文化归属感，却对国家缺乏政治和法律认同。乔晓阳指出，中国对香港恢复行使主权，是香港本地的一场宪制性大变革，宪法和香港基本法取代了以前的英国不成文宪法和《英皇制诰》《皇室训令》，成为香港特区共同的宪制基础。人们对一场历史大变革的认识通常需要较长的适应过程，希望香港居民能够加快接受和适应"一国两制"这场大变革。

需加快现代化　增内地吸引力

同时，香港特区政府和公共机构应通过制度安排加强国民教育，提升年轻人对国家历史和国情的了解和认同，引导香港居民接受国家的管治权威，维护国家主权、安全和利益，尊重国家的代表标志，融入国家现代化建设进程，共同为中华民族伟大复兴作贡献。

乔晓阳认为，促使香港人对国家的认同，内地也要做好自己的事情，加快推进现代化建设，不断完善民主法治，提高社会文明程度。把国家建设好，增强内地对香港的吸引力、向心力、说服力，让香港同胞以中国人为荣。与此同时，深度促进两地的交流合作、自然融合，为人心回归创造互动平台。

治港不搞"清一色" 反对派有参与空间

随着香港国安立法，完善香港选举制度的先后完成，反对派何去何从备受关注。乔晓阳在专访中认为，香港的良政和善治，需要德才兼备的建制力量，也需要理性、温和、成熟的忠诚反对派，这是实行资本主义制度的应有之义。宪法和基本法始终为他们保留着政治参与空间。

曾与香港反对派多次"过招"的乔晓阳对香港文汇报表示，香港回归以来，无论是中央政府还是特区政府，都是以最大的政治包容来对待反对派的。只要反对派采取理性、务实态度，中央始终愿意跟反对派沟通。香港 2012 年政改方案能够获立法会通过，使香港民主政治向前迈出一步，就是典型例子。近些年来，反对派部分人走上激进和极端路线，选择与反中乱港分子为伍，与境外反华势力勾连，走到宪制秩序的对立面，自己拆掉了中央与其沟通的桥梁和基础。

在乔晓阳看来，中央出手拨乱反正，并非以反对派阵营为打击对象，并非要封闭反对派的政治发展空间。事实上，中央多次阐明，坚持"爱国者治港"，绝不是搞"清一色"，香港是多元化社会，反对派在政治上有参与空间。

放弃对抗立场　管治队伍门仍开

不过他提醒，反对派应作出选择：是做宪制秩序和中央权力的挑战者，损害国家主权、安全和发展利益；还是在宪制秩序下做特区良政善治的参与者和持份者；监督政府，完善治理，改进民生，督促"一国两制"的落实。否则，逻辑上就无法自洽，思维上难免分裂，行动上处处矛盾，后果上可能面临法律风险。

"我曾经说过，哪一天反对派放弃与中央顽固对抗的立场，回到爱国爱港的立场上，并以实际行动证明不做损害国家和香港利益的事情，加入香港管治队伍的大门还是打开的。到那时，宪法和基本法不仅不是他们参政的障碍而是法治的保障。这句话相信今后依然适用。"乔晓阳补充道。

沟通无秘诀　真诚重中重

乔晓阳从事港澳工作近30年，为"一国两制"事业奔走忙碌，沟通风范深得人望，被港澳媒体尊称为"乔老爷"。平易通达、幽默风趣、深入浅出……在全国人大位于北京西交民巷的办公室里，已卸任的"乔老爷"向香港文汇报记者聊起港事港人，娓娓道来，风采依旧。

香港回归以来，人大多次释法和决定，乔晓阳每每赴港释疑解惑，不辱使命赢得认同。即便是与反对派"过招"，乔晓阳循循善诱，亦是战绩不俗。

"设身处地了解对方立场，听取意见，是开启沟通的第一步。"乔晓阳告诉香港文汇报记者。2004 年全国人大常委会否决香港 2007/08 年双普选，在香港引起不少反对声。乔晓阳顶着压力赴港与各界人士对话，他当时在开场白中说道："我这次来是来讲道理的，我认为绝大多数香港人也是讲道理的，包括要求 2007/08 年双普选的大多数人在内也是讲道理的。"乔晓阳入理入情的讲话引发全场共鸣，掌声雷动。

富同理心人情味　更捍卫底线

在乔晓阳的沟通词汇中，既富有同理心和人情味，更不乏捍卫底线的硬气表达。2018 年 4 月，他在一次香港演讲中说："中国人民在近代内忧外患下都没有丧失过维护国家统一的决心和意志，在已经日益强大起来的今天，还能让'港独'得逞吗？绝不可能！"针对宣扬"港独"是言论自由的说法，乔晓阳反问道："图谋、煽动分裂国家是言论自由？世界上没有这种理论。在'港独'问题上做开明绅士是不行的！"2020 年 11 月在香港一次演讲中，他解释中央出手治理香港乱局时强调，"一忍再忍，忍无可忍，不能再忍，再忍要犯历史性错误！"

柔与刚，情与法，这些看似对立的两端在乔晓阳这里实现了某种统一。乔晓阳是开国将军乔信明的后代，做过老一辈革命家陈丕显的秘书，红色基因的传承赋予了家国襟抱。年轻时留学、当兵、种地、做工的基层经历，培养了民本情怀。坚守终极目标的原则性，为原则而适当变通的灵活性，被乔晓阳融会贯通。

被问及沟通的成功秘诀，"乔老爷"笑着说："哪有什么秘诀，惟有'真诚'二字，只要为国家好，为民族好，为香港好！"

后　记

　　本书收录自 1997 年至 2019 年，我就研究实施香港、澳门两部基本法的有关讲话、演讲、致辞、答问、论述共计 55 篇文章，其中大部分是公开发表过的。出版此书的建议，最初是十多年前一些香港、澳门法律界的朋友提出的，我在职期间一直未曾动手，以后友人又不断催促，我始终下不了决心，自认为我的那些讲话、文章远达不到"论"的水准，偏偏出版方把此书定名为"论基本法"，是我惶恐，改成"讲基本法"吧，似乎又差了点意思，实在找不到一个合适的词，只好勉为其难同意这个书名。

　　本书编排完全以时间先后为序，这样脉络比较清楚，可以反映这 20 多年间在研究实施基本法时遇到的重大法律问题及其来龙去脉和我对这些问题的思考，同时，也从一个侧面展现这 20 多年我从事港澳工作及基本法研究的概貌。希望此书能对从事这方面工作的人士有点参考，对关心港澳的人士了解这段历史有点帮助，对我自己来说，就算是一份工作总结汇报吧。

　　本书有些重要讲话、演讲的初稿都是在与我的同事们研究讨论的基础上形成的，在此我要特别感谢张荣顺、陈斯喜同志的付出，还要感谢中国民主法制出版社刘海涛、陈偲同志的支持，特别感谢出版社的编辑，他们对本书每一处的时间、地点、人物、事件以及每一个法律条款和引文都作了准确无误的核对。

乔晓阳

2020 年 4 月于北京

图书在版编目（CIP）数据

乔晓阳论基本法/ 乔晓阳著. —北京：中国民主
法制出版社，2022.1
ISBN 978-7-5162-2252-2

Ⅰ.①乔…　Ⅱ.①乔…　Ⅲ.①特别行政区基本法—香
港—文集②特别行政区基本法—澳门—文集　Ⅳ.
①D921.94-53

中国版本图书馆 CIP 数据核字（2020）第 110197 号

图书出品人：刘海涛
出版统筹：贾兵伟
责任编辑：陈　偲

书　　名/乔晓阳论基本法
作　　者/乔晓阳　著

出版·发行/中国民主法制出版社
地址/北京市丰台区右安门外玉林里 7 号（100069）
电话/（010）63055259（总编室）　83910658　63056573（人大系统发行）
传真/（010）63055259
http：//www.npcpub.com
E-mail：mzfz@npcpub.com
开本/16 开　710 毫米×1000 毫米
印张/41.5　字数/384 千字
版本/2022 年 1 月第 1 版　2022 年 1 月第 1 次印刷
印刷/三河市宏达印刷有限公司

书号/ISBN 978-7-5162-2252-2
定价/129.00 元
出版声明/版权所有，侵权必究。